KB045650

장춘익의 사회철학 2

근대성과 계몽: 모더니티의 미래

◆ 일러두기

· 책, 논문집은 겹낫표(『 』), 글(부, 장 등의 꼭지)과 논문은 홑낫표(「 」), 외국 논문, 기사는 큰따옴표(" ")로 묶었다.
· 강조하는 단어와 문장은 굵은 서체로 표기하였고, 주요 개념어는 원어 병기를 해두었다.
· 번역어 선택과 관련하여 시기별 고민 과정을 드러내기 위해, 같은 원어이나 각 논문마다 달리 표기된 번역어는 통일하여 교정하지 않았다.
· 책의 말미에 제시된 '논문 출처'에서 본문에 수록된 장춘익의 논문 출처와 발간 시기를 확인할 수 있다.
· 외래어표기는 국립국어원의 기준을 따르고 있으나, 일부 대중에게 익숙한 표기와 기존에 발행된 도서 또는 논문의 제목과 인명의 표기는 그대로 두었다.

장춘익의 사회철학 2

근대성과 계몽

: 모더니티의 미래

장춘익 지음

21세기북스

간행위원회 머리말

『장춘익의 사회철학』두 권은 장춘익 선생님(1959~2021)이 남긴 학술적인 글들을 모은 책이다. 정확하게 말하면, 1992년 여름 독일 프라이부르크대학교에서 철학박사 학위를 받고 귀국한 후 한림대학교 철학과에서 28년 6개월간 재직하는 동안 선생님이 우리말로 쓴 학술지 논문, 공저 도서의 원고, 연구보고서의 원고, 역서 머리말 중에서 학술적 작업으로 간주되는 글들을 모아, 중복되는 경우에는 최종본을 선택하여 편집한 책이다.

저자 자신의 의견을 듣지 못한 채, 글들을 두 권으로 나누고 장별로 구성하여 소제목을 다는 일은 간행위원들에게 적잖이 부담스러운 일이기도 했다. 발간 순서대로 배치하는 것이 무난한 방안일 수 있었지만, 장춘익 선생님이 쓰신 글들이 그저 '남겨진' 글이 아니라 앞으로도 '읽히는' 글이 되게 해야 한다는 것이 간행위원회의 확고한 생각이었다. 그 결과 각 글이 다루는 사상가와 주제 등을 고려하여 현재의 두 권의 모습으로 구성되었다. 간행위원회는 무엇보다도 철학과 사회과학을 공부하는 후학들과 학생들이 선생님의 글들을 접할 수 있기를 기대하고 있다. 왜냐하면, 선생님의 글들은 정확한 원전 이해와 균형 잡힌 해석을 제공하면서도 가독성이 매우 높기 때문이다. 선생님의 글은 헤겔, 하버마스, 루만 등 난해하기로 유명한 대학자들의 사상을 누구보다 쉽고 정확하게 소개하고 있을 뿐아니라, 합리성, 평등, 공동체, 평화, 기술지배 등 철학과 사회과학의 주요 주제들을 치밀하게 파고드는 매력을 갖추고 있다.

『장춘익의 사회철학 2-근대성과 계몽: 모더니티의 미래』는 사회이론적이고 사회철학적 학식과 인문학적 상상력을 바탕으로 현대사회의 여러 문제들을 깊이 있게 분석하고 진지하게 대안을 모색한 장춘익 선생님의 글들을 담았다. 하버마스와 루만 등 사회철학의 중요한 사상가들에 대한 선생님의 연구물들은 이미 널리 주목을 받아왔지만, 시대의 중요한 문제들에 대한 엄밀하고 독창적인 사유를 전개하는 선생님의 글들은 상대적으로 덜 알려져 있다. 이런 점에서 2권에 실린 글들은 독자들에게 사회철학자 장춘익 선생님의 치열한 사유의 또 다른 면모를 발견하는 기쁨을 줄 것이라고 간행위원회는 기대하고 있다. 2권의 제목은 근대의 기획이 노정한 문제와 한계에도 불구하고 그것을 치유할 힘 또한 근대성 안에서 길어 올릴 수 있으며, 그것은 근대사회가 스스로를 계속해서 새롭게 성찰함으로써 가능하다는 장춘익 선생님의 신념을 반영하고 있다.

2권은 3부로 구성되어 있다. 1부 '근대성과 합리성'은 우리가 살고 있는 현대사회에서도 여전히 실천적·규범적 함의를 발휘하는 근대성과 도구적 합리성으로 환원되지 않는 (실천적) 합리성의 성격을 탐색한다. 1부의 첫 두 논문 「헤겔: 이성의 계시록으로서의 세계」와 「하이데거의 헤겔, 헤겔로부터 본 하이데거」는 헤겔의 철학을 참조하여 오늘날에도 여전히 유효한, 바람직한 사회에 대한 근대적 이상을 밝히고 있다. 그 이상은 바로 보편적 원리에 입각해 사회성원들의 공동 삶이 규제되고, 그 안에서 사회성원들은 최대의 자유를 누리며, 동시에 사회가 자신들의 자유롭고 안정적 삶의 현실적 기반이 된다는 자각에 입각해 그 사회에 대하여 공동체적 유대감을 느끼는 사회이다. 1부의 세 번째 논문 「실천적 합리성은 도구적 합리성과 다른 독자적인 지위를 갖는가」는 인간의 규범적 실천의 독자적 지위를 보증할 실천적 합리성의 고유한 성격을 도구주의 비판이라는 우회로를 통해 밝히는 작업이다. 논문에 따르면, "도덕적 판단에서는 세계관, 자기이해, 타인의 도덕적 지위와 도덕적 고려 사항에 대한 견해, 그리고 사실에 대한 지식과 추론능력 등이 복합적으로 작용"한다. 과학주의에서 얻어진 소박한 합리성으로 이러한 복합성을 무리하게 축소·환원하는 도구주의와 달리, 실천적 합리성은 도덕 판단의 이러한 복합성을 유지한다는 것을 논문은 강조하고 있다. 1부의 마지막 논문 「신뢰와 합리성」은 실천적 합리성이 구현되는 하나의 예로서 신뢰를 다룬다. 신뢰는 "사회적 삶에서 계획과 통제에 의해 대치될 수 없는 중요한 기능을" 갖는다. 시도할 수도 있는 통제와 예측을 스스로 적절히 제한한다는 것이 신뢰의 본질적 특성이며, 이러한 특성은 계산적 합리성이 아니라 실천적 합리성으로만 설명될 수 있다는 것을 논문은 밝힌다.

2부 '위기의 근대성'은 현대사회가 맞닥뜨린 여러 문제를 사회이론적 기반 위에서 철학적으로 성찰한다. 자율적 주체와 이성적 사회를 추구하는 이론적·실천적 노력으로서 '사회철학'이 의지하고 있는 자율적 주체라는 이념이 "사회적 관계에 대한 설명틀로서나 규범적 평가의 기준으로서 의심스럽게 된" 상황을 '사회철학의 위기'로 규정하고, 이런 위기의 시대에 사회철학이 할 수 있는 역할을 고민하는 「사회철학의 위기, 위기의 사회철학」이 2부의 문을 연다. 이어지는 「생명과학기술의 문화적 충격」은 인간 복제를 더 이상 단지 상상의 영역에 남겨두지 않는 생명과학기술이 준 충격 앞에서 "자기목적적 존재이자 자기결정권을 가진 존재"로서의 인간의 자기이해를 다시 성찰한다. 「생태철학: 과학과 실천 사이의 지적 상상력」에서는 신화적·형이상학적 세계관 혹은 종교나 우주론에 입각하여 자연의 도덕적 지위를 바로 증명할 수 있다고 믿거나 혹은 자연에 대한 인간의 올바른 태도를 공적 토론 없이 결정할 수 있다고 믿는 '근본적 생태주의'를 비판한다. 그러면서 "과학 및 기타 지적 성과물과 어긋나지 않으면서" 민주적 의사결정과정을 통해 실행가능한 실천을 기획하는 "면밀한 상상력"으로서 생태철학을 제안한다. 「연결과 연대: 정보사회에서의 실천의 문제」는 정보사회에서 정당성 문제를 둘러싼 쟁점을 살펴본다. 논문에 따르면 "정보사회에서 표출되는 주요한 실천적 관심들은 대부분 그 정당성의 자원을 자연에 대한 고양된 책임 의식, 보편주의적 인권 의식, 성역할에 대한 탈전통적 이해, 진전된 개성화 등에서 취한다." 따라서 정보사회에서 주요한 갈등은 "정보통신기술에 의해 가능해진 범지구적 연결을 사회적·환경적·문화적 비용을 고려하지 않은 채 이윤과 효율성을 최대화하기 위한 도구로 사용하려는 힘과 저 정당성의 자원에 근거하여 인류의 삶의 조건을 개선하려는 연대적 실천 사이에서 전개되고 있다." 「디지털 환경은 '공정이용(fair use)'을 무효화하는가: 디지털 환경에서의 저작권」은 "아날로그 시대에 정착되었던 저작권과 공정이용 사이의 균형이" 디지털 환경에서 새롭게 쟁점이 되는 이유를 살피면서, 디지털 환경에서도 여전히 공평성, 공공성 등의 가치가 중요함을, 이런 의미에서 디지털 환경 역시 "윤리와 정치의 저편에 있는 기술의 영역이 아니라 특별난 정치의 영역임을" 보여준다. 2부를 닫는 「근대와 폭력, 혹은 우리는 얼마나 비폭력적인가」는 폭력에 대해 전반적으로 부정적인 태도를 우리 시대의 중요한 특징으로 파악하면서, 이 태도가 생겨난 복합적 메커니즘을 살펴본다. 폭력에 대한 부정적 태도는 수평적 관계를 맺을 수 있는 근대에 성취된 사회적 능력임을 밝히는 동시에 "자기목적화된 반폭력주의 속에 들어 있는 기만적 요소를" 들춰낸다.

3부에는 '새로운 계몽'이란 표제 아래 주로 현대사회의 여러 문제들에 대한 진단과 더불어 대안을 모색하는 글들을 담았다. 「인문과학의 위기와 가능성」과 「기술지배와 가치, 그리고 대학교육」은 현대산업사회의 기술지배가 사회의 통합적 기능을 위축시키는 상황에 맞서서 인문과학과 대학교육이 담당해야 할 과제들을 성찰한다. 「근대국가이론과 국가의 해체」는 지구화된 시대에 국가의 역할을 탐구한다. 논문은 "배타적 주권국가로서의 근대국가는 낡은 틀이 되었지만, 보편주의적 원칙이 정치문화에 뿌리를 내리고 사회제도를 통해 실질적으로 구현되는 이념형으로서의 근대국가는 여전히 유효하며", 현재 세계 곳곳에서 일어나고 있는 국가의 성격 변화도 국가 역할의 감소라기보다는 형태 변화의 과정으로 진단한다. 「평화, 세계시민권, 그리고 환대의 윤리: 칸트의 평화구상에 대한 한 해석」은 이 책에서 처음으로 국내 독자를 만나는 소중한 논문이다. 이 글은 칸트의 환대 개념을 "이방인과 적극적으로 의사소통을 하고자 하는 자세"로 독창적으로 재해석한다. 그것은 이방인과의 상호작용에서 상호이해를 위한 부담을 함께 지려는 태도인데, 이런 환대의 윤리가 테러리즘의 시대인 현재에 더욱 긴급하게 요청되는 이유를 논문은 설명한다. 「분배적 정의와 복지」는 분배 정의를 둘러싼 복잡한 논의를, 한편으로는 아리스토텔레스에서 마르크스를 거쳐 현대의 자유주의(롤즈, 노직, 드워킨), 운(運)평등주의와 공동체주의에 이르는 이론사적 측면에서, 다른 한편으로는 각 이론이 평등의 이념을 해석하고 있는 철학적 구조의 측면에서 체계적으로 비교하고 분석한다. 이 글 역시 아직까지 지면에 발표되지 않았기에 더 귀한 글이다. 「형식적 평등, 실질적 평등, 도덕적 평등」은 루만과 하버마스의 사회이론을 활용하여 평등을 형식적 평등, 실질적 평등, 도덕적 평등이라는 세 가지 층위로 구분한 다음, 현대사회의 근본적 조직원리로서 약한 평등을 강하게 옹호하고, 정치적으로 가용한 공동자원을 활용하는 강한 평등의 실현을 약하게 정당화한다. 마지막 글인 「공동체와 커뮤니케이션: 그 역설적 관계에 관하여」는 공동체 개념을 하버마스와 루만의 커뮤니케이션 개념을 빌려서 고찰하는 논문이다. 커뮤니케이션의 어떤 구조와 동학이 공동체를 가능하게 하고, 어떤 지점에서는 불가능하게 하는지를 분석한 다음, 공동체를 하버마스의 생활세계 개념을 모델로 하여 이해할 것을 제안한다.

장춘익 선생님의 정신과 학문세계가 이제 두 권의 『장춘익의 사회철학』으로 독자들을 만나게 되기까지 동료 철학자들, 후학과 제자들, 또한 한림대학교 동료들의 소중한 마음과 손길이 더해졌다. 하버마스에서 출발해서 실천적 정치철학의 가능성을 탐색해온 영산대학교 장은주 교수, 정의와 평등에 대한 영미권 이론에 밝은 한림대학교 철학과 주동률 교수, 루만의 체계이론을 중심으로 다양한 사회철학적 주제들에 관심을 기울여온 인천대학교 인천학연구원 정성훈 교수, 그리고 칸트의 실천철학과 프랑크푸르트학파 비판이론을 중심으로 연구해온 강병호 한국연구재단 연구교수는 실질적으로 논문의 내용적 평가와 구성, 그리고 편집 작업을 주도하였다. 특히 정성훈과 강병호는 개별논문들에 대한 최종 교정을 담당하였다. 독일 미학 및 문학 연구자인 한양대학교 탁선미 교수는 이 책에 실린 논문들을 확보하여 정리하였으며, 간행위원회 작업을 조직하였다. 간행위원회 5인 모두 장춘익 선생님과 이삼십 년 이상의 긴 시간 동안 학문적 동료로서 또는 공동작업자로서 학연을 맺어오면서 그의 사회철학적 관심과 문제의식을 이해하였기에 이러한 협력이 가능하였다.

간행위원회 외에도 이 책이 독자를 만나기까지 마음과 손길을 더해주신 여러 분들을 간략하게 언급하고 싶다. 북이십일 김영곤 대표는 이 책이 국내 인문학계에서 가지는 학문적, 사회적 가치를 바로 이해하고, 간행위원회의 출판 제의에 적극적으로 호응하였다. 사회와철학연구회, 철학연구회, 한국철학사상연구회, 한림대학교 인문학연구소 등 관련 학회와 연구소들 그리고 민음사, 나남, 새물결 출판사는 선생님의 글들이 이 책에 다시 모일 수 있도록 적극적으로 협조하였다. 그 외에도 인쇄물로만 남은 논문들을 다시 입력하고, 교정하는 일에 여러 후학들이 자발적으로 참여하였다. 이 자리를 빌려서 깊은 감사의 마음을 전하고 싶다.

사회철학자로서 지식인으로서 장춘익 선생님이 늘 지향했던 소통과 연대의 정신에서 이 책이 세상의 빛을 보게 되었다. 이제 이 책에 담긴 선생님의 치열한 사유와 성찰들로부터 새로운 학문적 소통과 가치의 연대가 이어진다면, 우리 간행위원들은 더할 나위 없이 기쁠 것이다.

2022년 2월
간행위원회(장은주, 강병호, 정성훈, 주동률, 탁선미)

목차

1부
근대성과 합리성

1장 헤겔

이성의 계시록으로서의 세계

1. 들어가는 말

헤겔철학을 소개하는 일: 무용성과 이해불가능성의 위험

엄청난 복합성을 갖는 헤겔(Georg Wilhelm Friedrich Hegel)의 사상 체계를 간략히 소개하는 것은 헤겔철학을 심도 있게 다루어 본 학자라면 누구나 기피하고 싶은 일이다. 전문적인 헤겔 연구가들이 그런 작업에 보이게 될 회의적 시선을 두려워하지 않는다 하더라도, 대개 "독일 관념론의 완성자 (……)" 등과 같은 세계대백과사전 식의 정리는 별 쓸모가 없고 심도 있는 압축적인 정리는 헤겔철학에 대한 입문이 필요한 사람들에게 거의 이해될 수 없기 때문이다. 그렇다고 어떤 요령도 없이 헤겔철학에 접근하라고 권고하는 것은 다소간 무책임해 보인다. 그것은 곧 사람들에게 수많은 노력과 시간을 투입하고 시행착오를 기꺼이 감내할 것을 권고하는 것과 다르지 않기 때문이다. 어떤 이유에서든 이미 헤겔철학에 대단한 가치를 부여하고 있는 사람이 아니라면[1] 헤겔의 철학을 단지 어느 정도 이해하기 위해서 자신의 주의력과

---

1) 가령 우리나라에서도 1970년대 후반에서 1980년대 초반에 대학 생활을 하면서 어떤 다른 사상보다도 헤겔의 철학에서 가장 큰 지적 충족을 얻을 것이라고 기대하고 무모할 정도로

시간을 과도하게 할애하려 하지 않을 것이다. 이런 문제점을 의식하고 있기는 하지만, 나는 헤겔의 철학에 대한 다음의 소개가 너무 빈약한 것이 아니면서도 독자의 주의력을 지나치게 요구하는 것이 아닐 수 있을지 자신하지 못하고 있다. 무용성과 이해불가능성 사이에서 적절한 균형을 취할 자신이 없는 나는 다음에서 헤겔의 철학을 두 가지 방식으로 소개하고자 한다.

첫 번째 방식은 헤겔철학을 이해하는 데 가장 큰 걸림돌이 되는 그의 존재론과 인식론, 형이상학의 문제를 비교적 정면으로 대하는 것이다. 이것은 독자가 칸트(Immanuel Kant) 및 독일 관념론 철학에 대해 어느 정도 지식을 가진 것을 전제로 하고 있다. 그래서 첫 번째 방식은 사실 헤겔의 철학에 대한 소개라기보다는 심도 있게 공부하고자 하는 사람들을 염두에 두고 제안된 하나의 해석이라고 할 수 있다. 두 번째 방식은 후대에 가장 많은 영향을 미쳤으며 또한 학생들의 수강 노트를 바탕으로 편집되어 가장 수월하게 이해되는 헤겔철학의 한 부분, 즉 그의 역사철학 강의를 비교적 상세히 소개하고 정리하는 것이다. 헤겔의 저작을 직접 접해 본 독자에게는 첫 번째 방식의 소개가 흥미로울 수 있겠지만 헤겔의 철학을 처음 접하는 독자는 그 부분을 건너뛰고 역사철학에 대한 소개 부분만을 읽는 것도 한 요령이다.

이 글은 다음과 같이 구성되었다. 먼저 서론의 나머지 부분에서 헤겔의 생애를 간략히 서술하고, 2절에서는 헤겔철학에 접근해가는 유용한 단서로서 그의 이론적 관심과 실천적 관심을 부각시킨다. 다음 3절에서는 그의 문제의식이 이론철학에서 어떤 해결을 찾는지를 살필 것이다. 이 부분은 주로 헤겔의 존재론, 인식론, 형이상학을 다루게 될 것이다. 4절은 헤겔의 실천철학을

수많은 시행착오에 자신들을 내맡겼던 일군의 젊은이들이 있었는데, 나도 그 가운데 하나였다. 나는 헤겔철학에 대한 그런 열정이 당시의 시대적 상황과 연관된 것으로서 이제 더 이상 기대될 수 없는 것이라고 여긴다.

다루는데, 그 일부로서 특히 그의 역사철학이 자세히 조명된다. 헤겔의 철학 체계를 소개할 때 초점은 헤겔이 자신의 이론적 문제의식과 실천적 문제의식 모두에 대하여 '이성의 자기실현과 자기인식'에서 답을 찾았다는 것을 보여 주는 것이다. 그러나 간략한 서술에 그치다보니 헤겔의 철학을 이렇게 이해 하는 것이 상당히 설득력 있는 해석이라는 자세한 논증까지 제시되지는 못하 였다.

헤겔의 생애와 인물

헤겔은 1770년 독일의 슈투트가르트(Stuttgart)에서 한 평범한 관리의 장남으로 태어났다. 그의 대학수업은 목사가 되기 위하여 1788년 튀빙겐 (Tübingen)의 한 신교 기숙학교에 입학한 것으로 시작되었다. 거기서 그는 훗날 그와 함께 독일 지성계에 큰 영향을 미치게 되는 두 친구 셸링(F. W. J. Schelling)과 횔덜린(F. Hölderlin)을 만난다. 대학 졸업 후 개인교사 등의 활동으로 생활을 꾸려가면서 내로라할 학문활동을 하지 못하던 헤겔이 대 학 강단과 연관을 맺게 된 계기는 1801년 셸링의 도움으로 예나(Jena)대학 에서 교수자격을 취득한 것이었다. 헤겔은 1805년 예나대학의 비정규 교수 가 되긴 하였으나 거의 생활을 꾸릴 수 없는 대우 때문에 — 독일에서 비정 규 교수에게 제대로 급여를 지불하지 않는 나쁜 전통은 오늘날에도 남아 있 다 — 경제적 고통에 시달렸다.

1807년 그는 오직 경제적인 이유 때문에 비정규 교수 자리를 버리 고 — 그의 최초의 대작인 『정신현상학』의 출판을 도와주었던 친구 니트하머 (F. I. Niethammer)의 주선으로 — 한 신문사의 편집자로 자리를 옮긴다. 그 후 1808년부터 한 고등학교 교장직을 맡아 활동하는데, 이 시기에 그는 이후 에 거의 그대로 유지되는 그의 사상체계를 발전시킨다. 그의 두 번째 대작인

『논리학』을 세 권으로(1812, 1813, 1816) 출간한 것도 이 시기이며, 자신의 철학체계 전체를 보여줄 수 있는『철학백과』의 출판(1817)을 예고한 것도 이 시기이다. 대학에 있지 않으면서도 독일의 철학계에서 주목을 받게 된 헤겔은 1816년 베를린대학과 하이델베르크대학에서 거의 동시에 교수로 초빙을 받는데, 그는 자신을 좀 더 적극적으로 영입하고자 하는 하이델베르크대학을 선택한다. 헤겔은 하이델베르크 생활에 비교적 만족하였으나 1818년 오랫동안 공석으로 있었던 피히테(J. G. Fichte)의 후임으로 초빙되었을 때 베를린대학으로 옮긴다. 베를린대학에서 헤겔은 강의와 학문활동에서 전성기를 맞이한다. 그의 강의는 학생들뿐 아니라 베를린을 찾는 유명인사들이 기꺼이 청강하고자 하였다. 1821년에는 그의 생전에 출판된 마지막 대작인『법철학개요』가 선을 보였다. 베를린 시기에 헤겔은 정치, 역사, 예술 등의 영역에서까지 놀랄 만큼 풍부한 지식을 보여주었다. 그는 간혹 종교와 관련된 돌출적인 발언과 체제옹호적인 정치적 견해 때문에 심한 비판을 받기도 하였지만, 그가 갑작스럽게 사망하던 1831년까지 독일에서 가장 영향력 있는 철학자였음은 누구도 부정할 수 없었다.

2. 헤겔의 두 가지 문제의식

어떤 철학적 주장을 대하는 가장 적합한 방식은 보통 그 주장의 타당성을 검토하는 것이다. 이런 방식은 특히 철학의 학문성을 집요하게 강조하는 헤겔철학의 경우에 가장 타당한 방식인 것처럼 보인다. 그러나 실상 헤겔의 철학은 그의 지적 관심을 먼저 알지 못하면 제대로 파악하기 어렵다. 그가 왜 철학의 학문성을 강조하는지, 그리고 그가 말하는 학문성이 무엇인지도 그의 지적 관심으로부터만 이해될 수 있기 때문이다. 그리고 그의 관심으로부터 그의 주장을 바라볼 때 비로소 헤겔 생전의 시기부터 지금까지 전승되는 헤겔철학을 수용하는 두 가지 소모적인 방식 — 즉 자신의 철학체계가 절대적인 완결성을 갖는다는 헤겔의 주장을 무리하게 변호하든지 혹은 언급을 피함으로써 묵시적으로 옹호해보려는 수용방식이나 아니면 반대로 처음부터 황당한 주장이라고 배척하는 방식 — 을 피해갈 수 있을 것이다.

헤겔의 사상은 서로 기원이 다르면서 점차 분리되기 어렵게 융합되어간 두 가지 지적 관심에 의해 추동되었다. 그 하나는 이론적 관심으로서 피히테와 셸링 등에 의해 형태화된 철학의 근본원리 문제에 대한 논쟁에 최종적 해답을 제시하는 것이었다. 앞으로 간략히 살펴보겠지만 피히테와 셸링은 칸트의 철학을 독특하게 주관·객관의 문제로 변형시켰고, 이 문제가 해결되지 않는다면 도대체 참된 인식의 가능성을 정당화할 수 없다고 생각하였다. 헤겔은 이 문제의식을 공유하였고 그의 존재론, 인식론, 형이상학은 이 문제에 대한 만족할 만한 해결책으로 제시된 것이다.

헤겔 사상을 움직여간 다른 하나의 관심은 실천적 성격의 것이다. 정치적으로 그렇게 적극적인 참여 태도를 갖지는 않았지만 헤겔은 일찍부터 사회·정치적 삶의 근본적인 변화에 주목해왔다. 헤겔은 특히 사회·정치적 변화 속에서 보편적인 의미를 읽어내려 애썼던 것으로 보인다. 튀빙겐에서의 대학생 시절에 동학들이 칸트의 선험철학에 심취해 있을 때 헤겔은 루소(Jean Jacques Rousseau)를 탐독하고 프랑스 대혁명의 의미를 반추하였던 것이나, 예나 시절 — 막 탈고된 자신의 최초의 대작『정신현상학』의 원고가 전쟁 때문에 우송 중에 분실될지도 모른다고 염려하면서도 — 말 위에 앉아 거리를 지나는 나폴레옹을 보고 '세계사적 개인'이라고 경탄하였다는 것은 잘 알려진 일화들이다.

사실 헤겔이 앞서 말한 이론적, 실천적 관심을 가졌다는 것만으로는 아직 그의 사상체계의 독특성에 대한 단서를 찾았다고 할 수는 없다. 저 관심은 헤겔에게만 고유한 관심도 아니었으며 헤겔이 그런 관심에서 선각자인 것도 아니었다. 헤겔의 사상의 특징은 저 두 관심에 따른 사유의 과정이 어느 지점부터 하나로 결합되어 이론적인 문제부터 실천적인 문제까지 포괄하는 ─ 적어도 헤겔의 시각이나 헤겔 옹호론자의 시각에서는 ─ 완전한 체계로 완성되는 데에 있다. 헤겔이 두 가지 관심을 자연스럽게 연결시킬 수 있었던 것은 그가 각각의 문제에 대한 해법을 '이성의 자기실현과 자기인식'에서 찾은 데에 기인한다. 그래서 '이성의 자기실현과 자기인식'이 각각의 문제에 대한 해법으로서 어떤 의미를 갖는 것인지를 살피는 것은 헤겔의 철학체계에 접근할 때 가장 염두에 둘 만한 물음이다. 헤겔의 철학에 대한 이 소개도 바로 이 물음을 어느 정도 해명하는 데에 한정될 것이다.

3. 헤겔의 이론철학: 이성의 양상으로서의 존재와 인식

헤겔의 이론적 물음의 방향을 규정한 것은 앞서 말한 것처럼 피히테와 셸링이 칸트의 철학을 수용한 방식이었다. 대상이 오직 주관의 인식조건인 감성과 오성을 통하여서만 인식될 뿐 대상 자체는 인식될 수 없다는 칸트의 결론은 피히테에게 진리의 가능성에 대한 해명으로서 부족하다고 여겨졌다. 주관이 객관에 대해 대립해 있고 오직 자신의 제약된 경험방식 내에서만 대상을 인식할 수 있다면 진리는 성립할 수 없다고 생각한 것이다. 피히테의 대안은 주관의 절대적 능동성을 상정하는 것이었다. 그러니까 피히테에게는 칸트에서처럼 주관의 능동성의 적법한 적용범위가 원칙적으로 경험적 대상에 제한되는 것이 아니다. 그에게 경험적 대상은 자신의 절대적인 능동성을 아직 구현하고 자각하지 못한 주관에게 잠정적으로 작용하는 제한일 뿐이다. 그러니까 경험적 대상이 주관의 능동성의 적용범위를 규정하는 절대적 제한이 아니라 역으로 주관의 능동성의 실현 여부가 주관에 대한 경험적 대상의 위상을—즉 주관을 구속하는 군건한 타자인지 아니면 주관에 대해 아무런 저항력을 행사하지 못하는 사소한 제한인지를—결정하는 것이다. 그래서 피히테는 주관의 능동성 또는 자유능력이 완성될 때 비로소 주관과 객관의 분리도 해소되고, 따라서 진리의 가능성에 대한 최종적인 해명에도 도달할 수 있다고 생각하였다. 그러나 피히테 자신에게도 이런 식의 설명이 모든 면에서 결점 없는 증명으로 여겨지지 않았다. 우선 주관과 객관의 관계에서 주관의 절대적 능동성을 근본적인 원리로 삼는 것은 아직 주관의 능동성이 현실적으로 실현되지 않은 상태에서는 하나의 가정에 불과한 것이라는 점이 피히테 자신에게도 잘 의식되어 있었다. 더욱이 그런 주관의 능동성이 도대체 실현될 수 있을지, 그리고 된다면 언제 실현될 수 있는지도 전혀 말할 수 없는 것이다. 그래서 주관의 절대적 능동성을 철학의 근본원리로 삼는 것은 피히테 자신이 의식하고 있듯이 최종적으로는 결단이지 증명이라고 할 수 없다.

셸링 역시 객관과 분리되어 맞서 있는 주관이 주관의 최종적 형태가 아니라고 여기는 점에서 피히테와 같은 견해이지만, 주관과 객관의 대립이 주관의 절대적 능동성의 실현을 통해서 극복될 것이라고 가정하지 않는다. 셸링은 오히려 주관과 객관의 분리가 견고한 사실이 아니며 실상 주관과 객관이 동일한 지반 위에 서 있다고 여긴다. 그러니까 주관과 객관의 동일성은 주관이 언제 완결될지 모르는 채 자신의 능동성의 실현을 위하여 부단한 노력을 한 '결과'로 생길 수도 있고 혹은 그렇지 않을 수도 있는 것이 아니라 '이미' 어느 정도는 언제나 성립되어 있는 것이다. 그렇다면 실제로 주관이 자신과 대상을 분리하여 사고하는 것은 어떻게 설명할 수 있는가? 셸링 생각의 특별한 점이며 헤겔에 큰 영향을 미친 해결방식은 바로 대상과 자신을 대립시켜 분리하는 주관의 의식을 발생적으로 설명한 것이다. 그는 존재의 순차적 발전단계를 서술하면서 자기 자신과 타자를 구별하고 그 구별을 의식하는 존재를 존재발달의 한 특정한 단계로 설명한다. 주관과 객관의 대립은 그런 주관이 갖는 어쩔 수 없는 의식이지만 실제로 주관과 객관이 완전히 서로 분리되어 대립되어 있는 것은 아니라는 것이다. 그러니까 주관과 객관의 대립의 극복은 언제일지 모를 미래에 가능한 것으로서 주관의 노력을 통하여 성취되는 것이 아니라 주관이 의식하지 못하고 있는 자신의 형성과정을 복원해냄으로써 '회상'되어야 하는 것이다. 철학의 할 일은 바로 주관으로 하여금 스스로 자신을 주관·객관의 동일성의 지반으로부터 발전해나온 한 존재양식으로 인식하도록 돕는 것이다.

헤겔은 셸링의 존재론적·발생론적 방법에 큰 영향을 받았다. 다만 헤겔이 셸링의 해결방식에서 불만족스럽게 여긴 점은 셸링이 가장 근본적인 사실로 여기는 주관·객관의 동일성의 내용이 불투명하며 그런 동일성으로부터 존재의 발전단계가 진행되어나가는 추동력이 무엇인지 알 수 없다는 것이다. 또 헤겔은 주관·객관의 동일성이 주관·객관의 분리만을 견고하게 의식하고 있는 주관에게 어떻게 상기되고 설득될 수 있는지에 대해서도 셸링이 체계적인 설명을 하고 있지 못한 것으로 여겼다. 헤겔이 철학의 학문성을 강조하게 되는 것은 바로 셸링의 철학에 대한 이런 불만족과 연관된다. 헤겔이 보기에 주관·객관의 동일성의 내용이 파악되고 존재의 발전과정이 필연적인 과정으로 파악되며 또한 주관·객관의 동일성이 필연적 과정을 통해서 주관에게 설득될 때 비로소 철학은 단순한 직관에서 벗어나 학문으로서 완성된다. 헤겔의 이런 견해는 늦어도 『정신현상학』을 저술할 때는 이미 세련된 형태를 갖추었으며 『논리학』을 통하여 체계화된다. 여기서 『정신현상학』과 『논리학』의 내용을 구체적으로 소개할 수는 없다. 그러나 적어도 두 저작에서 헤겔이 무엇을 하려 하였는지를 간략히 알아보는 것은 그가 자신의 이론적 문제의식에 대한 답을 '이성의 자기실현과 자기인식'에서 찾는다는 점을 이해하는 데에 필요하다.

『정신현상학』은 잘 알려졌다시피 『논리학』의 서론을 쓰던 것이 길어져 하나의 저술이 된 것이다. 사실 『정신현상학』은 분명 『논리학』의 서론이기는 하지만 『논리학』에서 서술될 내용의 의미나 타당성을 미리 보여주는 보통의 서론이 아니라 독특한 과제를 가진 서론이다. 헤겔이 보기에 자신의 형성과정을 반추하지 못한 채 주관과 객관을 견고하게 분리하는 보통의 의식에게는 존재와 사유의 근본적인 규정을 전개하는 『논리학』의 관점이 이해될 수 없는 것이다. 『정신현상학』은 바로 보통의 의식이 자신의 경험을 반추하고 경험과정 전체를 연관성 속에서 생각할 수 있도록 주관의 경험과정을 서술하고, 그를 통해서 의식 스스로 주관·객관의 분리에 고착하는 것에서 벗어나게 하는 과제를 담당한다. 『정신현상학』의 내용이 흥미진진하지만 여기서는 그 내용을 개관하거나 『정신현상학』의 과제가 성공적으로 수행되었는지 여부를 따지는 일은 피하기로 하자. 만일 우리가 헤겔식의 『논리학』 기획을 더 이상 공유할 수 없다면 『정신현상학』의 과제가 성공적으로 수행되었는지 여부는 진지한 관심의 대상이 되지 않는다. 그러나 『정신현상학』에서 개진된 경험과 의식의 상관성, 그리고 의식의 단계적 발전과정에 대한 서술은 오늘날에도 여러 가지 흥미로운 통찰을 담고 있다는 사실만을 지적해두기로 한다.

『논리학』에서 헤겔은 모든 존재와 사유의 기본규정을 하나의 근본적인 원리로부터 전개하고자 한다. 그 근본적 원리가 헤겔에게는 '이성'이다. 이때 이성은 일차적으로 주관의 사유능력의 의미가 아니라 플라톤적인 '로고스'의

의미에 가까운 것으로서 모든 존재와 인식의 근저에 있는 근본적인 원리이다. 헤겔은 이 근본적 원리로서의 이성을 모든 것을 이미 그 안에 담고 있는 '실체'나 혹은 만물의 신비한 원천으로 여기지 않는다. 그가 생각하는 이성은 자기실현과정을 통해서 비로소 실재성과 풍부함을 얻고 마침내 자기 자신의 인식에 이르는 것이다. 그런데 그런 이성은 도대체 무엇인가? 흥미롭게도 헤겔은 이성에 대해서 자기실현과정을 통하여 내용을 얻고 자기인식에 이른다는 활동성 외에 어떤 다른 규정도 부여하지 않는다. 그래서 얼핏 보기에 이성의 자기실현과 자기인식과정을 서술하는 것으로서의 헤겔의 철학체계는 어느 정도 동어반복을 포함하는 것으로 보인다. 그러니까 '이성'을 '자기실현을 통하여 내용을 획득하고 자기인식에 이르는 것'과 등치하면, 이성의 자기실현과 자기인식과정은 "자기실현을 통하여 내용을 획득하고 자기인식에 이르는 것이 자기실현과 자기인식에 이르는 과정"의 의미가 된다. 이성에 대한 헤겔의 이런 규정은 '실체' 또는 가장 무제약적인 존재에 대한 종래의 견해를 비판함으로써 획득된 것이다. 오늘날은 무한한 존재, 혹은 무제약적인 존재가 그렇게 진지한 철학적 주제가 아니지만 헤겔 당시에는 매우 중요한 주제였고 헤겔 자신도 젊은 시절부터 노년에 이르기까지 내내 그것에 대한 올바른 이해가 철학의 중요한 과제라고 생각하였다. 헤겔이 보기에 무제약적인 존재, 참된 존재는 자신이 갖는 내용을 다른 어떤 것에 의해 수동적으로 부여받은 것이 아니라 스스로 갖고 있는 것이어야 한다. 그런데 자신의 내용을 스스로 가진다는 것을 철저하게 이해해보면 자신의 내용을 자신의 활동을 통해서 산출한다는 것 외에 다른 의미일 수 없다. 그렇지 않다면 타자로부터나 혹은 자기가 관장하지 못하는 어떤 과정을 통해서 자신의 내용을 부여받은 것이기 때문이다. 그래서 헤겔은 전통적으로 무제약자를 자신 안에 이미 세계의 모든 본질을 담고 있는 '실체'로 파악해오던 것에 반하여 자기실현과정을 통하여 자기내용을 획득하고 자기인식에 이르는 '주체성'을 무제약자의 가장 중요한 규정으로 이해한다. 그러니까 무제약자가 다른 것에 의해 조건 지어지지 않는다는 점에서는 '실체'이지만 그 실체의 가장 중요한 특성은 '주체성'이라는 것이다. 그가 『정신현상학』의 서문에서 "참된 것을 실체로서뿐만 아니라 주체로서 파악하는 것이 가장 중요하다"라고 말한 것은 바로 그러한 의미이다.

참된 존재를 전통적 의미의 실체가 아니라 자기 전개를 통하여 비로소 내용을 획득하고 최종적으로 자기인식에 이르는 것으로 규정한 것은 헤겔철학을 이끄는 가장 중요한 통찰이자 헤겔철학으로부터 분리될 수 없는 형이상학적 전제이다. 가령 헤겔의 존재론과 인식론의 가장 독특한 특징, 그러니까 존재의 규정들과 사유의 규정들을 순차적으로 총체성을 이룰 때까지 전개하는 것도 저 참된 존재를 이성으로 규정하였기 때문이다. 또 그런 총체성이 정말 존재와 사유의 운동, 그리고 역사의 과정을 통하여 실제로 형성될 것이라는 기대도 참된 존재를 이성으로, 즉 자기실현과 자기인식에 이르게 된 것으로 규정하였기 때문이다. 물론 헤겔은 이것이 단지 이성에 대한 정의(定義)의 문제가 아니고 실제로 그런 총체성을 보여줄 수 있다고 생각한다. 그의 철학 체계 전체는 존재와 사유, 그리고 역사가 실제로 이성의 자기실현과 자기인식과정으로서 총체성을 이룬다는 것을 보여주고자 하는 것이다. 이런 헤겔의 시도가 부분적으로 성과를 거두었다는 것, 가령 인식형태들 사이의 순차적 발전과정에 대한 서술이나 이론적 지식과 실천적 지식 사이의 상호연관성 등에 관한 통찰 등은 경탄할 만한 공적이다. 그러나 그가 서술하는 존재와 인식의 발전과정의 모든 단계가 필연적이었고 또 총체성을 이룬다고 평가할 수는 없다. 헤겔 자신은 그렇게 믿은 것으로 보이지만 그것은 바로 참된 것을 이성으로, 자기실현을 통하여 내용을 획득하고 최종적으로 자기인식을 이루는 것으로 규정한 것에서 비롯된다. 키르케고르의 말마따나, 헤겔이『논리학』에서 전개한 존재와 사유의 운동과정 전체를, 참된 존재를 이성으로 규정하는 것에서 출발하는 하나의 사유실험으로 이해하였다면 그는 정말 가장 위대한 사상가이지만, 진정 이성의 필연적인 실현과정으로 보았다면 그의 진지성은 같은 전제를 공유할 수 없는 사람에게는 어쩐지 약간은 '희극적'으로 보인다.

4. 헤겔의 실천철학: 자유의 구현으로서의 사회와 역사

사회형태와 이성의 실현단계

헤겔의 실천철학을 뒷받침하는 원리는 두 가지이다. 하나는 정치체가 자유를 구현하는 것을 사명으로 한다는 것이다. 다른 하나는 사회와 역사 역시 이성의 자기실현과 자기인식의 과정이라는 것이다. 헤겔은 이 두 가지 원리를 결합하여 사회와 역사를 '자유의지', 또는 '정신'의 실현과정으로 파악하고자 한다. 여기서 '자유의지'는 보통의 의미에서의 자유의지, 그러니까 개인들의 선택의 자유와 같은 의미가 아니다. '의지'는 일차적으로 자기실현과 자기인식을 향해 가는 이성의 의지이다. 물론 헤겔에게 개인의 자유가 도대체 문제 되지 않는다는 것은 전혀 아니다. 개인의 자유도 분명 중요한 주제인데, 헤겔은 이성의 실현이 개인의 자유의 조건이라고 생각한다.

개인의 자유를 넘어선 이성의 자기실현이 문제이기에 헤겔은 개인보다는 집단과 제도에 주목하고 있다. 헤겔 생전에 출판된 마지막 대작인『법철학 개요』(1821)에서 헤겔은 가족, 시민사회, 국가를 주요 분석의 대상으로 삼는다. 가족은 개인을 넘어선 더 큰 정신이 있음을 보여주는 가장 자연스럽고 초보적인 제도이다. 가족 간의 유대와 가족을 위한 희생 속에서 개인은 자신보다 큰 의지로 고양된다. 그러나 가족제도의 자연성, 초보성은 이성을 제대로 담기에는 부족하다. 헤겔의 이성과 자유의지는 바로 자연성과 제한성을 탈각하고 스스로 자기실현을 이루어 나가는 주체성을 그 특징으로 하기 때문이다.

헤겔이 고려하는 두 번째 제도는 시민사회이다. 시민사회는 사람들이 각자의 노동을 바탕으로 자신의 필요를 충족시키고 타인과의 제한 없는 교환을 통하여 이익을 추구하는 사회로서 애덤 스미스(Adam Smith) 등의 국민경제학자들이 구상한 사회이다. 이런 시민사회를 통하여 개인과 이성은 가족을 넘어서는 고차적 단계로 진행한다. 우선 시민사회에서 개별 주관은 진정한 '개인'이 된다. 자신의 노동을 기반으로 하여 타인과 교환함으로써 사람들은 서로에 대해서 같은 지위를 인정하고, 이런 상호인정을 통해서 주관은 '개인'으로 성립한다는 것이다. 이런 생각은 '개인'들이 자연 상태로부터 계약을 통하여 사회상태로 진입하였다는 로크(John Locke)식의 사회계약론에 비해 볼 때 획기적인 발상이었다. 오히려 시민사회가 비로소 주관을 개인으로 성립시킨다는 것이다. 다른 한편 이성도 시민사회를 통하여 가족의 자연성과 제한성을 벗어난다. 시민사회의 교류에는 원칙적으로 제한이 없기 때문이다. 이성이 만일 이런 시민사회 전체를 통하여 자신을 관철시키고 드러낸다면, 그런 이성은 무제약적인 이성의 모습에 근접할 것이다. 그러나 헤겔이 보기에 시민사회는 제약이 없는 사회이지만 동시에 빈부의 격차가 발생하고 개인들이 도덕적인 문제에 관해 자의적인 기준에 따라 판단할 수 있는 분열된 사회이다. 시민사회에서는 가족에서처럼 개인들이 기꺼이 자신을 몰입시키고 희생할 수 있는 공동체 정신이 살아 있지 않다. 그래서 헤겔은 이성의 자기실현을 시민사회에서 완결되는 것으로 보지 않는다. 그가 보기에 이성이 자신의 규정에 가장 합당하게 자신을 드러내는 제도는 가족에서와같이 공동체 정신이 살아 있고 시민사회에서와 같은 무제약적 개방성이 동시에 실현된 사회형태인데, 헤겔은 그런 사회형태를 '국가'라고 생각한다. 국가는 헤겔에게 이성의 가장 적절한 실현태인 것이다. 물론 헤겔이 어떤 국가도 모두 충분히 이성적이라고 생각한 것은 아니다. 헤겔에게는 보편적 정신에 따라 제정된 법률에 의해 통치되며, 그 안에서 개인들에게 최대의 자유를 허용하는 국가, 그리고 그런 국가에 대해 충성심을 갖는 개인들로 구성된 국가만이 전정으로 이성의 실현태이다. 여기서 보편정신에 입각한 법에 따라 사회가 결속되는 것은 이성이 시민사회의 분열상을 극복하고 공동체 정신에 현실성을 부여하는 것을 의미하며, 개인에게 최대한 자유를 허용하는 것은 이성이 가족에서처럼 제한성과 자연성에 머물지 않도록 하는 것이다. 헤겔은 이렇게 사회형태들을 이성의 자기실현의 단계와 연관 지어 파악하고 있다.

헤겔이 국가를 이성의 가장 적절한 실현태로 보았다고는 하지만 모든 국가가 같은 정도로 이성적이라고 생각한 것은 아니다. 국가가 얼마나 보편적 정신에 따라 통치되는가, 또 국가가 얼마나 많은 개인에게 자유를 허용하면서도 통일성을 유지하는가에 따라 이성의 실현 정도가 다른 것이다. 그런 진정으로 이성적인 국가가 출현할 때까지 국가의 변천과정을 서술하고자 하는 것이 헤겔의 역사철학이다.

헤겔의 역사철학

헤겔의 역사철학의 문제의식

역사철학의 최고의 고전으로 손꼽히는 헤겔의 『역사철학강의』(*Vorlesungen über die Philosophie der Geschichte*)[2]는 헤겔 사후

---

2) 헤겔의 『역사철학강의』는 김종호의 번역(I,II권, 삼성출판사, 1976)이 유일한 완역본이다. 1990년에 새로 출간된 판에는 아시아의 역사 중 인도와 페르시아 부분이 생략되었다. 이 번역본의 경우 서론 부분에 대한 번역은 비교적 정확하지만 본문의 번역은 의미를 와전시키

1837년, 그의 제자 간스(E. Gans)에 의해 처음 편집되었다. 역사철학은 헤겔과 함께 철학의 한 중요한 분과가 되었고, 헤겔의 사상이 비판되면서 쇠락의 길을 걷기 시작했다고 말할 수 있을 정도로 헤겔의 역사철학은 역사철학의 대명사로 여겨져왔다. 이러한 사상사적 중요성 외에도『역사철학강의』를 읽을 것이 권고되는 이유가 하나 더 있다. 이 책은 헤겔의 강의안과 수강생의 필기를 바탕으로 편집되었기 때문에, 문체가 평이하며 내용도 비교적 이해하기에 수월하다. 또 미학강의나 철학사강의보다 일반적인 주제를 다루기 때문에, 이 책을 토대로 헤겔의 사상의 전모를 좀 더 쉽게 간취할 수 있다. 따라서 이 책은 일찍이 간스 이래 헤겔의 사상에 대한 입문서로서는 적격이라고 여겨져 왔다. 헤겔의『역사철학강의』에 대한 이 글도 헤겔의 역사철학의 내용을 주로 언급하였지만, 동시에 어느 정도 헤겔 사상의 특징을 보이려고 유념하였다.

역사는 발전하는가? 발전한다면 어느 방향으로? 또한 그 방향으로의 변화가 발전이라고 말할 수 있는 근거는 무엇인가? 설령 발전의 방향과 기준을

는 경우가 적지 않다. 임석진의 번역인『역사 속의 이성』(지식산업사, 1992: 초판은『역사에 있어서의 이성』, 지학사, 1976)은 1955년 새로 편집된 헤겔의『역사철학강의의 서론부』(J. Hoffmeister 편, *Vernunft in der Geschichte*, Hamburg, 1955)를 대본으로 한 것이다. 이런 번역상황이 헤겔의 역사철학을 이해하는 데에 결정적인 장애가 되지는 않는다.『역사철학강의』의 주요 주장은 서론부에 집약되어 있으며 이에 반해 실제 세계사의 과정을 서술하는 부분은 대체로 서론부의 주장을 역사적 사실에 도식적으로 적용한 것으로서 수긍할 수 없는 점이 많기 때문이다.『역사철학강의』에 대한 이 소개도 서론부에 치중하고 있다. 하지만 서론부를 넘어서는 부분에 대해서도 언급하는 경우가 있기 때문에, 편의상 번역본의 면수를 표시할 때는 김종호 선생의 번역본(1990년 판)의 면수를 표시하였다. 그러나 번역어를 그대로 따르지는 않았다. 독일어본을 참고할 경우를 위하여 번역본의 쪽수 뒤에 사선(/)을 긋고 독일어본의 쪽수를 표시하였다. 김종호 선생의 번역이 글로크너(H. Glockner, 1928)에 의해 편집된 판을 대본으로 한 것이지만, 현재 우리에게 주어캄프(Suhrkamp) 출판사의 대본 (*Vorlesungen über die Philosophie der Geschichte*, G.W.F. Hegel, Werke in zwanzig Bänden, Frankfurt: M., 1970의 제12권)이 가장 많이 읽히기에 독일어본은 이를 택하였다. 이것은 순전히 참고의 편의를 위한 것일 뿐이다.

철학적으로 제시한다 하더라도, 실제의 역사가 도대체 그렇게 진행된다고 장담할 수 있을까? 헤겔의 역사철학은 바로 이러한 물음들과 진지하게 대결을 벌인다. 오늘날 미시적인 작업에서도 항상 오류가능성을 염두에 두는 학자들에게는 저 커다란 물음들이 자칫 공허한 사유놀이의 대상으로나 여겨질지 모르겠다. 그런데 전문적 철학자들에게는 멀게 느껴지는 이 물음들이 오히려 일반 사람들에게는 생각보다 가까이 있다. 사람들은 이러저러한 제도들이 개선되는 것이 바람직하다고 생각하며, 현재 감당하거나 평가하기 힘든 사건들에 직면해서는 흔히 그것을 공정하게 해결하고 심판할 역사적 과정에 기대를 건다. 또 어떤 대규모 범죄를 역사에 역행하는 것이라고 평가할 때에도 사람들은 분명 더 나은 사회에 대한 기대를 가지고 있다. 한껏 염세적이 되어서, 실제의 역사를 진보가 아닌 퇴보의 과정으로 보고 싶어 하는 사람들조차도 어떤 진보의 기준을 사용하는 셈이다. 사회·역사적 사건에 대해 의식적으로 일체의 평가를 삼가는 사람들을 제외하면, 역사의 수레바퀴를 되돌릴 수 없다고 생각하는 사람이나, 실제로 역사의 수레바퀴가 거꾸로 돌아가고 있다고 생각하는 사람 모두 헤겔의 물음에서 자유롭지 못한 셈이다. 근래에는 후쿠야마(후쿠야마, 1992)가 자유주의적 체제를 현실적으로 가능한 최종의 사회단계로 제시한 이래, 위의 물음들은 학자들에게도 다시 활발한 관심의 대상이 되고 있다.

위의 물음들에 대하여 헤겔이 내놓을 답에 미리 명확한 방향을 제시하였던 사람은 칸트이다. 칸트의 역사철학은 헤겔의 역사철학의 훌륭한 서론인 셈이다. 칸트는 인간이 이성적 존재이기에 사회의 최종적인 형태도 바로 이성에 맞는 사회여야 한다고 생각하였다. 그가 생각한 이성적인 사회란 사회 구성원 각자가 타인의 동일한 권리를 해치지 않는 범위에서, 자신의 권리를 누리는 '절대적으로 정당한 시민적 정치체제'(이한구 역, 1992, 392쪽)이다.

칸트는 사회계약론자들처럼, 이런 사회의 실현이 사회구성원들의 계약에 의해 의도적으로 추진된다고 보지 않았다. 칸트에 따르면 시민사회의 성립은 오히려 사람들이 자신들의 이익만을 안중에 두지만, 어쩔 수 없이 타인에 의존할 수밖에 없는 '반사회적 사회성'(이한구 역, 1992, 29쪽)에 의해 비의도적으로 촉진된다.

칸트가 생각하는 시민사회는 한편에서 보편주의적인 법과 권리체계, 그리고 다른 한편에서는 자신의 이익을 추구하되 보편주의적 원리에 따라 자신을 규제하는 개인들의 도덕성에 의해 지탱된다. 법과 권리체계가 보편성을 갖지 못하면 그에 대한 개인들의 존중심을 기대할 수 없으며, 또 개인들이 법과 권리체계에 대한 존중심을 갖지 않으면 제도의 운영은 실제로 불가능하게 된다.

칸트에 의해 이성적 사회의 본질적 구성요소로 파악된 저 두 가지 사항은 헤겔의 역사철학에도 고스란히 받아들여진다. 칸트와의 중요한 차이라면, 헤겔은 그 두 가지 요소가 역사적 과정을 통해 형성되었다는 점을 보여주려 한다. 이때 역사적 과정이란 한편에서는 보편성을 갖지 못하는 법과 권리체계가 주관적 자유에 대한 개인들의 요구에 의해 부정당하며, 다른 한편 객관적 질서에 대해 자의적 주장을 내세우는 주관이 냉혹한 단련을 받으면서 보편적 관점을 형성하는 과정이다. 헤겔은 이런 과정이 반복되면서 마침내 보편성을 갖는 법과 권리체계(Verfassung), 그리고 그에 대해 충성심을 갖는 개인들이 출현하여 마침내 역사가 완성된다고 생각하였다. 헤겔의 『역사철학강의』에서는 이런 사회를 역사의 지향점으로서 정당화하고, 또 실제의 역사가 이런 목표를 향해 진행되어왔음을 제시하려고 한다.

철학적 역사서술이란 무엇인가

『역사철학강의』에서 헤겔은 먼저 철학적 역사서술이 독립적인 지위를 가질 수 있는가 하는 물음을 제기한다. 이 물음에 답하기 위하여 헤겔은 역사서술의 방식을 몇 가지로 나눈다. 역사서술 방식을 분류할 때의 기준은 서술자가 속한 시대의 교양(Bildung), 즉 정신적 수준과 서술되는 사건이 펼쳐진 시대의 정신적 수준 간의 관계이다. 시원적 역사서술(ursprüngliche Geschichte)은 서술자가 서술되는 사건과 같은 시대에 속하며, 같은 정신적 수준에 서 있는 경우이다. 이런 식의 역사서술은 주로 서술자가 직접 목격한 사건이나 들은 사건을 전하는 일을 한다. 다음으로는 반성적(reflektiv) 역사서술이다. 여기서는 서술자가 서술되는 사건과 다른 정신적 수준에 서서 "자신의 정신을 가지고"(63/14)[3] 역사적 사건을 서술하고 평가한다. 반성적 역사서술로서 헤겔은 한 나라와 민족의 역사를 포괄적으로 서술하는 일반사, 과거의 역사로부터 어떤 교훈을 이끌어내려는 실용적 역사서술, 사건 자체를 서술하는 것이 아니라 역사서술의 진실성을 가려내는 것을 목적으로 하는 비판적 역사서술, 그리고 마지막으로 한 특정한 영역의 발전과정을 서술하는 부문사를 든다. 반성적 역사서술의 경우, 문제는 서술자가 자신의 서술관점을 형성하는 정신적 수준을 객관적인 것으로 정당화할 수 없기 때문에, 그의 평가기준이 자의적이고 폭력적이라는 비판을 면할 수 없다는 사실이다. 반성적 역사서술의 이런 곤경으로부터 헤겔은 철학적 고찰의 필요성을 도출한다. 헤겔이 생각하기에는 정당화 가능한 보편적 관점을 제시하는 것이 철학의 몫이다.

헤겔은 반성적 역사서술이 한계를 갖지만, 동시에 철학적 역사서술의 가

---

3) 인용 쪽수 표기 방식은 각주 2)를 참고.

능성을 시사하고 있다고 생각한다. 반성적 역사서술 가운데 그가 특히 주목하는 것은 부문사이다. 그는 예술이나 법, 종교와 같은 특정한 부문의 역사가 성립한다는 사실이 철학적 역사서술의 가능성을 정당화하는 데 유리하게 작용한다고 생각한다. 사람들은 각 부문에서 발전의 과정을 읽어내는 것에 대해 대부분 동의한다. 그런데 각 부문사에서 채택되는 발전의 기준은 그 분야의 전문가들에 의해 임의로 선택되는 것인가? 아니면 부문들의 발전은 어떤 포괄적인 발전과정의 한 단면일까? 헤겔은 각 부문들의 역사가 서로 관련 없이 제각기 다른 방향을 취하는 것이 아니라, 정신이 각각 다른 영역에서 객관화되는 과정이라고 생각한다. 헤겔은 각 부문들에서의 발전을 역사발전의 전체 과정과 연결시키고, 역사의 전체 발전과정을 정신 또는 이성의 발전과정으로 포착할 때 철학적 역사서술이 성립된다고 생각한다. 그리하여 헤겔은 철학적 역사서술이 유일하게 전제로 삼는 것은 "이성이 세계를 지배하며, 따라서 세계사가 이성적으로 진행되어왔다"(70/20)라는 생각이라고 한다. 철학적 역사서술이 실제로 해야 할 일은 이 전제를 실제의 역사과정으로써 확인하는 것이다.

이성의 실현과정과 자유의식의 진보과정으로서의 역사

헤겔이 세계사 서술에서 주요 대상으로 삼는 것은 앞서 말했듯이 '국가'이다. 헤겔이 생각하기에 국가는 진정한 자유의 토대이다. 헤겔은 인간이 자연 상태에서부터 자유로웠으며, 국가와 사회에 의해 자연적 자유가 제한되었다고 생각하는 루소 식의 견해나 국가성립 이전에 개인들이 자연적 권리를 이미 가졌다는 로크 식의 견해에 반대하여, 국가의 토대 위에서만 개인의 자유와 권리가 있을 수 있다고 생각한다. 이 점에서 헤겔은 홉스(Thomas Hobbes)를 따르는 셈이다. 그러나 헤겔은 홉스처럼 국가가 개인에 대하여 무조건적인 절대권력을 가져야 한다고 주장하는 것은 아니다. 헤겔은 보편성에 토대를 둔 법과 권리체계를 갖는 국가만이 진정한 자유의 토대가 될 수 있다고 생각한다. 국가가 진정한 자유의 토대라는 점에서 헤겔은 국가를 "지상에 현존하는 신적인 이념"(100/57)이라고 한다.

헤겔이 보기에 자유의 토대로서의 국가의 가장 본질적인 부분은 국가의 기본적인 법과 권리체계(Staatsverfassung)이다. 그러므로 헤겔에게서 역사의 과정이란 국가의 법과 권리체계가 구체적 보편성을 획득하는 과정이다. 그러나 헤겔은 한 국가의 법과 권리체계가 아무리 중요하다 하더라도, 종교, 예술, 철학과 같은 여타의 문화현상들과 유리시켜 생각하지는 말아야 한다고 강조한다. 헤겔에 의하면 한 시대의 모든 문화현상들은 근본적으로 같은 정신적 수준에 서 있다.

> 한 민족의 법과 권리체계는 그 민족의 종교, 예술, 철학, 적어도 그 민족의 관념과 사상, 그 민족의 교양이라고 할 수 있는 것들과 (……) 하나의 실체를, 하나의 정신을 이룬다. 국가는 개성적인 총체성이어서, 국가의 법과 권리체계같이 가장 중요한 측면일지라도 한 측면을 따로 떼어내어 그것에 관련된 관찰에 따라서만 토의되고 선택될 수는 없다.(106/65)

결국 헤겔이 생각하는 역사의 발전과정이란 법과 권리체계의 발전과정에서 확인되는 정신의 단계적 발전과정이다. 이것은 객관적 규범이 개인의 권리와 미분적인 상태에 있다가 개인의 권리와 서로 맞서는 시기를 거쳐, 마침내 개인의 권리를 포괄하는 보편성을 획득하는 과정이다. 이 과정을 개인의 입장에서 보자면, 개인이 사회와 미분적으로 결합되었던 상태로부터 벗어나 자신의 권리를 사회의 질서에 대립시키다가, 마침내 보편적 질서에 자신을 융화시키는 단계에 이르는 과정이다.

역사의 과정을 국가를 주체로 하여 서술하거나 개인의 권리의 측면에서 서술하거나, 헤겔에게 역사의 과정은 자유의 실현과정이다. 그런데 헤겔은 실제의 행동의 담당자는 이념이 아니라 개인일 수밖에 없다고 생각한다. 그래서 헤겔은 개인의 의식과 행동에 초점을 맞추어, 역사의 발전과정을 "자유 의식의 진보과정"(79/32)이라고 압축하여 표현한다. "세계사는 자유의 의식을 내용으로 하는 원칙의 단계적 발전이다."(117/77)

역사의 목적과 수단

구체적 보편성을 갖는 법과 권리의 체계를 역사과정의 목적으로 설정한다는 점에서 헤겔의 역사철학은 목적론적이다. 헤겔은 자신의 역사철학이 목적론적 구조를 가지며, 심지어 섭리론과 유사하다는 점을 숨기지 않는다. 섭리설과의 중요한 차이라면, 섭리설에서는 신의 계획이 인간에게 알려지지 않은 것인 반면, 헤겔의 역사철학에서는 역사과정에서 활동하는 이성의 계획을 알 수 있다고 주장한다는 점이다. "세계사는 신의 계획의 수행이다. 철학은 이 계획을 파악해내고자 한다."(97/53) 헤겔에게 이 계획이란 이성의 자기실현 또는 자유의 실현이다.

그런데 이성은 어떤 방법으로 자신을 실현하는가? 관념론자로 알려진 헤겔이지만, 실제적인 행위자는 이념이 아니라 개인들일 수밖에 없음을 분명히 한다. 그것도 반드시 자유의 이념의 실현을 위하여 활동하는 개인들이 아니라, 자신의 이해를 관철시키기 위하여 활동하는 개인들이다. 이해와 관심 없이는 진지한 행위가 이루어지지 않는다고 가정하면, 개인들의 행위의 동기는 바로 개인들의 이해 이외의 다른 것일 수 없다. 그런데 이런 개인들의 행위가 어떻게 보편성의 실현으로 갈 수 있는가? 헤겔은 개인들은 모르지만, 그들의 행위는 세계사의 목적을 꾀하는 "이성의 교활한 지혜"(94/49)에 의해 조종되고 있다고 말하고 마는가?

헤겔은 이 문제를 어떤 행위의 의미가 실제로 행위자의 의도에만 축소될 수 없다는 점을 지적함으로써 해결하려 한다. 이 문제와 관련된 그의 행위이론의 핵심은 다음 두 가지이다. 하나는 자의적 행위들 사이의 충돌을 통하여 바로 행위의 자의성이 어느 정도 통제되는 일반적 행위체계가 생성될 수 있다는 사실이다. 다른 하나는 행위가 거의 언제나 행위자가 의도한 것 이외의 부수결과를 수반한다는 점이다. 개인의 이해가 걸려 있기에 행위가 이루어지지만, 실제 행위는 개인의 의도를 넘어서는 측면을 갖기에 개인의 의도와 무관하게 세계사적 과정에서 수단으로 작용할 수 있다. 헤겔이 특히 관심을 기울이는 행위자는 '세계사적 개인'들이다. 세계사적 개인들이란 고귀한 도덕적 목표를 가진 사람들이 아니라, 자신의 어떤 이해의 실현을 위하여 자신의 다른 모든 이해를 희생시킬 태세가 되어 있었던 정열적 인물들로서, 그의 실제 의도가 무엇이었든 간에 결과적으로 세계사의 도정에서 중요한 전환을 가져온 행동을 한 인물들을 말한다. 로마를 세계제국으로 만들었고 강력한 중심점을 갖는 국가를 건설한 카이사르나, 유럽의 봉건적 질서를 무너뜨린 나폴레옹은 헤겔이 생각하는 전형적인 세계사적 개인들이다. 헤겔은 이런 세계사적 인물들 및 수많은 개인의 행위를 수단으로 하여 세계사 속에서 자유의 이념이 실현되어나간다고 생각한다. 그래서 헤겔은 자유의 이념과 개인의 정열은 세계사라는 양탄자의 씨줄과 날줄이라고 한다.

개인의 행위가 이성의 자기실현의 수단이기는 하지만, 개인이 단순한 수단만은 아니다. 헤겔은 이성을 개인의 사유에 한정하지는 않지만, 개인에게 외적인 것이라고 생각하지도 않는다. 개인의 도덕성이나 인륜성, 종교 등은 개인의 무한한 성격의 측면이며(94/49), 바로 그것들을 통해서만 정신이 드러난다. 그러므로 세계사의 진행과정에서 개인의 행위가 수단으로 쓰인다면, 그것은 개인이 단순히 희생되는 것이 아니라 자기 자신의 본성이기도 한 자유의 실현에 참여하는 것을 의미한다.

헤겔의 세계사 서술

헤겔에 의하면 아시아에서는 한 사람만이 자유임을 알았고, 그리스와 로마에서는 몇 사람만이 자유임을 알았으며, 게르만 세계에서는 모든 인간이 그 자체로 자유임을 안다(79; 169/31; 134부터). 헤겔의 이 유명한 말은 그의 세계사 서술의 관점을 가장 압축적으로 표현한 말이다. 이 말에 헤겔의 역사서술의 방향이 집약된 것은 사실이지만, 이 말처럼 오해를 많이 산 말도 없다. 이 말에서 헤겔의 서구우월주의, 그리고 게르만 세계를 미화하려는 그의 의도 이상의 것을 읽어낼 수 있는가? 그러나 미리 분명히 해둘 점은 헤겔이 아시아에서 한 사람만이 자유로웠다고 말할 때, 그것이 한 사람의 전제군주 하에서 만인이 신음하였다는 것을 의미하지는 않는다는 사실이다. 헤겔은 그런 전제자의 모습을 아시아에서보다는 오히려 로마제국에서 볼 수 있다고 분명히 말한다.(171/136) 또 헤겔은 자신의 시대의 독일이 모든 면에서 가장 발달된 나라라고 주장하려는 것 같지도 않다. 헤겔이 말하는 게르만 세계는 독일을 한 부분으로 포함하는 중북부 유럽지역이다. 그러면 헤겔이 의도하는 것은 무엇인가?

세계사를 서술할 때 헤겔은 한 시대의 관습, 윤리, 종교, 학문, 재산관계, 정치체제 등을 분석한 후, 거기에서부터 그 시대의 국가가 정신의 어떤 발전단계를 구현하고 있는지를 규정하려 한다. 국가발전의 최종적인 단계는 철저히 보편적인 원칙에 따라 구성된 법과 권리체계가 성립하고, 개인들이 그것을 자신들의 자유와 권리의 토대로 자각하는 단계이다. 헤겔은 이런 단계로 나아가기 위하여 개인들이 보편적 관점을 획득하는 것이 중요하다고 생각하였다. 개인들이 보편적 관점을 가질 수 있어야 관습과 즉자적으로 통일된 상태에서 벗어나, 사회규범을 개선해나갈 수 있기 때문이다. 그러나 헤겔은 개인들이 자발적인 자기반성을 통해 보편적 관점을 갖게 된다고 생각하지 않았다. 그는 개인이 사회규범과의 분열을 겪음으로써, 자신의 내면성의 세계를 형성하고 내면세계에서 절대적 기준을 가지며, 마침내 이 관점에서 현실의 규범을 변모시키는 실천으로 나아가는 실질적 과정에 주목한다. 이렇게 개인들이 보편적 관점을 갖게 되는 과정의 발생사를 서술하였다는 점에서 헤겔은 모든 사회계약론자와 칸트를 넘어서는 것이다. 이런 헤겔의 생각은 세계사의 시기를 나누는 그의 다른 방식에서 더 잘 드러난다.

헤겔은 역사의 발전과정을 인간의 성장과정과 비교하여 나눈다. 처음의 시기는 유년기이다. 역사의 유년기란 유년기의 어린이가 가족과 사회의 기존 규범체계 속으로 태어나서 그것을 자연적 질서로서 알고 따르듯이, 사회의 규범이 일종의 천리(天理) 또는 자연적 질서로서 여겨지는 상태를 말한다. 헤겔은 이런 정신의 단계를 자연적 정신성(natürliche Geistigkeit)이라고 표현한다. 정신의 이 단계에서는 전승된 관례와 도덕, 법이 구별되지 않는다. 아직 내면세계가 독자화되지 않았기 때문에 개인들은 선악의 문제를 자신의 양심에 비추어 판단하는 것이 아니라, 전승된 도덕에 의존하여 판단한다. 헤겔이 보기에 고대 중국에서는 내면세계란 없었고, 인도에서는 있으나 아직 분리가 제대로 되지 않은 상태이다. 지배자는 전승된 규범의 구현자이며 어린이가 규범의 구현자인 부모에게 의존하듯이, 모든 백성은 일종의 가부장으로서의 지배자의 의지와 판단에 의존적이다. 지배자도 일반 백성처럼 역시 전승된 규범에 종속되지만, 그래도 전승된 규범을 자신의 의지에 따라 부분적으로 바꾸고 정당화할 수 있는 유일한 자이다. 헤겔이 동양에서는 한 사람만이 자유로웠다고 말하는 것은 바로 이런 의미이다.

고대 아시아와 구별하여 헤겔은 그리스 시대를 세계사의 청년기로 이해한다. 헤겔은 이 시기의 가장 중요한 특징으로 바로 개성의 출현을 든다. 헤겔이 보기에 그리스의 개성은 사회규범에 대립되는 개인적인 성향은 아니다. 헤겔의 관점으로는 그리스식의 개성의 특징이란 오히려 규범을 개인들이 진심으로 의욕한다는 점에 있다. 그래서 헤겔은 그리스를 "아름다운 자유의 나라"(172/137)라고 부르기도 한다. 헤겔의 역사철학이 개인의 의식과 객관적 질서 사이의 조화로운 상태에 대한 동경을 가지고 있지만, 그리스는 헤겔에게 자체의 결함에 의해 지양될 수밖에 없는 역사발전 과정의 한 단계일 뿐이다. 그리스 정신의 결함은 두 가지 측면에서 지적될 수 있다. 하나는 인류가 아직 보편성을 갖추지 못하였다는 사실이다. 다른 하나는 그 인류를 자신의 것으로 삼는 개인도 아직 도덕성(Moralität)의 단계에, 즉 규범에 관련된 보편적인 기준을 자신의 내면에 갖는 단계에 도달하지 못하였다는 사실이다. 즉 규범도 보편적 규범으로서 개인들에 부과된 것이 아니라 관습의 성격을 가지며, 또 개인들도 보편성에 비추어 어떤 규범을 선택한 것이 아니라 그저 자신의 것으로서 선택한 것이다. 헤겔이 보기에 그리스적 인류은 아름다운 조화의 상태에 있으나, 정신은 아직 자연적 요소로부터 완전히 벗어나 최고의 관점에 도달하지 못하였다.(258/323) 정신의 수준으로 보면 그리스는 예술의 단계에 해당된다. 헤겔이 그리스적 정신에 무한한 형식이 부족하다고 하는 것은, 바로 개인들이 철저한 보편적 관점의 단계에 도달하지 못하였다는 말이다.

세계사의 세 번째 단계인 장년기를 헤겔은 로마에서 본다. 인생의 장년기가 수고스러운 노동에 의해 점철되듯이, 헤겔이 보기에 로마 시대는 보편적인 목적을 위하여 개인이 냉혹하게 희생되는 시기이다. 이때 헤겔은 특히 로

마의 전제정치가 가져온 변화에 주목한다. 전제정치는 모든 국민을 추상적인 법적 인격체(Person)로 만들었다. 법적 인격체로서의 개인들은 서로에 대해 재산권의 주체로서 외면적인 관계만 맺게 된다. 헤겔은 이런 상황이 바로 개인들이 관습이 아닌 법에 의지하게 하는 결과를 가져왔다고 이해한다. 전제정치의 다른 중요한 결과는 사람들이 압제에서 시달리면서 현세에서가 아니라, 현세 초월적인 것에서 구원을 찾게 되었다는 점이다. 이를 통해 비로소 개인들은 비록 아직 무력한 내면의 세계에서이지만, 경험적 현실을 초월하는 관점을 가지게 된다. 이제 주관들은 제약된 현실의 나라에 대하여 보편성을 갖는 신앙과 사상의 세계를 대립시키게 된다. 정신의 수준으로 보자면 이 시기는 종교의 시기에 해당된다.

로마 시기에 이어 서술되는 중세[4]에서도 외면과 내면의 대립이 지속된다. 중요한 차이라면 내면과 외면의 대립이 교회와 국가라는 구체적인 힘의 대립으로 등장한다는 점이다. 로마제국의 전제정치의 역할에 대한 규정과 마찬가지로, 교회와 예속신분제의 역할에 대한 헤겔의 규정도 독특하다. 헤겔은 중세에 이 두 가지 제도가 개인들을 압박하였지만, 동시에 두 제도가 각각 정신과 육체를 조야한 상태에서 벗어나게 하는 데에 기여했다고 말한다. 그는 "인류가 노예제도로부터 해방되어왔을 뿐 아니라 노예제도를 통하여 해방되었다"(437)[5]라고 말한다. 헤겔은 내면과 외면의 지속적인 대립은 주관으로 하여금, 자신의 내면에서 만족을 찾거나 보편적인 목적을 찾아 나서게 한다고

---

4) 헤겔은 중세를 게르만 세계의 역사로 서술하고 있다. 그러나 그가 말하는 역사의 노년기를 게르만 세계의 역사의 전체 시기로 보는 것보다 마지막 시기(16세기 이후)에 해당되는 것으로 보는 것이 합당하기에, 여기서는 헤겔의 중세에 대한 서술을 세계사의 노년기 이전으로 분류하였다.

5) "Es ist die Menschheit nicht sowohl aus der Knechtschaft befreit worden, als vielmehr durch die Knechtschaft"(487).

한다. 헤겔은 진정한 것을 자연물적인 것에서 찾으려고 하는 시도가 성지탈환을 위한 십자군 전쟁을 통해, 최종적으로 좌절되었다고 생각한다. 천신만고 끝에 도달한 성지의 초라함에서, 바로 최고의 것을 물적인 것에서 찾으려는 정신의 한계가 주관들 스스로에게 명백히 드러난다.(424/474)

네 번째 시기는 노년기이다. 이 노년기는 역사의 노쇠의 의미가 아니라 완성의 의미이다. 헤겔은 게르만 정신에서 자유가 무한한 형식을 내용으로 갖는 단계, 즉 개별자들에 맞서 있는 것이 아니라 그것들을 자신의 계기로 포괄하는 보편자의 형태를 갖는 단계에 이르렀다고 한다. 이 시기에는 의식이 보편적 관점을 획득하고, 정신영역에서 성취된 자유의 세계를 현실의 세계로 실현하는 것이 추구된다. 헤겔에 의하면 게르만인들은 세계정신을 위하여 "진정한 자유의 개념을 종교적 실체로만 가지고 있지 않고, 세계 속에서 주관적 자각을 바탕으로 자유로운 행동을 통하여 산출하는"(360/413) 소임을 맡았다고 한다. 헤겔이 보기에 의식이 진정한 자유의 관점에 도달하는 것은 종교개혁을 통해서만 가능했고, 자유의 현실적 실현은 기득권이 완고한 곳에서는 정치적 혁명을 통해서만 가능하였다. 그래서 게르만 세계의 발전에 관한 결정적인 사건은 종교개혁과 프랑스혁명이다.

헤겔은 프로테스탄트의 교리가 모든 성물을 배제하고 신적인 것을 철저하게 내면의 세계에서 추구하였으며, 노동과 같은 현실적 실천을 중시하였다는 점에서 자유의식의 새로운 진보였다고 평가한다. 정치적으로 프랑스혁명은 자유와 권리가 모든 현실적인 법과 제도의 원리로 등장하는 전환점이다. 헤겔은 프랑스혁명이 개인을 원자화하고 개별적 의지를 지나치게 중시함으로써 제도의 안정성이 희생되어, 필연적으로 폭력적인 급진과 반동의 소용돌이에 빠진다고 진단하였지만, 그 혁명의 세계사적 역할이 보편성에 입각한 법과 권리체계를 도입하는 데에 있음을 간과하지 않았다. 헤겔은 프랑스혁명의 사상적 원리에 대해 다음과 같이 말한다. "태양이 창공에 자리 잡고 행성들이 그 주위를 운행한 지가 그토록 오래인데, 인간은 자신의 본질을 머리에서, 즉 사상에서 가지며 이에 의거하여 현실을 구축한다는 것이 통찰되지 못하였다. (……) 그러나 인간은 이제 사상이 정신적 현실을 지배해야 한다는 것을 인식하게 되었다."(482/529) 헤겔은 독일인이 프랑스인에 비해 정치적 실천에서 뒤진 것을 꼬집지만, 다른 한편으로는 고결한 군주에 의해 통치되는 행운과 국민의 성실성 때문에, 커다란 정치적 격변을 겪지 않고도 자유의 원리를 실현할 수 있었다고 생각한다. 이 역사의 최종단계에서 자유는 그 개념에 맞게 의식되고 실현된다. 정신의 수준으로 보자면 이 단계는 철학의 단계이다.

헤겔의 역사철학의 영향 및 현대적 의미

만일 헤겔의 형이상학을 배제한 채 그의 역사철학의 합리적 핵심을 추린다면, 두 가지 사항으로 정리될 수 있다. 하나는 가장 발전된 사회의 핵심적 요소를 보편성을 갖는 법 및 권리체계와 그런 기본질서를 자신의 권리원천으로 삼는 개인들의 태도에서 찾았다는 점이다. 다른 하나는 이런 사회로의 발전과정의 역학을 포괄적으로 서술하려 했다는 점이다. 가장 발전된 사회형태로 진행해가는 실제 역학을 찾으려는 헤겔의 시도가 끼친 영향 가운데, 가장 중요한 경우는 역시 마르크스의 유물론적 역사 파악일 것이다. 마르크스의 역사 파악은 여러모로, 특히 경험적 현실의 실제 역학을 찾아낸 점에서 헤겔의 역사철학을 뛰어넘는 것이지만, 그렇다고 헤겔의 역사철학을 마르크스의 역사유물론의 전사(前史)로만 보는 것도 곤란하다. 특히 개인들이 보편적 관점을 형성하는 과정에 대한 헤겔의 문화사적, 발생적 분석은 마르크스에 제대로 없는 부분이다. 또한 가장 발전된 사회의 이념에 관해서도, 자유로운 생산자들의 연합이라는 마르크스의 이념이 오히려 보편주의적 법과 권리체계라는 헤겔의 사회이념에 의해 보충되어야 하는 측면도 있다.

헤겔의 역사철학이 국가를 신성시하며 군주제를 지지하는 비민주적 발상에 토대를 두고 있고, 개인을 도구화하는 전체주의적 성격을 갖는다는 포퍼(K. Popper) 류의 비난(이명현 역, 1982, 23쪽부터)은 헤겔의 역사철학에 관한 공정한 비판은 아니다. 헤겔에서 국가는 보편성에 입각한 법과 권리체계를 바탕으로 통치할 때만 국민의 충성을 받을 수 있기 때문이다. 다만 설명의 구조에서 헤겔의 역사철학이 포퍼가 말하는 역사주의(historicism)의 성격, 즉 역사의 어떤 본질적 목적을 정해두고 역사가 반드시 그리로 발전해갈 것이라고 설명하는 목적론적 구조를 갖는다는 점은 부정될 수 없다. 그러나 헤겔의 역사철학은 그의 형이상학과 목적론 없이 재구성될 수 있는 여지가 있다.

사회적 관계 속에서 개인이 어떻게 보편적 관점을 갖는 주체로 형성되는지, 그리고 보편적 관점이 사회규범에 어떻게 매개되는지는 오늘날도 여전히 흥미로운 대목이다. 이것을 오늘날의 우리는 헤겔적인 형이상학의 도움 없이 두 가지 측면으로 나누어 생각할 수 있을 것 같다. 하나는 탈관습적 도덕의식의 출현과정에 대한 분석이다. 헤겔은 이것을 한편에서는 강력한 권력의 압제가 자연적 유대를 깨뜨리고 개인들에게 내면의 세계를 형성하게 하며, 다른 한편으로 경제적 관계의 팽창에 의해 사회관계가 탈규범화되는 사실 등에 의거하여 설명하려는 것으로 보인다. 다른 하나는 사회의 규범체계의 원리로서 보편성이 자리 잡는 과정에 대한 분석이다. 헤겔은 이것을 기존의 규범체계가 개인들의 권리요구에 맞게 변모되는 과정에 의해 설명하려는 것으로 보인다.

공통에 대하여 차이를, 보편적인 것에 대하여 특수한 것을 강조하는 것이 철학의 구호가 된 오늘날 헤겔의 역사철학이 사람들에게 여전히 감동을 줄지, 또 헤겔의 역사철학이 가장 발달된 것으로 제시하는 사회형태가 과연 사회발전의 완전한 척도를 제공하는지는 의문이다. 그러나 그것이 아직도 가장 중요한 사회발전의 척도인 것은 부정될 수 없을 것 같다. 오히려 문제는 헤겔이 제시한 사회발전의 척도가 불완전하다기보다, 오늘날 지구상에서 보편성에 입각한 법에 의해 통치되고 개인이 자유를 누리되, 그런 법을 자신의 자유와 권리의 원천으로 삼고 있는 사회형태에 근접한 나라가 많지 않다는 데 있다. 오늘날 더 이상 보편주의적 관점에서 해결할 수 없는 문제들이 많이 생겨났다고 주장되지만, 보편주의적 관점의 사회적 구현이 여전히 가장 시급한 과제인 것도 사실이다.

2장 하이데거의 헤겔,
헤겔로부터 본 하이데거

1. 들어가는 말

이 글의 목적은 다음의 두 가지이다.

첫째, 하이데거(Martin Heidegger)가 헤겔의 철학과 시도하는 대화를 하나의 흥미로운 헤겔 해석으로 정리하는 일이다. 일반적으로 흥미로운 대화란 대화 과정에서 대화상대자들의 존중될 만한 견해가 바로 대화를 통해서 분명하게 구별되어 드러나는 경우이다. 하이데거의 헤겔 해석에서는 헤겔의 철학의 중요한 내용과 함께 하이데거 자신의 철학적 특징들도 잘 드러난다. 하이데거는 헤겔의 철학에서 자신이 극복하려는 서양의 형이상학, 즉 존재를 '논리적'[6]으로 이해하며 존재자 가운데 주관에게 특별한 위상을 부여하는 존재론의 완성태를 본다. 이런 헤겔 해석을 통해 하이데거는 헤겔의 철학에 대한 존재론적 해석의 한 중요한 유형을 제시함과 아울러,[7] 자신의 사유가 서양의

---

6) 앞으로 '논리적'이란 말은 명제들 사이의 형식적·논증적 관계를 의미하는 것이 아니라, 존재자의 본질적인 성격을 로고스, 이성 등으로 이해하는 형이상학적 입장을 가리키는 용어로 사용한다.

7) 하이데거에 의해 강한 영향을 받은 헤겔 해석의 예를 두 가지만 들자면: H. Marcuse, *Hegels Ontologie und die Theorie der Geschichtlichkeit*, 1932, 출처: Schriften 2권,

형이상학과 어떻게 비판적 거리를 가질 수 있는지를 보여준다.

둘째, 근대적 주관성에 대한 하이데거의 비판을 헤겔을 염두에 두면서 비판적으로 검토하는 일이다. 하이데거의 헤겔이해에는 제대로 반영되어 있지 않지만, 헤겔도 근대적 주관의 자기주장을 제한하려 하였다. 헤겔은 타인과 공동체에 맞서는 주체의 태도에서 문제점을 보았지만, 동시에 근대적 주관성이 침해되어서는 안 될 권리를 가지고 있다고 생각하였다. 그는 공동체가, 개별적 개인들에게 최대한의 자유를 허용하면서도 사회적 통합력을 잃지 않는 방식으로, 진정한 주체로 전환됨으로써 문제가 해결될 수 있다고 생각하였다. 이에 반해 하이데거는 근대의 문제점의 연원을 주체와 객체를 분리하고 주체를 우위에 두는 근본적인 형이상학적 태도에로 소급해간다. 그는 주체의 공격적인 인식·실천의 태도로부터 존재의 소리 없는 부름에 주의 깊게 귀 기울이는 묵상적 태도로 전환할 것을 제안한다. 하이데거는 합리적 제도, 즉 충분한 구속력을 가지면서도 이상적인 토의에 의해 견제되는 제도가 가져올 수 있는 문제 해결의 가능성을 전혀 고려하지 않는다.

2. 하이데거의 헤겔: 서구형이상학의 완성태

하이데거의 헤겔철학 수용의 단계

하이데거는 그의 철학적 저작의 거의 전 시기에 걸쳐 일관되게 헤겔의 철학을 폭과 깊이에서 서양철학의 최고라고 말한다.[8] 그러나 헤겔의 철학이 그

Frankfurt: M., 1989; M. Riedel, *Theorie und Praxis im Denken Hegels*, Stuttgart, 1965.
8) 그의 1915년의 교수자격 논문 「둔스 스코투스의 범주론과 의미론」(Die Kategorien-und Bedeutungslehre des Duns Scotus)은 "충일함과 깊이, 체험의 풍부성과 개념형성에서 가

러한 위상을 갖는다고 여기는 이유는 하이데거 자신의 사유의 변화와 함께 달라졌다. 하이데거의 헤겔 해석은 대략 다음의 세 가지 시기와 방향으로 나눌 수 있다.[9)]

첫째, 1925~1926년 마르부르크(Marburg)에서의 강의와 『존재와 시간』의 시기이다. 이 시기에는 주로 헤겔의 시간 개념이 격렬히 비판된다. 헤겔을 비판할 때 하이데거가 전거로 삼는 문헌은 주로 헤겔의 『철학백과』[10)]이다.

둘째, 1930~1931년 헤겔의 『정신현상학』(이하 『현상학』으로 약칭)의 초반 부분('의식' 장과 '자기의식' 장의 일부)에 대해 강의를 하였던 시기, 그리고 1942~1943년 『현상학』의 '서론' 부분을 상세하게 주해할 때의 시기이다. 이 시기에 하이데거는 헤겔의 『현상학』을 '존재론적 차이'에 입각하여 해석하려고 시도한다. 이 시기에 헤겔의 철학은 존재를 '논리적'으로 규정하려 한 서양의 형이상학의 완성태로 해석된다. 다른 한편 하이데거는 헤겔이 존재자와 존재의 차이를 어느 정도 분명하게 인지하고 있는 것으로 평가한다. 주요 분석의 대상이 되는 헤겔의 문헌은 물론 『현상학』이다.

셋째, 헤겔의 『논리학』에 대한 세미나가 이루어지고 「형이상학의 존재신학적 성격」(Die ontotheologische Verfassung der Metaphysik, 1957)이라는 강의 및 「헤겔과 희랍인들」(Hegel und die Griechen, 1958)이라는

장 위력적인 역사적 세계관의 체계"인 헤겔의 철학과의 대결을 앞으로의 과제로 설정하는 것으로 끝맺고 있다. 1962년의 강의인 「시간과 존재」(Zeit und Sein)에서도 헤겔은 여전히 "근대의 가장 위력적인 사유"라고 평가되고 있다. GS 1권 411쪽 참고, GS 14권 6쪽 참고. 헤겔에 대한 하이데거의 평가를 보여주는 이 두 구절들에 대해서는 Denise Souche-Dagues가 "The Dialogue between Heidegger and Hegel", in: Ch. Macann 편, Martin Heidegger, *Critical Assesments* 246 - 276쪽에서 언급하고 있다.

9) 다음의 시기구분은 Souche-Dagues(1992)의 분류를 거의 따른 것이다.

10) *Enzyklopädie der philoshphischen Wissenschaften* II권, (Suhrkamp 출판사의 Theorie Werkausgabe의 제9권).

강연이 있었던 시기이다. 이 시기에 하이데거는 헤겔의 사유를 자신의 사유에 상당히 접근시킨다. 물론 헤겔의 사유는 여전히 형이상학적 사유로 규정된다. 그러나 이제 그것에 대한 비판보다는 그로부터 적절한 거리를 취하는 것이 중요해진다. 하이데거는 헤겔의 사유에서 파악되는 존재와 존재자의 관계가 잘못된 것이라기보다는 오히려 존재가 자신의 모습을 보이는 방식에 의해 역운적(歷運的)으로 규정된 것으로 보려 한다. 이제 하이데거에게 중요한 것은 헤겔식의 존재이해방식이 존재가 자신을 드러내는 유일한 방식이 아니라는 점을 밝히는 것이다.

하이데거의 헤겔 해석 방식들이 위의 세 시기에 언제나 서로 확연히 구별되는 것은 아니었다. 두 번째 시기에도 헤겔의 시간 개념이 간혹 격렬히 비판되기도 하며, 또 두 번째와 세 번째 시기의 헤겔 해석의 차이는 헤겔의 철학의 내용에 관련되기보다는 오히려 하이데거의 수용태도의 변화에서 찾아질 수 있다. 전체적으로 하이데거의 헤겔이해의 변화 과정은 헤겔의 철학에 대한 적대적 비판으로부터 시작하여, 헤겔철학과의 생산적인 대화를 통하여 자신의 생각을 표현하려 하는 수용방식으로의 변화 과정, 즉 헤겔철학과 일종의 해석학적 거리를 만들어가는 과정이라고 할 수 있을 것이다.

헤겔의 시간 개념비판: 『존재와 시간』에서의 헤겔

『존재와 시간』의 전체적 어조가 열정적이듯이, 그 책의 82절[11]에서 하이데거가 헤겔의 철학에 가하는 비판도 무척 격렬하다. 하이데거가 헤겔을 신랄하게 비판한 것은 한 가지 이유에서이다. 하이데거는 헤겔 식의 시간 개념

---

11) §82의 제목은 다음과 같다: Die Abhebung des existenzial-ontologischen Zusammenhangs von Zeitlichkeit, Dasein und Weltzeit gegen Hegels Auffassung der Beziehung zwischen Geist und Zeit.

이 『존재와 시간』에서 '시간성'(Zeitlichkeit)으로 표현된 것을 이해하는 데에, 그럼으로써 『존재와 시간』의 핵심적인 주장을 이해하는 데에 최대 장애가 된다고 파악하였기 때문이다. 헤겔의 시간 개념에 대한 하이데거의 비판은 워낙 배척적이기 때문에, 그 비판은 하이데거가 헤겔과 벌이는 흥미로운 대화의 시도라고 하기는 어렵다. 하이데거의 헤겔비판의 논지를 이해하기 위해 필요한 최소한의 것만을 서술해 보면 다음과 같다.

『존재와 시간』에서 하이데거는 존재자와 존재를 구별하고 자신의 과제를 존재 자체를 밝히는 것으로 규정하였다. 존재에 대해 묻기 위하여 그는 먼저 존재에 대해 물을 수 있는 자, 즉 존재이해를 가진 자의 존재성격을 해명하려 하였다. 하이데거에 따르면 존재이해를 가진 존재자의 '있음'은 그냥 있음이 아니라 항상 이미 '~에 있음'(Dasein)이며, 이때 '~에'(Da)는 '세계 내'(In-der-Welt)의 의미로 분석된다. 이 세계내존재는 다시 자신의 가능성에로 앞서가는 기투(Entwurf)와, 이미 세계 안에 던져진 상태인 피투성(Geworfenheit), 그리고 세계에서 만나는 사물들 곁에서 타인들과 함께하면서만 자기를 부각시킬 수 있는 분절성(Artikulation)으로 분석된다. 하이데거는 이 구조를 모두 아울러 심려(Sorge)라고 부른다. 마지막으로 하이데거는 심려를 구성하는 서로 다른 구조들이 어떻게 통일성을 이룰 수 있는가에 대해 물으면서, 그 통일성이 현존재의 시간성(Zeitlichkeit)에서 비롯된 것임을 밝힌다.[12] 이렇게 하여 하이데거는 시간성을 현존재의 존재성격으로, 시간을 존재에로 접근할 수 있는 초월적 지평으로 파악해낸다. 여기서의 논의를 위하여 중요한 것은 시간의 탈자(Ekstasis)적 성격이다. 기재(Gewesenheit), 미래(Zukunft), 현재(Gegenwart)는 서로 떨어져 있는 시

---

12) SZ §65 이하 참고.

점들로서가 아니라, 이미 있는 것을 선취하여 현재화하는 현존재의 존재방식으로 파악된다. 시간성의 계기들이 서로 탈자적이기 때문에, 시간성으로서의 현존재는 존재에로 열려 있으며 존재이해를 가질 수 있는 것이다.

그런데 하이데거가 헤겔의 『철학백과』에서 읽어낸 시간 개념은 통속적 시간 개념의 전형이다. 하이데거가 보기에 『철학백과』에서 시간은 '지금의 연속'(Jetztfolge)으로 이해되고 있을 뿐이다.[13] 과거는 지나간 지금(Jetzt)들이며 미래는 앞으로 올 지금들일 뿐이다. 또 『철학백과』에서 시간은 자연철학의 대상이기 때문에, 시간이 인간존재의 존재성격으로 이해되는 것과는 거리가 멀다. 헤겔이 시간과 정신과의 어떤 구조적 유사성에 대해 이야기하기도 하지만, 그것은 시간이 정신의 본질적 성격을 구성한다는 의미가 아니다. 그것은 다만 시간이 정신의 자기구체화를 위한 적절한 매체라는 것을 의미할 뿐이다. 하이데거가 보기에 이런 시간이해는 탈자적 시간성을 밋밋하게 수평화(nivellieren)해버린 결과일 뿐이다.

헤겔이 『철학백과』에서 시간을 지금의 연속으로 본 것은 사실이다. 그러나 이때 '연속'은 하이데거가 생각하는 것처럼 단순히 순차적 나열의 의미를 갖는 것은 아니다. 『철학백과』에서 헤겔이 시간을 다룰 때 그의 가장 중요한 관심사는 부정성(Negativität)의 문제이다. 헤겔은 시간이 갖는 부정성을 공간의 경우와 대조하여 설명한다. 공간의 경우, 부분공간들 사이에는 아무런 긴장이 없다. 각 부분공간들이 서로 포함관계를 갖든 서로의 외부에서 병존하든 전체공간에는 상관없는 일이다. 각 부분공간들끼리, 또 부분 공간들과 전체공간은 서로 무관한 타자 사이인 듯이 간섭 없이 있을 수 있다. 이런 타자의 관계를 헤겔은 일차적 부정의 단계로 파악한다. 이런 공간의 관계와 달리

---

13) SZ §82 참고.

시간의 경우에는 서로 다른 시점들이 공존할 수 없다. 각 시점은 서로 무관한 것처럼 있는 것이 아니라, 한 시점은 다른 시점이 아닌 것으로서만 있다. 전체시간도 단순히 공존하는 각 시점의 합이 아니라 시점들의 변화 흐름으로서만 있다. 그래서 헤겔은 시간이 공간에서 보여진 타자관계, 즉 부분들 간의, 또 부분과 전체 간의 상호무관의 관계가 부정됨으로써 성립한다고 생각한다. 이런 근거에서 헤겔은 시간에서 '부정의 부정'의 구조를 읽어내는 것이다.

하이데거가 헤겔의 시간 개념을 비판할 때 헤겔의 시간 개념을 얼마나 정확히 파악하였는지는 여기서 중요한 일이 아니다. 중요한 점은 하이데거의 헤겔비판에서 나타나는 하이데거 자신의 생각, 그리고 이에 대비되어 두드러지게 보여지는 헤겔의 생각이다. 하이데거에게는 시간성은 현존재의 존재성격이며 존재의 의미를 드러내는 초월적 지평이었다. 그는 시간성에서 인간의 유한성과 존재개방성을 읽어내려고 하며, 그에게는 현존재의 유한성이야말로 현존재가 존재이해를 가질 수 있는 근거이다. 이에 반해 헤겔의 철학에서는 무한자의 모습에서 비로소 존재의 참모습이 드러나는 것으로 여겨진다. 시간은 유한한 존재가 무한한 존재에로 지양되는 과정에서의 한 단계일 뿐이다. 인간의 의식도 무한성에 도달할 때, 절대적 지식이 될 때 비로소 존재의 참모습을 파악할 수 있다. 『존재와 시간』 이후에 펼쳐질 헤겔철학과의 대결은 헤겔의 '시간' 개념에 국한되는 것이 아니라 이런 헤겔철학 전체와의 대결이 된다. 진리의 조건을 무한한 정신, 존재완결성에서 찾는 헤겔의 철학은 인간존재의 시간성, 유한성, 존재개방성을 진리생성의 조건으로 밝히기 위하여 극복되어야 할 형이상학으로서 여겨진다.

헤겔의 인식론의 존재론적 전제: 『정신현상학』에 대한 하이데거의 해석

『정신현상학』을 해석하는 하이데거의 기본 시각

『존재와 시간』 이후 하이데거는 『존재와 시간』에서 충분하게 하지 못하였던 일, 즉 서구형이상학을 존재론적 차이에 입각하여 비판적으로 서술하는 일에 주력한다. 이 관심은 헤겔의 『현상학』에 대한 강의(1930~1931: 이하 『강의』로 약칭)[14]에서 하이데거가 헤겔의 철학을 바라보는 기본관점을 형성한다. 다만 헤겔의 철학은 하이데거가 비판적으로 극복하고자 하는 형이상학의 완성태이기에, 형이상학의 단순한 하나의 예로 거론되고 마는 것이 아니라 자세한 주석과 치밀한 해석의 대상이 된다. 『현상학』을 해석할 때의 하이데거의 기본관점은 다음과 같다.

하이데거에 의하면 서양철학사는 "존재(자)가 무엇인가" 하는 기본 물음에 의해 이끌려왔으며, 이 물음을 로고스(λόγος), 누스(νους), 라치오(ratio), 사유(Denken), 이성(Vernunft), 지식(Wissen) 등으로 표현되는 합리적 사유와의 연관에서 고찰해왔다. 그래서 존재에 관한 물음은 고대에서부터 이미 존재의 논리적인 성격에 대한 물음(Onto-logie)이었다. 이로써 하이데거가 말하려는 것은 단지 존재자를 합리적인 사유절차에 따라 파악하였다는 사실이 아니다. 그가 지적하려고 하는 것은 존재자가 합리적 사유로부터, 그리고 합리적 사유로서 파악되었다는 점, 즉 합리적 사유가 존재자 자체의 내용적 측면까지 구성하고 있다는 점이다.

하이데거가 보기에 고대철학에서 이미 시작된 존재(자)와 합리적 사유와의 연관은 존재물음에 대한 어떤 방향의 답을 시사하고 있다. 그는 헤겔에서 그 답의 가능한 최후 형태가 제시되었다고 본다.[15] 하이데거에 따르면 존재

---

14) M. Heidegger, *Hegels Phänomenologie des Geistes*, GS Bd. 32.

15) 위의 책, 17쪽 참고.

를 논리적으로 규정하려는 형이상학에게 가장 중요한 관심 대상은 최고 존재(θεός)였다. 그래서 존재론은 존재신학론(Onto-theo-logie)의 경향을 가졌다. 하이데거는 존재론의 이런 경향이 근대철학에 의해 야기된 전통적 사유와의 단절과 함께 종식된 것이 아니라 오히려 그 마지막 귀결을 향해 계속 진행되었다고 생각한다. 근대철학이 가져온 전환이라면 다만, 데카르트(René Descartes)에서처럼, 자아(ego)가 단순한 인식주체로서가 아니라 탁월한 존재양식을 갖는 존재자로서 존재에 관한 물음의 중심에 선다는 점이다. 그래서 하이데거는 고대부터 근대사상 깊숙이까지 계속되는 존재론의 흐름을 '존재-신학-자아론적'(onto-theo-ego-logisch)이라고 규정한다. 하이데거가 보기에 존재의 본질적 성격을 '정신'에서 찾으며, 이런 인식에 도달한 주관의 지식, 즉 절대지를 지식의 발전과정의 최종점으로 본 헤겔의 철학은 바로 존재-신학-자아론적 존재론의 완성태이다. 하이데거는 이 완성점에서 비로소 — 완성점에서 새로운 출발이 이루어진다는 것은 상당히 헤겔적인 발상인데 — 존재에 관한 기존 방식의 물음에 대한 더 정교한 대답이 아니라 물음 자체의 전환이 일어날 수 있다고 생각한다. 그러므로 하이데거에게는 존재를 논리적으로 이해하지 않는 다른 방식의 존재이해의 가능성을 설득력 있게 드러내 보이기 위하여, 헤겔의 철학을 존재론적 차이에 입각하여 해체하는 일이 중요한 과제가 된다.

헤겔 체계 내에서의 『정신현상학』의 위상

『강의』에서 하이데거는 『현상학』이 헤겔의 철학에서 차지하는 위상을 규명하는 일로 시작한다. 하이데거가 이 문제를 『현상학』의 내용에 들어가기 전에 다룬 것은 단순히 현학적인 예비고찰에 불과한 것이 아니다. 어떤 철학적 저술보다도 헤겔의 『현상학』은 그것의 위상을 분명히 하는 것이 그것의 내용을 이해하는 데에도 필수적이다. 『현상학』이 헤겔의 철학에서 차지하는 위상의 문제가 왜 그렇게 중요한지는 헤겔이 말하는 '학문'(Wissenschaft)이 무엇인지, 그리고 그 학문의 성립조건을 살펴보면 분명해진다.

헤겔은 진리를 판단의 경험적 타당성에서만 찾거나 주관성을 벗어나지 못한 주관의 사유틀을 진리의 근거로 삼는 입장에 반대하여 왔다. 그에게 학문은 진정으로 존재하는 것에 대한 서술이어야 한다. 그런데 진정으로 존재하는 것에 대한 서술이란 곧 존재하는 것의 자기전개를 서술하는 일이다. 헤겔이 생각한 학문이란 먼저 존재성의 단계 내지 범주들의 단계를 순차적으로 전개하고(논리학), 다음에는 그것의 실제적 구현과정으로서 자연적인 것들(자연철학)과 정신적인 것들(정신철학)을 전개하는 '체계'로서 성립한다. 그런데 헤겔의 이런 학문관이 소박하게 지식과 세계의 동형성을 가정하는 것이 아니라면, 반드시 해결해야 할 과제가 있다. 그것은, 칸트 이후 피히테와 셸링을 거쳐 헤겔에게 전승된 과제로서, 우리가 대상에 대해 이러 저러한 지식을 얻지만 대상 자체는 우리에게 도달될 수 없으며 우리의 지식과 무관하게 있을 것이라는 주·객분리의 가정이 근거가 없음을 밝히는 것이다.

이를 위하여 헤겔은 이 과제를 "참된 존재자(das Wahre)를 실체(Substanz)로서뿐만이 아니라 마찬가지로 주체(Subjekt)로서 파악"[16]할 것을 강조한다. 헤겔은 실체가 이미 견실한 자기동일성을 가지고 있으면서 부수적으로 타자와 관계를 맺는 방식으로 존재하는 것이 아니라, 타자와의 연관 속에서 이 연관을 자신에게 통합하여 자기동일성을 재확보함으로써만 존재한다고 한다. 즉 실체는 자기 안에 활동성을 갖는 주체로서만 실체일 수 있는 것이다. 자기 안에 자기통합의 활동성을 갖지 못한 존재자는 타자와의 관

---

16) Hegel, *Phänomenologie des Geistes*, Frankfurt: M., 1970 (Suhrkamp판 3권), 22쪽부터; 헤겔 (임석진 역), 『정신현상학』 I권, 분도출판사 1980, 71쪽부터 참고.

계에서 그저 한 계기(Moment)를 구성할 뿐이며, 타자와의 관계에서 궁극적으로 노출될 수 없는 어떤 본질적인 내용을 가지고 있지 않다. 이런 경우 어떤 것이 타자와 맺는 관계가 그것의 본질 자체와는 무관하다고 생각될 필요가 없다. 실체에 대한 이런 이해를 바탕으로 헤겔은 인식 대상의 배후에 그 자체로는 인식될 수 없는 물자체를 설정하는 것은 잘못이라고 선언한다.

그런데 문제는 자신과 객관의 분리를 고집하고 대상 자체를 칸트의 물자체와 같은 것으로 이해하는 주관에게 위와 같은 헤겔의 생각을 받아들이라고 강요할 수 없다는 사실이다. 헤겔의 주장이 설득력을 갖기 위해서는 헤겔의 관점이 바로 헤겔이 극복하고자 하는 관점에게도 접근될 수 있어야 한다. 즉 헤겔의 '체계'가 의식과 대상, 주체와 객체를 완고하게 구별하며 대상과 객체에 추상적 자기동일성으로서의 실체성을 부여하는 입장에게도 설득력을 가질 수 있는 길이 있어야 한다. 이 과제를 담당하는 것이 바로『현상학』이다.『현상학』은 존재의 본질을 '정신'으로 규정할 수 있기 위하여 반드시 거쳐가야 할 예비단계이다. 이러한『현상학』의 역할은 존재이해를 갖는 존재자의 존재를 설명함으로써 존재 자체에로의 접근의 길을 열려는 하이데거의 기초존재론과 어떤 유비점을 갖는다. 그래서 하이데거는 헤겔의『현상학』을 절대적 존재론의 기초존재론(Fundamentalontologie der absoluten Ontologie)이라고 특징지우기도 한다.[17)]

『현상학』에서 헤겔은 실제로 대상의 자기동일성을 전제하고 있는 인식주관이 자신의 전제를 스스로 극복하는 과정을, 즉 대상이 아니라 오로지 활동적 주체만이 자기동일성을 가질 수 있음을 스스로의 경험을 통해 자각하는 과정을 보여준다.『논리학』에서는 존재관계가 마치 주관적 관점이 전혀 작

---

17) Heidegger, *Hegels Phänomenologie des Geistes* GS Bd.32, 204쪽.

용하지 않는 듯이, 마치 어떤 신적 관점에서 보아진 듯이 체계적으로 서술되고 있다면, 『현상학』에서는 대상의 자기동일성에 고집스럽게 집착하는 인식 주관의 관점에서 존재관계가 서술된다. 정당화의 관점에서 보자면, 즉 대상의 자기동일성을 미리 전제하는 주관을 『논리학』의 관점으로 인도해야 한다는 요청에서 보자면, 『현상학』에서 전개되는 의식의 경험의 서술이 『논리학』에서의 서술을 위한 전제가 된다. 그러나 일단 『논리학』의 관점에 서면, 인식 주관마저도 존재의 한 형태로 파악된다. 그러므로 『논리학』의 관점에서 의식의 운동을 보자면, 그것은 한 주체적 존재가 겪는 운동과정일 뿐이다. 그러므로 『철학백과』에서처럼 『논리학』의 관점에서 모든 존재관계를 체계적으로 서술했을 때 『현상학』은 '체계' 내에서 한 특수한 위치를 차지할 뿐이다. 이렇게 『현상학』은 헤겔이 구상한 '체계'에 대한 안내인 동시에, '체계' 내의 일부라는 이중적 위치를 갖는다. 하이데거는 『현상학』의 이런 이중적 위상으로부터 『현상학』에 대한 해석을 시도한다.

『정신현상학』에 대한 하이데거의 해석

헤겔은 『현상학』에서 스스로 '절대지'(absolutes Wissen)에로 나아가는 '의식'(Bewuβtsein)의 경험을 서술한다. 여기서 '의식'이란 대상을 대할 때 대상이 이미 주관과는 무관하게 실체성과 자기동일성을 갖는 것으로 여기는 주관의 태도를 말한다. 이에 반해 '절대지'란 진정한 존재자로서의 실체가 오로지 자기정립적인 주체로서만 가능함을 파악한 지식이다. 『현상학』이 주는 긴장감은 '의식'이 대상의 자기동일성을 정당화하는 과정에서 오히려 자신의 전제를 부정하고 극복하여 절대지로 나아감을 보여주는 데에 있다. 『현상학』에서 하이데거가 해석의 대상으로 삼는 부분의 내용을 간단히 정리하면 다음과 같다.

'의식'이 자기정당화과정에서 자기부정으로 갈 수 있는 것은 '의식'이 대상에 대한 의식이면서 동시에 자기 자신에 대한 의식이라는 독특한 구조를 갖기 때문이다. '의식'은 자신이 파악한 것이 대상에 합치되어야 한다고 생각한다. 이때 지식과 대상의 일치를 확인하기 위하여 가장 중요한 기준은 대상의 자기동일성이다. 의식은 자신이 대상에 대해 파악한 것이 대상의 자기동일성에 어긋날 경우, 자기동일성이 가능한 방식으로 대상의 규정을 바꾸어 나간다. 최초의 의식형태인 '감성적 확신'(sinnliche Gewißheit)에서 대상은 바로 '이것'(Dies)으로, '여기'(Hier)에 '지금'(Jetzt) 있는 것으로 여겨진다. 그러나 곧 대상의 자기동일성은 '지금', '여기'로 유지될 수 없는 것임이 드러난다. 다음 단계의 의식인 '지각'(Wahrnehmung)은 대상이 우리에게만 그렇게 보일 뿐인 '속성'(Eigenschaften)과 대상 자체가 갖는 '통일성'(Einheit)을 구별한다. 그러나 '의식'은 곧 속성과 무관하게 있는 대상 자체는 다른 대상과 전혀 구별될 수 없다는 사실에서 당혹감을 갖는다. 그렇다고 속성이야말로 대상의 실제적 성격이며 대상의 통일성은 다만 주관이 부여한 것이라고 여기는 것도 해결책이 되지 못한다. 속성들을 하나로 묶는 통일성이 대상 자체에 있지 않으면 대상의 자기동일성을 생각할 수는 없다. 결국 '의식'은 대상이 다른 존재자와 공유하는 속성들을 가지면서도 동시에 자신의 속성들을 결집시킬 수 있는 통일성을 가질 때 자기동일적일 수 있음을 알게 된다. '의식'은 이렇게 하여 대상을 '힘'(Kraft)으로 파악하는 '오성'(Verstand)의 단계에 이른다. '오성'에게 대상은 '내적인 것'(das Innere)을 표출하고 표출된 것을 다시 자신 속으로 흡수하는 '일반자'(das Allgemeine)로 파악된다. 여기에 이르면 대상은 그냥 내적으로만 있는 실체가 아니라 자기표출을 통해서만 실재하는 존재자이다. 만일 '의식'이 '감성적 확신'으로부터 '오성'에 이르는 자신의 운동과정을 조망해 본다면, 대상의 추상적인 동일성이 포기되어야 함을, 실체는 자기표출 속에서 자신의 통일성을 유지하는 것임을 알 것이다. 그러나 대상의 자기동일성에 대한 집착을 버리지 못하며 '오성'에 이르기까지의 자신의 발전과정을 조망하지 못하는 '의식'은 '힘의 관계' 배후에 어떤 '초월적인 것'이 있는 것으로 상정한다. 이런 '의식'의 한계는 '자기의식'(Selbstbewuβtsein)의 단계에서 비로소 극복된다.

하이데거의 『현상학』 해석은 '자기의식' 부분의 서두에서 멈춘다. 하이데거가 해석하지 않은 '자기의식'의 나머지 부분에서 헤겔은 '의식'이 활동적 존재와의 관계 속에서 얻게 되는 새로운 경험을 전개한다. '의식'은 다른 주체와의 관계에서 상대의 자립성을 부정하려고 해도 할 수 없는 상대를 경험한다. 이로써 비로소 의식은 자립성을 갖는 존재자는 칸트식의 물자체와 같은 방식으로서가 아니라 주체로서만 가능함을 알게 된다. 이제 의식은 주체에게 감추어진 채 자신을 드러내지 않는 막연한 실체란 '의식' 단계에 있는 사유의 가상에 불과한 것이라는 점을 알게 된다. 헤겔이 극적으로 묘사하는 '자기의식' 간의 '인정투쟁'(Kampf für Anerkennung)의 의미는 이렇게 인식론적, 존재론적으로도 해석될 수 있다.

하이데거는 『현상학』을 해석할 때 헤겔의 논지를 거의 오류가 없는 것으로 서술하려는 것으로 보인다. 비록 '자기의식'의 초반부에서 해석이 중단되기는 하였지만, 그때까지의 해석을 미루어 짐작하자면, 하이데거에게 『현상학』은 '의식'을 절대지로 이끄는 역할을 성공적으로 달성하는 것으로 이해된다. 하이데거가 보기에 "『현상학』은 존재론의 가능한 정초의 최종단계이다."[18] 그런데 하이데거는 바로 『현상학』이 자신의 역할을 다 한다는 점을 보여줌으로써 그의 비판적 의도를 달성하려 한다. 즉 하이데거는 헤겔의 철학

---

18) 위의 책, 204쪽.

이 절대지, 무한성에 이르는 것에 성공했다는 것을 보여주는 한편, 그것이 존재(자)의 본질을 논리적으로 규정한 단초에서 비롯된 것임을 보여주려는 것이다.

존재와 경험: 헤겔의 '경험' 개념에 대한 하이데거의 해석

「헤겔의 경험 개념」(1942/43: 이하 「경험 개념」으로 약칭)[19]에서 하이데거는 헤겔의 『현상학』의 '서론'(Einleitung) 부분에 대해 자세한 주해를 단다. 주해가 얼마나 자세한가는 주해가 주해될 텍스트 분량의 다섯 배 이상에 달한다는 사실만으로도 쉽게 알 수 있다. 『강의』에서는 헤겔의 철학을, 존재를 논리적으로 이해한 단초의 최종적인 결과로 파악해내는 것이 주요 과제였다면, 「경험 개념」에서 하이데거는 헤겔이 서술하는 의식의 경험을 존재가 자신을 나타내는 한 방식으로 설명하려 한다. 이제 이전의 『현상학』에 대한 해석에서와 달리, 의식의 운동 전체를 주재하는 것은 근본적으로 인식주관이 아니라 존재이다. 하이데거는 『현상학』의 '서론' 부분에서 헤겔이 말하는 의식의 '경험'을 이런 식으로 해석해낼 수 있다고 생각한다.

하이데거에게는 현상하는 지식(erscheinendes Wissen)의 운동에서 가장 중요한 것은 거기서 절대자가 현상함을 보는 것이다. 의식이 겪는 경험은 의식이 할 수도 있고 하지 않을 수도 있는 것이 아니라 절대자가 그를 통해 자기를 드러내는 것이다. 여기서 하이데거는 의식의 경험을 존재가 현전(Anwesen)으로서 현전자(Anwesendes)에로 자신을 드러내는 운동으로 해석하려 한다. 다른 한편 의식은 하이데거가 생각하기에 우연히 그것의 경험을 통해 존재가 드러나는 것이 아니다. 의식 자신의 가장 본질적인 성격은

---

19) "Hegels Begriff der Erfahrung", in: *Holzwege*, GS Bd. 5.

바로 자신의 경험을 통해서 존재를 드러내는 것이다. 의식의 경험은 의식의 부수적 활동이 아니라 곧 의식 자신의 존재이다. 그래서 하이데거는 "여기서 언급된 경험을 의식의 존재로 사유하는 것이 무엇보다도 중요하다"[20]라고 말한다.

이런 시각에서 의식의 '경험'을 이해하면, 『현상학』에서 서술되고 있는 의식의 경험과정은 일반적으로 이해되듯이 비학문적인 의식에서 학문적 의식에로, 또는 자연적 의식에서 절대지에로 가는 의식의 발전과정이 아니다. 하이데거는 '의식'의 경험이 근본적으로는 절대자가 우리에게서 자신을 드러내려는 의지에 의해 이끌리고 결정된다고 해석한다. "절대자의 현현은 현상학으로서 발생한다. 경험은 절대자가 우리 곁에 있고자 하는 존재의 방식이다."[21] 의식의 경험의 과정은 우리 곁에 있고자 하는 존재자의 불가항력적인 힘(Gewalt)에 의해 이끌려지는 것이다. 그러므로 의식이 하는 경험은 절대자 밖에서 절대자에게로 점진적으로 나아가는 운동이 아니라 이미 절대자의 현현(παρουσια, Parusie) 안에서, 그 현현으로부터, 그리고 그 현현에로의 관계를 드러내는 것이다.

의식이 자신의 경험과정에서 절대자의 거부할 수 없는 힘에 의해 이끌린다고는 하지만, 그러나 그 경험은 의식이 할 수 있는 방식으로만 이루어질 수 있다. 즉 절대자가 자신을 의식의 경험을 통해 현전화할 때, 그것은 절대자의 자기표현이지만, 동시에 의식의 경험방식을 통한 자기표현이다. 여기서 의식의 방식이란 의식의 표상작용, 즉 자신에게 주어진 것을 의식이 자기 앞에 세워 재현(repräsentieren)함으로써 파악하는 작용을 말한다. 그러므로 의

---

20) 위의 책, 186쪽.
21) "Die Parusie des Absoluten geschieht als die Phänomenologie. Die Erfahrung ist das Sein, demgemäß das Absolute bei uns sein will", 위의 책, 204쪽.

식의 경험이란 의식의 '재현'(Repräsentation)에서 생기하는 절대자의 '표현'(Präsentation)이다. 그런데 재현이 단순한 재현이 아니라. 절대자의 표현이라는 사실은 재현이 완결되어 재현의 성격을 넘어설 때, 즉 대상을 자기와 다른 타자로 여기는 태도를 넘어설 때 비로소 드러난다. 그러므로 의식의 경험과정은 재현의 완결을 통해 표현이 표현으로 드러나는 과정이다. "경험은 재현에서 본질적으로 생기하며 그렇게 자기를 완결하는 절대적 주체의 표현이다. 경험은 절대적 재현의 표현으로서 절대자의 현현이다."[22] 의식의 입장에서 서술하자면, 의식의 경험은 의식이 자신의 개념을 찾아 나서는 것이고, 경험과정에서 진리의 현출을 획득하며, 그리하여 진리의 현출에 도달하는 과정이다. 그래서 하이데거는 "경험함은 나아가 추구하며 획득하는 도달"[23]이라고 말한다.

이렇게 하이데거는 『현상학』에서 서술되는 의식의 경험에서 존재가 주재하는 운동을 읽어냄으로써 절대자의 현현으로서의 헤겔의 진리개념과 탈은폐(Αληθεια, Aletheia)로서의 자신의 진리개념 사이의 유비점을 읽어낸다. 그러나 하이데거는 헤겔의 '경험' 개념에서 존재론적 차이를 읽어내지만, 동시에 헤겔이 존재론적 차이를 존재론적 차이로서 분명하게 파악하지 못하였다고 비판한다. 하이데거가 보기에 헤겔의 철학에서 존재론적 차이가 내비치기만 할 뿐 제대로 주제화되지 못하였다. 그래서 하이데거는 헤겔의 사유를 여전히 근본적으로 형이상학적인 사유라고 규정하고 비판적 거리를 취한다. 이때 하이데거는 형이상학을 보통 이해되듯이 초감성적인 것과 감성적

---

22) "Die Erfahrung ist die Präsentation des in der Repräsentation wesenden und so sich absolvierenden absoluten Subjekts. Die Erfahrung ist als die Präsentation der absoluten Repräsentation die Parusie des Absoluten", 위의 책, 186쪽.
23) "Das Erfahren ist das auslangend-erlangende Gelangen", 위의 책, 185쪽.

인 것을 분리하고 전자를 진정으로 존재하는 것으로 여기는 사유에서 비롯된 것이라고 보지 않는다. 그는 존재(ov)의 이중적 의미, 존재와 존재자의 차이를 사유하지 못한 것이 형이상학의 본질적 시작이라고 한다.[24] 그가 보기에 초감성적 존재자를 진정한 존재자로 여기는 것은 존재의 이중적 의미에 대한 한 방향의 해석일 뿐이다. 그것은 존재자를 대상으로, 그러니까 존재자의 존재자성을 대상성으로, 나아가서 대상성을 대상화의 산물로 여김으로써 마침내 존재를 비대상적인 것으로 이해하는 입장의 하나인 것이다. 이런 입장은 근본적으로 존재를 기체(υποκείμενον)로, 이것을 다시 주체종속적인 것(subiectum)으로 여기고 주체의 존재를 의식의 주체성에서 찾는 존재론에 기인한다.[25] 데카르트의 사유는 이런 존재론의 한 중요한 국면이며 헤겔의 사유는 그 완결이다. 그러므로 하이데거는 헤겔이 데카르트의 회의에서 칸트의 초월철학에 이르기까지 극복되지 못한 지식의 유한성을 넘어섰다고는 하지만, 데카르트 철학을 떠받치는 존재론까지 극복한 것은 아니라고 생각한다.

하이데거가 보기에 형이상학의 극복은 헤겔의 사유마저 의존하고 있는 존재이해로 거슬러 올라가 물음을 제기함으로써만 가능하다. 진리를 근거(Grund)로 파악하게 한 존재이해, 그리고 그런 존재이해에서 존재가 자신을 드러내는 방식에까지 물어갈 때 비로소 형이상학이 극복될 수 있다. 이것은 철학사적으로는 존재자의 진리를 절대적 확실성에 두며 이것을 존재로 간주하는 진리관이 형성되는 시기 및 그 이전의 시기로 시선을 되돌려 사유하는 것을 필요로 한다.

존재이해의 분기점을 찾기 위하여 희랍시대의 사상으로 시선을 돌릴 때

---

24) 위의 책, 176쪽부터 참고.
25) 위의 책, 175쪽부터.

에도 역시 하이데거는 먼저 헤겔의 철학사이해를 비판적으로 검토한다. 헤겔의 철학에서 순수한 존재(Sein) 자체는 가장 추상적인 것으로 규정된다. 그래서 그리스인들이 순수한 존재를 철학의 중심문제로 삼은 것은 헤겔에게는 그들의 사유가 추상적 단계에 머물고 있다는 증거가 된다.[26] 하이데거는 헤겔이 그리스인의 존재개념에 대해 이렇게 말한 것을 비판하면서, 헤겔의 존재개념이 어떤 한계를 가지고 있는지를 지적한다. 하이데거에 의하면 그리스인들에게 존재(εἶναι)는 비은폐성으로부터의, 그리고 비은폐성에로의 현전이었다. 하이데거가 보기에 회의하는 근대적 주관성이 대상의 존재를 자기 앞에 현재하는 것으로 확인하려 할 때 그리스인들 보다 더 발전된 존재이해를 갖는 것이 아니다. 그런 존재이해 역시 그리스인의 우시아(οὐσία)와 마찬가지로, 아직 사유되지 않은 은폐된 시간의 본질로부터 생성하는 현전성(Anwesenheit)에서 비롯된 것이다.[27] 후에 하이데거는 이 주제를 「헤겔과 그리스인들」[28]에서 자세히 다루고 있다.

비판에서 화해로: 「형이상학의 존재–신학론적 구조」에서의 헤겔 해석

하이데거가 헤겔에 대해 취하는 거리가 가장 적절하게 '해석학적 거리'라고 불릴 수 있는 경우는, 즉 그 거리 취하기를 통해서 하이데거와 헤겔의 철학적 사유가 동시에 잘 드러나는 경우는 아마도 「형이상학의 존재–신학론적 구조」(1957: 이하 「구조」로 약칭)[29]에서일 것이다. 「구조」에서 하이데거는

---

26) Hegel, *Wissenschaft der Logik* I권 (저작집 5권) 84쪽부터, *Geschichte der Philosophie* I권, 188쪽부터 참고.
27) Heidegger, *Holzwege*, GS Bd.5, 154쪽부터.
28) Heidegger, "Hegel und die Griechen", in: *Wegmarken*, GS, Bd.9.
29) Heidegger, "Onto-Theo-Logische Verfassung der Metaphysik", in: *Identität und Differenz*, GS Bd.11.

헤겔의『논리학』을 존재신학적 형이상학의 한 예로 규정한다. 형이상학적 사유에서는 존재가 근거로, 존재자는 근거 지워진 것으로 이해된다. 존재가 만일 항상성을 갖는 토대(Grund)라면, 그것은 항상성을 갖는 존재자, 가장 완전한 존재자에서 자신을 구현한다. 가장 완전한 존재자가 비로소 토대로서의 존재의 성격을 입증하는 셈이다. 그래서 형이상학은 최고 존재를 찾으려는 노력을 한다. 헤겔의 존재론이 존재신학적 구조를 갖는다는 것은 이런 의미이다. 그런데「구조」를 하이데거와 헤겔 사이의 흥미로운 대화로 만드는 것은『논리학』에 대한 이러한 규정보다는 다음의 두 가지 사항이다. 첫째, 하이데거는「구조」에서 철학의 일(Sache)을 헤겔과 같이 사유에서 찾으면서, 그리고 사유를 드러내기 위하여 사유의 역사를 비판적으로 검토하는 방법을 사용하면서, 어떻게 헤겔과 근본적으로 다른 지향점과 관심을 갖는지를 분명히 보여준다. 둘째, 헤겔의『논리학』을 형이상학의 한 유형으로 규정하되, 더 이상 그것이 어떤 오류에 기인한 것이 아니라 역운적으로 그렇게 된 것이라고 이해한다는 점이다. 헤겔의 존재이해는 이제 존재의 한 현현방식으로 여겨진다.

「구조」에서 하이데거는 헤겔의 철학적 작업과 자신의 철학적 작업을 다음의 세 가지 점에서 구분한다.

첫째, 사유의 일(Sache)에서의 차이이다. 헤겔에게는 사유의 일이란 존재를 절대적 사유에서 파악된 존재자의 사유적 성격 내지 절대적 사유 그 자체로 규정해내는 일이다. 이에 반해 하이데거에게는 사유의 일이란 존재를 존재자와의 차이에서 고찰하는 것이다.

둘째, 철학사와의 대화에서 헤겔은 이전의 사고가 포착해낸 것의 위력과 범위로 들어가려 한다. 이에 반해 하이데거는 이전의 사고의 위력으로 들어가려고 하지만, 그 위력을 이미 사유된 내용에서가 아니라, 그 자체로 사유되지 않았으면서 사유된 내용을 가능케 해준 것에서 찾으려 한다.

셋째, 헤겔의 경우 지나간 철학사와의 대화는 지양의 성격을 갖는다. 즉 절대적인 근거설정(Begründung)으로의 매개를 의미한다. 그러나 하이데거에게 철학사와의 대화는 과거의 사유가 건너뛴 영역에로 되돌아감(Schritt zurück)을 의미한다.

하이데거에게 존재는 존재자의 존재로서, 존재자 건너편에 있는 어떤 것이 아니라, 존재가 존재자로 됨을, 존재가 존재자로 이행함(transitive, übergehend)을 의미한다. 이것은 존재가 존재자에게 건너감으로써 존재자의 존재가 드러날 수 있도록 하는 것이다. 다른 한편 존재자의 측면에서 보자면, 존재자의 존재의미는 존재자가 존재에서 유래하는 비은폐성 속으로 자신을 구출하여 그 속에서 자신을 간직할 때 드러난다. 존재자 자체는 이런 식으로 비은폐성 속으로 자신을 구출하여 간직하는 도착으로 나타난다.[30] 존재와 존재자는 건너감(Überkommnis)과 도착(Ankunft)으로 구별된다. 존재자 없이 존재만 따로 있는 것도 아니며 반대로 존재자만이 홀로 있지도 않다. 존재와 존재자는 바로 존재와 존재자를 건너감과 도착으로 나누는 구별에서 나온다. 존재와 존재자의 차이는 건너감과 도착의 구별로서 양자의 드러내면서 간직하는 내놓음(entbergend-bergender Austrag)이다.

존재와 존재자의 관계를 이렇게 규정한 하이데거는 다시 헤겔의 생각과 자신의 생각을 구별할 필요를 느낀다. 존재가 자신을 한 번에 드러내지 않는다는 것은 헤겔의 통찰이었고, 헤겔은 존재의 숨겨진 부분이 사유의 변증법적 발전과정에서 단계적으로 드러날 것이라고 생각하였다. 하이데거는 여기서 역운(Geschick)의 개념을 사용하여 더 이상 논증적이지 않은 방식으로

---

30) "Seiendes als solches erscheint in der Weise der in die Unverborgenheit sich bergenden Ankunft", Identität und Differenz, GS Bd.11, 56쪽.

헤겔의 철학의 타당성을 제한하고자 한다. 존재가 어떻게 파악되는가는 궁극적으로 존재가 자신의 모습을 어떤 빛에서 드러내었는가에 달려 있다는 것이다.[31] 하이데거에 의하면 헤겔이 존재를 사유에서 파악한 것도 존재역운에 따른 것이다. 이것은 헤겔의 철학의 내용의 핵심을 어떤 철학적 기획과 선택에 돌리는 것이 아니라, 존재와 존재자 사이의 저 내놓음(Austrag)의 한 양상으로 규정하는 것이다. 이제 하이데거가 비판하려는 것은 존재신학적 구조를 가진 헤겔의 철학의 내용 자체가 아니라 그것이 저 내놓음의 한 방식임을 망각하고 유일한 존재현현방식으로 규정되었다는 사실이다. "이제 우리의 의도를 위해 가장 중요한 것은, 형이상학의 존재신학적 구조가 어느 정도까지 내놓음에서 그것의 본질적인 유래를 갖는지가 분명해지도록, 차이를 내놓음으로써 사유할 수 있는 가능성을 살피는 일이다. 내놓음은 형이상학의 역사를 시작되게 하였고 그 시대들을 관통하여 주재하였으나, 도처에서 내놓음으로서는 은닉된 채 망각되어 있다. 망각은 스스로 망각상태에 있음마저 망각하고 있다."[32]

3. 헤겔로부터 본 하이데거: 근대적 주체성의 문제

「세계상의 시대」(Die Zeit des Weltbildes)에서 하이데거는 근대의 본

---

31) 위의 책, 59쪽.
32) "Worauf es jetzt für unser Vorhaben allein ankommt, ist der Einblick in eine Möglichkeit, die Differenz als Austrag so zu denken, daβ deutlicher wird, inwiefern die onto-theologischen Verfassung der Metaphysik ihre Wesensherkunft im Austrag hat, der die Geschichte der Metaphysik beginnt, ihre Epochen durchwaltet, jedoch überall als der Austrag verborgen und so vergessen bleibt in einer selbst sich noch entziehenden Vergessenheit", 위의 책, 60쪽.

질적인 현상들로 다음의 다섯 가지를 든다. 첫째, 연구(Forschung)를 본질적 성격으로 하는 과학(Wissenschaft)이다. 근대의 과학은 엄밀성을 추구하며 절차를 중시하는 점에서 그리스의 에피스테메(ἐπιστήμη)나 중세의 교설(doctrina), 학문(scientia)과 근본적으로 다르다. 둘째, 기계기술(Maschinentechnik)이다. 하이데거에 따르면 기계기술은 단지 수학적 자연과학을 실천에 응용함으로써 생겨난 것이 아니다. 그에 따르면 오히려 실천의 어떤 독자적인 변형이 자연과학의 사용을 요청한 것이다. 셋째, 미학적 예술이다. 예술은 인간의 삶의 표현이고 예술작품은 체험의 대상이 된다. 넷째, 인간의 행위가 문화로서 파악되고 수행된다는 사실이다. 문화는 인간의 가장 고귀한 자질을 함양함으로써 최고의 가치가 실현되어 나타난 것으로 여겨진다. 문화가 주의 깊은 돌봄의 대상이 되어 문화정책(Kulturpolitik)이라는 것이 생겨난 것도 근대적 현상이라고 한다. 다섯째, 탈신(Entgötterung)의 현상이다. 이것으로 하이데거가 의미하는 것은 조악한 무신론이 아니라 신앙이 근대에 맞추어 변형된 현상이다. 기독교를 예로 들자면, 세계의 근거는 여전히 무한한 것, 무제약적인 것, 절대적인 것으로 설정되지만, 기독교적 신앙은 이제 유일한 종교가 아니라 절대자에 대한 하나의 신앙으로서, 하나의 세계관으로서 재해석된다.

하이데거가 열거한 현상들은 사실 이미 베버(Max Weber)와 같은 학자들에 의해 근대의 본질적 현상들로서 지적된 것들이다. 하이데거의 특별한 점이라면, 이 근대적 현상들이 어떤 형이상학적 근거에 토대를 두고 있는 것으로 설명한다는 사실이다. 하이데거는 근대의 이 형이상학적 근거를 드러내고 물음의 대상으로 만듦으로써 비로소 근대가 가져온 편협성으로부터 벗어나는 길이 모색될 수 있다고 생각한다.

하이데거는 「세계상의 시대」에서 위의 현상들 가운데에 과학에 초점을 맞추어 근대적 현상들의 형이상학적 근거를 드러내고자 한다. 그에 따르면 연구로서의 근대과학은 주체가 대상을 자기 앞에 세워(vor-stellen) 대상화(vergegenständlichen)함으로써 가능하다. 이것은 주관이 존재자와 진리에 관하여 특별한 위상을 갖는 주체로서 설정된 것과 연관된다. 근대적 주관은 진리를 주관의 확실한 판단과 동일시하며 존재자는 인식된 것 내지 인식될 것으로 규정된다. 존재자 '전체'가 주관에게 알려질 수 있는 대상으로 여겨질 때 세계(Welt)는 주관에게 하나의 상(Bild)이 된다. 이 중첩된 과정에 의해, 즉 인간이 주체(Subjekt)로 되고 세계가 세계상(Weltbild)이 됨으로써, 존재자들은 인식의 대상이며 주관의 목적에 따라 처리·가공될 수 있는 것으로 여겨진다. 그러므로 존재자가 자기모습을 드러내는 것이 아니라 존재자에 대한 공격이 지배하는[33] 근대적 현실의 원인을 찾기 위해서는 다음과 같이 물어야 한다. "도대체 어떻게 해서 존재자가 주체종속적인 것(Subjectum)으로 해석되고, 이에 따라 주체적인 것(das Subjektive)이 지배적 위치에 이르게 되었는가?"[34]

　하이데거는 이 물음에 대해 구체적, 역사적인 답을 찾는 데에 큰 관심을 가졌던 것 같지 않다. 그는 주체가 대상을 자기 앞에 세우고 객관적으로 파악하려는 태도를 갖는 것이 종교적 세계관의 동요로 인하여 상실된 확실성을 재확보하는 한 방식으로서 등장하였다고 언급하기는 한다. 그러나 이런 부분적인 사회심리학적 설명은 존재자를 대상화하는 형이상학적 태도가 근대적 현상들을 야기하였다는 그의 주장에 대해 부수적인 역할만을 할 뿐이다.

---

33) "Nicht das Anwesende waltet, sondern der Angriff herrscht", *Holzwege*, GS Bd. 5, 93쪽.

34) "Wie kommt es überhaupt dahin, daß sich das Seiende in betonter Weise als Subjectum auslegt und demzufolge das Subjektive zu einer Herrschaft gelangt?", 위의 책, 106쪽.

경험적 사실과 형이상학적 태도 사이의 상호규정 관계보다는 형이상학적 태도를 본질적인 원인으로 보려는 하이데거에게 저 형이상학적 태도는 결국 우리가 선택한 것이 아니라 우리에게 부여된 것으로 여겨진다. 인간과 존재가 서로 요구하며 맞서게 한 것, 그리고 사유는 계산하는 능력이며 존재자는 계산될 수 있는 것으로 여기게 만든 것은 어떤 계획이 아니라 어떤 역운(Geschick)에 의한 것이다. 그러므로 근대적 주체는 스스로를 주체로 만들었다기 보다는 오히려 주체로서 설정된 것이다. 이런 생각에 따르자면 기술이 지배하는 상황을 인간이 만든 것이라고 보는 것은 단견이다. 기술의 세계가 인간의 계획에 의한 것이었다면, 계획을 수정하거나, 혹은 기술사용의 윤리를 강조하면 될 것이다. 그러나 이런 처방은 다시 모든 것을 인간이 만들 수 있다는 관념을 강화할 뿐이다.

하이데거가 근대적인 주체·객체 관계를 역운적인 것으로 보았지만, 그것이 달리 될 수 없다는 숙명론을 주장하려는 것 같지는 않다. 그에게는 달리 일어날 수 있을 가능성에로 앞서 사유(vordenken)하는 것이 중요하다. 하이데거는 오히려 달리 만들 수 있다고 섣불리 생각할 때, 극복되어야 할 상태로 다시 빠지고 마는 결과가 될 것이라고 생각한다. 그런데 다른 존재관계를 어떻게 앞서 사유할 수 있을까? 하이데거는 주로 주체가 지배적 위치를 갖지 않았던 시기가 있었다는 사실을 상기시키며, 또 시적 파악처럼 존재를 대상화하지 않는 인식방식이 실제로 있음을 지적함으로써, 필요한 답을 대신하려는 것으로 보인다.

근대적 주체에 대한 하이데거의 비판은 계몽주의적 이성이 인간 사유의 유일한 가능성도 아니며 최선의 선택도 아니라는 점을 강력하게 시사하였다. 그것은 단순히 합리성에 반하여 비합리성을 지지하는 것이 아니라, 계몽주의적 이성에 특별한 위치를 부여하게 한 선(先)합리적 연관을 사유해내려는 시도이다. 이런 점에서 근대적 주체와 이성에 대한 하이데거의 비판은 니체의 그것과 함께 근대적 이성에 대한 아주 중요한 반성적 담론이다. 또 이런 사유의 방향전환은 근래의 후기구조주의 사상가들에서 볼 수 있듯이, 다양하고 창조적인 지적 노력을 자극하고 있다.

그러나 하이데거는 근대적 이성을 적절히 제어할 방식에 대한 어떤 구체적인 제안도 제시하지 못하였다. 그는 주체가 존재자와 비지배적 관계를 맺어야 한다고 말할 뿐, 그것을 복합적인 사회관계 속에서 실현하기 위하여 필요한 절차적, 제도적 장치에 대해 제대로 고려하지 않고 있다. 언어를 중시하면서 공공적 담론을 경시하였듯이, 또 근원으로 시선을 돌릴 것을 촉구하면서도 역사적 접근을 소홀히 하였듯이, 그리고 지배관계를 비판하면서 민주주의를 평가절하하였듯이, 하이데거는 근본적 변화를 희망하면서 정치적 실천의 방식에 대해서는 아무런 현실적인 사고를 하지 못하였다. 아마도 이런 비정치적 사고가 그로 하여금 근대사회의 문제를 강력한 지도력을 통해 일소할 수 있을 것이라는 정치적 오판을 하게 하였던 것이 아닐까 생각된다. 하이데거의 이런 한계는, 존재 망각에 대한 그의 말을 염두에 둔다면 역설적으로 들릴 텐데, 바로 헤겔이 개척한 사유의 길이 잊힌 데에서 생긴 것이다.

하이데거가 제기하였으나 답을 제시하지는 않은 물음, 즉 주체가 존재자를 객체화하고 객체화된 대상에 대해 지배적인 위치를 갖게 되는 과정에 대한 물음은 헤겔에게도 낯선 물음이 아니었다. 오히려 헤겔이야말로 이 물음에 대해 가장 치밀한 답을 제시하려 한 사람이라고 해도 과언이 아닐 것이다. 헤겔은 그의 『논리학』에서 단순한 존재로부터 본질(Wesen)과 근거(Grund)라는 규정을 거쳐 주체적 존재방식에 이르는 존재규정의 전개과정을 서술하고 있다. 헤겔은 『논리학』의 마지막 절(Abschnitt)로서 이념(Idee)을 다루는 부분에서 주체를 다음과 같이 규정한다. "주체는 자기목적이며 개넘으로서, 자신에게 굴복한 객관성에서 자신의 수단과 주체적 실재성을 갖는다."[35] 또 그는 절대이념(absolute Idee), 그러니까 가장 참된 존재의 성격을 규정할 때 그것이 가장 주체적인 것(das Subjektivste)이며 가장 강력한 것(das Mächtigste)이라고 말하기도 한다.[36] 이 규정에 따르자면 헤겔은 존재자 전체에서 주체에게 아주 특별한 위치를 부여하며, 객관세계에는 주체의 자기실현을 위한 수단 이상의 의미를 두지 않는 것으로 보인다. 사실 헤겔이 데카르트처럼 이런 주체·객체 관계를 최종적인 존재관계로 파악한 것은 아니다. 그러나 헤겔이 주체와 객체의 이런 관계를 존재규정의 발전과정에서 필연적인 한 단계로 보았으며, 적어도 사물적 객체에 관련해서는 긍정적으로 평가하기조차 한다는 점은 부정될 수 없다. 이런 점에서 헤겔의 철학은 바로 하이데거가 근대적 현상들의 배후에 있는 형이상학으로 지목한 존재이해의 가장 극단적인 경우인 것이다.

그러나 헤겔은 이런 주체·객체의 관계가 그대로 사회관계로 확장된다고 생각하지는 않았다. 헤겔도 하이데거처럼 자신의 권리를 절대적으로 요구하는 주관성을 근대세계의 분열상의 원인으로서 지목하지만, 그것의 극복에 대한 처방에서는 하이데거와 크게 다르다. 하이데거는 근대적 주관성이 형성된 시원으로 거슬러가서, 주체성의 우위를 해체하려는 듯하다. 이에 반해 헤겔은 근대적 주체성이 포기될 수 없는 권리를 가지고 있다고 인정한다. 헤겔이 보기에 근대사회의 분열의 해결은 근대적 개인이 자신의 주관성을 포기하는 것이 아니라 자신의 이익과 함께 일반적 이익도 동시에 고려하는 개인으로 성숙해지는 일에 달려 있다. 이것을 개인의 관점이 아니라 전체의 관점에

---

35) "Das Subjekt ist der Selbstzweck, der Begriff, welcher an der ihm unterworfenen Objektivität sein Mittel und subjektive Realität hat", Werke Bd. 6, 480쪽.
36) 위의 책, 570쪽.

서 표현하면, 사회는 개인들에게 가능한 최대한의 자유를 허용하면서도 사회적 통합력을 잃지 않는 공동체로 변모되어야 한다.

헤겔이 이렇게 하이데거에 비해 정치적 실천이 갖는 가능성을 더 적절하게 개념화하기는 하지만, 그의 견해도 오늘날 그대로 수용될 수는 없다. 헤겔은 개인과 사회 사이에 조화로운 관계를 산출할 가능성을 구체적인 실천의 차원에서 찾는 것에 만족하지 않는다. 그는 정치적 실천이 구체적 개인들에 의해서가 아니라 종국적으로는 자기실현을 향해 가는 절대적인 이성에 의해 관장된다고 생각한다.

하이데거와 헤겔은 근대적 주체를 각기 다른 방향으로 초월하려는 것으로 보인다. 하이데거는 근대적 주체가 존재자를 객체화하기 이전의 존재관계에로 초월하려 한다면, 헤겔은 근대적 주체보다 상위의 주체인 이성에로 초월한다. 그러나 하이데거식의 탈주체(脫主體)도, 헤겔의 초주체(超主體)도 현대사회의 문제에 대한 답이 될 수 없다. 하이데거의 문제의식이 기술에 의한 세계의 황폐화라면, 그리고 헤겔의 문제의식이 이기적 개인들 사이의 적대적 관계에서 시작된 것이라면, 그런 문제의식은 오늘날 인간의 다양한 필요와 공동의 이익을 고려하며 자연을 최소한으로만 간섭하려는 포괄적인 민주주의적, 생태학적 시각으로부터 재설정되어야 할 것이다.

3장 실천적 합리성은 도구적 합리성과 다른 독자적인 지위를 갖는가[37]

1. 들어가는 말

도덕은 합리적 사고의 결과일까? 아니면 힘의 관계나 이익실현을 위한 전략의 변형된 표현에 불과한 것일까? 도덕적 판단에 합리성이 들어 있다면 그 합리성은 어떤 종류의 것일까? 도덕적 규칙들은 자신의 이익에 대해서는 무제한적으로 긍정적인 태도를 가지며 타인들을 단지 이익실현을 위하여 전략적으로 고려하는 개인들 사이에 시행착오를 거쳐 안정화된 규칙일까? 만일 그렇다면 도덕적 규칙에 들어 있는 합리성은 도구적 합리성 이상의 것이 아니다. 사물들에 관련된 어떤 작업의 성공적인 실현을 위하여 사물들의 속성, 나아가 물리적 질서를 고려해야 하듯이, 타인들에 대한 고려란 그렇게 함으로써만 자신의 이익을 최대한 실현할 수 있기 때문에 이루어지는 것이다.

도덕적 규범과 판단의 합리성 문제는 아주 오래된 주제이다. 그것은 적어도 홉스와 흄(David Hume), 그리고 칸트 이후부터는 가장 치열하게 논의

---

37) 생각의 전개에서부터 자료추천에 이르기까지 많은 도움을 준 한림대 철학과의 주동률 교수, 사회와철학연구회에서 논평을 맡아 준 장은주 박사에게 깊은 감사를 표한다. 그 외에 여러분들이 크고 작은 조언을 주었다.

되었던 도덕이론의 핵심적인 쟁점 가운데 하나였으며, 오늘날도 여전히 새로운 견해들의 교환이 이루어지고 있는 주제이다. 이 글은 도구주의에 대한 비판을 통하여 도덕적 판단의 복합적 성격을 지적하고, 과연 도덕적 판단의 합리성을 어디에 위치시켜야 하는지를 살피고자 한다. 나의 생각으로는 도덕적 판단에서는 세계관, 자기이해, 타인의 도덕적 지위와 도덕적 고려사항에 대한 견해, 그리고 사실에 대한 지식과 추론능력 등이 복합적으로 작용한다. 이런 복합성을 고려하면 어떤 도덕적 판단의 합리성에 대해서 물을 때 여러 차원에서 접근해야 한다. 어떤 세계관을 전제한 도덕적 판단을 오늘날 '합리적'이라고 할 수 있는가? (우주론적 세계관에 바탕을 둔 도덕적 판단도 오늘날 합리적이라고 할 수 있는가?) 자신의 삶 전체를 고려한 판단이 '합리적'인가 아니면 그때그때의 선호를 따르면 되는가? 어떤 범위의 사람에게까지 동등한 도덕적 지위를 부여하는 입장이 합리적일 수 있는가? 도덕적 고려사항과 다른 고려사항이 충돌할 경우 도덕적 고려를 우선시하는 것이 합리적인가? 마지막으로 도덕적 의무는 타인에게 가해지는 위해를 방지해야 한다는 소극적인 성격을 갖는 것인가 아니면 공동의 가치를 실현해야 한다는 적극적인 성격까지 갖는가? 만일 이런 물음들이 유의미하다면 도덕적 판단의 합리성을 물을 때 각 차원의 합리성의 성격이 무엇인지를 밝혀야 할 것이다. 도덕적 판단에서 불가피하게 세계관, 인간관, 타인의 도덕적 지위와 도덕적 고려사항에 대한 견해 등이 함께 작용한다면, 그리고 이것들의 합리성을 결정하는 데에 도구적 합리성이 기준이 될 수 없다면, 도덕적 판단에 대한 도구주의적 이해는 도덕적 판단의 복합성을 매우 축소시킨 조건에서만 가능할 것이다. 이것이 이 글의 주요 주장이다. 만일 도덕적 판단이 매우 복합적인 것이라면, 도덕적 판단에서의 불일치는 수단의 효율성에 대한 견해차이나 이해관계의 대립만이 아니라 배경적 전제들의 차이에서 비롯되는 것일 수 있다. 도덕의 패러다임이 바뀌는 것이나 혹은 하나의 문화가 다른 문화에서 유래한 도덕을 받아들이는 일이 왜 어려운지, 또 근본적인 경험의 차이나 성에 따라 도덕적 판단이 달라질 수 있을 가능성 등은 도덕적 판단의 복합성을 고려할 때 비로소 잘 이해될 수 있을 것 같다. 이것이 이 글의 부가적인 주장이다.

2. 실천적 합리성

행위의 합리성

'합리적'이라는 표현은 좁게는 판단과 행위에, 넓게는 감정, 인물, 질서, 사물 등에 광범위하게 사용된다. 합리적인 감정과 그렇지 못한 감정을 구별하거나 자연적 질서의 합리성에 대해 말하는 것이 언어의 잘못된 사용은 아니다. 그러나 합리성 개념의 그러한 광범위한 사용은 판단과 행위에 적용되는 합리성 개념이 전이된 것이라고 할 수 있다. 이 글에서의 관심사는 일단 판단에 기초한 행위의 합리성이다.

어떤 행위가 '합리적'이라는 것은 일반적으로 그 행위가 충분한 '이유' 혹은 '훌륭한 근거'에 의해 '지지'되어 있다는 것을 의미한다. 이런 일반적 이해로부터 출발한다면 어떤 것이 행위의 '이유'나 '훌륭한 근거'가 될 수 있는지, 이유에 의해 '지지'된다는 것이 어떤 의미를 갖는지를 밝히는 것이 행위의 합리성을 파악하는 데에 중요할 것이다.

행위의 이유는 '행위자'에게 '가용한' 것이어야 한다. 행위자에게 가용하지 않은 이유에 근거하여 비합리적이라고 비판하는 것은 분명 공정하지 않다. 굳이 그런 이유에 근거하여 평가해야 한다면 그 행위자를 '비합리적'이 아니라 '전합리적' 혹은 '무합리적'이라고 말할 수 있을 따름이다. 그렇다고 행위자 '나름대로' 자신의 행위에 대해 이유가 있으면 합리적 행위를 한 것이라고 할 수는 없다. 적절한 주의를 기울였더라면 방지할 수 있었을 잘못된 이유에 근거하여 한 행위는 합리적이라고 할 수 없다. 가령 병에 든 검은 액체를 콜라라고 여기고 냄새도 맡아보지 않고 마셨는데 간장이었다면, 그 행동은 합리적이지 못하다. 콜라라고 잘못 생각한 것은 왜 그가 그런 행위를 하였는지에 대해 '설명'해줄 수는 있지만, 그의 행위를 합리적인 것으로 만들어주지는 못한다. 행위가 '합리적'이려면 이유가 '충분히' 근거를 갖는 것이어야 한다. 여기서 충분히 근거 있다는 것이 좋은 결과를 가져왔어야 한다는 것을 말하는 것은 아니다. 어떤 사람을 골탕 먹이기 위하여 냄새나 색깔, 용기 등 모든 면에서 콜라와 유사한 간장을 준비하여 그 사람의 냉장고에 넣었다고 해보자. 그가 보통의 사람에게 기대되는 주의를 기울였고 콜라라고 판단하여 간장을 마셨다면 그는 골탕을 먹긴 하였지만 비합리적으로 행동한 것은 아니다.

'충분하다'라는 말은 그러나 여전히 애매하다. 한편에서 그것은 어떤 행위가 합리적이기 위해서는 평가자가 보기에 적합한 이유에 의해 뒷받침되어야 함을 의미한다. 언어가 완전히 사적인 것일 수 없듯이 이유도 완전히 사적일수 없다. 문화에 의해 제공되었고 본인이 습득할 수 있었던 지식에 근거하여 판단하지 못한다면 비합리적이라는 비판을 면하기 어렵다. 그러나 행위의 합리성을 평가하는 것이 타인들의 관점에서만 이루어질 수는 없다. 만일 행위자가 행위의 이유에 대해 어느 정도의 확신이 없다면 그의 행위는 합리적이지 못하다. 외워서 쓴 수학 답안이 수학적이지 못하듯 본인이 이유와 행위 사이의 긴밀한 연관을 확신하지 못한다면 겉으로 합리적으로 보이는 행위도 실제로는 그렇지 않을 수 있다. 그런 이유는 행위를 다른 사람에게 합리화할 수있을지 모르지만 행위를 합리적으로 만들지는 못한다. 한 행위의 합리성 여부는 행위자가 참여하는 해석공동체에서 상호주관적으로만 평가될 수 있다. 순수하게 행위자 '나름대로의' 합리적 판단도 없고 어떤 유형의 행위는 언제나 합리적이라고 확정해놓을 수도 없다.

그런데 다른 문화에 속한 사람의 행위를 합리적 혹은 비합리적이라고 비평할 수 있을까? 문화제국주의에 깊은 반성을 촉구하는 인류학의 한 흐름에서는 그럴 수 없다고 생각할 것이다. 개인 나름대로의 합리성은 아니더라도 문화 나름대로의 합리성이 있다는 것이다. 만일 한 문화가 완전히 정합적인 세계해석 체계를 가지고 있다면, 그 문화가 제공하는 훌륭한 근거에 따른 행위를 그 문화 밖의 관점에서 비합리적이라고 비평할 수는 없다. 합리적이라거나 비합리적이라는 비평은 어디까지나 공통으로 가용한 근거를 바탕으로 해서만 가능하기 때문이다. 그러나 이것을 인정한다고 해서 문화상대주의를 받아들여야 하는 것은 아니다. 서로 다른 문화 사이에 지식의 교환과 의사소통이 이루어지고 어떤 판단들에 대해 공통으로 사용할 수 있는 근거들이 축적되면 모든 판단의 합리성이 문화 '나름대로의' 것일 수만은 없다. 극단적인 문화상대주의는 문화제국주의에 깊은 반성을 촉구한다는 미덕을 가지고 있지만, 문화 간의 의사소통 가능성을 지나치게 축소하는 조건에서 성립하는 것이다. 더욱이 전혀 다른 지식체계를 가졌던 문화에서의 판단방식이 지금 현재의 우리 문화에서도 동등한 합리성을 가질 수 있는 것처럼 말하는 상대주의란 전혀 타당성을 갖지 못한다.

행위의 합리성이 근거나 이유와 관련되어 있다는 것은 별문제가 없다. 논란의 대상은 행위가 근거에 의해 '지지된다'는 것이 정확히 무엇을 의미하며 어떤 구조를 갖는가이다. 문제의 해결이 비교적 수월할 것으로 보였던 과학적 지식과 관련해서조차 '지지'의 구조에 대해 ― 논리실증주의의 검증가능성 원칙과 포퍼(Karl Popper)의 반증가능성 원칙, 이들 원칙 뒤에 있는 자연의 제일성에 대한 가정과 단순한 진위의 이분법을 부정하는 개연성주의, 그리고 설명의 단일한 논리적 구조를 부정하는 패러다임론과 실용주의적 관점에 이르기까지 다양한 설명이 있어 왔음이 증거가 되듯이 — 이견 없는 합의가 성립하지 않았다. '지지'의 구조가 과학적 지식에서조차 불확실하다고 해서 행위의 합리성이 불확실한 것이 문제 될 것이 없다는 것은 물론 아니다. 단일한 설명구조를 밝히지 못하였다고 해도 사실에 관한 지식의 타당성은 실제로 합리적으로 가려진다고 말할 수 있다. 중요한 것은 과학적 지식에서 '지지'의 구조를 둘러싼 논쟁의 한 가지 귀결점이다. 검증가능성이나 반증가능성 원칙의 경우 모든 지식에 통용되는 단일한 합리성 기준으로서 제시되었다. 그러나 통일과학 이념의 영향력이 쇠퇴한 후 과학적 설명의 구조란 설득력 있는 과학적 지식들이 획득되고 지지되는 방식을 임시적으로 **재구성**한 것이지 합리성 그 자체와 동일한 것으로 여겨지지 않는다(Putnam, 1981).[38] 합리성의 기준이 구체적인 지식의 밖에서 고안되고 정당화된 후 그에 따라 구체적인 지식의 합리성을 평가하는 것이 아니라, 설득력 있는 지식의 논거구조를 재구성해서 합리적 설명 방식을 구상해보고 구상된 합리적 설명의 방식에 따라 구체적인 지식들의 논거구조가 해명될 수 있는지를 살펴보는 것이다. 과학적 설명의 합리성에 대해 이런 이해를 갖게 되면 그 설명의 구조를 재구성할 때 기반이 되었던 지식과는 다른 영역의 지식에 같은 구조의 설명을 기대하는 데에 조심스러워진다. 가령 역사적 지식에 대하여 자연과학에서와 같은 설명구조나 논증방식을 요구하는 것은 현재의 자연과학에서 구체화된 합리성을 합리성 자체로 오인하여 모든 지식에 동일하게 적용되어야 한다고 생각하는 데에서 비롯되는 것이다. 나중에 살펴보겠지만 도구주의는 소박

---

38) R. Putnam, *Bureaucrats and Politicians in Western Democracies*, 1981.

한 과학주의에서 얻어진 합리성 개념을 유일한 합리성으로 파악하고 규범이 관련된 행위에까지 그 합리성 개념을 무리하게 적용하려고 한다.

　지금까지 논의한 바가 맞는다면 합리적 행위란 참여자의 상호주관적인 관점에서 충분한 이유에 의해 뒷받침된 행위이다. 그런데 이것은 합리적 행위가 가져야 할 이유의 조건에 관한 것일 뿐 이유의 성격에 대해서 말하고 있지는 않다. 행위를 합리적이게 만드는 이유는 어떤 종류의 것인가? 행위의 합리성을 따질 때 어떤 이유들이 고려되는가?

실천적 합리성

　한 분류에 따르면 합리성은 개념적, 논리적, 방법론적, 인식론적, 존재론적, 가치평가적, 그리고 실천적 합리성의 7가지로 나누어질 수 있다.[39] 또 이들 합리성은 단지 병렬되어 있는 것이 아니라 하나의 체계를 이루고 있다고 한다. 즉 개념적 합리성 없이 논리적 합리성이, 논리적 합리성 없이 방법론적 합리성이, 방법론적 합리성 없이 인식론적 합리성이, 그리고 인식론적 합리성이 없이 존재론적 합리성이, 존재론적 합리성 없이 가치평가적 합리성이 성립할 수 없다는 것이다. 합리성이 이런 식으로 체계를 이룬다면 실천적 합리성은 앞의 6가지 종류의 합리성 모두가 성립할 때만 가능한 것이다. 그런데 실천적 합리성이란 무엇인가?

　실천적 합리성이 무엇과 관련되는지를 파악하기 위해서는 광의의 실천적 합리성과 협의의 실천적 합리성을 구별할 필요가 있다. 광의의 실천적 합리성은 앞의 6가지 합리성을 포함하는 합리성이다. 이런 광의의 실천적 합리성 속에는 논리적 일관성, 행위의 성공가능성 측정, 바른 가치선택 등이 포함

---

39) M. Bunge, "Seven Desiderata for Rationality", in: Agassi, J., 외, *Rationality: The Critical View*, Dordrecht et.al.: Martinus Nijhoff, 1987.

된다. 그렇다면 협의의 실천적 합리성, 즉 위의 6가지 합리성 외에 행위의 합리성을 위해 고려되어야 할 것은 무엇일까? 그것은 행위의 목적과 정당성이다. 어떤 것을 해도 좋은지, 무엇을 위해 행위해야 하는지, 어떤 고려에 더 우선성을 부여해야 하는지 등의 물음이 협의의 실천적 합리성과 관련된다. 이렇게 말할 수도 있겠다. 합리적 행위란 '실행가능'하고 '바람직'한 것이어야 하는데, 광의의 실천적 합리성은 두 가지를 다 포함하고 협의의 실천적 합리성은 행위의 바람직함에 관련된다. 협의의 실천적 합리성을 옹호하는 입장은 행위의 목적도 충분한 이유에 근거한 정당화의 대상이 된다고 주장한다. 실천적 합리성을 이렇게 이해하게 되면 합리성에 대한 도구주의적 이해가 얼마나 격렬한 입장인지 이해할 수 있다. 앞으로 살펴보겠지만, 도구주의는 협의의 실천적 합리성을 아예 부정하거나 혹은 목적의 우선성을 결정할 때 선호의 강도 외에 다른 측면이 고려될 필요가 없다는 일종의 목적 비합리주의로 드러난다.

3. 도구주의적 합리성 이해에 대한 비판

도구주의적 합리성 이해

논의를 위하여 도구주의에 대해 간단한 정의를 내리고 출발하자. 도구주의란 일반적으로 어떤 목적을 실현할 수 있는 최상의 수단을 선택하는 것을 합리적이라고 여기는 입장을 일컫는다. 도덕에 적용된 도구주의는 도덕을 어떤 도덕 외적인 목적을 위한 수단으로서 여긴다. 원칙적으로 도구적인 합리성에서 목적 자체는, 그것이 다른 목적을 위한 수단으로서 혹은 제3의 목적을 위하여 다른 목적과 조정되어야 하는 것으로서 고려되지 않는 한, 합리적 숙고의 대상이 아니다. 합리성이 문제 되는 차원은 목적을 실현하기 위하여 최선의 수단을 숙고해내고 그것을 실행하는 의지에만 관련된다. 합리성에 대한 이런 도구주의적 이해가 왜 실천철학에 큰 부담이 되는지는 경험주의적 과학철학과 인식론에 의해 형성된 논의의 지형도를 염두에 둘 때 이해된다.

경험주의적 과학철학은 경험적으로 확인할 수 있거나 혹은 과학적 이론에 의하여 지지될 수 있는 사실에 관련되지 않은 판단은 지식으로서 의심스러운 것으로 여긴다. 경험주의적 과학철학을 인식론의 전형으로 여기게 되면 어떤 자연적 사실 혹은 심리학이나 사회과학적으로 확인될 수 있는 감정적 경향이나 이해관계에 관련시키지 않고서는 도덕적 판단의 성격을 설명할 방도가 없어 보인다. 더욱이 상식도 더 이상 도구주의적 이해에 대하여 일방적으로 적대적이지 않게 된 지 오래이다. 탈전통적, 탈형이상학적인 세계이해의 조건에서, 그리고 이윤추구가 인간행위의 가장 자연스러운 동기로 이해되는 사회문화조건에서, 도구주의적 도덕이해는 많은 사람에게 별 저항 없이 받아들여진다. 도구주의적 입장의 매력은 바로 과학적 인식론 및 과학적 존재론과 잘 부합되며 상식에도 크게 어긋나는 것 같지 않다는 데에 있다. 도구주의는 규범이나 가치와 같은 "이상한"(queer) 것의 존재를 가정하지 않고도 도덕적 판단의 합리성을 설명할 수 있는 것처럼 보이기 때문이다. 이제 오히려 도구주의적 이해와는 다른 입장이 더 큰 정당화 압력에 처해 있는 것으로 보인다. 그전에는 도덕적 규범에 대해 도구주의적 주장을 하는 사람이 자신의 주장을 정당화해야 했다면 이제 도덕의 자기목적성을 주장하는 사람이 증명부담을 지는 것이다. 학문에서든 상식 차원에든 이른바 도구적 합리성이란 합리성의 기본이론(default theory)이 된 것이다. 만일 도덕적 판단에 어떤 합리성이 있다면 그것은 도구적 합리성으로 번역되든가 아니면 도구적 합리성과 다른 종류의 합리성에 기반하고 있음을 보여주어야 한다. 그런데 인간의 행위와 관련하여 과연 도구적 합리성과 다른 종류의 합리성을 생각할 수 있는가? 자기목적성을 갖는 것처럼 보이는 많은 도덕적 규범들조차 이익실현의 전략에 기초한 것이라는 점을 합리적 선택이론이나 경제적 계약이론, 그리고 진화생물학 등이 세련되게 보여주는 마당에 과연 설득력 있는 비도구주의적인 도덕 이해가 가능할까? 아직도 도덕적 판단의 고유한 기반이 되는 실천이성 같은 것을 생각할 수 있단 말인가? 심지어 도구주의적 설명이 불완전하다고 하여도 바로 폐기되어야 한다고 말할 수 없는 것으로 보인다. 진화론이 불완전하더라도 과학적 지식과 가장 잘 부합할 수 있는 가설로서 폐기될 수 없듯이 설령 도구주의적 설명이 불완전하더라도 과학적 인식론에 가장 부합할 수 있는 것이기에 폐기되어서는 안 되지 않는가? 도구주의적 설명은 보완되고 세련화되어야 할 뿐 다른 대안이 없는 것 아닌가?

도덕에 대한 도구주의적 설명과 다른 길을 선택할 수 있는 가능성은 여러 논의를 고려할 때 세 가지 정도로 생각될 수 있다. 하나는 도덕 실재론의 입장으로서 과학적 인식론에 어긋나지 않는 가치와 규범의 실재성을 밝히는 것이다. 만일 그러한 가치와 규범의 실재성을 밝힐 수 있다면, 사실이었으면 바라는 것과 사실 자체가 구별되듯이, 단순한 선호와 가치가 구별될 수 있다. 가치와 선호가 구별되면 목적의 실현을 위한 수단만이 아니라 목적이 가치 있는 것인지 혹은 바른 가치가 선택되었는지도 합리적 논의의 대상이 된다. 도덕 실재론에는 가치를 직접적으로 확인될 수 있는 사실로서가 아니라 사실에 수반되는 것으로 파악하는 수반이론도 포함된다.

다른 하나의 선택은 도구주의적 설명에 기대되었던 장점 — 과학적 인식론과 상충되는 "이상한" 존재를 가정하지 않고 도덕적 판단을 설명할 수 있는 가능성 — 이 전혀 실현될 수 없음을 밝히는 것이다. 만일 욕구나 선호로 환원될 수 없으며 오히려 도구적 합리성이 성립하기 위하여 전제될 수밖에 없는 규범이 있다면 도덕에 대한 도구주의적 설명은 성공 불가능한 기획이 된다. 도구주의가 규범을 욕구와 도구적 고려로 환원하려 한 것에 반하여, 이 대안은 역으로 도구적 고려가 규범을 전제로 하고 있음을 보이는 것이다.

마지막 선택은 합리성 개념을 충분히 포괄적으로 설정하는 것이다. 포괄적 합리성 개념을 바탕으로 과학적 설명이나 수단에 대한 고려 등이 합리성의 일부만을 구현하고 있으며 가치와 규범은 다른 관점에서 합리적 숙고의 대상이 됨을 보여줄 수 있다면, 도덕에 대한 도구주의적 설명은 현재 불완전할 뿐 아니라 잘못 설정된 것임이 밝혀지게 된다.

나는 도덕 실재론이 도덕에 대한 도구주의적 설명의 대안으로서 설득력을 가질 수 있을지 확신하지 못한다. 우선 자연적 사실에 준하는 가치의 실재를 증명하는 일이 무리해 보인다. 수반이론은 세련된 실재론이지만 사실의 변화가 가치의 변화에 어떤 작용을 미치는지를 구체적으로 설명하지 않는 한 같은 한계를 지닌다. 실재론의 다른 하나의 문제점은 가치의 역사성을 제대로 담아내지 못한다는 것이다. 가치의 역사성은 가치의 실재의 변화인가? 아니면 가치에 대한 이해의 변화인가? 세 번째 문제점은 당위의 최종적인 근거를 설명하지 못한다는 점이다. 가치가 실재한다 하더라도 그 가치를 선택해야 할 이유는 무엇인가? 우리는 왜 그 가치에 따라 행위해야 하는가?[40]

두 번째 대안은 분명 도구주의의 설명력을 평가절하하는 역할을 할 수 있다. 도구주의적 설명도 어떤 규범을 전제해야 한다는 점에서, 욕구나 도구적 고려와는 다른 차원에서 규범을 설정하는 도덕 객관주의와 "같이 죄가 있음"을 보여주기 때문이다. 하지만 이것은 도덕적 판단이나 행위에서 합리성이 작용하는지, 그리고 그 합리성이란 어떤 종류의 것인지를 밝히는 것은 아니

---

40) J. E. Hampton, *The Authority of Reason*, New York: Cambridge Univ. Press, 1998.

다. 또 도구주의가 규범을 전제하는 것이 밝혀졌더라도 그것이 최소한의 것이라면 도구주의는 여전히 과학적 설명에 가장 잘 부합하는 입장일 수 있다. 만일 도구주의가 도덕에 대해 가장 큰 설명력을 가졌다면, 그리고 잘못이라면 단지 규범을 전혀 전제하지 않고 도덕을 설명할 수 있다고 믿은 것뿐이라면, 도구주의가 그것 때문에 결정적으로 비판받을 일은 아니다. 도구주의에 문제가 있음을 지적하려면 도구주의가 설명력을 과신하고 있다는 사실만이 아니라 규범을 중대하게 '잘못' 파악하고 있음을 보여주어야 한다.

세 번째 대안이 성공한다면 도구주의보다 나은 설명방식이 될 것이다. 그러나 이 대안은 자칫 도덕에 합리성을 부여하는 관습으로부터 도덕에도 합리성이 적용되어야 한다는 당위를 도출하는 오류를 범할 수 있다. 가령 하버마스(Jürgen Habermas)가 부분적으로 그러하듯이[41] 도덕에 관해 진지한 논의가 이루어진다는 사실로부터 직접 도덕이 합리성을 가지고 있다고 추론하는 경우가 그런 오류에 해당된다. 도구적 합리성과 구별되는 실천적 합리성이 파악되기 위해서는 타인의 이익을 나의 이익과 마찬가지로 고려하는 태도가 어떻게 형성되는지, 도덕적 원리가 어떤 근거에서 반성적 비판 후에도 주관에게 수용되는지 등이 밝혀져야 한다.

두 번째 대안이 도구주의에 대한 내재적 비판이라면 세 번째 대안은 도덕에 대해 도구주의와 다른 설명을 시도하는 것이다. 이 글의 나머지 부분에서 나는 두 번째 대안을 검토하고 그로부터 세 번째로 나아가고자 한다.

도구주의 비판(1): 도구주의의 역설

앞서 합리성에 대한 도구주의적 이해를 "목적을 실현할 수 있는 최상의 수

---

41) 하버마스, 황태연 역, 『이질성의 포용』, 서울: 나남, 2000.

단을 선택하는 것을 합리적이라고 여기는 입장"이라고 간략히 정의하였다. 그런데 합리성에 대한 이런 도구주의적 이해가 '실천적' 합리성에 대한 해석이거나 혹은 대체물이라는 것이 정확히 무엇을 의미하는지는 보통 잘 인식되어 있지 않은 것으로 보인다. 합리성에 대한 도구주의적 해석이 갖는 자극적인 면, 그리고 그것이 피하기 어려운 역설은 실천적 합리성이 무엇을 의미하는지를 정확히 할 때 드러난다.

우선 도구주의가 이해하는 행위의 구조를 정확히 해보자. 행위의 목적은 그것 때문에 행위를 하게 되는 이유(reason)이다. 행위는 목적을 달성하기 위한 것이고(물론 어떤 행위는 그 행위를 하는 것 자체가 행위의 목적이다), 그래서 수단이다. 수단으로서의 행위에는 지식, 전략, 도구, 자기통제 등이 모두 포함된다. 최상의 수단을 택한다고 하였을 때 최상이란 '가장 효율적'이라는 의미로 이해된다. 도구주의에서 가장 '효율적'이라는 것은 '인과적'으로 가장 확실하게 '목적'을 산출할 수 있음을 의미한다. 행위와 목적의 관계가 일종의 원인과 결과의 관계에 서는 것이다. 그런데 여기서 '합리성'은 어디에 위치하는가? 또 그 합리성의 성격은 무엇인가?

원인과 결과의 관계 자체가 합리성인 것은 아니다. 온도가 낮아져서 물이 어는 것을 우리는 '합리적'이라고 하지 않는다. 그러면 목적을 실현할 수 있는 적합한 수단 또는 행위를 '생각해내는 것'이 합리적이라는 것인가? 그렇다면 어떤 행위가 합리적인 것은 인과관계에 대한 '인식'이 포함되어 있기 때문이다. 인과관계를 정확히 '인식'하는 것이 합리적이라는 것은 분명 합리성에 대한 과학과 상식의 이해에 부합한다. 나는 행위의 합리성이 수단과 목적 사이의 인과관계에 대한 지식 없이 성립할 수 없다고 주장하는 입장을 **온건한** 도구주의라고 부르고자 한다. 이런 온건한 도구주의는 실천적 합리성의 독자성을 주장하려는 입장과 반드시 충돌하는 것은 아니다. 앞서 보았듯이 실천적 합리성은 인식론적, 존재론적 합리성을 전제하는데, 수단과 목적 사이의 인과관계를 파악하는 일은 바로 인식론적 합리성과 존재론적 합리성에 관련된다. 그런데 문제는 인식론적 합리성과 존재론적 합리성은 믿음(belief)의 합리성 또는 이론적 합리성이라는 점이다. 이렇게 행위에서 이론적 합리성만 독해해내는 도구주의는 실천적 합리성과 대립되지 않는다는 점에서 온건하지만 아직 실천적 합리성에 대한 해명이 아니다.

만일 도구주의가 온건한 입장에서처럼 행위 속에 '이론적' 합리성이 있는지의 여부에 따라 행위의 '부분적'인 합리성을 결정하려 하였다면 그렇게 자극적인 입장이 아니었을 것이다. 도구주의가 자극적인 것은 효율적인 수단을 택하는 것을 이론적 합리성으로서가 아니라 '실천적' 합리성으로 이해하기 때문이다. '실천적'이라는 것은 당위로서의 목적과 관련이 있고, '실천적' 합리성으로서의 도구적 합리성이란 목적의 합리성에 대한 발언을 포함한다. 그런데 도구주의가 행위의 목적에 대해서 하는 발언이란 목적이 **왜** 실현되어야 하는 것인지에 대해서는 합리적 논의를 할 수 없다는 것이다. 선호로서의 목적은 행위의 이유로서 충분하고, 그것의 정당성은 더 이상 진지한 고려의 대상이 되지 않는다. 선호를 수정하게 하는 것이 있다면 그것은 오직 다른 선호, 혹은 실현가능성에 대한 회의, 타인들의 저항 등뿐이다. 그러니 목적의 규범적 정당성에 대해서는 오히려 논의하지 않는 것이 합리적이다. 이렇게 목적의 정당성에 대한 합리적 논의 가능성을 부정하는 것을 오히려 합리적인 것으로 여기는 입장을 나는 **강한** 도구주의라고 부르고자 한다. 강한 도구주의는 실천에 대한 비합리주의적 해석이다. 그것은 합리적이기 위해서는 행위목적의 규범적 타당성에 대해서 논하지 말라고 권고한다. 문제가 되는 도구주의는 이런 강한 형태로서의 도구주의이다.

약한 도구주의와 **강한** 도구주의의 차이는 기술(description) 이론으로서의 합리적 선택이론과 규범이론으로서의 합리적 선택이론 사이의 차이와 유사하다. 합리적 선택이론은 행위자의 선호를 가장 잘 만족시키는 행위를 합리적 행위로 파악한다. 기술이론으로서의 합리적 선택이론은 행위자들이 자신들의 선호를 가장 잘 만족시키는 방향으로 행위를 선택하는 경향이 있음을 확인하는 데에 그친다. 선호가 과연 충족시킬 만한 가치가 있는 것인지, 따라서 선호를 최대한 만족시키는 행위가 권고될 만한 것인지 아닌지는 기술이론으로서의 합리적 선택이론에게는 논의 밖에 있는 문제이다. 이에 반해 **규범**이론으로서의 합리적 선택이론은 사람들이 선호를 최대로 만족시키는 방향으로 행위하도록 권고한다. 어떤 행위가 선호를 최대로 만족시킨다는 점에서 **부분적인** 합리성을 읽어내는 것이 아니라 그것이 합리성 전체라고 말하는 것이다.

강한 도구주의는 과학에 의해 뒷받침되는 합리성 개념이 수단의 효율성에 한정된다고 말하는 것을 넘어서 목적에 대해서는 어떠한 합리적 평가도 내릴 수 없다고 말한다. 그러나 강한 도구주의도 목적에 대해 아무런 제한을 가하지 않을 수는 없다. 가령 한 행위자가 현재의 가장 강한 선호를 만족시키는 행위를 하였는데 행위 직후 선호가 바뀌어 이전에 그 행위를 하지 않았던 것이 더 나았다고 판단한다고 해보자. 심지어 후회하는 감정이 강해 이전의 행위를 없었던 것으로 만드는 것이 현재 가장 강하게 바라는 것이라고 해보자. 그러나 불행히도 과거로 돌아가 다시 선택할 수는 없다. 이 경우 합리성은 어떻게 되는가? 이전의 강한 선호를 만족시키기 위하여 한 행위는 합리적인가 아닌가? 여기서 도구주의자는 선택을 해야 한다. 하나의 선택은 이전의 행위를 합리적이라고 말하는 것이다. 후회하는 시점은 다른 시점이고, 이 시점에서 만족시킬 수 있는 선호 중 가장 강한 선호를 좇아 행위하면 된다는 것이다. 다른 선택은 이전의 행위가 합리성이 부족하였음을 인정하는 것이다. 근시안적으로 생각하여 결국 더 큰 선호를 만족시킬 기회를 놓친다면 합리적이지 못하다는 것이다. 전자의 선택은 인격적 동일성의 문제를 야기한다. 서로 다른 시점의 자아는 마치 관련이 없는 다른 사람들처럼 취급된다. 후자의 선택에서는 선호 구조가 적어도 몇 가지 조건을 만족시켜야 한다. 가령 결정이론(decision theory)에서 말하는 세 가지 조건들[42]이 그런 것이다.

결국 도구주의가 피해갈 수 없는 **규범적인** 물음이 생긴다. 현재 시점의 내가 미래 시점의 나의 선호를 고려해야 하는 이유는 무엇인가? 현재와 미래 시점 사이의 선호에 충돌이 있다면 어떻게 조절해야 하는가? 고려되어야 할 미래 시점은 어디까지인가? 도구주의가 모든 규범적 요소를 배제하려 한다면 현재의 선호만을 고려하는 태도를 비합리적이라고 평가하지 말아야 한다. 이 경우 도구주의의 일관성은 보전되겠지만 행위에 대한 설명력은 소실된다. 현재의 선호의 강약에 따라 행위를 선택해도 좋다면, 유혹을 물리치고 자신을 이겨냈을 때의 '보람', 이전에 강한 선호에 따랐다가 나중에 드는 '후회' 등을 어떻게 처리할 수 있단 말인가? 도구주의가 행위에 대한 설명력을 가지려면 목적들에 최소한의 제한을 가해야 한다. 그런데 이렇게 하면 도구주의는 행위에 대한 설명력을 보전하겠지만 도구주의가 피하고자 하였던 것, 즉 규범적 요구를 끌어들이게 된다. 미래의 자신의 선호를 현재의 선호만큼 중요시해야 한다는 것은 순수히 도구주의적 관점에서 요청되는 것이 아니기 때문이다. 그것은 현재의 선호를 더 잘 만족시키기 위한 것이 아니라 미래의 자신

---

42) 독립성, 가역성, 무차별성의 요건 등이 그것이다. 독립성 요건이란 행위자의 선택이 기대 결과의 크기에 따라야 한다는 것이다. 가역성 요건이란 A보다 B를 선호하고 B보다 C를 선호하면 반드시 A보다 C를 선호해야 한다는 것이다. 무차별성 요건이란 결과에 이를 개연성이 같을 경우 — 단식복권과 연식복권에서처럼 — 그 개연성이 결합 확률인지 단순 확률인지는 문제 되지 않아야 한다는 것을 의미한다. 이들 공리들의 문제점에 관한 자세한 논의는 Hampton, 1998, 251쪽부터 참고.

을 현재의 자신과 마찬가지로 중요하게 여기는 것이다. 행위에 대한 설명력을 갖기 위해서 도구주의는 결국 미래의 자신에 대해 책임져야 한다든가 인격적 동일성을 유지해야 한다는 규범적 요구를 포함하게 된다. 행위의 합리성을 규범에 전혀 의존하지 않고 설명하려던 도구주의의 기획은 실패할 수밖에 없다.

그런데 미래의 자신의 선호를 현재의 자신의 선호와 마찬가지로 중요하게 여겨야 한다는 규범적 요구를 승인한다는 것이 그렇게 큰 문제인가? 그 요구란 그래도 다른 윤리적 입장에 비하면 최소한의 규범적 요구에 불과한 것이고, 삶의 피할 수 없는 사실에 속한다고 할 수 있는 것 아닌가? 규범에 전혀 의존하지 않고 행위의 합리성을 설명하려 한 것은 실패하였다 하더라도 행위에 대해서 과학적 인식론과 가장 잘 부합하는 이론이라는 것은 여전히 타당하지 않은가? 나는 미래의 자신에 대한 고려 등 최소한의 비도구적 규범만을 승인하면서 행위의 합리성을 설명할 수 있다면 도구주의는 성공한 이론이라고 생각한다. 행위의 합리성 전모를 순수히 도구주의적으로 설명할 수 있을 것으로 생각하였던 것이 좀 지나쳤다고 하면 그만이다. 약간의 지나친 기대와 실제의 결과 사이의 차이는 과학적 설명에서도 얼마든지 목격되는 것 아닌가?

도구주의의 가장 큰 문제점은 최소한의 비도구적 규범을 승인해야 한다는 사실 자체보다는 그런 승인과 함께 직면하게 되는 다른 물음과 함께 시작된다. 미래의 자신의 선호를 중요시해야 한다면 타인의 선호를 중요시하지 말아야 할 이유는 무엇인가? 그것이 타인의 것이기 때문에? 만일 그렇다면 도구주의는 더 이상 도구주의만이 아니라 윤리적 이기주의가 된다. 자신의 미래의 이익까지만 고려하고 타인의 이익은 동등하게 고려할 필요가 없다는 입장이 되는 것이다. 이기주의 입장에서 타인의 이익을 고려한다면 그것은 어디까지나 전략적 이유에서, 즉 나의 이익을 더 잘 실현하기 위해서 고려하는 것이다.

도구주의적 합리성이 반드시 윤리적 이기주의로 귀착되는 것은 아니라든가, 또는 윤리적 이기주의가 사회적 협동을 불가능하게 하는 것이 아니라는 강력한 입장들이 있기는 하다. 가령 경제적 계약론은 자기이익을 극대화하려는 사람들이 가능한 최대 이익을 실현하기 위하여 상호협동을 지향하는 행위 방식을 채택할 수 있음을 보여준다. 개인들이 비협력 상태에서 자신의 최대의 이익을 추구하는 것보다 상호협동하에서 더 큰 이익을 성취할 수 있음을 알게 되면 합리적 사고는 그런 도덕을 택하라고 할 것이라는 것이다. 이런 입장은 자기이익 추구를 인간 행위의 기본적 사실로 여기고 이 지반을 떠나지 않은 채 도덕의 가능성을 설명할 수 있는 점을 자랑스럽게 여긴다. 여기서부터 더 나아가 협동을 의무로 부과하는 도덕 없이도 사회적 협동이 가능함을 보여주는 정교한 게임이론도 있다. 이 경우 도덕은 협동을 위하여 요청될 필요가 없기에 아무런 기능을 갖지 못하는 것으로 여겨진다. "도덕은 군더더기이다."[43] 이런 결론이 도구주의의 마지막 귀결점일지 모른다. 앞에서 보았듯이 도구주의는 실천적 합리성을 부정하거나 혹은 목적에 관한 실천적 비합리주의를 채택해야 하기 때문이다. 그렇다면 도구주의는 도덕의 불필요성이나 무의미성을 말하는 것에서 완성되는 것 아니겠는가.

도구주의가 윤리적 이기주의나 혹은 도덕 무용론마저 두려워하지 않는 이유는 무엇일까? 도구주의에는 이기적 경향이 삶의 기본적 사실이라는 뿌리 깊은 신념이 자리하고 있다. 이 신념이 맞는다면 도덕은 이기적 경향으로부터 어떤 기능을 부여받거나 그렇지 않으면 관습, 사회적 강제, 혹은 허상으로

---

43) C. LaCasse, & D. Ross, "Morality's Last Chance", in: P.A. Danielson, (ed), *Modelling Rationality, Morality and Evolution*, New York: Oxford Univ. Press, 1998, 344쪽.

밝혀져야 하는 것이다. 그런데 이런 믿음이 과연 삶의 사실에 더 정확히 맞는 것일까? 도구주의가 전제하는 인격관, 즉 타자에 대해 자신의 선호와 전략적 고려에 기인한 것 외에 어떤 도덕적 고려의 의무도 부과하지 않는 견해는 다른 견해보다 적은 전제를 포함하는 입장일까? 타인에 대해 존중심을 느끼고 자신에 대해 존중심을 요구하는 태도는 이기심처럼 삶에 밀착된 사실이 아닐까?

도구주의 비판(2): 자기존중과 타인존중의 동근원성

이기주의는 가장 자연스러운 것이고 타인을 도덕적으로 고려한다는 것은 자연스러운 경향에 반하는 것일까? 『이타주의의 가능성』[44] 이래 네이글(Thomas Nagel)은 꾸준히 이런 통념이 합리성을 결여하고 있다고 주장한다. 그에 따르면 무엇을 도덕적으로 고려해야 할 때 그것이 누구의 이익인가는 '이유'에 들어가지 않는다. 가령 누가 나의 발가락을 밟았을 때 그것이 '나'의 발가락이기 때문에 발을 치워줄 것을 요구할 수 있는 것이 아니다. 밟은 사람이 누구이든, 그리고 밟힌 사람이 누구이든, 발가락이 밟힌 사람은 밟은 사람에게 발을 치워 달라고 요구할 권리를 갖는다.(Nagel, 1970: 85) 이런 식으로 하자면 도덕적 고려에서 '나'의 이익이 타인의 이익에 비해 우선성을 가질 수 없다. 우선성을 갖는다면 그것은 나의 이익이어서가 아니라 그것이 누구의 이익이라도 우선시 되어야 할 성격을 가진 것이기 때문이다. 이기주의는 비합리적인 관점주의(perspectivism)에 근거할 뿐이다.

나는 네이글의 설명이 과도하게 지성주의적이며 어떤 순환논법을 포함하고 있다고 생각한다. 이익의 크기는 순수하게 관찰될 수 있는 것이 아니라 관

---

44) T. Nagel, *The Possibility of Altruism*, Princeton: Princeton Univ. Press, 1970.

심과 상관성을 갖는다. 한 사람이 큰 관심을 기울이는 어떤 것은, 다른 사람에게 사소하게 보일지라도, 그에게 중요하다. 관심의 크기 때문에 사람들은 무너진 건물의 잔해에 깔린 사람을 구출하는 것보다 지금 구두에 밟힌 자신의 발가락을 먼저 구해달라고 할 수 있다. 관심의 이런 자기중심성에서 벗어나는 것은 단지 관찰자 관점을 취하는 것을 통해서 가능한 일이 아니다. 도덕적 고려를 할 때 '누구의' 이익인지가 상관없을 수 없다. 누구의 이익인지가 중요하지 않다고 여기려면 내가 타인의 관심이 나의 관심과 마찬가지로 존중되어야 한다고 여기고 있어야 한다. 실천의 문제에서 관점주의를 벗어나는 것은 순수하게 인식의 문제가 아니라 이미 도덕의 문제인 것이다. 즉 이기주의의 논리적 결함을 지적함으로써 이타주의로 갈 수 있는 것이 아니라 오히려 이타주의의 토대에서 비로소 관점주의를 벗어난 사고의 논리가 작동한다. 그렇다면 윤리적 이기주의에 대한 대안을 찾는 일의 관건은 타인의 관심이 나의 관심과 마찬가지로 존중되어야 한다는 원칙이 어떻게 습득되고 정당화되는지를 밝히는 것이다. 만일 타인의 관심을 존중하는 것이 윤리적 이기주의에 비해 동기부여의 측면이나 여타의 삶의 사실과 현저히 거리가 멀다면, 그런 요구에 기반한 윤리는 취약한 지반에 서 있거나 강요 혹은 자기기만을 통해서만 유지될 수 있는 것이 된다. 나는 어떤 범위에서 타인의 관심을 존중하는 것은 보통의[45] 성장과정을 거친 사람들에게 자연스러운 태도에 속한다고 생각한다. 문제는 그 범위가 어디까지냐는 것이다. 일단 타인의 관심을 존중하는 태도가 어떻게 형성되는지를 간략히 살펴보자.

---

45) 롤스(John Rwals)도 신뢰나 존중이 자연스러운 태도의 일종이라고 말한다. 롤스, 황경식 역, 『사회정의론』, 수정 1쇄, 서울: 서광사, 1985, 462쪽 이하. 그러나 그러한 태도가 그가 말하듯이 "질서정연한 사회"의 조건에서만 형성되는 것은 아닌 것 같다. 최소한의 사회화, 사회적 협동이 이루어지는 곳에서는, 강도의 차이가 있겠지만, 신뢰와 존중의 태도가 형성될 수 있다.

다른 동물들에 비하자면 강력한 보호를 통해서만 기초적 생존에 성공할 수 있는 인간 유아에게는 불신보다는 신뢰가 더 근원적인 현상이다. 자신 스스로 자신에게 필요한 만큼 환경을 이해하고 대처할 수 있는 능력을 갖지 못한 유아에게는 자신을 대신하여 판단하고 자신을 위하여 행위할 수 있는 보호자를 신뢰하는 것이 불가피하다고 할 수 있다. 유아가 모체로부터의 분리와 함께 불안의 상황에 처하며, 그래서 불안이 가장 근원적 체험이라는 주장도 있지만, 이것은 신뢰 역시 근원적인 현상이라는 것과 상충되지 않는다. 유아는 기대가 좌절되는 경험을 하더라도, 다시 언제나 누군가를 신뢰하지 않을 수 없다. 유아에게는 철저한 불신에 기초한 전략적 행위로만 삶을 꾸려간다는 것은 불가능하다. 아마 우리는 신뢰의 불가피성을 유아에게만 한정하지 않고 인간의 삶의 특징으로 일반화해도 될지 모른다. 자신보다 월등히 큰 복합성을 갖는 환경에 대처하기 위해서는 아무리 전략적인 행위를 하는 자라도 어떤 지점에서는 타당성이 완전히 검증되지 않은 코드를 신뢰할 수밖에 없다는 체계이론적 설명을 들이대지 않더라도, 심지어 신뢰의 실패마저 신뢰를 모두 축출할 수 없다는 것은 통상의 경험으로도 이해될 수 있다. 신뢰를 잘못 주어 실존적 위기를 겪은 자마저도 철저한 불신에 빠지는 것이 아니라 더 확실하게 의지할 수 있는 것을 찾는 경향을 보인다. "불행한 자는 유혹에 약하다."[46]

충족된 신뢰는 ─ 그리고 어느 정도의 그런 경험은 최소한의 인간적인 생존에 성공한 사람들 모두가 갖는 것인데 ─ 존중심을 형성시키는 기반이다. 충족된 신뢰는 자신의 이익의 즉각적인 실현을 연기하고 타인을 자신의 관점에서가 아니라 그 사람의 관점에서 바라보는 여유를 가능하게 한다.[47] 이

---

46) 박태원의 소설 『천변풍경』의 어느 곳에 있는 귀절이다.
47) 장춘익, 「신뢰와 합리성」, 백종현 외, 『사회철학대계』 제5권, 서울: 민음사, 1998. (이 책

런 여유가 존중심을 가능케 한다. 존중심이란 타인을 나의 관점에서가 아니라 그 사람의 관점에서 이해하고 그의 이익과 관심이 실현되길 희망하는 것이다. 존중심이 이렇게 충족된 신뢰를 바탕으로 삼는 것이라면, 그리고 충족된 신뢰는 사회적으로 생존한 사람 모두가 다소간 갖는 경험이라면, 어느 정도의 도덕성은 사회적 존재로서의 인간의 거의 존재속성에 속한다. 존중심의 초기적 형태는 단지 윤리의 주입으로써 생겨나는 감정이 아니다. "인간은 도덕적 동물"이라는 명제는 일차적으로 당위명제가 아니라 사실명제이다.[48]

다른 한편 유아가 부모 등 가까운 사람들에 관련하여 갖게 되는 존중심은 자신의 경험의 반경(radius)을 넘어서지 못한 것으로서, 자신과 특수한 관계를 맺고 있는 사람들에 제한된 것이다. 만일 도덕에서 문제 되는 존중심이 성, 지위, 연령, 특수관계 등 구체적 특질에 따라 조건화되는 것이 아니라 어느 정도 타인 일반에 대한 존중심이라면, 유아기의 경험을 바탕으로 형성된 저 원형적인 존중심은 중대한 변형을 겪어야만 도덕적 존중심이 될 수 있다.

나는 어린이에게 신뢰할 만한 사람들의 수가 계속 증가함으로써 그에 비례하여 도덕적 존중심이 생성된다고 생각하지 않는다. 만일 신뢰할 만한 사람의 수가 늘어나는 것이 도덕적 존중심의 생성조건이라면 보편주의적 도덕 같은 입장이 성립할 수 있는 가망성은 전혀 없게 된다.

도덕적 존중심의 형성에 결정적으로 중요한 것은 어린이가 자신에 대한 변화된 시각을 갖는 것, 특히 자신을 개인으로서 인식하는 것이다. 성장하면서 다양화되는 자신의 관심, 자신의 욕구가 부모 등 특수관계에 있는 사람들로부터 충분히 이해받지 못하는 경험을 하게 되면서 어린이에게 개체의식이

의 2권 4장)

48) 이런 생각이 맞는다면 "왜 도덕적이어야 하는가"는 잘못 제기된 물음이고 "얼마나 도덕적이어야 하는가"란 질문만 성립한다.

싹튼다. 어린이는 자신이 신뢰와 존중심을 가졌던 사람들로부터 자신의 개별적 욕구들에 대한 승인을 요구하게 되는데, 마침내 특수한 사안에 대한 그때그때의 승인이 아니라 자신의 욕구와 관심에 대한 주체로서 일반적인 승인을 요구하는 단계에 이르게 되면 스스로를 개인으로서 인식하는 단계에 이르렀다고 할 수 있다.

그러나 관심과 욕구의 주체로서 자신에 대해 일반적 승인을 요구하는 것에 머문다면 아직 도덕적 존중심을 제대로 발전시킨 것이 아니다. 도덕적 존중심은 자신과 마찬가지로 타인도 그 자신의 관심과 욕구의 주체라고 일반적으로 승인할 때 성립한다. 그런 승인은 어떻게 일어날까? 타인에 대한 일반적 승인이 일어나기 위해서 중요한 것은 내가 생각하기에 힘의 관계와 인식적 능력이다. 타인에게 나에 대한 승인만을 요구하고 타인을 승인하지 않아도 좋은 힘이 있다면 타인에 대한 승인은 지연될 것이다. 그러나 홉스의 말마따나 누구도 지적, 신체적으로 지속적인 우위를 가지기 어려운 상태에서 상호적인 승인에의 요구는 완전히 침묵 상태가 되기 어렵다. 힘의 절대적 우위가 성립하지 않을 때, 사람들 사이의 관계는 어느 정도 정당화의 메커니즘에 의존하지 않을 수 없게 된다. 일단 정당화의 메커니즘이 작동하게 되면 차별을 정당화할 근거가 균열 없이 지속적으로 설득력을 갖기는 어렵다. 특히 힘의 관계가 어느 정도 균형에 이르면 논증부담이 차별을 정당화해야 하는 측으로 넘어가게 되어 근본적인 특권이나 차별을 인정하는 것은 상당히 어렵게 된다.

그러나 힘의 균형이 곧 도덕적 존중심 형성의 필요충분조건은 아니다. 힘의 균형은 전략적 관계와 잠정적 타협에로 귀결되고 말 수도 있다. 타인을 나의 관심을 실현하기 위하여 외적 조건으로서 전략적으로만 고려하는 것이 아니라 나와 마찬가지로 관심과 욕구의 주체로서 승인하는 것이 필요하다. 힘의 균형은 그런 견해가 행위효력을 가진 것이 되도록 하는 기반이지 그런 견해가 힘의 균형의 이데올로기적인 표현에 불과한 것은 아니다. 나는 타인을, 그리고 어느 범위까지의 타인을, 존중받을 도덕적 존재로 승인하는가는 상당 부분 상상력과 반성적 인식능력에 기초한다고 생각한다. 자신을 타인들과 같은 존재로 여기는 것, 또 타인을 우리와 같은 존재로 여기는 것은 인과적 관계를 찾는 능력과 같은 것이 아니다. 그것은 자신과 거리를 띄고 바라보고 타인의 관점에 자신을 위치시킬 수 있는 능력, 공동의 번영에 대한 희망 등과 관련된다.

4. 도덕판단의 복합성

도구주의는 인간이 자신의 이익을 추구하는 경향을 가지며 인과관계를 생각하는 사고능력을 가지고 있다는 것을 전제로 하여 도덕판단의 합리성을 규명하려 한다. 도구주의에게 이 전제는 문화나 역사와 관계없이 실천에 관련된 모든 판단에 통용되는 전제이다. 그러나 도덕판단은 아주 복합적인 전제 위에 서 있다. 도덕판단의 합리성을 파악하려면 그 전제들의 타당성 여부를 살펴보아야 한다. 세계관, 인간관, 도덕적 존중의 대상과 고려사항에 대한 생각 등이 그러한 전제들이다.

첫째, 도덕판단은 특정한 세계관의 전제하에 내려진다. 가령 우주론적 세계관을 바탕으로 한 도덕판단은 도덕판단의 타당성을 사실판단의 타당성과 근본적으로 같은 근원을 갖는 것으로 여길 것이다. 반면에 탈중심적 세계관을 가진 사람은 도덕판단의 타당성을 사실판단의 타당성과 구별한다. 어떤 도덕판단의 합리성을 따질 때 그 바탕에 있는 세계관이 어떤 것인지를 고려하지 않을 수 없다. 다른 시대의 도덕판단과 현재의 도덕판단의 합리성을 단순히 평면적으로 비교할 수는 없다. 물론 동일한 시대에 속하는 사람들은 세계관을 공유할 가능성이 크기 때문에 세계관의 타당성에 대해 명시적으로 물을 필요가 적을 것이다. 그러나 동일한 세계관을 전제한다 하더라도 그 세계관에 얼마나 일관되게 부합하는가는 역시 문제가 된다. 가령 과학의 문제에 관해서는 탈중심적 세계관에 부합하게 판단하는 사람이 도덕과 종교 등의 문제에 관해서는 그렇지 않을 수도 있다.

둘째, 행위자를 어떤 인격적 존재로 보는가는 도덕판단의 타당성에 대한 견해에 결정적 영향을 미친다. 가령 행위자를 자신의 이익을 좇는 원자적 개인으로 보는가 아니면 공동체의 일원으로 보는가에 따라 도덕판단을 이해하는 방식이 달라진다. 자유주의와 공동체주의 사이의 논쟁은 인격관에 따라 도덕판단을 얼마나 달리 이해할 수 있는지를 잘 보여준다. 이편에서 합리적이라고 여겨지는 판단이 저편에서는 소외의 표현으로 여겨지고, 저편에서 바람직한 도덕적 태도로 여겨지는 것이 이편에서는 억압적인 것으로 여겨질 수 있다. 정의의 윤리학 대 배려의 윤리학 사이의 논쟁도 인간관의 차이가 도덕판단에 대한 견해에 얼마나 많은 영향을 미치는지 보여준다. 원칙중심적 도덕은 관계중심적인 인간관에서 볼 때 공적영역을 자신들의 영역으로 여기는 남성들의 사고를 반영한 것인 반면, 구체적인 관계에 따라 판단하는 태도는 자율적 개인을 도덕판단의 주체로 보는 입장에서 볼 때 도덕적인 미성숙의 표현이다.

셋째, 도덕적으로 고려되어야 할 대상을 어디까지 설정하는가에 따라 구체적인 규범과 도덕판단의 타당성에 대한 이해가 달라진다. 한편은 도덕적 지위를 갖지 않거나 혹은 대등한 도덕적 고려의 대상이 아닌 것으로 여기는 것을 다른 편은 대등한 도덕적 고려의 대상이라고 여길 경우 구체적인 도덕판단의 합리성에서 의견의 일치를 이룰 수 없다. 이런 문제는 인간 외의 존재에 대한 도덕적 고려가 주제화되는 생태철학에서 첨예하게 드러나는데,[49] 도덕적 고려의 대상을 인간에 한정한다 하더라도 쉽게 제거될 수 있지는 않다. 앞서 언급했듯이 타인에 대한 존중은 이기심 못지않게 자연스러운 태도에 들어가지만, 자연스럽게 형성되는 존중심의 대상 범위는 사람마다 다르다. 자연스럽게 형성된 존중심을 관련된 개인의 구체적 특질로부터 분리하고 광범위한 타인, 경우에 따라 인류 전체를 동등한 도덕적 고려의 대상으로 삼을 수 있기 위해서는 반성적 사고능력과 상상력이 작용해야 한다.

넷째, 무엇이 도덕적으로 고려되어야 할 사항인가에 따라서도 도덕판단의 합리성에 대한 견해가 달라진다. 고통은 모두 도덕적으로 고려되어야 할 사항인가, 아니면 나에 의해서 가해지는 고통만이 그러한가? 도덕적 의무는 나에 의해 타인에게 발생하는 고통을 방지해야 한다는 소극적 의무를 의미하는가 아니면 어떤 가치를 실현하도록 노력하거나 도와야 하는 적극적 의무도 포함하는가? 이런 물음들에 대해 어떠한 답을 갖는가에 따라 한편에서는 도덕적으로 중요한 문제가 다른 편에서는 잘못 제기된 문제로 여겨질 수 있다.

이제 도덕판단의 복합성에 관해 잠정적인 결론을 내려보자. 어떤 도덕판단의 합리성에 대한 견해의 일치는 그것이 위의 4가지 배경조건 및 사실에 대한 공통의 이해, 그리고 적절한 추론과정을 거쳐 형성된 것일 때 가능하다. 세계관을 W, 인간관을 P, 도덕적 지위를 갖는 자의 범위에 대한 견해를 S, 도덕적 고려사항에 대한 견해를 R, 사실에 관한 견해를 F, 그리고 추론을 A라고 하면 도덕판단 M은 다음과 같이 이루어진다.

---

49) 장춘익, 「생태철학-과학과 실천 사이의 지적 상상력」, 김성진 외, 『생태문제와 인문학적 상상력』, 나남, 1999. (이 책의 2권 7장)

$$W/P/S/R/F \xrightarrow{A} M$$

이런 도식이 물론 도덕판단의 복합성을 다 드러내는 것은 아니다. 중요한 것은 도덕판단이 개략적으로 이런 복합성을 갖는다는 것을 인정할 경우 그것이 도구주의에 대해 갖는 함축이다. 위에서 도구주의가 적절히 설명하는 부분은 어디인가? 앞서 언급된 약한 도구주의, 즉 행위가 인과관계에 대한 정확한 인식 없이는 합리적일 수 없다고 주장하는 도구주의는 F와 A, 즉 도덕판단에 포함되는 사실판단과 추론 부분만을 언급한다. 그러나 이런 도구주의는 막상 실천적 부분에 대한 아무런 해명이 되지 못한다. 이에 반해 강한 도구주의는 W, P, S, R에 관련하여 특정한 견해들을 표명한다. 즉 규범을 사실로부터 분리한다는 점에서 탈중심적 세계관, 그리고 이기주의적인 인격관, 도덕적 고려 대상 범위의 최소화, 자기이익 고려의 절대적 우선성 등을 전제하고 있다. 이 가운데 탈중심적 세계관을 제외하고는 각각의 항목이 과연 가장 합리적인지 혹은 삶의 사실에 가장 잘 부합하는지는 전혀 확실하지가 않다. 더욱이 각 항목들의 조합으로서의 도구주의가 유일하게 합리적인지는 도구주의 스스로 전혀 증명할 수 없는 사항이다. 마지막으로 추론과정 역시 도구주의에서는 너무 단순히 이해되고 있다. 추론은 목적을 실현시킬 효율적 수단을 찾는 가설 설정과 검증의 과정이 아니라 배경적 전제들을 바탕으로 합당하다고 여겨질 수 있는 규범을 찾거나 또는 기본 규범의 합당성을 검토하는 과정이다. 추론은 자기기만 없이 숙고하는 모든 사람들이 받아들일 수 있는 규범만을 타당한 것으로 채택하게 하는 적극적인 과정으로 이해될 수도 있고 (하버마스, 2000), 아니면 어떤 규범을 합당하게 거부할 수 없는 한 수용하기로 하는 소극적인 과정으로 이해될 수도 있다.[50] 추론과정을 어떻게 이해하든 한 가지 사실은 분명하다. 도덕적 추론과정을 인과관계에 대한 탐색으로 한정하는 것은 매우 독단적인 견해이다. 결국 도구주의는 도덕판단의 어떤 구성요소들에 대한 자의적인 견해이거나 혹은 도덕판단의 복합성을 매우 축소한 것이다.

도덕판단의 합리성이 매우 복합적인 고려를 통해서 결정된다는 사실에 주목하면 왜 한 문화에서 형성된 도덕이 다른 문화에서 수용되기가 어려운지, 또 근본적인 경험이 다를 경우 서로 다른 도덕적 판단을 내릴 수 있는지도 조금 더 잘 이해할 수 있다. 가령 보편주의 도덕규범(Mu)은 탈중심화된 세계관(Wd), 개인으로 이해된 인격(Pi), 도덕적 존중 대상 범위의 추상화(Sa), 소극적 의무 개념(Rn)을 배경으로 무제약적인 논증(Au)을 통해 이루어진다.

$$Wd/Pi/Sa/Rn \xrightarrow[Au]{} Mu$$

만일 탈중심적 세계관에 이르지 못하였다면, 도덕적 주체를 자율적 개인으로 여기지 않는다면, 도덕적 고려의 대상을 충분히 추상화하지 않는다면, 도덕의 고유한 목적을 갈등해결이라는 소극적인 것보다 공동가치 실현이라는 적극적인 것으로 여긴다면, 또는 규범의 정당화를 무제한적인 논증요구(Au)에 개방하지 않는다면, 보편주의적 도덕은 성립하지 않는다. 보편주의적 도덕은 "근대의 문화적 지평의 도덕적 전제들에 대한 '두꺼운 기술'(thick description)을 통해 얻어진 것이다."[51] 공동체주의자들이나 또는 비서구 문

---

50) T. M. Scanlon, *What We Owe to Each Other*, Cambridge: Havard Univ. Press, 1998.

51) S. Benhabib, *Situating the Self: Gender, Community and Postmodernism in*

화권의 사람들이, 또 여성주의자들이 보편주의적 도덕에 대해서 갖는 어려움은 보편주의의 저 전제들 가운데 어떤 것을 공유할 수 없기 때문일 것이다.

5. 나가는 말

합리성은 진화과정에서 환경에 적응하기 위하여 발전된 능력일 것이다. 이론적인 합리성이 사실의 세계에 대해 적응하는 능력으로서 발전한 것이라면 실천적 합리성은 같은 능력을 가진 다른 인간들과 공존하는 데 필요한 능력으로서 발전한 것이라고 할 수 있다. 그런 점에서 합리성은 자연으로부터 비롯된 것이다. "합리성의 본성은 자연을 포함한다."[52] 그러나 합리성의 이런 기원이 합리성의 태생적 제한을 의미하는 것은 아니다. 합리성은 적응에서 비롯된 것이기는 하지만 적응을 위해서만 작동하도록 되어 있다는 증거는 아무것도 없다. 합리적 능력 자체에 대한 반성으로까지 확장된 합리성은 더 이상 고정된 궤도 위에서만 움직이는 것이 아니라 스스로를 기획의 대상으로 만든다. 합리성을 생존을 위한 전략적 사고에 불과한 것으로 보는 입장[53]은 매우 자의적인 환원주의적 이해이다.

어떤 판단이나 행위의 합리성을 판단하는 것은 여러 가지 배경적 지식의 토대 위에서 이루어진다. 특히 도덕적 판단의 경우에는 세계관, 인간관, 도덕적 고려 대상의 범위와 고려 사항에 대한 견해 등 복합적인 전제하에서 이루

Contemporary Ethics, New York: Routledge, 1992, 30쪽.

52) R. Nozik, "The nature of rationality includes the Nature in it" R. Nozik, *The Nature of Rationality*, Princeton: Princeton Univ. Press, 1993, 181쪽.

53) 가령 정성호, 『합리성의 근원과 본질』, 『철학』 제62집, 2000년 봄.

어진다. 도구주의는 이런 전제들을 제대로 고려하지 않거나 매우 자의적으로 이해함으로써 실천적 합리성을 부인하거나 혹은 실천에 관한 비합리주의에 귀착된다. 실천적 합리성은 도구적 합리성에 제한되지도 않고 도구주의가 실천적 합리성에 대한 가장 적절한 설명도 아니다.

4장 신뢰와 합리성

1. 신뢰와 실리

17세기 사회계약론자들에 의해 권력의 정당성 근거로서 주제화되고, 고전적 사회이론가들에 의해 사회통합의 메커니즘으로 파악되었으며, 심리학자들에 의해 자아정체성의 형성기반으로 탐구되었던 신뢰의 문제는 이제 경제적 생산성의 중요한 변수로서까지 말해지고 있다. 노동자들의 자율성을 비효율의 원인으로만 보고 철저한 계산과 통제를 통해 노동자의 자의성을 최소화하려 했던 포드주의적 생산방식이 쇠퇴한 이후, 신뢰는 경제영역에서조차 세심하게 관리되어야 할 중요한 자원으로 여겨지게 된 것이다. 그런데 신뢰가 경제와 연관하여 주제화된 것은 단지 신뢰가 문제 되는 영역이 확장되었다는 사실 이상의 의미를 갖는다. 전통적인 윤리학에서는 물론이고 사회학과 심리학, 그리고 부분적으로 정치학에서조차 신뢰는 이익과 어느 정도 무관하거나 느슨한 연관을 갖는 가치로 여겨지는 경향이 있었다. 그러니까 신뢰를 주제화하는 전통적인 방식은 가령 친한 사람의 경우 혹시 손해가 예상되더라도 신뢰해야 한다든가 혹은 어떤 정치적 권력을 신뢰하는 것은 그것이 나에게 주는 이익 때문만이 아니라 그것의 도덕성이나 혹은 그것이 구현하는 가치 때문이라는 등의 직관을 정당화하는 것이었다. 그러나 경제에 관련하여 신뢰에 주목된다면 — 그리고 이것은 특히 후쿠야마의 『트러스트』(1996)를 통하여 신뢰의 문제에 주목을 하게 될 경우 더욱 그러한데, — 그것은 일차적으로 가치로서의 신뢰가 아니라 경제적 이익과 **번영**의 변수로서의 신뢰에 주목하는 것이다. 신뢰는 이제 실리와 연관하여 주제화된 것이다.

나는 돈독한 신뢰의 분위기가 가져오는 실리의 크기나 혹은 반대의 경우 상실되는 실리의 크기를 논의하는 것, 즉 신뢰의 실리를 따지는 것이 잘못이라고 생각하지는 않는다. 오히려 나는 신뢰의 실리를 따지는 것이, 그것이 아무리 윤리학자들에게 불만스럽게 보일지라도, 신뢰에 관한 새로운 논의의 지평을 열었다고 생각한다. 신뢰의 실리를 따지게 된 것이 가져온 논의의 변화에서 내가 주목하는 점은 이제 신뢰를 하나의 합리적인 태도로 다루게 되었다는 사실이다. 이것은 아마도 어떤 판단이나 행위 혹은 사회적 조직방식의 합리성을 따질 때 우리가 가장 쉽고 분명하게 의존할 수 있는 기준이 바로 실리의 크기이기 때문일 것이다. 그러나 나는 신뢰의 실리에만 주목하는 관점이 신뢰의 결과적 유용성에 주목할 뿐 신뢰의 중요한 다른 측면들을 놓치고 있다고 생각한다. 나는 신뢰에 대한 이런 불충분한 이해가 제한된 합리성 개념에 의존하였기 때문이라고 생각한다. 다음에서 나는 신뢰가 갖는 **기능적 합리성**과 **실천적 합리성**의 차원을 부각시키고자 한다. 그리고 근대성(modernity)의 조건하에서 가능한 신뢰형성의 방식을 살펴보는 것이 이 글의 목적이다.

2. 신뢰, 확신, 신뢰의 합리성

신뢰에 대해 논의를 진행시키기 전에 **신뢰**에 대한 잠정적인 정의가 먼저 필요할 것으로 보인다. 신뢰의 가장 기본적인 형태는 친숙한 사람에 대한 신뢰이다. 그래서 신뢰는 친숙성과 연관이 있다. 그러나 신뢰는 친숙한 타인에게만 주어지는 것은 아니다. 우리는 자기 자신에 대한 신뢰를 말하기도 하며, 또 기술이나 사회적 조직에 대한 신뢰도 우리 삶의 중요한 측면이다. 신뢰에 대한 잠정적인 정의를 얻기 위해 일단 타인에 대한 신뢰에서 출발하기로 하자. 우리가 타인을 신뢰한다는 것은 어떤 현상인가? 신뢰의 중요한 특징은 우선 타인에게 판단과 행위의 자유를 허용한다는 점에서 찾을 수 있다. 타인의 판단과 행위를 모두 통제하면서 상대에게 신뢰를 부여한다는 것은 신뢰에 대한 일반적 이해에 맞지 않는다. 그러나 타인에게 자유를 부여하는 것은 신뢰의 한 측면일 뿐이다. 타인에 대한 신뢰는 그의 판단과 행위가 그에 대한 우리의 기대와 크게 어긋나지 않을 것이라는 예측을 포함한다. 이때 기대와 예측은 상대의 선한 의지와 행위능력에 관련된다. 우리에 대해 나쁜 의도를 가진 사람을 신뢰한다든가 선한 의도를 가졌더라도 행위능력이 없는 사람을 신뢰한다는 것은 신뢰에 대한 일반적 이해에 맞지 않는다. 그러니까 타인에 대한 신뢰는 그가 자유의사에 따라 판단하고 행동하더라도 그것이 우리가 바람직하게 여기는 결과와 크게 어긋나지 않으리라는 기대이다. 그래서 신뢰는 잠정적으로 "다른 사람의 선한 의지와 능력에 대한 낙관적 태도"(Jones, 1996: 11)라고 정의될 수 있다.

신뢰에 대한 앞선 정의에 따르자면 신뢰는 타인에 대한 일종의 기대이다. 그런데 이 기대는 언제나 제한된 정보를 바탕으로 한 기대이다. 만일 상대에 대한 충분한 정보를 가지고 있어 상대의 행위를 정확히 예측할 수 있다면 신뢰는 필요하지 않을지도 모른다. 그래서 신뢰는 다른 사람에 대한 낙관적 기대이지만 또한 언제나 실망의 가능성을 담고 있다. 그렇다면 어떤 타인에 대한 신뢰가 합리적인지의 여부는 일차적으로 실망의 가능성과 크기가 얼마나 적절하게 고려되었는가 하는 점에서 구별될 수 있을 것으로 보인다. 실망의 가능성과 크기를 고려하지 않은 채 신뢰하는 것은 합리적이지 못하다. 자신의 어린아이가 복잡한 차도를 잘 건널 것이라고 믿는다든가 처음 본 사람에게 자신의 전 재산을 맡기는 것은, 만일 다른 가능성은 없고 오직 그렇게 할 수밖에 없는 극한상황이라면 모를까, 분명 합리적이지 못하다. 그래서 실망의 가능성을 줄이기 위해 상대의 판단과 행위에 대해 다소간 정확한 예측을 시도하고 그에 기반하여 상대에게 어느 정도 통제를 가하는 것이 필요하다. 이것은 신뢰(trust)가 타인에게 자신의 소중한 것을 맡기는 것(entrusting) 이라면(Baier, 1986) 더욱 그렇다. 상대가 기대와 달리 행동했을 경우 내가 입을 손실은 차라리 그를 전혀 신뢰하지 않았을 때보다 훨씬 클 것이기 때문이다. "신뢰는 좋은 것이지만 통제는 더 나은 것"이라는 세인의 지혜는 무조건적인 신뢰의 경솔함을 경고하고 있다. 그런데 문제는 신뢰로부터 실망의 가능성을 완전히 제거할 수 없다는 사실이다. 또한 완전한 예측과 통제를 꾀할수록 신뢰의 의미와 기능은 훼손된다. 그러니까 실망의 가능성을 최소화하기 위해 예측과 통제를 강화하는 것은 곧 신뢰를 불필요하게 만드는 결과를 가져오는 것이다. 그래서 신뢰는 확신(confidence)과 같을 수는 없다. 그런데 신뢰에서 실망의 가능성을 제거할 수 없다는 것은 곧 신뢰의 부분적인 비합리성을 말하는가? 만일 합리성을 실리와 계산가능성에서 찾는다면 분명 그렇다고밖에 대답할 수 없다. 신뢰의 합리성을 이렇게 이해하면 신뢰의 합리적이지 못한 부분을 정당화할 수 있는 방법으로 두 가지 정도가 생각될 수 있다. 그 하나는 비합리적인 측면을 현재 어쩔 수 없는 정보의 부족에 기인한 것으로 설명하는 것이다. 이 경우 신뢰는 다소간 개연성을 갖는 예측으로서 정확한 정보가 축적됨에 따라 확신으로 대체되어야 하는 것이 된다. 다른 하나는 신뢰의 저 **비합리적인** 측면을 윤리적 이유에서 정당화하는 것이다. 상대에 대해 정확한 정보를 갖고자 하는 것은 상대의 인격과 자율권에 대한 침해이기 때문에 차라리 어느 정도 실망의 가능성을 감수하는 것이 마땅하다는 것이다. 이 설명은 신뢰의 **비합리적인** 부분이 갖는 적극적 의미를 강조한다는 장점을 갖기는 한다. 그러나 이 설명도 신뢰의 부정확한 부분을 비합리적인 것으로 여긴다는 점에서는 앞의 설명과 다를 바 없다. 그러므로 우리가 타인을 윤리적으로 배려해야 하는 부담만 지지 않을 수 있다면, 합리성의 측면에서 볼 때 신뢰는 좀 더 확실한 예측의 방식으로 대치되는 것이 바람직할 것이다. 만일 타인의 행위를 우리의 의도에 맞게 완벽하게 통제할 수 있다면 굳이 실망의 가능성을 담고 있는 신뢰에 의존할 필요가 없지 않은가?

만일 타인의 행위를 철저하게 예측하고 통제할 수 있다면 타인에 대한 신뢰는 필요하지 않을지도 모른다. 그런데 문제는 사회적 삶에서 나에게 이익이나 손실을 줄 수 있는 모든 사람들의 판단과 행위를 철저히 예측하고 통제한다는 것이 가능하지 않다는 것이다. 물론 나에게 중요한 의미를 갖는 사람에 한정하여 정확한 정보를 획득하고자 할 수도 있을 것이다. 그러나 역설적이게도 바로 나에게 중요한 의미를 갖는 사람들에 대한 신뢰야말로 정확한 증거의 기초 위에 서 있는 것으로 보이지 않는다는 점이다. 나에게 중요한 의미를 갖는 사람에 대한 신뢰야말로 오히려 증거와 무관한 성격(evidence-independence)을 갖는 경향이 있으며, 정확한 정보를 필요로 할 때는 이미 불신의 싹이 고개를 든 경우이다. 그러므로 신뢰의 저 **비합리적인** 측면은 단지 정보의 부족에 기인한 곤경이라고 할 수는 없다. 오히려 신뢰에서 **합리적인** 측면과 **비합리적인** 측면의 관계를 역전시켜서 비합리적인 측면을 신뢰의 더 본질적인 것으로 보고 **합리적인** 측면을 보조적인 것으로 보는 것이 옳지 않을까? 그러니까 신뢰는 일차적으로 상대의 선의지와 능력에 대한 다소간 무조건적인 믿음이고, 정보는 다만 신뢰가 지나치게 큰 모험이 되지 않도록 방지하는 데 보탬이 되는 것 아닌가? 이렇게 볼 때 비로소 정확한 예측과 통제를 추구할수록 오히려 신뢰관계가 손상될 수 있다는 사실이 납득될 수 있지 않을까?

만일 **비합리적인** 측면을 신뢰의 더 본질적 성격으로 보게 되면 일견 신뢰를 합리성과 별 상관이 없는 정서적인 태도로 여기는 것 외에 다른 설명방식이 없을 것처럼 보인다(Becker, 1996). 그러나 이것은 **합리성**을 계산과 예측의 측면에 한정할 경우에만 그렇다. 만일 계산과 예측을 적절히 제한하는 것이 어떤 **합리적인** 이유에 의한 것이라는 점을 적절히 개념화해낼 수 있다면, 신뢰의 본질적인 측면을 여전히 합리성의 측면에서 파악할 수 있을 것이다. 다만 이 경우 **합리성**의 개념은 계산이나 예측과는 다른 차원의 것이어야 할 것이다. 신뢰의 그러한 합리성이 밝혀지면 비로소 왜 신뢰가 사회적 삶에서 계획과 통제에 의해 대치될 수 없는 중요한 기능을 갖는지도 분명해질 것이다. 나는 신뢰에 예측과 통제를 제한하는 합리적인 이유가 있다고 생각하는데, 신뢰의 이런 측면을 계산적 합리성의 정도에 근거한 합리적 신뢰와 구별하여 신뢰의 합리성이라고 부르고자 한다.

3. 신뢰의 합리성

계산적 합리성의 한계

잘 알려진 **수인(囚人)의 딜레마**나 **공유지의 비극**은 신뢰의 합리성을 설명하는 데에 적합한 예이다. 공범혐의를 받는 사람들이나 혹은 제한된 목초지에서 양을 치는 목동들은 서로 협동한다면 각자에게 최선의 결과를 얻을 수 있다. 그러나 그들은 상대가 자신의 협동의사를 신뢰하고서 행동할 것인지를 알지 못하며, 또 자신도 상대의 협동의사를 알 수 없는 상황에서 차라리 상대가 협동하지 않을 것을 전제로 하고 자신의 선택을 한다. 상대의 협동의사를 전제하고 행동했다가 자신만 가장 나쁜 상황에 처하게 되는 것을 원치 않기 때문이다. 이런 선택은 분명 실리계산의 측면에서 합리적인 선택이라고 할 수 있다. 그러나 저 예들은 서로에 대한 신뢰가 없는 조건에서의 합리적 계산은 실리의 측면에서도 서로에게 가능한 최선의 결과를 가져오지 않는다는 점을 보여준다. 만일 사회적 협동을 통해 얻을 수 있는 최선의 상황을 실현하는 행위가 가장 합리적인 행위라 한다면, 신뢰 없는 실리계산은 부분적으로만 합리적이다. 더욱이 실제 사회에서 그럴 것이라고 생각되듯이 협동을 통해서 얻을 수 있는 이익과 그렇지 않은 경우의 이익의 차이가 막대하다면, 신뢰 없는 실리계산은 심지어 비합리적이라고 말할 수 있다. 실리의 측면에서의 합리적 계산이 상호 신뢰 없는 조건에서는 오히려 비합리적인 결과로 귀착한다는 역설을 어떻게 설명할 것인가?

신뢰를 그 자체로는 실리와 무관한 도덕적인 가치로 보는 사람들은 신뢰의 실리를 하나의 부산물(by-product)로 여길 것이다. 이 경우 신뢰는 도덕적 가치로서 그 자체로 추구되어야 하는 것이지만 커다란 실리마저 가져오므로 더욱 지지되어야 할 가치로 여겨진다. 그러나 합리성을 실리계산과 동일시하는 사람들은 도덕주의자들의 이런 자부에 굴복할 리가 없다. 그들에게는 도덕적 가치로서의 신뢰와 그것이 가져오는 실리 사이의 관계가 오히려 반대로 설명되어야 한다. 그러니까 그들은 사회적 협동을 가능케 하는 신뢰도 결국 실리계산적 행동의 결과로 생겨난 것임을 보여줄 때 비로소 설명다운 설명을 얻었다고 생각한다. 그래서 그들은 가령 이기적 행위로부터 협동적 행위양식이 진화되어 나오는 과정을 추적하든가(Bateson, 1988) 혹은 수인의 딜레마와 같은 상황의 반복을 통해서 협동을 추구하는 새로운 행위양식의 시도가 생겨나고 그것의 성공을 통해 그런 행위양식이 정착될 수 있음을 보여주고자 한다.(Axelrod & Hamilton, 1981) 이런 설명에 따르자면 신뢰는 그 자체로는 실리계산과 무관한 가치이나 동시에 실리를 극대화하는 사회적 협동의 외적 조건으로 작용하는 것이 아니라 실리 계산에 바탕을 둔, 다만 외양상 그렇게 보이지 않을 뿐인, 하나의 행위전략인 것이다. 어느 설명이 더 타당성을 갖는가? 나는 두 가지 설명 모두가 합당하지 않다는 사실에서 신뢰의 합리성이 좀 더 정확히 보여질 수 있을 것이라고 생각한다.

　나는 신뢰관계가 순수히 사람들의 이타적 태도에 기반해서 형성되었다고 보는 것은 설득력이 적은 가정이라고 생각한다.(Williams, 1988 참조) 사람에게 이타심과 같은 감정이 있다는 것을 부정하지 않지만, 그리고 부모와 자식, 혹은 친구관계나 종교공동체 등에서처럼 이타심이 명백히 드러나는 경우가 있긴 하지만, 자발적 이타심은 대개 친밀한 관계의 범위를 벗어나지 못한다. 물론 친밀한 관계를 넘어 헌신적인 인류애로 확장된 이타심의 예가 없는 것은 아니다. 그러나 그런 태도를 일반적인 것으로 가정할 수는 없다. 더 이상 긴밀한 친밀성에 의존하지 않는 사회관계에서는 사람들이 비록 어느 정도의 이타심이 있다 하더라도 사회적 협동이 자신에게도 이익이 되며 자신이 협동하고자 하는 타인이 대부분 기대에 크게 어긋나지 않게 행위할 것이라는 예상을 할 수 있을 때에만 안정적인 신뢰태도가 형성될 수 있다. 그래서 사회적 협동을 통해 이익을 누릴 수 있다는 다소간 명백한 인식, 그리고 상대의 신뢰가능성을 지지해주거나 담보해주는 다소간 객관적인 조건, 즉 상대에 대한 정보나 상대의 신망(reputation), 혹은 일반적인 기대를 어길 경우의 유·무형의 제재 등의 조건이 있지 않으면 안정적인 신뢰관계는 성립할 수 없다.

그러나 순수한 이익추구 행위로부터 상호신뢰 관계가 형성되어 나온다는 주장 역시 설득력이 없어 보인다. 그러한 주장에 대한 반대증거는 수인의 딜레마 같은 이론적 구성물에만 한정되는 것은 아니다. 가령 이탈리아의 민주주의 발전에 대한 퍼트넘(R. D. Putnam)의 경험적 연구(Putnam, 1993)는 그런 사례를 제공한다. 1970년대 지방자치제 도입 이후 북부 이탈리아는 경제와 민주주의의 동시적 발전을 이룬 반면 남부 이탈리아는 두 가지 측면에서 모두 후진적인 상황을 벗어나지 못했는데, 퍼트넘의 연구는 이런 현상의 원인을 상호신뢰를 제공해 주는 시민공동체(civic community)의 발달 유무에서 찾는다. 퍼트넘이 말하는 시민공동체란 높은 수준의 협동, 신뢰, 상호성, 시민참여, 집단적 복지 등의 특성을 갖는 사회이다. 퍼트넘은 자신의 연구를 바탕으로 신뢰와 불신은 각각 자신을 강화시키는(self-reenforcing) 관계가 성립한다는 결론을 내렸다. 즉 신뢰는 민주주의와 경제의 발전을 가져오고 발전은 다시 신뢰를 강화시키는 선순환(virtuous circles) 관계가 성립하며, 다른 한편 불신은 저발전을 가져오고 저발전은 다시 불신을 강화시키는 악순환(vicious circles)의 관계가 성립한다는 것이다.

앞의 지적이 맞는다면 개인의 이타심이나 계산적 합리성은 모두 신뢰의 형성을 설득력 있게 설명할 수 없다. 그렇다면 신뢰는 이타심이나 계산적 합리성과 무관하게 형성되며, 다만 사회적 협동을 가능케 함으로써 결과적으로 커다란 실리를 가져오는 하나의 행위조정 방식인가? 신뢰 자체에 내재하는 합리성은 없는 것인가? 이 물음에 대한 답에 따라 신뢰의 형성방식에 대한 견해에서도 큰 차이가 있을 수 있다. 만일 신뢰 자체에 내재하는 합리성이 없다면 신뢰의 형성은 어떤 방식을 택하든 상관이 없을 것이다. 그러나 만일 신뢰 자체에 내재하는 합리성이 있다면 그 합리성과 상충하는 방식을 통하여 신뢰를 형성하는 것은 불가능하거나 혹은 일시적인 효과에 머무를 수밖에 없을 것이다. 계산적 합리성으로 포착되지 않는 신뢰의 합리성은 무엇인가?

신뢰의 기능적 합리성

실리계산을 넘어서는 신뢰의 합리성의 하나의 중요한 측면은 루만(N. Luhmann, 1989)에 의해 적절히 지적되었다. 루만은 목적합리성이나 또는 예측의 정확성 등에 의해 신뢰의 합리성을 충분히 규정할 수 없다는 점을 분명히 하고 있다. 그가 말하는 신뢰의 합리성이란 체계(System)가 그보다 복잡성이 큰 환경(Umwelt)과 갖는 관계에서 성립하는 기능적 합리성의 일종이다. 이때 **체계**란 자신이 처한 조건으로부터 기계적 인과관계에 따라 영향을 받는 것도 아니고 그렇다고 조건에 무관하게 순수히 자율적인 것도 아닌, "자신의 요소와 기본적인 작용 방식들을 자기 자신과 연관 지어 구성하는"(Luhmann, 1987: 25) 존재자이다. **환경**은 가장 간략히 말하자면 체계가 처한 조건이다. 한 체계에 대해 환경의 복잡성이 크다는 것은 환경에서 일어나는 사건과 상태의 다양성이 체계가 그에 대해 일일이 대응하여 자신의 반응을 조정할 수 없을 만큼 크다는 것을 의미한다. 이런 환경에 대해 체계가 자기 자신을 유지하기 위해서는 환경의 복잡성을 자신이 대응할 수 있을 정도로 적당히 축소시키는 것이 필수적이다. **기능적 합리성**이란 체계의 어떤 작용이나 기능이 환경의 복잡성(Komplexität)을 적절히 축소하는 데에 긍정적으로 기여하는 것을 의미한다. 루만이 말하고자 하는 것을 일단 개인과 개인 사이의 신뢰문제에 적용하여 간략하게 살펴보자.

한 개인에게 자신이 관련하는 다른 사람들은 엄청나게 큰 복잡성을 갖는 환경이다. 나에게 관련되는 사람을 단 한 사람에로 한정한다 하더라도 복잡성은 여전히 지나치게 크다. 상대가 어떻게 판단하고 행위할지를 내가 정확히 예측할 수는 없기 때문이다. 하물며 내가 관련하는 모든 사람들의 판단과 행위를 정확하게 예측한다는 것은 전혀 가능하지 않다. 그런데 만일 타인의 행위에 대한 정확한 예측에 기반하여 하는 행위만이 합리적이라면, 내가 할 수 있는 합리적 행위는 지극히 제한될 것이다. 심지어 평온한 분위기의 길거리에 나서는 것조차 비합리적일 것이다. 나와 스쳐지나가게 될 모든 사람들이 나에게 어떤 해도 가하지 않을 것이라는 점을 확인할 길이 없기 때문이다. 그러나 오히려 예측할 수 없다고 하여 아무런 행위를 하지 않는다는 것이 비합리적이지 않은가? 그렇다고 또한 자신이 처한 조건에 대한 아무런 정보 없이 행위를 하는 것 또한 합리적이지 않다. 그렇다면 중요한 것은 행위결정을 위해 주어진 짧은 시간 안에 행위여부를 결정할 수 있도록 고려의 대상을 적절히 축소시키는 것이 필요할 것이다. 그래서 합리적으로 행위하기 위해 중요한 것은 가능한 많은 정보를 수집하고 분석하는 것이 아니라 오히려 정보를 적절히 제한하는 것이다. 행위하기 위해서는 중요하게 고려될 정보를 선별하고 그에 의존하여 행위결정을 하는 것이다.

행위를 위하여 고려되는 정보는 어쩔 수 없이 현재 관찰될 수 없는 다른 측면들에 대한 지표적 성격을 갖는다. 가령 낯선 소리는 아직 관찰되지 않은 위험에 대한 표시로 여겨질 수 있고 이 순간 어떻게 행위해야 할지를 고려할 때 결정적인 단서가 될 수 있다. 이런 점에서 고려되는 정보의 과다계상 (Überziehen der Informationen: Luhmann, 1989)은 불가피하다. 물론 고려되는 정보를 지나치게 한정하고 절대적인 의미를 부여하는 것은 비합리적이다. 그것은 순간적인 인상이나 직관에 의존하여 판단하는 것의 위험성을 내포한다. 그러나 고려되어야 할 사항을 제한하는 것 자체는 합리적이다. 모든 정보를 수집하고 분석한 후 행위한다는 것은 불가능하기 때문이다. 루만은 신뢰의 가장 중요한 기능을 바로 고려해야 할 사항들을 제한하는 것 자체에서 찾는다. 그러니까 정보를 얼마나 제한하는가의 문제가 구체적인 신뢰의 합리성 여부에 관건이 된다면, 루만이 지적하고자 하는 것은 도대체 고려해야 하는 사항을 축소시키는 신뢰의 기능 자체가, 그러니까 신뢰한다는 것 자체가 합리적이라는 것이다. 이 점을 분명히 하기 위하여 신뢰의 기능을 화폐의 기능과 비교해보기로 하자. 화폐는 개인의 차원에서 보면 한 개인이 자기보다 복잡한 환경, 즉 수많은 타인 및 사회조직과 거래하는 것을 가능케 한다는 점에서 합리적이다. 또 한 사회체계의 차원에서 보더라도 화폐는 그 사회체계보다 더 복잡한 환경, 가령 수많은 개인들 및 다른 사회체계들과의 교류를 가능하게 한다는 점에서 역시 합리적이다. 루만이 신뢰의 합리성에 대해 말하는 것은 바로 이렇게 화폐의 합리성에 대해 말할 때의 합리성이다. 그러니까 어떤 개인이 화폐를 합리적으로 사용하느냐 그렇지 않으냐를 떠나서 화폐 자체가 합리적인 매체이듯이, 합리적 신뢰인지 아닌지 이전에 신뢰 자체가 합리적이라는 것이다.

신뢰가 고려해야 할 사항을 축소시키는 기능을 한다고 해서 행위의 가능성을 축소시키는 것은 아니다. 오히려 반대로 신뢰는 적절한 시점에 행위를 할 수 있게 함으로써 연속하여 다른 행위를 할 수 있는 가능성을 열어준다. 신뢰가 이렇게 행위가능성을 확대해주는 것은 신뢰를 주는 체계에만 해당되는 것이 아니라 신뢰를 받는 체계에도 해당된다. 가령 남으로부터 신뢰를 받는 사람은 상대의 호의를 기대하고 그와 어떤 협동을 시도할 수 있으며, 또 신뢰가 없는 경우에는 오해의 여지가 있는 행위에 대해서도 상대의 이해를 기대할 수 있다. 사회체계도 개인들로부터 신뢰를 받으면 행위역량을 증대시킬 수 있다. 가령 신뢰를 받는 정부는 현재 개인들에게 이익을 주지 못하지만 어느 정도 시간이 지난 다음에는 긍정적인 효과를 낼 수 있는 계획을 세우고 수행할 수 있다. 사회구성원들이 지금 당장 대가를 기대하지 않기 때문에, 정부는 자신의 정책의 성과를 보여줄 수 있는 충분한 시간을 가질 수 있는 것이다. 이에 반해 신뢰를 받지 못하는 체계는 당장 효과를 낼 수 있는 정책만을 채택할 수 있고, 이 때문에 정책의 선택범위는 대폭 줄어들게 된다. 신뢰는 이렇게 체계역량 확대의 조건으로서 중요하다는 점에서 합리적이다.

신뢰의 실천적 합리성

실리계산적 합리성 개념으로 충분히 포착되지 않는 신뢰의 합리성의 한 측면을 밝히는 데에 루만의 기능적 합리성 개념은 분명 큰 도움이 되지만, 그렇다고 그것으로 충분한 것은 아니다. 루만 식의 이해에 따르자면 신뢰의 합리성은 고려되는 정보를 제한해서 적절한 시점에 행위를 결정할 수 있도록 하는 데에 있었다. 신뢰에 대한 이런 파악은 제한된 정보를 바탕으로 삼아 행위결정을 내리는 것을 합리적인 것으로 설명할 수 있다는 점에서 계산적 합리성 개념에 의존한 설명보다 장점이 있다. 그러나 기능적 합리성 개념은 표면상 계산적 합리성과 명백히 구별되는 것 같지만 실상은 계산적 합리성과 긴밀하게 맞닿아 있다. 사실 기능적 합리성이란 계산적 합리성을 반성적으로 — 이때 **반성적**이라는 말은 반드시 **의식적**이라는 의미로 이해될 필요는 없다 — 사용하는 능력과 다를 바 없다. 즉 실리를 위해 계산을 하되, 지나친 계산이 오히려 손실을 가져온다는 점을 계산하여 계산을 적절히 제한하는 것이다. 즉 계산을 계산하는 것이다. 이런 합리성 개념에 따르자면 지나치게 많은 정보를 고려하다가 행위결정의 적절한 시기를 놓치는 것은 비합리적이지만, 행위결정을 위해 주어진 시간 안에 가능한 한 많은 정보를 처리할 수 있다면 더욱 합리적이다. 그런데 이런 합리성 개념으로는 파악하기 어려운 신뢰의 측면이 있다. 사람들은 타인을 신뢰할 때 흔히 상대의 신뢰성을 세심하게 측정하지 않는 경우가 많다. 이것은 반드시 그것을 위한 충분한 시간이 없어서거나 달리 방도가 없어서 그런 것은 아니다. 그러니까 신뢰를 주는 사람이 상대에 대해 예측과 통제를 삼가는 정도는 많은 경우 정보과다를 방지하는 것에 그치는 것이 아니라 증거거부적인(evidence-resistant) 면을 보이기조차 한다. 기능적 합리성은 신뢰의 이런 측면을 적절히 포착할 수 있을까? 물론 거의 증거거부적인 태도조차도 정보과다에 의해 전혀 행위를 하지 못하는 상태보다는 합리적이라고 말할 수 있을 것이다. 이렇게 하면 신뢰의 저 맹목적으로 보이는 측면조차 실리와 연관 지어 설명할 수 있을지도 모른다. 그러나 이런 설명은 이론의 일관성을 위하여 신뢰 현상의 다양성을 무리하게 축소하는 것으로 보인다. 신뢰할 때 상대의 신뢰성에 대한 증거를 중시하지 않는 경향, 혹은 심지어 증거거부적인 경향에 대한 설명은 신뢰가 장기적인 계산에서 현재의 위험을 감수하는 것만이 아니라 오히려 정말로 자신의 이익을 고려하지 않는 측면이 있다는 점을 인정할 때만 제대로 이해될 수 있을 것으로 보인다. 장기적으로 고려하였든 그렇지 않든 간에 예상되는 자신의 이익이 곧 신뢰의 충분한 조건이 되지 못한다는 점을 칸트는 한 예를 통해 실감나게 전하고 있다. 어떤 사람이 우리의 모든 것을 안심하고 맡길 수 있는 사람이라며 한 사람을 비서로 추천한다. 그는 자기가 추천하는 사람이 신뢰할 만하다는 점을 강조하기 위하여 그의 장점들을 설명한다. 그 장점은 여러 가지인데, 그는 명민하여 이익의 기회를 놓치지 않으며 어떤 목적을 정하면 수단을 가리지 않는다. 심지어 그는 절대 발각되거나 나쁜 소문에 휘말리지 않으면서 부정한 방법으로 남의 재산을 빼내는 재주까지 갖추었다. 이런 비서는, 그가 우리를 배반하지 않는 한 틀림없이 우리에게 이익이 될 텐데, 칸트는 우리가 이런 추천을 받아들일 수 있느냐고 묻는다. 칸트는 그럴 수 없을 것이라고 단언한다(칸트, 1995: 39). 칸트가 단언한 것과 달리 실제로는 그런 사람을 가장 이상적인 비서로 여길 사람도 있긴 할 터인데, 아무튼 칸트가 예를 통해서 말하고자 하는 것은 분명하다. 그것은 타인에 대한 우리의 신뢰는 상대의 도덕성에 대한 믿음과 밀접한 연관이 있다는 점이다. 물론 도덕성이 신뢰의 유일한 토대일 수는 없다. 매우 도덕적이나 과학적으로 무능한 사람의 과학적 판단을 우리는 신뢰하지 않는다. 그러나 다른 한편 과학적 능력이 뛰어난 사람의 과학적 판단을 신뢰할 때 우리는 그가 거짓말을 하지 않을 것이라고 전제하고 있다. 그러니까 타인에 대한 신뢰에서 도덕성은 충분조건은 아니지만 필요조건인 셈이다. 도덕성이 신뢰의 필요조건이라는 주장은 비도덕적인 사람이 신뢰받는 경우가 있다는 지적에 의해 반박되지 않는다. 가령 어떤 사회관계에서는 매우 부도덕한 사람이 가족들로부터는 신뢰를 받을 수 있지만, 그런 신뢰는 가족이 그가 부도덕한 존재라는 것을 모르는 한에서만 온전하게 유지될 수 있을 뿐이다. 일단 그가 부도덕한 존재라는 평판을 듣게 되면 가족은 그 평판이 부당하다고 여김으로써 신뢰를 유지하든가, 그렇지 않으면 그에 대한 신뢰는 더 이상 그전처럼 확고한 지반에 서지 못하게 된다.

신뢰의 도덕적 차원을 고려하면 이제 신뢰가 왜 증거거부적인 경향마저 갖는지를 이해할 수 있게 된다. 어떤 사람에 대한 신뢰는 그가 선한 동기에 따라 행위할 것이라는 낙관적 믿음과 그를 신뢰하는 것이 그로 하여금 자신의 신뢰성을 유지하도록 노력하게 할 것이라는 기대에 의해 뒷받침되어 있다. 그래서 신뢰하는 사람은 상대에 대한 정보를 수집하고 분석하는 일이 상대의 선한 동기를 못 믿어서 하는 것이라고 생각하고 스스로 삼가게 된다. 심지어 신뢰하는 사람은 — 제삼자가 보기에 — 상대의 신뢰성을 결정적으로 의심케 하는 정보를 우연히 접한다 하더라도 그것의 의미를 축소하거나 재해석하려는 경향을 보인다. 물론 상대의 신뢰성을 의심케 하는 많은 정보를 접하면 더 이상 신뢰를 유지하기 어렵게 되곤 하는데, 그렇다고 해서 그전에는 신뢰가 충분한 증거에 의해 뒷받침되었다는 것은 전혀 아니다.

타인에 대한 신뢰를 위해서는 상대의 도덕성에 대한 믿음이 필수적이라고 하더라도, 신뢰가 계산적 합리성이나 기능적 합리성과 다른 종류의 합리성을 가지고 있다고 말하기는 아직 이르다. 분명 이익과 무관한 듯이 보이는 신뢰의 양상이 있기는 하지만, 그렇다고 어째서 신뢰가 다른 합리성 ─ 예컨대 목적 자체를 고려하는 합리성(Baker, 1987) ─ 을 따른다고 할 수 있는가? 계산적 합리성이나 기능적 합리성을 따르지 않는 태도는 지극히 주관적이고 정서적인 것일 뿐 합리적이지 못한 것 아닌가? 만일 그렇다면, 신뢰에 그런 주관적 측면이 있다는 점을 인정한다 하더라도, 실리계산적 합리성과 기능적 합리성 외에 신뢰의 합리성에 더 보태질 것은 없을 것이다. 그러니까 도덕성을 근거로 실리계산적 합리성이나 기능적 합리성과 다른 종류의 합리성이 신뢰에 있다고 말할 수 있으려면 도덕이 갖는 어떤 독자적 합리성이 제시되어야 한다.

철학사에서 도덕의 독자적인 합리성을 규명하려 했던 가장 인상적인 시도는 아마도 칸트의 실천이성비판이었을 것이다. 잘 알려졌듯이 칸트는 도덕적 타당성의 근거를 순수한 실천이성에서 찾음으로써 도덕이 이론적 합리성과는 근원이 다른 합리성을 갖는다고 주장하였다.

나는 칸트의 이런 주장이 오늘날 그대로 받아들여질 수 있다고 생각하지는 않는다. 그렇다고 우리가 도덕적 타당성과 관련하여 도구주의적이거나 아니면 비인지주의적인 이해 사이에서 선택해야 하는 것은 아니다. 실제 개인과 집단에 따라 도덕적 기준이 다르다는 사실이나 도덕적 논쟁에서 합의가 어려운 점 등은 도덕적 비인지주의에 유리한 증거인 듯이 보이기는 하지만, 도덕적 원리를 충분히 추상적으로 파악하면 도덕적 인지주의는 옹호될 수 있을 것으로 보인다. 가령 담론윤리학(discourse ethics)에서 주장하듯이 "실천적 담론의 참여자로서 모든 당사자의 동의를 얻을 수 있는 규범들만이 타당성을 주장할 수 있다"(하버마스, 1997)라는 원칙은 충분히 정당화될 수 있다. 나는 이렇게 지극히 추상적인 절차적 원칙뿐 아니라, 사람들이 충분한 정보를 가지고 다양한 삶의 형태를 비교할 수 있다면, 조금 더 구체적인 도덕원칙에 대해서도 합의할 수 있으리라고 추정한다.

실천적 합리성을 적절히 개념화하는 것은 물론 쉬운 일이 아니다. 나의 생각으로는 계산적 합리성이나 목적합리성으로 환원되지 않는 실천적 합리성을 이해하기 위하여 결정적으로 중요한 것은 합리성을 진리성에 의존하여 파악하지 않는 것이다. 어떤 주장이 합리적이라는 것은 그 주장이 참이라는 것과 같은 뜻이 아니다. 어떤 주장을 합리적으로 만드는 것은 그 주장을 정당화할 만한 충분한 근거가 제시되었다는 사실이다. 어떤 주장을 뒷받침하는 데 충분하다고 여겨지는 근거가 제시되었지만 결과적으로 그 주장은 틀린 것으로 판명될 수 있다. 반대로 전혀 근거를 제시하지 못하지만 결과적으로 참인 판단을 주장할 수도 있다. 만일 전자가 더 합리적인 태도라고 말할 수 있다면, 합리성은 주장 자체의 진리성이 아니라 주장의 정당화과정에서 찾아져야 할 것이다. 그러니까 타인에게 설득력 있는 논거에 따라 천동설을 주장한 사람이 자신이 어지럽다는 이유로 지동설을 주장한 사람보다 더 합리적이라고 말할 수 있는 것이다. 만일 합리성을 이렇게 절차적 성격을 갖는 것으로 이해하면 도덕적 논증에 대해서도 충분히 합리성을 말할 수 있다. 도덕적 문제도 진지한 논의의 대상이 되기 때문이다, 비록 도덕적 논의가 쉽게 합의에 이르지는 못하지만, 그렇다고 이 사실이 도덕적 주장의 합리성을 불가능하게 하는 것은 전혀 아니다.

도덕의 합리성을 인정하게 되면 상대의 도덕성에 의거하여 신뢰하는 것의 의미도 조금 더 정확히 이해될 수 있다. 상대의 도덕성에 대한 믿음은 그가 — 추후에라도 해명될 수 있을 — 특별한 이유가 없는 한 우리의 정당한 기대에 크게 어긋나서 행위하지 않을 것이라는 믿음이다. 이것은 그에 대해 관찰자적 입장에서 수집한 정보에 기초하여 어떤 예측을 하는 것과는 전혀 다르다. 상대의 도덕성에 기반한 신뢰는 그가 우리의 기대에 크게 어긋나는 행위를 그 스스로 정당화하지 못할 것이라는 믿음에 기초한다. 그러니까 도덕성에 근거한 신뢰는 상대가 우리의 기대에 부응하는 것이 그의 이익이 될 것이라서 그렇게 행위할 것이라거나 혹은 그의 어떤 심리구조가 달리 행동하지 못하도록 할 것이라고 예측하는 것과는 거리가 멀다. 또 신뢰가 실천적 합리성과 관련이 있음을 염두에 두면 왜 상대에게 적정한 것 이상을 기대해서는 안 되는지도 설명이 된다. 그런 기대를 해서 안 되는 것은 단지 상대가 그런 기대에 부응할 확률이 낮다는 예측 때문이 아니다. 그것은 그런 기대를 하는 것이 정당하지 못하기 때문이다. 물론 이것은 어떤 사람에게 누구나 기대할 수 있는 평균적인 것만을 기대할 수 있다는 것은 아니다. 또 서로에 대한 기대가 반드시 평등한 상호성을 가져야 한다는 것도 아니다. 특별한 관계에 있을 경우 더 큰 기대를 할 수 있으며 또 상대에게 더 큰 배려를 할 수 있다. 그러나 이 경우에도 서로가 서로에게 거는 기대가 각자에게 받아들여질 수 있고 경우에 따라 유사한 관계에 있는 다른 사람들에게도 납득될 수 있을 경우에만 신뢰는 합리적이라고 할 수 있다. 어떤 사람이 그와 유사한 관계에 처한 다른 사람은 할 수 없는 과도한 기대를 타인에게 한다면 분명 그는 전략적으로뿐만 아니라 도덕적으로 합리적이지 못하다.

이제까지의 고찰에서 신뢰는 계산적 합리성 외에 기능적 합리성과 실천적 합리성의 차원을 갖는 것으로 주장되었다. 이런 고찰은 분명 신뢰를 계산적 합리성과 연관 지어 파악하는 것보다는 여러 가지 장점을 갖는다. 그러나 이것은 신뢰의 모든 중요한 특성을 세 가지 합리성 개념에 의지해서 모두 설명해낼 수 있다는 것은 아니다. 또 이제까지의 고찰에서는 어느 정도 평등하며 상호성을 갖는 사람들 사이의 신뢰를 모델로 삼았는데, 그렇다고 그런 신뢰 관계가 신뢰의 가장 중요한 전형이라고 말한 것은 아니다. 어쩌면 신뢰의 전형을 평등한 개인 사이의 관계에서 보려고 하는 것은 남성중심주의적 시각의 반영이며 부모와 자식처럼 불평등한 관계에서의 신뢰가 더 근본적인 신뢰의 형태일지 모른다.(Baier, 1986) 이 글에서 평등한 개인들 사이의 신뢰에 초점을 맞춘 것은 의식적인 자기제한이었다. 그것은 그런 신뢰가 신뢰의 가장 본질적인 형태이어서가 아니라 근대사회의 조건에서 사회적으로 유효할 수 있는 신뢰의 성격을 밝히는 데에 유리하기 때문이다. 이제 근대사회의 조건 하에서 유효할 수 있는 신뢰의 형태에 대해 간략히 고찰해보기로 하자.

4. 신뢰의 조건: 근대성과 신뢰

신뢰가 사회적 협동에 필수적이라는 데에는 이론의 여지가 없다. 그러나 신뢰가 사회적 협동에 필요하다고 해서 곧 다른 사회적 자원처럼 쉽게 공급될 수 있는 것은 아니다. 신뢰라는 **사회적 자본**(social capital)은 사용한다고 줄어들지는 않는다는 점에서 매우 **경제적**이지만, 반면에 계획적으로 생산되기 어려우며 다른 사회로부터 빌려올 수도 없다는 점에서 **경제적** 자원이 아니다. 또 신뢰는 불신으로 변하기 쉬운 데 반해 불신이 신뢰로 바뀌기는 무척 어렵다. 왜 신뢰의 형성이 어려운가?

신뢰에서 도덕성이 중요하기는 하지만, 그렇다고 신뢰형성의 어려움을 개인들의 도덕성 부족에서만 찾는 것은 잘못이다. 상대가 충분히 도덕적이라 하더라도 우리는 그의 도덕성을 알지 못할 경우 그를 신뢰할 수 없다. 그런데 그가 도덕적인지를 우리는 어떻게 알 수 있는가? 그의 모든 행위를 감시함으로써? 만일 그가 우리의 감시와 평가를 눈치채고 도덕적 규칙에 맞게 행동한다면? 이런 방식은 우리가 타인의 도덕성을 확인하는 통상적인 방법이 아니다. 통상의 방법은 오히려 타인에게 행위의 자율권을 부여하고 그의 자유의사에 따른 행위가 우리가 생각하는 도덕적 기준을 크게 벗어나지 않았는지를 확인하는 것이다. 그러니까 우리는 어떤 사람이 도덕적이어서 신뢰하기 이전에, 그를 어느 정도는 신뢰해야 비로소 그가 도덕적이라는 것을 알게 되는 것이다. 결국 상대의 신뢰성에 대한 완전한 확신이란 있을 수 없기 때문에, 그리고 지나치게 확실성을 추구하는 것은 신뢰관계의 장점을 훼손하기 때문에, 신뢰에는 어쩔 수 없이 실망의 가능성이 배제될 수 없다. 사람들이 어느 정도의 이기심과 어느 정도의 도덕성을 갖추고 있다고 전제할 때, 신뢰의 형성을 어렵게 하는 가장 중요한 요인은 바로 신뢰에서 배제될 수 없는 실망의 가능성이다. 신뢰의 형성을 어렵게 하는 요인이 실망의 가능성에 있다면, 신뢰의 형성은 그런 실망의 가능성을 적절히 줄여주는 조건하에서 더 수월할 것이다. 그런데 어떤 개인도 실망의 가능성을 줄이는 부담을 홀로 감당할 수는 없다. 매번 자신이 수집한 정보만을 바탕으로 상대의 신뢰성에 대해 판단하는 것은 신뢰관계 형성을 통해서 얻을 수 있는 이점을 초과하는 부대비용을 요구한다. 아마 사람들은 실망의 가능성을 계산하는 부담을 모두 지기보다는 차라리 협동행위의 이득을 단념하는 것이 더 유리하다고 판단할 것이다. 그래서 신뢰의 형성 및 유지는 사람들에게 실망의 가능성을 계산하는 부담을 적절히 경감해주는 조건을 필요로 한다. 신뢰관계가 가족, 친구, 친지관계에서, 즉 존중되는 권위나 정서적 귀속감 등이 각자의 역할기대를 저버리지 않게 할 가능성이 큰 관계에서, 쉽게 형성되는 것은 이런 이유 때문이다. 물론 친밀한 관계가 실망 가능성을 측정해야 하는 부담을 덜어준다고 해서 그 부담을 완전히 면제해준다는 것은 아니다. 부모와 자식 사이나 친구 사이에도 기대의 실망이 있을 수 있으며, 친밀한 사이의 군건한 신뢰도 반복되는 실망에 의해 불신으로 바뀔 수 있다. 그런데 친밀한 관계에서처럼 실망 가능성의 부담을 경감해주는 자연적 유대가 없는 사회관계에서 신뢰는 어떻게 형성되고 유지될 수 있는가?

전근대사회에서 자연적 유대관계를 넘는 사회적 신뢰를 형성, 유지시켜준 요소는 비교적 식별하기 수월한 것으로 보인다. 전근대사회는 공간적으로 좁은 범위에 한정된 지역적 공동체로서 과거와 긴밀한 연속성을 갖는 사회였다. 이런 사회는 친족관계나 신분질서, 종교, 전통 등을 바탕으로 사람들 사이의 상호역할 기대를 상당히 안정적으로 유지할 수 있었다. 물론 이것은 전근대사회가 불신이나 갈등이 없는 바람직한 상태였다는 말은 전혀 아니다. 앞서 언급된 것처럼 실망가능성을 측정해야 하는 부담을 경감해주는 장치들이 무조건적인 신뢰의 여건을 만들어줄 수는 없다는 것은 전근대사회에 대해서도 예외가 아니다. 또 전근대사회는 그 사회의 경계 외부와의 교류에서, 즉 친족관계나 종교, 전통을 공유하지 않는 개인과 사회와의 교류에서는 너무 쉽게 적대와 갈등의 상황으로 빠지는 경향을 가졌다. 그러니까 전근대사회에서 신뢰는 한편에서 분명 안정성을 가졌지만 다른 한편 신뢰의 합리성이 기능적 차원에서나 도덕적 차원에서 모두 충분히 전개된 것은 아니었다.

사회적 유대가 특정한 공간적 맥락에 한정되었으며 친족관계나 종교, 전통 등이 과거, 현재, 미래의 동일성을 유지시켜주었던 전근대사회는 서구의 경우 17세기 중엽부터 본격화된 새로운 지적, 경제적, 정치적 변화의 앞에서 유지될 수 없었다. 근대사회의 형성기에 자기시대를 파악하고자 했던 사상가들에게 근대사회의 가장 중요한 특징으로 여겨진 것은 이윤추구적 행위의 확산과 보편적 권리의식이었던 것으로 보인다. 이런 새로운 변화는 사회적 협동의 조건을 변화시켰다. 이제 자연적 유대나 특수한 전통은 필요한 사회적 협동을 가능케 하는 신뢰의 기반이 될 수 없게 되었다. 그렇다면 사회적 협동은 신뢰 아닌 다른 조건에 의지해야 하는가? 아니면 사회적 협동을 위하여 신뢰는 반드시 필요한 것이며 근대사회는 새로운 수준의 신뢰형성을 가능케 하는 사회, 문화적 잠재력을 가졌는가? 이 물음은, 형태는 다를지라도, 대표적인 근대사회 사상가들이 대결하였던 가장 중요한 과제였다.

사회적 협동의 중요성은 거의 모든 근대사상가들에 의해 강조되었지만 그것을 가능하게 하는 여건에 대한 제안은 근대사회와 문화에 대한 그들의 진단에 따라 달랐다. 이윤추구적 행위의 확산에 주목한 사상가들은 이윤추구적 행위에도 불구하고 사회적 협동을 가능케 하는 제도를 구상하든가 아니면 이윤추구적 행위로부터 사회적 협동체제가 형성될 수 있음을 보여주어야 했다. 반면에 보편적 권리에 주목한 사상가들은 먼저 도덕적 원칙에 바탕을 둔 사회적 협동체제를 구상하고 이윤추구적 행위는 그에 부속시키려 하였다. 나는 근대사상가들이 이 물음에 대한 답을 찾던 방식이 크게 세 가지로 분류될 수 있다고 생각한다. 그것은 계약의 이행을 보장하는 강력한 힘에 의해 기대구조를 안정화하려는 홉스 식의 권력주의적 접근, 이익추구적 행동이 사회적 협동을 가능케 하리라는 애덤 스미스 식의 경제학적 접근, 그리고 보편적 윤리에 기초한 사회통합과 법치를 통해 신뢰의 기반과 공공이익을 도모하려는 칸트 식의 윤리주의적 접근이다. 이 세 가지 경향은 각각 근대사회의 여건에서 필요한 신뢰형성의 중요한 조건을 하나씩 포착하고 있다. 이 글에서 자세히 뒷받침할 수 없는 생각을 말해도 좋다면, 나는 근대사회의 여건에서 설득력 있는 신뢰형성의 조건은 세 접근방식의 생산적 결합에서 찾아질 것이라고 기대한다. 나의 생각으로는 이윤추구 경제를 사회통합의 조건하에서 제도화하고 국가에게 개별이익과 일반이익의 조정기능을 부여하려 한 헤겔은 이러한 세 가지 경향을 종합하려고 시도한 최초의 사상가이다. 나는 오늘날 신뢰 문제에 대한 균형 잡힌 접근은 헤겔의 저 통찰을 현대적으로 재구성하는 선상에서 찾아질 것이라고 생각한다.

나는 다음에서 사회적 협동의 조건에 대한 위의 세 가지 접근방식을 다 살피지도 않을 것이며 또 헤겔의 사상을 재구성하려고 시도하지도 않을 것이다. 나는 다만 홉스의 흥미로운 견해가 어떤 딜레마에 봉착하는지를 간략히 살펴보고, 이를 통해 근대사회에서의 신뢰의 조건이 권력에 의한 기대구조의 안정화뿐 아니라 보편주의적 도덕에 입각한 사회통합과 법치를 필요로 한다는 점을 지적하고자 한다.

알려졌듯이 홉스는 인간이 철저하게 이기적인 계산에 따라 행위할 경우 사람들 간의 적대적인 싸움이 불가피하다고 생각하였다. 이런 만인의 만인에 대한 싸움의 상태에 비해 평화적 관계는 누구에게나 이익이 된다. 홉스가 자연 상태의 인간에게 부여하는 계산적 합리성은 이런 평화적 관계의 이익까지도 생각할 수 있는 합리성이다. 그런데 문제는 설령 한쪽이 평화의 이점을 알기 때문에 평화를 지키려 하더라도 상대가 마찬가지로 평화를 지킬 의사가 있는지를 알 수 없다는 것이다. 상대를 잘못 신뢰했다가 입을 수 있는 손실을 감안하면 상대를 무조건 신뢰하는 것은 분명 비합리적이다. 그렇다고 상대가 먼저 평화를 지킬 명백한 의사를 표명하지 않는 한 상대를 적대적으로 대하기로 하면 평화관계의 성립은 어렵다. 상대도 같은 계산을 할 것이기 때문이다. 오히려 상대의 신뢰성(trustworthiness)을 확인하기 위해서도 이미 상대를 어느 정도 신뢰해야 한다. 그러나 합리적 계산에 따르면 상대의 신뢰성을 확인하지 않고서 상대를 신뢰하는 것은 무모하다. 신뢰와 신뢰성의 이 순환관계, 그러니까 상대의 신뢰성을 알아야 신뢰할 수 있는데 먼저 신뢰해야 신뢰성을 확인할 수 있는 상황을 어떻게 극복할 것인가? 한쪽이 먼저 상대를 신뢰한다는 표시를 하면 어떨까? 가령 우리가 어떤 사람에게 친절한 미소나 선물을 줌으로써 우리의 호의를 표시하듯이 말이다. 그러나 전투상황에서 상대가 이쪽을 쏘지만 않는다면 이쪽도 상대를 쏠 생각이 없다 하더라도, 이쪽이 먼저 무기를 버리고 상대의 처분에 맡기는 것은 너무 위험하다. 모든 사람이 성자라고 믿지 않는다면 말이다. 홉스는 합리적 계산을 하는 사람에게 이런 선택을 기대할 수는 없다고 생각하였다. 그래서 홉스가 평화의 이익을 계산할 수 있는 인간이 따라야 할 자연법으로 설정한 것은 네가 먼저 평화를 지키라는 것이 아니었다. 그가 말하는 자연법은 **평화를 획득할 희망이 있는 한에서** 모든 사람이 평화를 지키도록 노력해야 한다는 것이다.(Hobbes, 1992: 117) 홉스는 자연 상태에서 평화가 정착될 수 없는 것은 바로 이 단서 조항이 현실화될 수 없기 때문이라고 생각하고 국가에 이 단서 조항을 실현하는 기능을 부여한다. 그는 국가가 이런 기능을 담당할 수 있기 위해서는 사회의 어떤 세력으로부터도 도전받지 않을 만큼 강력한 힘을 가져야 한다고 생각하였다. 국가는 강력한 제재력을 바탕으로 사람들이 약속을 어기거나 폭력을 행사하는 것을 금지함으로써 사람들로 하여금 상대가 평화를 지킬 것이라는 기대를 큰 위험부담 없이 할 수 있도록 해주는 것이다.

강제력을 갖는 사회적 제도가 없이는 사회구성원 상호 간의 기대를 안정화시킬 수 없다는 홉스의 통찰은 오늘날도 여전히 유효하다. 그러나 제도가 곧 신뢰의 창출근거는 아니다. 더욱이 강제력을 갖는 제도는 그 자체가 사회구성원들에 의해 신뢰받을 때만 신뢰의 유지와 확산에 기여할 수 있는 것이다. 바로 홉스 이론의 이런 단점을 보완하기 위해서는 신뢰의 실천적 합리성 차원을 고려해야 한다. 즉 근대사회에서의 신뢰의 형성조건을 파악하기 위해서는 먼저 근대사회에서 사람들이 어떤 기대를 서로에게 할 만한 것으로 여기는지를 살펴야 한다. 이것은 곧 사람들이 서로에게 거는 기대를 정당한 것으로 여길 때 의지하는 규범의 성격이 근대사회와 문화의 조건에서 어떻게 달라졌는지에 대해 묻는 것이 될 것이다.

근대문화가 가져온 가장 큰 변화는 아마도 전통의 권위의 상실일 것이다. 이것은 단지 근대문화가 전통과는 다른 내용을 갖는다는 것을 의미하지 않는다. 근대문화의 가장 큰 특징이라면 어떠한 명제나 규범도 비판적 검토의 대상이 된다는 점이다. 비판적 검토에는 미리 정해진 제한이 있을 수 없기 때문에 어떤 합의된 진리도 잠정적으로만 진리의 지위를 누릴 뿐 언제나 다시 비판과 수정의 대상이 될 수 있다. 기든스(Anthony Giddens)는 근대문화의 이러한 성격을 반성성(reflexivity)이라고 규정하고, 이런 반성성은 단지 학문논쟁에만 제한된 것이 아니라 근대사회의 여러 제도의 가장 중요한 특징을 이룬다고 생각한다. 시장경제의 확산과 함께 이런 반성성은 지역적으로 제한된 맥락에 기반한 의미나 가치체계, 그리고 그에 기반했던 신뢰관계의 유지를 어렵게 만든다. 기든스는 근대사회에서 신뢰가 더 이상 전근대사회에서처럼 지역적 맥락에 기반하여 형성, 유지될 수 없게 만든 역학을 **시간과 공간의 분리**(separation of time and space), **귀속이탈 메커니즘**(disembedding mechanisms), 그리고 **제도적 반성성**(institutional reflexivity)의 세 가지로 요약하고 있다.(Giddens, 1990: 108)

기든스는 제도적 반성성이 학문영역에서의 변화와 유사한 변화를 사회제도에서도 일으킨다고 생각한다. 학문영역에서 끊임없이 기존의 지식의 타당성이 새로운 지식에 비추어 재검토되고 지식체계가 재조직되듯이 사회조직도 새롭게 노정된 가능성에 따라 자신을 재조직한다. 이것은 사회조직의 분화와 전문화를 가속화시켜 마침내 사회의 어느 누구도 사회 전체를 포괄하는 지식을 갖는 것은 불가능한 상황에 이르게 된다. 이런 사회적 조건에서 행위조정은 신뢰 없이 거의 불가능한 것이 된다. 사람들은 대부분의 경우 그들이 그 세부까지 알 수 없는 조직이 그들의 기대에 어긋나지 않게 작동하리라고 기대하는 수밖에 없다. 그렇지 않으면 사람들은 거의 아무것도 할 수 없게 된다. 자신이 재배하지 않은 과일을 먹거나 자신이 만들지 않은 자동차를 타고 달리는 것은 지나치게 큰 모험으로 여겨질 것이기 때문이다.

그런데 우리는 거대조직을 신뢰할 수밖에 없는 처지이기 때문에 신뢰하는 것일까? 분명히 그런 점도 있을 것이다. 우리는 행정이나 경제가 우리에게 제공하는 것들의 이익과 위험성을 정확히 살펴보지 않는 것에 익숙해져 있다. 설령 위험성을 알게 된다 한들 어쩔 것인가? 그러나 그것뿐일까? 우리가 거대조직을 신뢰할 수밖에 없지만 거대조직은 또한 우리로부터의 신뢰에 의존하지는 않는가? 거대조직은 어떤 조건하에서 우리로부터 신뢰를 받을 수 있는가?

근현대사회에서의 신뢰와 관련하여 기든스가 너무 인색하게 인정하고 하버마스가 일관되게 강조하는 신뢰의 측면은 신뢰의 실천적 합리성이다. 반성성을 특징으로 하는 근현대사회에서는 비판적 검토를 통해 정당화된 규범만이 정당한 구속력을 가질 수 있다. 이런 반성성은 분명 지역적 맥락을 갖는 전통적 규범들의 구속력을 결정적으로 약화시켰지만 모든 규범을 무효화시킨 것은 아니었다. 반성성은 특정한 내용을 갖는 규범들의 타당성을 제한하면서도 다른 한편 하나의 규범을 강화시키는 경향을 갖는데, 그것은 바로 보편주의적 도덕 혹은 상호성(reciprocity)의 원칙이다. 물론 전통적 규범에 상호성의 원리가 없었던 것은 아니다. 다만 근대문화에서는 상호성의 원칙이 지역적 맥락을 벗어나 보편적 적용을 요구하게 되었다는 점이 다를 뿐이다. 사실 상호성의 원칙은 무척 추상적인 것으로서 어떤 상태가 상호성의 원칙을 가장 잘 구현한 것인지는 연역적으로 규정될 수 없고 사회구성원들에 의해 해석되어야 한다. 그러나 분명한 점은 사회의 거대조직이 일반 시민들에게 받아들여진 상호성의 원칙의 수준을 크게 위협할 경우 시민들로부터 일반적 신뢰를 얻지 못한다는 사실이다. 이런 상태는 기능적 합리성의 측면에서 볼 때도 바람직하지 못하다. 시민들로부터 일반적 신뢰를 얻지 못하는 조직은 충분한 업적을 낼 수 없고 충분한 업적을 내지 못하는 조직은 더욱 시민들로부터 신뢰를 잃게 된다. 그러니까 시민들은 거대조직에 대해 철저히 수동적인 위치에 있는 것으로 보이는 것은 사실의 한 면일 뿐이다. 시민의 불신과 고객의 불신은 권력이나 기업에 위협적이다. 그러니까 시민들은 한편에서 거대조직들에 의존하지만 다른 한편 그것들이 필요로 하는 신뢰를 증감시킴으로써 거대조직들을 간접적으로 통제하는 것이다. 오늘날 국가기관으로서의 감사원에서부터 동문회의 감사에 이르기까지 각 조직 내에 스스로의 기능과 성과를 통제하는 장치가 수없이 많으며 기업들이 좋은 이미지 구축을 위한 홍보에 힘쓰는 것은 바로 단순히 불신이 증가된 표시가 아니라 각 조직에게 사회구성원들의 신뢰가 얼마나 중요하게 여겨지는지에 대한 표시이다. 물론 이런 자기통제도 일종의 불신이긴 하지만, 그것은 신뢰에 반대되는 불신이 아니라 신뢰의 보조수단으로서의 불신이다.

상호성의 원칙이 지역적 맥락을 벗어나 광범위한 사회관계를 규정하게 된 것은 법의 매개 없이는 불가능하였을 것이다. 민주적 법치국가에서 법은 한편에서 그것의 제정과 작용과정이 공정한 절차를 따르고 다른 한편 강제력을 가짐으로써 상호성의 원칙을 사회적 차원에서 구현한다. 앞서 언급되었듯이 상호성의 원칙은 추상적이어서 해석을 필요로 하는데, 법이 규제하는 영역과 방식도 상호성의 원칙의 해석에 따라 변천되었다. 오늘날 법이 규제하는 영역은 법치국가를 생각했던 초기 자유주의자들의 구상처럼 단지 권력의 제한이나 계약이행의 보증, 범죄의 처벌 등에 한정되지 않는다. 복지, 환경, 소비자 관련 법규 같은 것들을 보면 오늘날 법에 의해 규제되지 않은 영역은 거의 없는 실정이다. 그러나 이렇게 법이 규제하는 영역이 확대되었다고 해서 반드시 신뢰에 기반한 행위조정의 영역이 축소된 것은 아니다. 법의 영역의 확대는 다른 한편에서 상호성의 원칙의 확장을 의미할 수도 있는 것이다. 법의 제정과 적용과정이 특정한 계급이나 혹은 특정한 이익집단에 의해 전유되는 것을 방지할 수만 있다면 말이다.

만일 전통과 지역주의로의 회귀가 불가능하다면, 현대사회에서 신뢰 형성을 위하여 유리하게 작용할 여건은 아주 추상적이나마 다음과 같은 것으로 요약될 수 있을 것이다. 개인의 차원에서는 보편주의적 도덕에 따라 판단할 수 있는 도덕적 인지능력과 그에 따라 행위할 수 있는 동기를 갖게 하는 것이 중요하다. 이것은 주로 사회화와 교육의 과정을 통해 성취되어야 하는 것이다. 다른 한편 사람들 상호 간의, 그리고 사회구성원이 사회체계에 거는 정당한 기대가 유효할 수 있게 하는 사회적 장치가 필수적이다. 이것은 주로 민주적 법치의 실질적 확산을 통하여 성취되어야 할 것이다. 한편에서 전통이 더 이상 유효하지 않고 다른 한편에서 개인들이 내부를 관찰할 수 없는 거대 조직체들의 영향력이 커지지만 사회체계가 "정당화된 신뢰"(하버마스, 1995: 303)에 의해 통제될 가능성이 완전히 소진된 것은 아니다.

5. 나가는 말

나는 위에서 실리계산적 합리성만으로는 제대로 파악될 수 없는 신뢰의 합리성을 지적하고자 하였다. 나는 이런 추상적인 논의를 바탕으로 섣부르게 현실에 대한 어떤 구체적인 처방을 내리려 하지 않는다. 나는 다만 위에서 전개된 내용들이 다음과 같은 아주 개괄적인 생각을 지지해준다는 점을 말하고

자 한다. 사회적 협동이 필요하다고 해서 물리적 강제력에 의해 사회질서를 확립하거나 전통적 도덕에 회귀하는 방식은, 만일 불신의 악순환을 끊기 위한 일시적인 조치에 머물지 않는다면, 당분간의 효과에도 불구하고 장기적으로는 신뢰의 기반을 허물어뜨릴 위험을 갖는다. 근대성의 조건하에서 지속적인 신뢰에 기반한 사회적 협동체제는 실천적 합리성과 기능적 합리성을 훼손하면서 성취될 수는 없다. 보편주의적 도덕교육과 복지를 통해 사회적 연대성에 대한 동기를 부여하는 것, 공정한 언론과 시민운동 등을 통한 활발한 사회적 의사소통, 민주적 법치, 사회체계의 기능적 역량향상 등은 근대성의 조건하에서 신뢰를 확대하기 위한 노력이 방향지표로 삼아야 할 사항들인 것으로 보인다.

2부
위기의 근대성

5장 사회철학의 위기, 위기의 사회철학

1. 들어가는 말

이 글은 사회학, 심리학, 정치학, 경제학 등 사회과학에서 사용되는 개념틀들의 성격이나 논증의 구조를 다루는 소위 **사회과학의 철학**을 논의의 대상으로 삼지 않는다. 이 글은 근대문화와 함께 일반화되기 시작한 주관의 특정한 자기이해와, 그와 맞물려 있는 사회 이해에 의해 그 궤가 놓인 한 이론적, 실천적 흐름에 주목한다.

이 글에서 설정된 주제가 적어도 토의될 수 있을 정도의 명확성을 갖기 위해서는 우선 다음과 같은 물음에 대해 간략한 답이라도 주어져야 할 것이다. 첫째, 근대문화와 함께 보편화되기 시작한 주관의 자기이해와 사회 이해의 기본 특징은 무엇이며, 이것은 어떤 이론적, 실천적 문제를 가져왔는가. 둘째, 이 이론적, 실천적 노력의 어떤 측면을 사회**철학**적 노력으로 특징지을 수 있는가. (이 물음은 **사회철학**이란 말이 널리 쓰이는 데 반해 이 용어에 대한 사전적 정의가 희귀하고 불충분한 점을 고려할 때,[54] 그리고 이 글에서 논의되

---

54) 가령 이념성이 매우 강한 한국철학사상연구회 편의 『철학대사전』(1989)에도 "사회철학"의 항목이 빠져 있다.

는 것이 저 이론적, 실천적 노력의 한 종단면에 지나지 않음을 분명히 하기 위해서도 제기될 필요가 있다.) 마지막으로, 이런 사회철학적 노력의 위기 및 이 위기에 대한 철학적 대응으로 뜻해지는 것이 무엇인가.

근대적 주관의 특징은 무엇보다도 자신을 외적 세계 및 타인들과 구별되는 개별적 존재로 이해한다는 데에 있다. 주관의 이런 자기이해는, 이론철학으로는 내가 어떻게 나와 전혀 다른 대상에 대해 타당한 지식을 가질 수 있으며, 또 내가 다른 사람과 어떻게 세계에 대한 지식을 공유하고 서로를 이해할 수 있을까 하는, 우리가 속한 세기에까지 내려오는 인식론적 물음을 제기하게 하였다. 이 물음은 이론철학으로 하여금 자신의 제일의 과제를 절대적인 진리를 찾는 데에서부터 지식의 가능성을 설명하거나 확보하는 데에 두도록 하게 하는 커다란 변화를 가져왔다. 근대적 주관이 개별자로서 자신을 이해하게 된 것은 실천철학에서도 이론철학에서보다 적지 않은 변화를 가져왔다. 전통적인 실천철학은, 어느 정도 단순화해서 말하자면, 이미 그 자체로 객관성과 정당성을 갖는 어떤 우주적 원리나 신적 권위 또는 전통이 있을 것이라는 믿음 아래 그것들을 찾아내고, 그것들에 의해 승인된 사회적 질서 속에서 개인들의 적절한 위치를 찾는 데에 주력하였다. 이에 반해 자신을 개별적 존재로 이해하는 근대적 주관에게는, 불변적인 사회적 질서는 그만두고라도, 내가 타인에게 어떤 기대를 하고 또 타인이 나에 대해 거는 기대를 감안하여 나의 행위를 조정해나가는 데에 필요한, 자신과 타인에 대해 충분히 구속력이 있는 사회적 규범의 가능성조차 쉽게 확보되기 어려운 것처럼 보인다.

이런 실천철학적 상황에서, 기능하는 사회적 질서의 가능성을 설명하는 방안은 두 가지로 집약된다. 첫째, 사회적 질서가 개인들의 의욕의 대상이 될 수 없다고 보고 그것의 성립 및 유지는 개인들의 자율권을 제약함으로써만 가능하다고 보거나(홉스, 어느 정도는 로크도) 아니면 개인들의 개별적, 이기적 행위들 사이의 역학적 관계에 의해 의도하지 않은 결과물로 생겨나는 것으로 설명하는 방식(애덤 스미스)이다. 이 입장은 점차 권력이론이나 교환에 초점을 맞춘 정치경제학으로 발전해 간다. 둘째, 개인들에 내재하거나 개인들이 습득할 수 있는, 그러나 개인의 개별성을 넘어서는 실천적 원리를 확보해 냄으로써 일반적 사회적 질서의 가능성을 제시하려는 시도가 있다. 첫 번째의 경우가 **안정적**인 사회질서의 가능성을 설명하는 데에 머문다면 두 번째의 방안은 사회적 질서를 개인들의 의욕의 대상으로 만들려 하기 때문에, 사회적 질서가 안정적일 것을 넘어서서 개인들이 동의할 수 있는 **이성적**인 것일 것을 요구한다. 이 입장은, 첫 번째 입장이 개인들의 이기적 성향에만 주목하는 반면, 이기적인 욕구들의 충족을 위한 수단으로서만 그 의미를 다하지 않는, 개인들의 자기 성찰적이고 자율적인 측면을 확보해내려 한다. 자율적 주관성과 이성적 사회의 이념을 견지하는 이 입장은 사회이론을 관찰적 경험과학의 손에 다 넘겨주려고 하지 않고 이론적으로 확보된 규범적 기준에 비추어 사회적 관계를 해석하고 평가하려 한다는 점에서 첫 번째 입장보다는 훨씬 더 철학의 지반에서 움직이고 있다고 볼 수 있다.

이 글에서 대상이 되는 사회철학은 자율적 주관성과 이성적 사회의 이념의 정당성을 논증적으로 확보하고 그것의 실현을 추구하려는 이론적, 실천적 노력을 칭한다. 이 글에서 사회철학의 위기란 위에서 언급된 사회철학적 입장이 의지하고 있는 자율적 주관성의 이념이 사회적 관계에 대한 설명 틀로서나 규범적 평가의 기준으로서 의심스러운 것으로 보이게 됨을 뜻한다.

이 글이 의도하는 것은 위에 언급된 사회철학적 입장의 이론 틀들의 변화를 각 단계별로 간략히 살펴보고, 이를 통해 이 사회철학적 입장이 오늘날 당면한 위기의 성격을 명확히 한 후, 하버마스의 사회이론의 생산적이고 비판적인 수용을 통하여 이 사회철학적 입장의 작은 보완을 꾀하고, 마지막으로 오늘날의 사회철학의 역할에 관해 다소간 임시적인 생각을 전개해보는 데에 있다.

2. 비판적 사회철학의 전통과 현 단계

칸트의 사회철학은 이 글에서 논의되고 있는 이론적, 실천적 입장의 출발점이 된다. 홉스, 로크, 루소 등의 사회계약론자들과 마찬가지로 칸트도 아무런 제약이 없을 경우 자의에 따르고 개인적 이익을 위해서만 행동하는 개체적 개인을 원사실로 하고 사회적 질서의 가능성을 정초하려고 한다. 그의 사회철학은 개인의 자의가 타인들의 자의와 자유의 일반적 법칙에 따라 결합될 수 있는 조건들을 밝혀내려고 한다.[55] 이때 **자유의 일반법칙**이라 함은 ─ 자유가 칸트에서는 의지의 자기규정이므로 ─ 개인들에게 강제되거나 개인들의 행위동기와는 무관하게 기계적으로 성립하는 행위들의 결합방식이 아니라, 개인들이 자신의 관점으로 가질 수 있는 보편적 사회조직의 원리이다. 행위주관을 개체적 개인으로, 즉 행위동기들이 **내용적** 측면에서 각 개인들의 자의에 맡겨진 것으로 전제할 때, 행위들 사이의 결합이 자유의 법칙에 따르게 될 가능성은 칸트가 도달했던 결론 한 가지밖에 생각될 수 없는 듯하다. 개인들은 자신의 행위를 보편화 가능성이라는 **형식적** 법칙에 비추어 검토해야 한다.

이 요구의 정당성을 칸트는 그렇지 않으면 사회적 공동생활이 불가하다는 데에서 찾는다. 사회적 공동생활이 가능해야 한다는 요구의 절대성은 칸트에

---

55) I. Kant, 『도덕 형이상학』(Metaphysik der Sitten), 특히 336쪽 이하 참고.

게 개인들이 실제로 어떻게 반성력을 갖추고 보편적 관점을 가질 수 있는지의 물음에 별 비중을 두지 않게 한다. 보편적 관점을 개인들이 실제로 얼마만큼 습득할 수 있는가의 물음은 개인들이 그것을 무조건적으로 습득해야 한다는 당위에 의해 선결되어버린다. 칸트가, 순수한 실천이성의 법칙이 복잡한 추론을 통해서 획득될 수 있는 것이 아니라 단적으로 자명한 **이성의 사실**이라고 말할 때나,[56] 실천이성의 보편적 법칙에 따를 경우 만족(행복)을 기준으로 삼을 때보다 오히려 구체적인 윤리상황에서 도덕적으로 옳고 그른 것을 더 쉽게 가려낼 수 있다고 역설할 때에도[57] 이 사정은 거의 바뀌지 않는다. 그런데 칸트의 사회철학의 이 결점은 이론철학에서 경험적 주관이 어떻게 선험적 관점에 도달할 수 있는가 하는 물음이 제기될 필요가 없었던 것에 비추어 축소 평가될 수 없다. 이론철학에서는 대상을 주관에 의해 구성된 것으로 밝혀내는 선험적 관점과 대상을 실제적인 것으로 보는 경험적 주관의 관점을 구별하고 그 구별을 유지하는 것이 중요하였다. 그러나 그의 실천철학의 유효성은 이론철학에서와 달리 관찰자 내지 철학자의 관점에서 볼 때 자유로운 사회를 위하여 필연적으로 요구되는 사회조직의 원리가 행위자의 관점이 될 수 있음에 의존한다.

칸트 이후 독일 관념론에서는 칸트의 사회철학의 이러한 문제점을 선험적, 구성적인 방법을 탈피하고 발생적, 역사적 방법을 통하여 경험적 주관이 이론적, 실천적 노력을 통하여 실제로 선험적 관점을 가질 수 있음을 입증함으로써 해결하려고 시도된다. 헤겔에서 그 정점을 이루는 이 시도의 한 중요한 성과는 사회적 관계를 개체적 개인들의 관계로서 규정하는 것의 추상성을 밝힌 데에 있다. 헤겔의 『정신현상학』이나 『법철학』에 따르자면 자기를 남과

---

56) 칸트, 최재희 역, 『실천이성비판』, 68쪽부터 참고.
57) 위의 책, 80쪽 참고.

다른 개인으로 이해하는 주관은 상당한 수준의 사회화와 의식발전을 거친 다음에야 등장한다.[58] 즉 사회계약론자들이 생각하듯이 자기의식을 갖는 개인들이 먼저 있고 사회적 관계는 그들 사이의 상호관계로 성립하는 것이 아니라 특정한 사회적 관계가 비로소 자각적인 개인들을 만든다 — 헤겔의 이 이론은 비경험적인 가정들을 수정하고 나면 오늘날의 발달심리학 이론과 상당 부분 부합된다.[59] 만일 개체적 개인이 거기서부터 사회적 질서가 구성물로 나오는 사회적 원사실이 아니라 사회화의 한 단계라면, 개인이 어떻게 자신을 넘어서는 일반성을 **획득**하는가 하는 칸트 식의 문제설정도 바뀌게 된다. 칸트에서 개인은 일반성을 반성적 사유를 통해 획득한다면, 헤겔에서 반성이란 개인의 형성과정을 통해 개인들에게 이미 획득된 일반성을 **상기**함으로써 **재획득**하는 기능을 갖는다.

물론 개인이 자신에게 이미 있는 일반성을 상기한다는 것이 그것을 통해 사회적 관계는 아무런 영향을 받지 않는다는 것은 아니다. 일반성에 대한 반성은 거의 자연적, 법칙적 과정을 거쳐 형성된 사회적 관계를 다시 행위 목적의 대상으로 만듦을 의미한다. 이 점은 헤겔이 시민사회에서 국가로의 이행을 서술하는 데에 잘 나타나 있다. 시민사회에서 각 개인은 오직 자기 개인의 이익을 위해서만 노동하지만 이 이기적 목적조차도 사회전체의 생산물 및 필요들의 상호연관성을 토대로 해서만 실현될 수 있다. 헤겔은 만일 개인들이

---

58) 가령 『정신현상학』에서 자기의식을 가지며 타인과의 관계를 자신의 의지대로 형성해보려고 하는 구체적인 개인은 "자기의식(Selbstbewußtsein)" 장에서라기보다는 "이성(Vernunft)" 장의 "그 스스로 즉자 대자적으로 실재하는 개체성"의 절에서이다. 『법철학』에서도 그런 개인은 자연발생적인 가족관계가 해체되고 일반적인 상호의존이 지배적인 시민사회에서 형성된다.

59) 케서링(Th. Kesserling), 『모순의 생산성』(*Die Produktivität der Antinomie. Hegels Dialektik im Lichte der genetischen Erkenntnistheorie und der formalen Logik*, 1984) 참고.

자신의 활동의 이런 사회연관성을 반성할 수 있다면 사회의 일반적 관계의 재생산이나 개선에 **의식된** 관심을 가질 것이고 개인들의 활동의 무의식적인 사회적 **상호의존성**이 결국은 의식적인 사회적 **상호인정**으로 바뀔수 있으리라는 기대를 하고 있다.

이 기대는, 비록 칸트에서처럼 반성적 사고를 사회적인 공동 삶을 가능하게 하는 가장 중요한 근거로 삼는 것은 아닐지라도, 반성적 사고가 사회발전의 어떤 단계에서 사회관계의 성격을 변환시킬 수 있는 능동적 능력으로 작용할 수 있음을 전제로 한다. 이 전제는, 여기서 자세히 논의될 수 없지만, 역사의 발전에 관한 경험적 관찰보다는 주체적, 활동적 존재의 자기 실현력에 대한 존재론적 믿음에 기초하고 있다.

마르크스(Karl Marx), 적어도 유물론적 역사 파악을 선언한 이후의 마르크스는, 역사 발전의 설명에서 아직 헤겔에게 남아 있는 주관의 자기실현력이나 반성적 사고의 힘에 대한 믿음을 배제하고 경험적 관찰에 충실하고자 한다. 경험적으로 보자면 자신의 삶의 조건을 의식적으로 재생산 내지 변화의 대상으로 삼는 주관보다는 주어진 조건에 작용해 살면서, 주어진 조건을 문제 삼을 때조차도 능동적인 반성력 때문이 아니라 조건의 자기모순에 의해 동기를 받는 주관이 더 현실에 맞는 모습일 것이다. 그러나 **자유로운 생산자들의 연합**이라는 그의 사회주의사회의 이념에서 잘 드러나듯이, 마르크스도 칸트에서 정식화된 계몽주의적 사회이념을 자신의 사회이론의 규범적 지향점으로 삼고 있다. 자율적 인격체들의 자유로운 결합을 규범적 지향점으로 삼으면서 사회변동의 설명에서는 주관의 능동적 반성력에 의존하려 하지 않으려 했다는 사실은 마르크스의 사회이론의 기본 방향을 거의 결정한다. 마르크스는 자본주의사회가 자기 스스로 자기 지양의 객관적 조건(자본주의사회의 역기능)과 주체적 조건(자본주의 경제체제를 새로운 사회체제로 전환시키는 방법 이외에는 자기의 비참한 상황에서 벗어날 수 없음을 점차 깨닫는, 잘 조직된 사회계급)을 산출하는 구조를 가지고 있음을 밝히고 그 구조의 역사적 전개과정을 서술하려 한다.

『역사와 계급의식』에서 루카치(György Lukács)는, 임금노동과 상품교환이 사회적 관계를 활동하는 주체들의 관계가 아닌 사물들의 관계로 만드는 자본주의사회의 사물화 경향에 대해 말한다. 루카치는 이런 사물화 경향이 사람들의 의식에까지 미치고 학문의 영역도 예외로 두지 않음을 지적함으로써 자본주의사회에서 자율적 주관들의 관계로서의 사회이념의 정당성을 논증적으로 확보하는 것이 어려울 것임을 시사하기는 한다. 그러나 그에게는 적어도 이 사회이념의 규범적 정당성 자체에 관한 어떠한 의심도 찾아볼 수 없다. 이것은 루카치로 하여금 "외부에서, 즉 사물화된 의식이 아닌 입장에서 관찰해본다면(⋯⋯)"[60] 하는 식으로, 사물화 경향에 대해 면역된 관점을 전제하는 이론상의 비일관성을 범하게 한다. 그렇지만 루카치에 이르기까지는 이성적 존재들의 자유로운 결합으로서의 규범적 사회이념을 견지하는 사회철학이, 이 이념의 정초와 실현방식에 대한 상이한 견해에도 불구하고, 아직 전면적인 위기에 이르렀다고 말할 필요는 없다. (이것은 물론 이 사회철학적 전통의 내부적 관점에서의 이야기이다. 외부적 관점에서는 이 입장의 비과학성 등에 관해 그 훨씬 전부터 강력한 비판이 제기되어왔었다.) 사회철학의 위기는 저 사회이념의 원천이 되는 자율적 주관성이 설명개념으로서뿐만 아니라 그 규범적 우월성에 있어서조차 의심을 받기 시작하면서부터이다.

호르크하이머(Max Horkheimer)와 아도르노(Theodor Wiesengrund Adorno)는 『계몽의 변증법』(Dialektik der Aufklärung)에서 자율적 주관

---

60) G. 루카치, 박정호·조만영 역, 『역사와 계급의식』, 1986, 177쪽.

성이 외적 자연의 지배를 위해 발달된 것으로 내적 자연의 통제를 통해서만 성립한다고 말한다.[61] 만일 이 통찰이 맞는다면 자율적 주관성은 자기를 (외적 자연으로부터) 해방시키려 하면 할수록 자신(의 내적 자연)을 스스로 더욱 지배하에 넣는 맹목성과 이율배반성에서 자유롭지 못할 것이다. 그렇다면 자율적 주관성은 그것이 내적 자연에 대해 감수성을 갖게 하는 포괄적인 이성의 조정을 받지 않고서는 그 자체로 사회비판의 규범적 근거로 기능할 수 없을 것이다. 그런데 『계몽의 변증법』이나 호르크하이머의 『도구적 이성의 비판』(Zur Kritik der instrumentellen Vernunft)에서는 그런 포괄적 이성의 가능성이 시사되었던 반면, 1960년대 말 아도르노의 **맹목화**(Verblendung) 테제에 오면 그에 관해 거의 아무런 희망도 남겨놓지 않는다. 이 테제에 따르자면 맹목화의 주술에 걸린 사회에서 그 주술로부터 자유로운 사회변혁적 실천은 있을 수 없다. 아도르노의 이런 이론적 입장은 그로하여금 1960년대 말의 치열했던 좌파의 정치적 개혁운동을 회의적인 눈으로만 바라보게 하였다.[62]

하버마스(Jürgen Habermas, 언어적 전회 후의 하버마스[63])는 인식적, 도구적 합리성으로 환원되지 않는, 규범성을 갖는 합리성 개념을 확보함으로써, 정당화될 수 있는 사회비판의 근거를 확보하고자 한다. 하버마스의 노력은 무엇보다도 언어적 의사소통을 매개로 한 행위연결의 특성의 분석에 집중되어 있다. 그의 이론의 가장 핵심적인 내용만을 말하자면, 언어적 의사

---

61) 이것은 외적 자연의 효과적인 지배를 위해서는 주관이 자신의 정서나 사고를 추상적 질서에 맞게 조절하고 통제해야 하는 상황을 말한다.
62) 아도르노(Th. W. Adorno), 『슬로건』(Stichworte), 1980, 특히 179쪽 이하 참고.
63) **언어적 전회** 이전의 하버마스는 근본주의적(fundamentalistisch)인 면이 있다. 가령 『인식과 관심』에서의 하버마스는 **해방적 관심**과 같은 비역사적인, 거의 선험적 사실을 사회비판의 준거점으로서 확보하려 한다.

소통은 대화 당사자들이 서로 상대의 주장에 대해 정당화 요구를 할 수 있고 각자는 이에 대해 응할 의무를 짐으로써 이루어진다. 이 언어적 의사소통에 내재하는 상호비판과 정당화의 구조를 하버마스는 의사소통적 합리성(kommunikative Rationalität)이라고 한다. 이때 의사소통적 합리성이 규범성을 갖는다는 것은 흔히 오해되듯이 규범적인 문제를 합리적으로 해결할 수 있다는 것과 같은 의미가 아니다.[64] 하버마스가 의도하는 것이 후자의 경우라면 그것은 규범적 윤리학을 세우려는 한 시도일 것이고, 도덕적 문제에 관해 합의가 이루어지기 힘든 만큼 그의 이론의 지반도 불안정할 것이다. 규범적 **내용**을 주제로 하는 실천적 담화는 여러 담화 가운데의 하나일 뿐이다.[65] 하버마스의 의사소통이론에서 중요한 것은 담화 자체에 내재하는 상호비판과 정당화의 구조이다. 한 직장의 동료들끼리 소풍의 목적지를 정하기 위하여 토론할 경우를 예로 들어보자. 관련된 사람들은 각자 자신들의 시간, 직장으로부터의 지원 정도, 개인적 취향 등을 고려하면서 서로의 의견을 조정해나갈 것이다. 이때 토론의 주제는 전혀 규범적인 내용을 갖지 않는다. 이 토론에서 규범적인 요소는, 관련된 사람들이 합의를 통하여 소풍의 목적지를 정하려 한다면 모두가 억압됨 없이 자신의 주장을 내어놓고 서로 상대의 주장을 비판할 수 있으며 동시에 자신의 주장을 정당화할 의무를 진다는 데 있다.

언어적 의사소통에 내재하는 이 상호비판과 정당화의 구조는, 적어도 언

---

64) 하버마스 스스로 자신을 도덕문제에 관해 "인지주의적(kognitivistisch) 입장"에 가까이 선 것으로 말함으로써 불필요한 오해를 불러일으키는 면이 있다. 가령 그의 『의사소통행위이론』(Theorie des kommunikativen Handelns) 1권, 2006[1981], 59쪽 참고.
65) 하버마스는 토의적 대화를 **이론적, 실천적, 설명적** 담화(Diskurs)와 **미적, 치료적** 비판(Kritik)으로 나눈다. 위의 책, 45쪽 참고. 이때 하버마스는 **담화**와 **비판**의 차이를 후자의 경우 대화 참여자들의 상호 대칭적인 대화 준비 상태가 전제되지 않는다는 데에 둔다. 위의 책, 70쪽 참고.

어적 의사소통에 의해 행위가 연결되는 영역에서는, 행위주관들로 하여금 도구적 이성의 지배를 감지해내고 이에 대해 병리적으로든 적극적 저항으로든 대응하게 만든다. 이로써 하버마스는 아도르노의 사회철학의 역설적인 외양 — 아도르노가 맹목화 테제를 말할 수 있는 것은 맹목화에 완전히 흡수되지 않은 어떤 포괄적 이성이나 아니면 도구적 합리성의 지배에 항변하는 내적 자연을 전제로 해서만 가능할 텐데 그의 테제는 그러한 것들이 있음을 부정한다 — 을 극복했다고 믿는다. 하버마스의 사회철학이 갖는 이 이론적 성과 못지않게 중요한 것은 그것의 실천적 함의이다. 사물화(Verdinglichung)나 맹목화(Verblendung)가 하버마스가 말하는 것처럼 감지될 수 있는 한, 그것이 더 심화되는가 아니면 완화되거나 저지될 수 있는가의 문제는 경험적, 실천적 문제가 된다. 이로써 하버마스는 아도르노에 의해 그 효과에 있어 회의적으로 평가되었던 비판적, 정치적 행위에 다시 중요성을 부여한다.

3. 하버마스의 비판적 사회이론의 생산적, 비판적 수용을 위하여

만일 하버마스의 의사소통적 행위이론이 이성적 인간들의 자유로운 결합이라는 사회이념을 견지하는 마지막 이론적 위상으로 여겨진다면, 오늘날 이 사회철학은 얼핏 보기에 한편에서 체계이론(Systemtheorie)의 공격을, 다른 한편에서는 탈근대주의의 철저한 물음 설정을 배겨내지 못할 것으로 보인다. 루만에 따르자면 의사소통은 심리적 체계들 사이에 성립하는 이중적 우연성[66]이 해소되는 방식일 뿐 상호비판과는 거리가 먼 현상이다. 또 사회와 개인

---

66) 체계 간에 성립하는 이중적 우연성(doppelte Kontingenz)이란, 자기연관적 체계들(selbstreferentielle Systeme)이 서로 관련을 맺을 때, 그것들이 각각 독자적인 정보처리방

들 사이에는 쌍방으로 체계와 환경의 관계가 성립하는데 ― 개인들 전체는 사회체계에 대해 환경이 되고 반면에 사회는 개별 심리 체계에 대해 환경이 된다 ― 그 관계의 근본성격은 체계가 자신보다 큰 복합성을 갖는 환경과의 교류에서 자신의 유지를 위하여 환경의 복합성을 자신의 복합성에 맞게 줄여 나가는 데에 있다. 이 체계이론에 따르자면 자율적 개인들이 상호비판을 통한 합의에 의해 고차적인 동일성을 형성하고 그것이 사회에서 제도화되어야 한다는 생각은 관념적 발상일 따름이다. 다른 한편 푸코(Michel Foucault)는 권력이 담화에 대해 이질적인 요소가 아니라 본질적인 요소임을 매우 인상적으로 서술하고 있다. 가령 초기 프랑크푸르트학파의 자본주의사회 비판에서 마르크스의 정치경제학적 비판과 함께 가장 중요한 이론적 근거가 된 프로이트(Sigmund Freud)의 심리학도 푸코에 따르자면 인간해방과는 거리가 멀다. 억압된 성에 관한 담화의 기능은 그에 따르자면 억압으로부터의 해방에 있다기보다는 성에 관한 정확한 지식을 통하여 성을 관리 가능한 것으로 만드는 데에 있다.[67]

그러나 실제로는 체계이론이나 탈근대주의로부터의 이론적 도전은 그리 어렵지 않게 극복될 수 있을 것으로 보인다. 자아의 발달과정을 보면 자신과 타인, 자신과 사회를 구별할 줄 알고 그 차이를 자신의 행위결정에 반영할 줄 아는 개인은 상당한 수준의 사회화 과정 후에 나타나는 현상이다. 그러므로 언어적 의사소통과 그를 통해 이루어지는 사회화와 사회적 통합은 체계이론이 가정하는 것처럼 각자의 특유한 정보처리 방식을 갖는 개인들의 외적 관

식을 갖고 있는 한, 서로가 서로에게 투명하게 완전히 알려질 수는 없는 상황을 말한다. 이 상황을 루만은 두 개의 블랙박스가 우연히 서로 관련을 맺게 된 상황에 비유한다. 루만(N. Luhmann), 『사회체계』(Soziale Systeme), 1988, 156쪽. 의사소통의 구속력의 기능은 루만에 의하면 이런 불안정한 상황을 견딜 수 있는 상황으로 만드는 데에 있다.
67) M. 푸코, 이규현 역, 『성의 역사 1권』, 1990, 특히 제2장 참고.

계로만 성립하는 것이 아니라 개인의 형성에 내적인 연관을 갖는다. 다른 한편 푸코가 지적하는 것처럼 실제로 권력구조가 사회의 실핏줄까지 스며들어 있고 대부분의 담화가 권력의 영향력 아래 있다는 점은 부정될 수 없다 하더라도, 그리고 이 점에서 권력이론의 공로가 인정된다 하더라도, 이것이 **모든** 담화가 권력의 표현임을 말하는 것은 아니다. 당장 담화에 내재하는 권력구조를 밝히는 푸코의 담화는 권력의 한 표현일 뿐인 담화의 하나로 분류되기 어렵다. 자신의 담화마저 권력구조에서 자유롭지 못함을 자각하여 자신의 담화를 권력에서 자유롭지 못한 담화에 상처 내는 수단으로 이해하고 자신이 의도하는 것은 어떤 비언어적 지시나 몸짓을 통해 암시하려는 입장이 없는 것은 아니다. 그러나 이런 입장이 보여주는 철저성의 외피는 거의 치유 불가능한 역설을 그 대가로 하고 있다.

하버마스의 의사소통적 행위이론의 공로와 한계는 일차적으로 사회비판을 하면서 비판의 규범적 기준을 제시할 수 없었고, 그로 인하여 이론적 사회비판에서 실천적·정치적 활동으로의 접맥이 어려웠던 초기 프랑크푸르트학파의 비판적 사회철학의 곤경에 비추어서만 적절히 이해될 수 있는 것으로 보인다. 이 곤경을 중대하게 여기는 만큼 하버마스의 이론의 공적은 크게 평가될 수 있다. 그러나 칸트 이래의 비판적 사회철학의 근본문제가, 자율적인 개인들의 자유로운 결합이라는 원칙에 따라 조직된 사회상을 실현 가능한 설득력 있는 대안으로 제시할 수 없었다는 데에 있었다고 한다면, 사회철학은 이제 겨우 자신의 규범적 기준을 정당화한 상태 — 물론 이 공로조차도 하버마스에게 인정하려 하지 않는 사람들도 상당수 있기는 하지만 — 에 도달한 것이 아닌가 하는 의문이 든다.

그러나 하버마스는 마르크스주의자들이라면 일반적으로 느낄 이런 위기의식을 공유하지 않는다. 그는 근대사회에서 경제, 정치, 문화의 영역이 되돌이킬 수 없는 방식으로 분화되었고 각 영역은 각자의 독자적 법칙에 따라 조직된다는 베버의 사회합리화이론에 따라, 경제영역을 정치나 문화영역에서의 논리에 따라 재조직하려는 것은 이미 이루어진 합리화의 수준을 손상시키지 않고는 현실화될 수 없는 낭만적 발상에 불과한 것으로 본다. 이에 따르자면 자율적 주관들의 자유로운 결합이라는 이념에 따르는 실천적 활동이 할 수 있는 일이란 화폐를 매개로 하는 자본주의적 경제의 논리와 권력을 매개로 하는 행정국가적 조직방식이 언어를 매개로 행위가 연결되는 생활세계의 영역에 침투하는 것을 저지하려는 노력뿐이다.

베버의 사회합리화이론이 그 골격에 있어 설득력을 지닌 만큼[68] 하버마스가 자율적 주관들의 자유로운 결합이라는 사회이념을 견지하는 사회철학의 유효범위를 전 사회가 아닌, 언어적 의사소통을 통해 재생산되는 생활세계에 한정하려 하는 것은 반박되기 어려울 것이다. 그러나 베버의 사회이론이 자율적 개인들의 자유로운 관계이면서 충분한 효율성을 갖는 사회적 물질재생산 체계를 생각하는 것을 불가능하게 만드는지 아니면 이러한 사회체제를 아직 설득력 있게 제시할 수 없다는 것이 베버의 이론에 정당성을 부여하는지는 더 생각해볼 문제이다. 우리가 무엇을 얼마만큼 할 수 있는가의 문제는 우리가 동원할 수 있는 역사적으로 축적된 가능성에 달려 있다. 그러므로 사회의 다른 영역에 대해 상대적 자립성을 갖는 이윤추구적 경제를 사회적 의사결정에 대해 비자립적이면서 충분히 효율적인 물질재생산의 체계로 대치할 수 있는 가능성을 뚜렷이 알지 못하는 우리에게는, 경제영역의 월권에 대한 저항이 지금 우리가 유일하게 할 수 있는 비판적 작업일지도 모른다. 그런 한

---

68) 가령 현재 독일의 대표적인 비판적 역사학자인 벨러(H. U. Wehler)의 경우 독일의 근대사회사를 서술하는 데 마르크스적인 관점보다는 베버적인 관점을 택하고 있다. 『독일 사회사』(Deutsche Gesellschaftsgeschichte), 1989의 서론 참고.

에서, 자본주의경제를 전혀 다른 경제체제로 전환시키기 전에는 수동적인 저항만으로는 근본적인 문제 해결이 되지 않는다는 주장은 더 남은 과제에 대한 상기로서 유효하지 직접 현실화될 수 있는 요구로 될 수는 없을 것이다. 그렇지만 우리는 베버를 하버마스가 한 것보다 조금 더 역사적으로 수용해도 좋을 것 같다. 마르크스가 생각했던 경제체제가 우리에게 닥쳐오는 문제들과 우리의 이론적, 실천적 역량의 변화에 따라 현실성을 갖는 대안으로 구체화될 수 있을 가능성이 지금 배제될 필요는 없다. 다른 한편 우리는 하버마스적인 실천전략이 그것을 수동적이라 하여 비난하는 사람들이 생각하는 것보다 더 많이 사회의 질적인 발전을 가져올 가능성도 처음부터 배제할 필요가 없다.

4. 비판적 사회철학의 과제: 한국적 맥락에서

근대화의 주역이 새로이 부상하는 세력이었던 서구에서는 경제영역에서뿐만 아니라 정치적, 문화적 영역에서도 주도권 다툼이 있었고 이것이 전면적 근대화로 이어졌다.[69] 만일 경제적 근대화의 추진세력들이 대변했던 문화, 가령 보편적 윤리가 자본주의경제의 문화적 반영 이상의 유효성을 갖는다면, 서구의 경우 경제적 근대화는 곧 자신에게 저항하게 될 문화적 요인을 처음부터 안에 품고 있었다고 말할 수 있을 것이다. 이에 반해 우리의 근대화

---

69) 이것은 물론 우리의 근대화 과정을 특징짓기 위해 서구의 근대화 과정을 대립모델로서 단순화시킨 것이다. 근대화가 전면적으로 일어난 나라는 실제로는 영국과 프랑스뿐이고 그 외의 대부분의 국가는 지배층의 주도 아래에 경제적, 군사적 측면에 치우친 근대화 과정을 겪었다. 이런 선별적 근대화의 한 결과는, 가령 독일에서의 경우, 경제적, 군사적 측면에서의 엄청난 발전과 전근대적인 정치의식의 결합으로 나타났었다.

는 기존의 지배층에 의해 경제적 동기에서 선별적으로 수행된, 즉 정치적, 문화적 근대화는 제외된 기술적 근대화였다.

이것은 우리 사회에서 반문화적 경향이 무척 빠른 속도로 진행될 수 있게 하였다. 한편으로는 우리의 전통문화가 일면적인 기술적 근대화에 의해 생겨나는 문제들에 탄력성 있는 이론적, 규범적 대응장치를 마련하지 못했고, 다른 한편으로는 서구의 보편주의적 규범의 수용이 근대화 추진세력에 의해 가급적 늦추어짐으로써 생겨난 문화적 공백지는 상업적 이윤추구를 겨냥한 소위 문화산업에 대해 거의 면역결핍의 상태였다. 교육의 측면에서 보자면 서구의 경우 산업적 근대화가 활발한 인문교육에 의해 동반되었던 반면, 우리의 경우 자라나는 이들의 교육이 아주 빠른 속도로 경제계나 행정국가가 필요로 하는 인력을 공급하는 장치로 되어버렸다. 이런 조건에서 개인들은 경제와 행정의 메커니즘에 의해 조절되는 영역 밖에서는 분산된 개체들일 뿐, 자신들의 자율성과 상호존중에 바탕을 둔 사회관계를 발전시키지 못하고 있다.

물론 수용이 지연된 보편주의적 윤리나 자신의 가능성을 시험해볼 기회가 없이 과거의 것으로 몰려버린 전통문화에 (많은 경우 둘의 혼합에) 의존한 문화적 저항세력의 활동이 과소평가되어서는 안 될 것이다. 그러나 우리의 대학들에서 인문과학의 위상이 자꾸 수축되어가고 많은 문화단체가 존폐의 위기를 늘 걱정해야 하는 상황에 처해 있는 것은 오늘날 이미 축적된 문화수준의 유지마저 더 이상 당연하지 않다는 염려가 들게 한다. 하버마스가 말하는 근대문화의 **일방통행식 차단기 효과**[70] — 보편주의적 문화가 근대화과정을 촉진시키는 문화로서 유입된 후 나중에 그것이 자본주의적 경제에 기능

---

70) 하버마스, 『후기 자본주의의 정당성 문제』(Legitimationsprobleme im Spätkapitalismus), 1973, 120쪽.

적으로 완전히 흡수되지 않는다고 해서 다시 내보내질 수 없다는 뜻―는 보편주의적 규범을 체득한 사람들의 수가 전체 사회성원에서 어느 정도 비율을 차지할 수 있을 때의 이야기이다. 그러나 성인들의 여가시간이 거의 남김없이 TV 프로그램이나 스포츠 행위로 채워지고 있고, 교육 정도의 고하를 막론하고 그 많은 사람들이 진부한 드라마나 쇼를 보기 위해 거의 그 시간 정도의 광고에 의해 눈과 귀를 유린당하도록 두고 있는 상황은 우리의 삶이 아무런 마찰음 없이 상품생산자이며 상품소비자라는 규정으로 남김없이 용해될지도 모른다는 염려가 들게 한다. 우리의 경우 이런 반문화적 경향이 결국 지나갈 것이라는 낙관적 전망을 서구보다 더 쉽사리 할 수 없다.

자율적 인간들의 자유로운 관계를 제약하지 않으면서 자본주의적 경제만큼 효율적인 사회적 물질재생산의 체계를 제시하는 것이 우리가 지금 동원할 수 있는 역사적 가능성에 속하지 않는다면, 사회철학이 오늘날 할 수 있는 일은 경제의 효율성의 논리의 월권을 막는 문화적 저항에 기여하는 일이다. 사회철학의 이러한 역할규정은 물론 사회운동이 문화운동으로 축소, 환원되어야 한다는 것은 아니다. 이 역할규정은 노동계를 비롯한 각 사회영역이 자체적 조직능력을 확장해가고 있고, 다른 한편 사회철학적 문제에 대한 논의가 실질적으로 대학을 비롯한 문화공간에서 이루어지는 현실에 바탕을 둔 것이다. 만일 비판적 사회철학의 주장들이 이해관계의 대립에서 비교적 자유롭고, 토론을 위한 심적·시간적 여유가 있는 공간에서 설득력을 확보해내지 못한다면 그 외의 공간에서는 현실성 없는 주장으로 앞서가거나 이미 있는 사회운동에 대한 별 필요 없는 응원에 불과할 것이다. 자신의 노래를 갖지 못하는 사회철학은 사회운동이라는 합창에 기여할 바가 없다.

경제의 논리가 오히려 체제경쟁 시의 자본주의국가에서보다 더 강력해진 오늘날 비판적 사회철학의 큰 방향은 사회적 물질재생산이라는 당위의 논리를 적절히 제한하는 데에 자신의 방식으로 기여하는 데에 있는 것으로 보인다. 사회적 물질재생산이라는 당위는 역사적으로 형성된, 그리고 새롭게 대두되는 사회의 필요구조에 연계시켜 상대화될 수 있어야 한다. 이를 위해서는 자신의 필요를 어느 정도라도 자립적으로 결정하고 자신의 필요 가운데 중요한 일부가 상품경제의 제공품에 의해 대체만족이 되지 않도록 할 줄 아는 자율적 주관이 요청된다. 그런 자율적 주관은 효율성의 논리의 월권을 감지하고 그에 저항하는 작은 항체들로서 기능할 수 있을 것이다. 이 병리학적 비유를 계속 사용하자면, 개별 항체들은 각각 그리 강한 것도 아니고 계속 소모되지만 항체가 다수이면 병에 대한 지속적인 저항이 가능하다. 그리고 많은 경우 지속적 저항은 병의 극복으로 이어진다. 오늘날 사회철학은 이러한 작은 항체들의 형성에 기여해야 한다. 이 일은 물론 사회철학 혼자만의 과업일 수는 없다. 사회철학이 할 수 있는 일은 병리적 현상이나 예술적 표현 등 비담화적으로 표출된 주관들의 자기이해와 세계이해를 담화로 만들고 분절된 인식으로 개인들에게 습득되게 하는 데 기여하는 것이다. 바로 이러한 담화를 통한 지식의 습득이 자립적 개인을 형성하는 과정이다.

5. 나가는 말

오늘날 우리의 사회를 위기상황으로 규정하고 위기의 원인을 규정해보려는 작업들이 적지 않게 시도되고 있다. 이러한 위기에 대한 논의들에서는 자주 위기의 객관적 원인에 대해서만 물어지고 위기를 느끼는 우리는 누구인가라는 물음은 뒷전으로 물러난다. 위기감이란 우리가 가지고 있는 물질적, 규범적 욕구와 이를 실현하기 위해 동원될 수 있는 이론적, 실천적 능력 사이의 불균형에 의해 생긴다. 우리의 이론적, 실천적 역량이 과거의 문제 해결 경험을 바탕으로 성립한 것인 한, 새로운 문제상황에서 문제와 문제 해결 능력 사이의 불균형은 거의 불가피하고 이런 점에서 역사의 진행에 크고 작은 위기감, 이론과 실천의 괴리는 늘 있어왔던 일이다. 물론 그렇다고 해서 위기의 문제가 심각히 다루어질 필요가 없다는 것은 아니지만, 위기감을 느끼는 주관의 조건의 변화를 무시한 채 객관적 상황의 변화에서만 위기의 원인을 찾는 것은 확실히 일면적이다. 가령 줄타기하는 곡예사와 보통사람이 줄 위에서 느끼는 감정은 전혀 다를 것이다.

이 지적으로서 나는 위기감을 단순히 주관적인 문제로 만들려는 것이 아니다. 나의 목적은 어떤 종류의 위기감은 우리의 — 정확히는 일부 사회구성원의 — 규범적 의식이 바뀐 것과 밀접한 관계를 가지며 그것의 해소는 책임있는 자율적 개인들의 육성과 그들의 설 자리를 확보해주는 방식으로만 가능할 것이라는 점을 밝히려는 데 있다. 물질적 필요와 연관된 위기감(예를 들어 생산력 저하, 수출 부진 등으로 현재의 물질 수준이 위협을 받는 느낌)은 동질일는지 모르지만 우리 사회에서처럼 이질적인 문화가 공존하는 곳에서 규범적 욕구와 관련된 위기감은 한 가지 종류일 수 없다. 가령 전통적인 유교 도덕을 고수하고 있는 이에게는 여권 상승의 요구나 젊은이들의 반권위적 경향에서 어떤 위기감을 느낄 수 있을 것이며, 거꾸로 고도의 지식수준을 갖춘 여성들일 경우 자신들에게 당연스러운 듯이 부과되는, 병행할 수도 없고 거부할 경우 자신뿐만 아니라 자신의 가까운 사람들에게까지 불편을 주어야 하는, 전통적 여성의 역할 때문에 위기감을 느낄 수도 있다. 오늘날 인문교육을 직접적 또는 간접적으로 접한 젊은 세대의 일부가 느끼는 위기감은 그들이 습득한 보편주의적 윤리관과 사회현실 사이의 괴리에 기인하는 것 같다. 다른 나라에서 일어나는 부정의와 자연에 가해지는 폭력까지도 자신에게 무관하지 않게 느끼는 윤리적 감수성에게 우리의 거의 모든 생활 영역에서 느낄 수 있는 권위적 관계나 사회적 불평등 관계가 견딜 수 없는 것으로 보일 수 있다. 사회의 반응은 이런 윤리적 의식을 젊은 시절의 이상적, 비현실적인 생각으로 단순화시키거나 상승된 물질수준에 대한 기대로 마비시키려 하는 것이 대부분의 경우다. 그러나 의문의 대상이 되지 않는 실체적 규범이 점차 적어지고, 자라나는 이들이 ─ 현대의 사회화 과정의 조건에서 ─ 개인들의 동등한 인격적 권리에 바탕을 두는 보편주의적인 규범적 의식을 습득하는 것이 불가피한 경향이라면 위의 대응은 삶의 의미상실이나 대체만족의 탐닉과 같은 사회병리적 결과를 가져올 것이다. 올바른 대응은 자라나는 이들을 문제처리능력을 갖춘 자율적 개인으로 형성시키고 그런 개인들이 설 수 있는 공간을 확보하는 데에 있을 것이다. 자율적 주관성과 이성적 사회의 이념의 이론적 논증과 사회적 실현을 추구해왔던 사회철학의 과제는 상실된 것이 아니라 자신이 전제했던 자율적 주관을 확보해야 하는 재출발의 단계에 있다.

6장 생명과학기술의 문화적 충격

1. 양의 복제가 왜 두려움을 주는가

직업적인 과학자들마저 자신의 분야를 개괄할 수 없을 정도로 지식의 전문화가 진행되었고 시시각각 새로운 발견이 이루어지는 현대의 과학계의 실정에 비추어볼 때, 하나의 새로운 지식이 세계인의 이목을 집중시킨다는 것은 거의 가능하지 않은 일이 되었다. 그럼에도 불구하고 그런 일이 일어난다면 그것은 발견된 지식의 새로움 자체보다는 그 지식이 가져오는 문화적, 세계관적 충격 때문일 가능성이 높다. 양의 복제가 성공하였다는 보도가 전 세계 사람들을 놀라게 한 이유도 바로 생물학의 높은 수준에 대한 경탄에서보다는 이 지식이 가져온 문화적 충격에서 찾아져야 할 것으로 보인다. 사람들은 포유류인 양의 복제의 성공이 곧 인간의 복제로 이어지는 것은 시간문제라고 생각하였고, 인간 복제의 가능성에 대해 어떤 태도를 취해야 할지 당혹스러워하는 것이다. 이런 당혹은 인간의 복제 가능성이 사람들에게 널리 공유된 도덕감과 인간의 자기이해를 근본적으로 위협한다는 느낌에 기인하는 것으로 보인다.

인간의 복제 가능성이 논란거리가 되는 가장 큰 이유는 인간이 철저하게 도구화되고 기술적 조작의 대상이 될 수 있다는 불안감 때문인 것으로 보인다. 사실 이런 불안감은 생명과학기술이 현재의 수준에 이르기 훨씬 전부터 표명되어왔었다. 정치적 권력과 거대 산업의 복합체에 편입된 과학기술에 의심의 눈길을 보내는 사람들은 바로 과학기술이 효율적인 생산과 완벽한 통제를 위해 자연 대상만이 아니라 인간마저도 기술적 조작의 대상으로 삼을지 모른다고 염려하였다. 생명과학 기술은 『멋진 신세계』의 감마와 델타형의 인간, 즉 생산에 필요한 기능만을 충족시키고 애초부터 정치적 요구는 갖지 않도록 조작된 인간형을 만드는 데에 악용될 수 있다고 우려되었다.

그런데 이런 불안감은 얼마나 사실적 근거를 갖는 것일까? 과연 이런 불안감은 독재자가 영생을 꾀하기 위하여 자신의 분신을 만들고 세계 지배를 위하여 노예군단을 만드는 데에 복제 기술을 사용할 가능성이 실제로 있기 때문에 생기는 것일까? 그렇지 않다면 그런 불안감은 어디에 기인하는 것일까?

인간 복제의 가능성이 주는 불안감은 일차적으로는 그것이 가져올 구체적 위협 때문에 생기는 것 같지는 않다. 현재 가능할 것으로 보이는 인간복제 기술은 독재자가 자신과 똑같은 분신을 만들거나 대규모의 노예 군단을 '제조' 하는 것을 가능하게 하는 것과는 거리가 멀다. 복제 기술이 분명 이미 성장과정을 마친 한 개체와 동일한 유전적 형질을 갖는 다른 개체를 산출하는 기술이기는 하지만, 그것이 개체의 성장과정을 생략하거나 크게 단축할 수는 없다. 또 인간의 경우 다른 동물과 달리 긴 사회화 과정을 거치면서 성장한다는 점을 감안한다면, 복제를 통해 탄생된 인간이 그것의 '원형'과 지식이나 정서, 태도 등의 모든 면에서 동일하리라는 보장은 전혀 없다. 그래서 설령 독재자가 자신과 동일한 유전적 형질을 갖는 아이를 만들게 한다 하더라도, 달라진 사회, 문화적 여건에서 성장하는 아이는 자신의 소망을 정치적 권력을 통해서가 아니라 스포츠나 예술을 통해서 충족시키려 할지도 모른다. 하물며 동일한 신체적 조건을 가지며 동일한 생각을 하는 인간을 한꺼번에 대량으로 만드는 것은 현재 예상되는 인간 복제의 기술과는 거리가 먼 것이다. 또 어느 정도 민주화되어 있고 인권이 보장되는 현대의 정치적 조건을 감안한다면, 도대체 복제를 통한 독재자의 영속이나 혹은 노예 군단의 생산이 기술적으로 가능하다 할지라도 사회적으로 성립하기가 어렵다. 그렇다면 사람들이 인간 복제의 가능성에 대해 강하게 부정적인 반응을 보이는 것은 단지 복제 기술에 대한 일반적인 오해 탓일까? 그것은 단지 공상과학소설을 지나치게 진지하게 받아들인 탓인가? 이런 불안감이 모두 복제 기술에 대한 무지에서 비롯되었다고 대답하는 것은 분명 지나치게 과학주의적이고 엘리트주의적인 발상인 것으로 보인다. 설령 복제 기술에 대한 오해가 그런 부정적 반응을 일으키는 데에 한 원인이 된 것은 사실이라 하더라도, 적어도 왜 그런 일반적인 오해가 생겼는지가 설명되어야 한다.

2. 인간 복제 가능성의 문화적 충격: 출생의 방식과 인간의 존엄성

인간 복제 기술에 대한 부정적인 반응은 인간의 존엄성을 특정한 출생의 방식과 긴밀하게 연결 지은 오래된 문화적 전통을 배경으로 해서 설명될 수 있다. 아주 오래전부터 지금까지 사람들은 남녀의 결합을 통하여 아이가 생겨나는 과정을 단지 생물학적 과정으로만 이해하지 않았다. 그것은 인간에게 정상적인 것으로서, 그리고 태어나는 아이의 독자성(uniqueness)을 뒷받침하는 것으로서 여겨졌다. 여기서 독자성이란 인간이 부모를 포함한 타인과 구별되는 특별한 독립적 존재라는 것을 의미한다. 물론 이때 독립성은 인간이 자기 스스로를 만들었다거나 성장과정에서 부모와 타인의 도움을 필요로 하지 않는다는 말은 아니다. 그것은 부모나 또는 다른 사람들이 아이의 타고난 자질(nature)을 결정할 수 없고 다만 주어진 자질을 바탕으로 자신이 원하는 방향으로 기르도록(nurture) 노력할 수 있을 뿐이라는 점에 있다. 그런데 여러 문화에서, 특히 기독교 문화에서는 인간의 이런 독자성을 단지 하나의 우연성으로, 즉 부모의 결합에서 생길 수 있는 수많은 가능성 가운데 하나가 현실화된 것으로 여기지 않았다. 사람들은 인간의 독자성을 인간의 힘을 넘어 선 신성한 존재에 의한 것으로 여겼고, 그래서 그런 독자성과 인간의 존엄성을 긴밀히 연결 지었다. 인간은 독자적인 존재이기 때문에 존엄하며, 존엄하기 때문에 자기 목적적이고 타인에 의해 수단으로 사용될 수 없는 것으로 여겨진 것이다. 이렇게 부모의 결합에 의한 아이의 출생에 인간의 독자성과 존엄성을 결부시켜왔기 때문에, 이런 출생 방식은 다른 출생 방식에 비해 규범적 우위를 갖는 것으로 여겨져왔다.

　인간의 복제 가능성은 바로 출생에 관한 이런 규범적 이해를 근본적으로 흔들리게 하는 것이었다. 이미 시험관 아기의 성공이 출생에서 반드시 부모의 결합이 있어야 함을 의문시하게 만들었지만, 그것은 정상적인 출생의 보조 수단으로 여겨질 수 있었다. 그러나 복제의 가능성은 출생된 아이의 유전적 형질을 미리 결정할 수 있음을 보여주는 발견이었다. 아이의 유전적 형질이 정확히 예측될 수 있는 결과라는 점에서, 아이는 이제 일종의 계획된 생산물이며 출생과정은 정확히 통제된 생산과정과 유사하게 된다. 계획된 생산물이 계획하는 자에 대해 대등한 존재일 수 없다면, 이런 출생과정은 인간의 독자성과 존엄성을 위협한다고 여겨질 수 있을 것이다. 복제에 의한 출생의 가능성이 곧 인간의 존엄성에 대한 위협으로 여겨지는 이유는 바로 여기에 있다.

복제인간의 가능성이 즉각적으로 부정적인 반응을 불러일으킨 이유가 위에서 언급된 것처럼 인간의 존엄성을 특정한 출생 방식과 긴밀하게 연결 지은 문화적 전통에 기인한다고 해보자. 이런 문화적 전통에 기대어 인간 복제를 허용해서는 안 된다는 결론을 내리는 것은 공정한가? 혹시 그런 문화적 전통 자체가 전적으로 합리적이라고 할 수는 없지 않은가?

사실 부모의 결합에 의해 생겨난 아이의 유전적 형질이 예측 불가능하다는 사실이 인간의 독자성, 나아가서 인간의 존엄성의 근거라고 생각하기는 어렵다. 그런 독자성이라면 유성 생식을 하는 모든 생물에서 다 찾아볼 수 있는 것이다. 그래서 그런 독자성을 인간의 존엄성의 근거로 삼으려면 아이의 유전적 형질을 부모의 유전자의 다양한 결합 가능성에 기인하는 것이 아니라 신적인 선택의 산물이라고 여기는 신학적 사고의 뒷받침이 필요하였던 것이다. 인간이 신적 선택에 의해 태어난다는 믿음은 자기 존재에 대해 자긍심을 가지며 타인과 사회의 자의적 권력에 대항하여 권리를 보호받는 데에 유리하게 작용하였을 것이다. 아마도 그것은 사람들이 종교적 신념을 공유하던 시기에는 인간의 존엄성에 근거를 부여하는 가장 확실한 방법이었을 것이다. 그러나 오늘날 신이 존재한다든가 인간이 신의 자손이라는 등의 신학적 주장은 더 이상 모든 사람들에 의해 공유될 수 있는 신념이 아니다. 그러므로 인간 복제가 오직 특정한 신학적 사고에 위배되기 때문에 부정적 반응을 불러일으키는 것이라면, 오히려 그런 반응 자체가 비합리적이라고 비판될 수 있다. 실제로 일부의 평론가들은 현재의 복제 기술에 대한 부정적 반응을 단지 과학적 계몽이 덜 된 사람들의 비합리적 반응쯤으로 여기는 듯하다. 그런데 과연 그것뿐일까? 일견 비체계적이고 비합리적으로 보이는 반응 뒤에는 진지하게 고려되어야 할 어떤 합리적 핵심이 숨겨져 있는 것은 아닐까?

3. 인간 복제에 대한 윤리적 논의의 기준: 인간의 자율성과 자기목적성

인간 복제의 가능성에 대한 즉각적인 부정적 반응이 비합리적으로 보이게 만드는 요인은 그것이 인간의 존엄성을 특정한 출생의 방식과 연결 지은 데에, 그것도 신학적 사고의 도움으로 규범화된 출생의 방식에 연결 지은 데에 있었다. 그러나 반드시 신학적 사고에 의지해서만 인간의 존엄성을 주장할 수 있는 것은 아니다. 더 이상 신학적 사고에 의지하지 않는 근현대사회에서도 인간의 존엄성은 여전히, 그리고 이전 사회에서보다 오히려 더 강하게 주장된다. 근현대사회에서 인간의 존엄성은 인간이 신의 자손이기 때문이 아니라 자율적이고 자기 목적적인 존재이기 때문에 정당화된다. 여기서 인간이 자율적이고 자기 목적적인 존재라 함은 인간이 언제나 자신에 관련된 결정을 독자적으로 내리며 어떤 목적을 위한 수단이 되는 경우가 결코 없다는 것을 의미하지 않는다. 만일 그렇다면 그것은 분명히 사실에 맞지 않는 명제일 것이다. 실제의 사람들은 어떤 결정을 할 때 수많은 영향에 노출되어 있고 또 언제나 목적으로서 대우받는 것도 아니다. 그럼에도 불구하고 인간이 자율적이고 자기 목적적인 존재라고 하는 것이 의미가 있다면 그것은 당위명제로서 인간이 자율적이고 자기 목적적이어야 하며 타인 또한 그런 존재로서 대하여야 한다는 요구를 표현하는 문장이다. 왜 인간이 그런 존재이어야 하며 또 타인을 그렇게 대하여야 하는지가 과연 쉽게 증명될 수 있을지는 의심스럽다. 그러나 현재의 논의를 그것의 증명에까지 확대할 수는 없다. 현재의 논의에서 중요한 것은 인간에 대한 그런 당위적 이해가 근현대문화에서 일반화된 도덕감을 정형화한 것으로서 충분히 합리적이라는 점이다. 또 그것은 합리적일 뿐 아니라 정치적으로도 법치국가의 근본적인 이념의 역할을 하고 있기 때문에 우리가 복제 기술에 관련된 윤리적 결정을 내릴 때 의지할 수 있는 가장 중요한 근거가 된다.

이제 사람들이 자신과 타인에게 인정하는 자율성과 자기 목적성을 인간 존엄성의 근거로 여기는 것이 오늘날 우리가 합리적으로 여기는 도덕적 사고라고 해보자. 그렇다면 인간의 자율성과 자기 목적성은 인간 복제에 관한 윤리적 논의에서 적어도 근대문화를 공유한 사람들에게는 가장 중요한 기준이 될 것이다. 만일 사람들이 인간 복제 기술에 대하여 부정적인 반응을 보이는 것이 단지 출생에 관한 전통적인 관념에 위배되기 때문이 아니라 근본적으로는 인간의 존엄성을 위태롭게 할 것이라는 우려 때문이라면, 복제 기술에 대하여 도덕적 의문은 이제 다음과 같이 제기될 수 있다. 인간 복제 기술은 인간의 자율성과 자기 목적성을 심대하게 손상시키지는 않을 것인가?

4. 인간의 존엄성: 어떻게 출생하느냐의 문제가 아니라 어떻게 대우되는가가 문제이다

인간 복제의 문제 자체가 출생의 방식과 관련된 문제인 탓이긴 하겠지만, 인간 복제의 윤리적 함의에 대한 논의에서 인간의 존엄성의 문제가 지나치게 인간의 출생 방식과 결부되어서 생각되는 것으로 보인다. 사실 인간의 존엄성은 어떻게 태어나는가보다는 어떻게 대우받는가에 달려 있다. 물론 어떻게 태어나는가의 문제가 인간의 존엄성에 무관하다는 것은 아니다. 그러나 출생 방식이 인간의 존엄성 문제의 일부가 되는 것은 그 자체로서보다는 그것이 인간이 어떻게 대우되는가 하는 문제의 일부이기 때문이다. 만일 이렇게 출생 방식의 문제를 그 자체로 규범화된 가치로서가 아니라 인간에 대한 대우의 한 방식으로 여긴다면, 이제 인간 복제에 대한 윤리적 물음은 다음과 같이 제기되어야 할 것이다. 인간 복제는 인간을 존엄하게 대하려 하지 않으려는 의도에서 시도되는 것인가? 혹은 의도가 어떻든 인간 복제는 인간을 존엄하게 대하지 못하게 하는 결과로 이끌 것인가?

인간 복제의 유용성과 해악에 대해 막연한 추측만 할 수 있을 뿐인 현재의 시점에서 과연 인간 복제가 인간을 존엄하게 대하는 것과 양립될 수 있는가의 문제에 대해 단정적으로 답하기는 어렵다. 물론 복제인간이 필요한 장기(臟器)를 받기 위한 여분의 인간으로서 혹은 어떤 실험을 위한 대상으로서 만들어진다면 그것이 인간의 존엄성을 해치는 일이라는 것은 분명하다. 그런데 부모가 자신들의 혹은 제삼자의 유전적 형질을 가진 후손을 만들기 위하여 복제 기술을 사용한다면 어떨까? 또 어떤 개인과 유전자 형질이 똑같은 인간을 만들지 않고 다만 의학적 연구를 위해서 복제 기술을 사용한다면? 가령 아직까지 치료법을 찾지 못한 질병의 유전적 원인을 밝히기 위하여 병을 가진 사람의 유전자를 실험동물에 복제해 넣고 질병을 일으키는 유전자 배열을 찾는 것도 인간의 존엄성을 해치는 것일까? 복제 기술을 이용하여 동물에서 인간의 신체에 부작용을 일으키지 않는 장기를 배양하는 것은 또한 어떠할 것인가?

복제 기술의 의학적 유용성을 부정하는 사람은 많지 않을 것이다. 그러나 복제 기술은 다른 한편 그 폐해를 예측하기 어려운 위험한 기술이다. 그 폐해가 오해에 기인한 것이거나 혹은 크지 않을 것이라고 생각하는 사람들은 복제 기술에 엄격한 제한을 가할 필요를 느끼지 못할 것이다. 이에 반해 복제 기술이 가져올 수 있는 위험성의 규모가 예측될 수 있는 유용성을 훨씬 넘어선다고 생각하는 사람들은 차라리 그 기술의 유용성을 포기하더라도 그 기술을 처음부터 금지하자고 주장할 것이다.

5. 인간 복제: 허용될 수 있는가

인간 복제의 기술적 가능성과 활용의 범위에 관한 불확실성에도 불구하고 현재 인간 복제의 문제에 관하여 윤리적 판단을 내려야 한다면 어떤 결론을 내릴 수 있을까? 만일 근대문화의 도덕이 인간의 자율성과 자기 목적성의 이념을 지향하고 있으며 그런 도덕이 가장 널리 공유되고 정당화될 수 있는 것이라면, 잠정적으로 다음과 같은 지침을 생각할 수 있을 것이다.

첫째, 동일한 유전적 형질을 갖는 인간을 복제하여 성장시키는 것은 금지하여야 한다. 이것은 장기를 사용하기 위한 경우뿐 아니라 후손을 갖기 위한 복제의 경우에도 해당된다. 왜냐하면 그것은 복제인간의 특정한 소질이 그의 존재 이유가 되기 때문에 인간의 자기 목적성에 어긋나는 일이다. 이런 지침은 우리가 타인과 관계를 맺는 것이 결국 그의 어떤 특정한 소질 때문이라는 주장에 의해 반박되지 않는다. 상대의 특정한 소질은 우리가 그와 관계를 맺는 이유이지만 그의 존재의 이유일 수는 없다. 이에 반해 특정한 유전적 형질을 갖는 인간을 만들어내는 것은, 그것이 선인을 만들거나 악인을 만들거나 간에, 특정한 소질 때문에 어떤 인간을 존재하게 하는 것이다.

둘째, 의학적 연구를 위하여 인간 복제의 기술이 허용될 경우에도, 그것은 인간을 포함한 동물의 고통을 최소화하는 한에서만 허용될 수 있다. 이것을 달리 말하자면, 인간 복제 기술이 다른 방식의 실험에 비해 높은 정확성과 효율성을 가짐으로써 동물이 실험에 사용되는 횟수와 시간을 최소화하는 경우에만 허용될 수 있다는 것이다. 인간이 한편에서 자신의 생존과 건강, 욕구충족을 위하여 자연을 변형하지만 다른 한편에서 인간의 손에 의해 왜곡되지 않은 자연의 모습을 원하는 것도 사실이다. 그래서 동물실험을 포기하지는 않더라도, 동물의 고통을 최소화하는 것은 사람들의 그런 도덕감과 미감에 부합하는 것이다.

셋째, 질병의 치료 이외의 목적을 위한 인간의 유전자 조작은 일절 허용되어서는 안 된다. 그것은 개인의 독자성을 침해하는 것으로서, 부모를 포함한 어떤 타인에게도 그런 권리가 주어지지 않는다.

7장 생태철학

과학과 실천 사이의 지적 상상력

1. 들어가는 말

삶의 다른 여건이 같다면 자연의 훼손을 막아야 한다는 생각은 오늘날 많은 사람들에 의해 공유된 거의 자명한 직관인 것으로 보인다. 이 직관이 사람들의 실제 행동즈는 불명확하지만, 지식의 지형도에 미치는 위력은 실로 대단하다. 자연을 존중해야 할 상대로 여기는 데에 유리하다고 여겨지기만 하면 과거 신화적이거나 형이상학적이라고 배척되었던 세계관마저도 화려하게 복권되며, 또 양립할 수 없는 것으로 여겨졌던 입장들 사이에 서로 화해의 손을 내밀기도 한다. 심지어 종교조차도 이제 친환경적 세계관을 내포하는가의 여부에 따라 비판되거나 긍정적으로 평가되기도 하며, 우주론은 애초부터 가장 과학적인 입장이었던 것처럼 위세를 부린다. 바야흐로 저 직관은 지적 무대에서 모든 영령들이 다시 살아 춤추게 하는 위력을 가진 것이다. 나는 저 직관이 지성사를 전면적으로 재검토하고 지적, 윤리적 관심의 영역을 확장하게 하였다는 점에서 이 시대 지적 자극의 가장 중요한 원천 가운데 하나라고 여긴다. 그러나 나는 저 직관의 당위성에 기대어 생태철학(ecological philosophy, ecophilosophy)이 자족적, 자기순환적 정당화의 경향을 보이는 것에 대해 경계하고자 한다. 생태철학에서 내가 회의적으로 보는 경향은 자연파괴를 근대적 세계관의 산물로 여기는 나머지 근현대 문화에서 성취된 합리성과 자기성찰적 잠재력을 부인하는 경향이다. 이런 경향으로서 내가 염두에 두는 것은 두 가지이다. 하나는 전근대적인 자연관과 최신 과학을 투명하지 않은 방식으로 연결하여 근대적 세계관과는 전혀 다른 새로운 세계관을 도입할 수 있고 이것만이 인류가 새로운 자연관을 가질 수 있는 방식이라고 주장하는 경향이다. 다른 하나는 자신들의 입장의 타당성을 확신하는 나머지 적절한 실천의 방식이 민주적 공론의 장에서 토론되고 절충되어야 한다는 사실을 경시하는 경향이다.

나는 모든 생태철학이 위에서 언급된 이론적, 실천적 경향을 보인다고 생각하는 것은 결코 아니다. 나는 두 가지 경향을 고스란히 가지고 있는 입장을 가상적으로 설정하여 '근본적 생태주의'라고 부르고자 한다. 앞으로 '근본적 생태주의'는 자연의 도덕적 지위를 새로운 세계관에 의존하여 일의적으로 증명할 수 있다고 믿거나 혹은 자연에 대한 적절한 행위양식을 공적 토론 없이 결정할 수 있다고 믿는 입장을 의미한다. 근본적 생태주의에 대한 나의 비판은 물론 순전히 가상적으로 설정된 입장에 대한 유희적 비판은 아니다. 나는 '근본적 생태주의'로의 경향이 여러 생태철학적 입장들에서는 다소간, 그리고 비전문가 집단에서는 아주 강하게 작용하고 있다고 생각하고 있다. 나의 비판이 좌충우돌에 그치지 않기 위해서는 어떤 지침이 있어야 할 터인데, 나는 대강 다음과 같은 지침을 염두에 두고 있다. 자연에 대한 인간의 새로운 관계를 추구하는 생태철학은 한편으로 과학 및 기타 지적 성과물과 어긋나지 않으면서 다른 한편 민주적 의사결정과정의 전제하에 다소간 실행 가능한 실천적 계획으로 구체화될 수 있는 면밀한 상상력일 때 그것의 지적 정당성을 갖는다. 만일 근현대의 조건에서 어떤 지적 입장이 개방적이고 진지한 논의를 통해서만 정당화될 수 있다는 점을 고려한다면, 그리고 또한 사회구성원의 민주적 자기결정권보다 더 정당성을 갖는 정치원리를 생각할 수 없다는 점을 고려한다면, 저 지침은 단지 임의적 성격을 갖는 것만은 아닐 것이다.

2. 생태철학적 입장들의 분류와 근본적 생태주의의 특성

생태철학은 1970년대 초반 환경철학의 일부로서 등장하였다. 환경철학은 크게 세 부류로 나눌 수 있는데,[71] 첫째 부류는 인간중심적 개량주의(anthropocentric reformism)로서 환경문제의 원인을 사람들의 무지와 근시안적 계산에서 찾는다. 이 입장은 사람들이 비용과 효용 계산을 장기적인 관점에서 사려 깊게 숙고한다면 지금과 같은 무분별한 자원사용이나 오염행위를 하지 않을 것이라고 기대한다. 두 번째 부류는 환경윤리학(environmental ethics)의 여러 유형들이다. 환경윤리학은 기존에 인간에게만 한정되었던 윤리적 고려를 개별 동식물, 종 등 자연으로 확장함으로써 환경문제에 대응하고자 하는 입장이다. 이 입장이 인간중심적 개량주의와 다른 점은 인간만이 아니라 자연의 일부를 직접적인 윤리적 고려의 대상으로 삼는다는 것이다. 그러니까 환경윤리학 입장에서 동물에게 불필요한 고통을 주거나 식물을 함부로 훼손해서는 안 되는 것은 그것들로부터 어떤 이익을 향유할 다른 사람에 대한 배려 때문이 아니다. 환경윤리학은 동물과 식물의

---

71) 나는 여기서 침머만(Michael E. Zimmerman)의 분류를 따랐다. 침머만은 여기서 언급된 환경철학의 세 부류를 다른 순서로 서술하는데, 나는 사람들에게 친숙한 입장을 먼저 언급하기 위하여 순서를 바꾸었다. Zimmerman et al. (eds.), *Environmental Philosophy*, Englewood Cliffs, 1993, vi-ix.

고통이 인간의 고통과 마찬가지로 회피되어야 하거나 혹은 동물과 식물의 생존권리도 인간의 권리와 함께 존중되어야 한다고 주장한다. 환경윤리학은 보통 이러한 주장들을 동물이나 식물 등이 인간과 갖는 공통성에 의거시킨다. 그래서 환경윤리학의 대상의 최대범위는 대개 의식적이거나 최소한 지향성을 가진 존재자들이며, 생태계 전체나 혹은 무기물을 포함한 자연 전체까지 윤리적 고려의 대상이 되기는 어렵다. 환경철학의 세 번째 부류는 환경문제에 합리적 효용계산이나 기존 윤리학의 범위를 확장함으로써 대응할 수 있다고 여기지 않는 입장이다. 이 입장은 환경문제의 근본 원인이 훨씬 더 근원적인 데에 있다고 여기며 효용 계산이나 기존의 윤리학은 환경문제에 대한 해결방안이라기보다는 오히려 문제를 일으킨 원인들과 더 가까이 서 있는 것으로 비판된다. 오늘날 생태철학이라고 하면 주로 이 세번째 부류의 급진적 환경철학을 지칭한다.

생태철학의 대표적 입장은 세 가지이다. 첫째 부류는 생태철학이라는 용어를 등장시킨 '심층생태학'(deep ecology)이다. 심층생태학은 환경문제를 가져온 가장 중요한 원인을 인간중심주의에서 찾는다. 심층생태학은 환경문제에 대한 기존의 대응방식들이 인간중심주의에서 벗어나지 못한 얕은 생태학(shallow ecology)에서 나온 것이기 때문에 근본적인 문제 해결에 이를 수 없다고 주장한다. 생태철학의 두 번째 부류는 생태여성주의(ecofeminism)이다. 이 입장은 환경문제의 근원을 가부장제, 여성에 대한 남성의 지배에서 찾는다. 여성에 대한 남성의 지배를 정당한 것으로 여겨온 가부장제가 여성과 유사하거나 혹은 여성으로서 상징되는 자연에 대한 인간의 지배를 당연시하는 결과를 가져왔다는 것이다. 세 번째 부류는 사회생태학(social ecology)이다. 사회생태학은 사회의 위계질서, 권위적 구조가 인간에 대한 지배를 넘어서 인간 외의 자연에 대한 무분별한 파괴를 가져왔다고 주장한다. 이 세 가지 입장은 각각 자연관, 인간관 및 여성관, 그리고 사회관에서 근본적인 변화가 있어야 환경문제를 해결할 수 있다고 주장한다는 점에서 모두 매우 급진적이다.

환경문제의 근본원인을 서로 달리 규정하는 만큼 이 세 가지 생태철학의 입장들은 서로 대립하고 치열한 비판을 주고받기도 한다. 그럼에도 불구하고 이들 입장 모두에, 혹은 일부에 공통적인 몇 가지 특성이 있다. 가장 중요한 공통성이라면 이들이 근대적 세계관에 대해 철저히 비판적이라는 점이다. 그들이 생각하는 근대적 세계관이란 데카르트식의 심신이원론이나 기계론적 자연관인데, 그들은 이런 세계관이 가치의 소재지를 인간 안에만 두고 자연을 철저히 재료의 저장고나 지배의 대상으로 여기는 태도를 가져왔다고 생각한다. 이런 세계관이 근대적 과학과 기술에 의해 유발된 것이라 생각하기 때문에, 그들은 근대적 과학과 기술에 대해 강한 불신을 가지고 있다. 그래서 이들은 한편에서 근대과학에 의해 축출된 자연이해 방식에 대해서, 그리고 다른 한편에서 근대적 세계관을 뛰어넘는 것으로 보이는 자연이해 방식에 대해서 큰 호감을 가지고 있다. 가령 인간과 자연 전체를 일체로 보는 오랜 전통의 유기체론(organicism)에 대한 호감이나 또는 생물체와 환경 사이의 긴밀한 교환관계를 밝히는 생태학(ecology)에 대한 큰 기대가 그런 것이다.

생태철학자들이 전근대적 세계관의 복권이나 최신 과학의 성과에 의존해서 강조하고자 하는 것은 인간과 자연의 상호연관성(interconnectedness, relatedness)이다. 그들은 유기체론 등에 집약된 상호연관성에 관한 직관이 근대과학과 기술에 의해 축출되었다가 최신 과학에 의해 학문적 정당성을 얻게 되었다고 생각하는 것으로 보인다. 인간과 자연의 상호연관성이 생태철학의 형이상학적 핵심이라면 그것의 가치론적 핵심은 자연의 내재적 가치(intrinsic value)에 대한 주장이다. 자연이 인간이나 기타 그 무엇을 위해 있는 것이 아니라 자기 자신을 위해서 있는 존재라는 것이다. 가령 아르네 네스 (Arne Naess)가 정리한 심층생태학의 8가지 주장 중 첫 번째 항목은 인간뿐 아니라 다른 생명체의 번영도 도구적 유용성으로 환원될 수 없는 고유한 가치를 가지고 있다고 선언하고 있다.[72]

인간과 자연의 상호연관성, 자연의 내재적 가치 등을 강조하는 것의 실천적 관심은 무엇인지 분명하다. 그것은 사람들이 자신과 분리할 수 없는 타인에 대해 도덕적 책무를 느끼듯이, 그리고 스스로 고유한 가치를 가지고 있는 것을 함부로 훼손하지 않듯이, 만일 자연과의 상호연관성이나 자연의 내재적 가치를 자각하게 되면 자연에 대해 근본적으로 다른 태도를 갖게 될 것이라는 기대이다. 나는 이런 실천적 관심은 매우 존중될 만한 것이라고 생각한다. 그러나 그런 형이상학이나 가치론이 한편에서 전통적인 유기체론이나 다른 한편에서 최신의 과학을 통하여 정당화될 수 있다는 것에 대해서는 의구심을 가지고 있다. 전통적 유기체론은 어떤 주장을 정당화하기에는 그 자체 타당성을 가지기 어렵고, 반대로 현대의 과학은 생태철학적 입장들을 지지하기에는 너무 가치중립적이다. 현대의 생태학은 생태철학 뿐 아니라 환경윤리학이나 인간중심적 개량주의와도 충분히 잘 결합될 수 있다. 이것은 생태철학의 지적 기반에 대한 의구심인데, 나는 생태철학의 실천방식에 대해서도 약간의 의구심을 가지고 있다. 생태철학은 종종 자신들의 세계관에 대한 확신 때문에 그들이 보기에 근대적이거나 낡은 세계관에 바탕을 둔 실천방식에 대해 지극히 부정적이다. 그러나 민주적 정치체제에서는 어떠한 세계관도 시민의 민주적 자기결정권을 부정하면서 자기주장을 할 수는 없다. 앞서 나는 급진적 생태철학에서 다소간 보이는 이러한 경향, 그러니까 자연의 도덕적 지위

---

72) A. Naess, "The Deep Ecological Movement", in: 위의 책, 193쪽.

를 새로운 세계관에 의존하여 일의적으로 증명할 수 있다고 믿거나 혹은 자연에 대한 적절한 행위양식을 공적 토론 없이 결정할 수 있다고 믿는 입장을 '근본적 생태주의'라고 칭한 바 있다. 이제 이런 근본적 생태주의의 경향에 대해 좀 더 상세히 논의해보기로 하자. 나는 근본적 생태주의를 그것의 강한 면에서 포착하기 위하여 전근대성에 대한 호의적 태도보다는 그것이 최신 과학을 원용하는 방식에 주로 주목하였다. 실천의 문제와 관련해서는 주로 다원주의와 민주주의에 대한 근본적 생태주의의 부정적 태도가 비판적 논의의 대상이 된다.

3. 근본적 생태주의와 과학: 생태학을 중심으로

근본적 생태주의는 전통적인 과학과 기술을 근대적 도구주의의 산물로 여겨 비판적으로 대하지만 근대적 세계관이나 인간중심적 윤리관의 기초를 붕괴시키는 것으로 보이는 과학적 발견에 대해서는 매우 우호적이다. 근본적 생태주의가 우호적으로 대하는 과학 분야는 크게 세 종류인데, 생태학과 진화론적 생물학, 그리고 소립자 물리학이다. 근본적 생태주의가 이들 과학으로부터 얻고자 기대하는 것은 크게 두 가지이다. 그것은 자연에 대한 인간의 적절한 관계를 규정할 수 있는 객관적 기준, 그리고 인간과 자연의 상호연관성에 대한 과학적 증명이다. 근본적 생태주의가 과학에 기대하는 바가 과연 적절한 것인지를 주로 생태학과 관련하여 간략히 살펴보기로 하자.

근본적 생태주의가 가장 주목하는 과학은 유기체 상호 간의, 그리고 유기체와 기타 주변 조건과의 상호관계에 대한 학문인 생태학이다. 자연에 대한 착취적 태도를 바꾸는 데에 가장 중요한 것은 "생태학적 문맹의 상태를 벗어나는 것"(ecological literacy)[73]이라고 할 만큼 근본적 생태주의가 생태학에 대해 거는 기대는 크다. 근본적 생태주의가 생태학에 이렇게 큰 비중을 두는 것은 생태학이 "인간과 인간의 행위가 자연세계와 불가분하게, 그것도 공동체 내지 준공동체적 관계로 연결되어 있다"라는 통찰을 주었다고 믿기 때문이다.[74] 생태학적으로 볼 때 인간은 생명공동체의 "평범한 구성원이며 시민"이기에 인간은 여타의 자연에 대하여 아무런 특권을 가질 수 없고 '동료 구성원'과 생명공동체에 대해 존중심을 가져야 한다는 것이다.[75] 그러나 인간이 여타의 자연과 불가피하게 상호작용을 한다는 생태학적 지식은 타당하다 하더라도, 이것은 아직 인간이 인간 외의 존재들과 하나의 공동체를 구성한다는 것을 의미하지는 않는다. 인간이 여타의 자연과 공동체를 구성한다고 말하려면 세 가지 종류의 관계, 그러니까 인간과 인간 사이에 성립하는 관계, 인간 외의 생명체들 사이에서 성립하는 관계, 그리고 인간과 여타의 생명체 사이에서 성립하는 관계가 모두 동일해야 한다. 그러나 이 세 가지 종류의 관계는 가령 영양분이나 에너지 이동과 같은 아주 추상적인 차원에서는 같은 성격의 것일지 모르지만, 윤리가 문제 될 수 있는 구체적 차원에서는 일치하지 않는다. 인간 공동체에서 주장되는 구성원 사이의 평등한 권리의 원칙이 자연세계에서는 서로 다른 종 사이에서는 물론 대부분 같은 종 사이에서도 통용되는 원칙이 아니다. 반대로 자연에서 일어나는 상호작용의 방식들―포식자와 먹이의 관계, 경쟁, 공생적 관계 등―이 인간 사회에서 그대로 일어나지 않을 뿐 아니라 인간과 여타의 자연 사이에도 그대로 적용될 수

---

73) J. Baird Callicott, "The Conceptual Foundations of the Land Ethic", in: 위의 책, 17쪽.
74) Brian K. Steverson, "Ecocentrism and Ecological Modeling", in: *Environmental Ethics* 16, 1994 Spring, 71~72쪽.
75) A. Leopold, "The Land Ethic", in: *A. Leopold, A Sand County Almanac*, New York, 1968, 204쪽.

없는 것으로 보인다. 그러므로 인간 공동체 사이에서 통용되는 규범이 인간과 여타의 자연 사이에도 적용되어야 하는 당위는 분명하지 않다. 인간과 자연 사이의 관계를 인간 공동체와 유사한 관계로 규정하는 것은 '공동체' 개념을 자연세계 전체에 통용될 수 있도록 희석하든가, 아니면 자연세계에서 보이는 먹이사슬 등 상호의존 관계를 규범적 공동체 관계로 농축시켜 이해할 때만 가능한 것이다. 그렇지만 전자의 경우 공동체 개념은 규범적 차원을 잃어버리게 되고 후자는 생태학적 지식에 대한 자의적 왜곡에 불과하다.[76]

근본적 생태주의에서 보이는 '공동체' 개념과 관련된 혼란은 아마도 다음과 같이 설명될 수 있을 것으로 보인다. '공동체' 개념은 처음에 인간들 사이의 관계에 한정된 개념이었으나 생태학에서 발견적 개념(heuristic concept)으로 차용되었다. 그러니까 공동체 개념은 생물군집(biotic community)에서 보이는 안정성 및 상호의존성을 인간 공동체에서 보이는 유사한 관계에 비교하여 설명하고자 사회학에서 생태학으로 도입되었다. 이렇게 생태학에 도입된 공동체 개념이 이번에는 다시 인간과 인간, 인간과 자연과의 관계를 설명하는 개념으로서 생태주의에 의해 사회학적 영역으로 재도입된 것이다.[77] 그러나 생태학이 사회학에서 공동체 개념을 도입한 것과 근본적 생태주의가 생태학으로부터 공동체 개념을 사회로 재도입하는 것에는 중요한 차이가 있다. 생태학은 공동체 개념을 하나의 발견적 개념으로 도입하였고 생태학에 고유한 의미로 변모시켰다면, 근본적 생태주의는 생태학의 공동체 개념을 세밀한 관찰에 의거하여 적절히 변형하지 않은 채 인간사회에 적용하고자 한다는 점이다.

---

76) Brian K. Steverson, 앞의 책.
77) R. Kirkman, "Why Ecology Cannot Be All Things to All People: The 'Adaptive Radiation' of Scientific Concepts", in: *Environmental Ethics* 18, 1997 Winter, 382쪽부터.

근본적 생태주의가 인간과 여타의 자연을 하나의 공동체로 여기는 것보다 생태학을 좀 더 세련되게 원용하는 방식은 자연에 대한 인간의 '적절한' 관계의 기준, 즉 '바람직한' 자연의 상태를 생태학의 도움을 빌려 '과학적으로' 규정하는 것이다. 근본적 생태주의자들이 바람직한 자연 상태로 여기는 것은 대개 '조화'의 상태인데, 그들은 이 상태를 생태학이 말하는 '균형'의 상태와 같은 것으로 여긴다. 만일 가치함유적인 '조화'의 상태가 과학적으로 기술될 수 있는 '균형'의 상태와 같다면 근본적 생태주의는 자연에 대한 여러 입장 가운데 하나가 아니라 과학에 의해 가장 충실하게 뒷받침되는 입장이라고 자부할 수 있을 것이다.

　생태학에서 '균형'의 개념은 처음에 천이(遷移, succession)와 관련하여 강조되었다. 클레먼츠(Frederic E. Clements) 식의 천이이론에 따르면 어떤 지역이 심한 자연적 혹은 인공적인 교란 없이 생물군집의 발달에 이용될 수 있게 내버려질 경우 특정한 식물과 동물들의 생물군집이 일련의 순서에 따라 출현한다. 이 천이과정은 가장 안정적인 생물군집이 출현할 때까지 계속되는데, 이 가장 안정적인 생물군집의 상태가 소위 극상단계(climax stage)이다. 이 단계에서는 생물들 사이뿐 아니라 기후, 지형, 수분 등의 조건들 사이에 '균형'이 성립한다. 그러나 생물군집의 변화가 단일한 정점을 향해 발달해간다는 데에는 많은 반론이 있었다. 또 극상단계로 여겨지는 '균형'의 상태가 어떤 상태인지를 내용적으로 기술하는 데에도 어려움이 따른다. 굳이 '균형'의 상태를 기술하자면 특정한 생물군집의 구성내용으로서가 아니라 아주 추상적으로, 가령 생태체계론적 생태학(ecosystem ecology)이 했던 것처럼 한 생물군집 안에서의 에너지 흐름의 평형상태, 즉 생물군집에 의해 집적되는 에너지 양과 방출되는 에너지 사이의 평형상태 정도로 설명할 수 있을 것이다. 그런데 '균형'의 상태에 대한 이런 정의는 근본적 생태주의가 생태학으로부터 기대했던 것과는 거리가 멀다. 우선 균형의 상태는 결코 개체들 사이의 평화로운 공존의 상태를 의미하지 않는다. 외부의 관찰자 시각에서는 생태학적 '균형'의 상태가 차분하게 에너지 평형으로 묘사될 수 있을지 모르지만 구체적인 내용의 차원에서는 균형 잡힌 생태계 내에서도 개체와 종들의 생성과 소멸, 다툼과 고통이 끊임없이 일어난다. '균형'의 상태는 변화가 없는 상태가 아니라 변화가 어떤 한계치 내에서 일어난다는 것을 의미할 뿐이다. 더욱이 균형의 상태가 생태계에서 '정상적'이라든가 '바람직'한 상태라고 말하는 것도 곤란하다. 외부와의 에너지 교환으로부터 자유로울 수 없는 한 어떤 생태계도 장기적인 시각에서는 불가피하게 변화할 수밖에 없다. 또 변화는 새로운 생물군집을 만들어내는 자연의 '실험'으로서 그 자체로 비난받을 만한 것은 아니다. 그러므로 생태학적 '균형'의 상태란 근본적 생태주의가 추구하는 '조화'의 상태와는 거리가 멀다. 그렇다고 '균형'의 상태보다 급격한 변화의 상태가 더 낫다는 것은 아니다. 도대체 어느 상태가 더 나은 것인지는 생태학적으로가 아니라 가치관심에 의해 결정될 문제이다.[78]

근본적 생태주의가 생태학을 비롯한 과학에 의존하여 주장하고자 하는 세 번째 사항은 형이상학적 차원의 것이다. 근본적 생태주의는 도구적 자연관을 가져온 근대적인 주·객 이원주의나 개체주의와는 달리 관계성, 상호의존성 등을 우의에 두는 형이상학을 생태학 등의 도움을 받아 정당화할 수 있다고 생각한다. 이때 근본적 생태주의자들이 의존하는 것은 전체론적 경향의 생태학인데, 그들은 생명계 안에서 모든 요소들이 상호의존적이며 어떤 요소도 관계를 떠나서는 존속할 수 없다는 것을 가장 중요한 생태학적 지식으로

---

78) '항상적 균형'의 개념이 생태학적으로나 환경윤리학적으로나 유용하지 못하다는 비판에 관해서는 다음의 논문을 참고. Collen D. Clements, "Stasis: The Unnatural Value", in: R. Elliot(ed.), *Environmental Ethics*, Oxford, 1995.

여긴다. 그들에 의하면 이런 생태학적 지식은 관계를 부수적인 것으로 여기는 원자론적 세계관을 버리고 개체보다 관계를 더 근본적 범주로 여기는 사고로 전환하는 것을 불가피하게 한다. 근대적 세계관을 무효화시키는 지식으로서는 또한 소립자 물리학도 종종 원용된다. 가령 소립자 세계에서 관찰자의 관찰행위와 독립된 관찰대상을 기술하는 것이 불가능하다는 것으로부터 주·객 분리의 무효성을 추론하는 것이 그런 예이다. 그러나 생태학을 비롯한 최신의 과학이 과연 근대적 세계관과 전혀 다른 형이상학을 요청하는지 여부는 좀 더 신중히 검토되어야 할 사항이다. 새로운 세계관과 형이상학은 대개 자발적으로 선택될 수 있는 것이 아니라 지식체계 전체의 큰 변화와 함께 비로소 산발적으로 모색될 수 있는 것이다. 근본적 생태주의자들은 바로 생태학적 발견이나 소립자 물리학 등이 지식체계에 그런 큰 변화를 가져왔다고 생각하는 것으로 보인다. 그러나 생태학적 발견에 대한 이런 평가는 과학적 지식의 세계에서 널리 인정되는 것으로 보이지는 않는다. 오히려 생태학이 학문으로서의 위상을 확립해나가는 과정은 실제로는 기존의 과학과의 결별이 아니라 다양한 과학적 지식들이 원용되고 그런 지식들과 일관성을 얻어나간 과정인 것으로 보인다. 근본적 생태주의자들이 생태학적 발견을 세계관과 형이상학의 변화를 가져올 만큼 새로움과 중요성을 갖는 것으로 여긴다면, 생태학적 지식의 그런 위상은 사실상 근본적 생태주의자들의 확대평가에 의해 부여된 것이다. 또 소립자 관찰에서는 주·객의 분리가 유지될 수 없다손 치더라도, 도대체 윤리적 문제가 발생하는 차원에서는 주·객의 분리가 충분히 유의미하게 유지될 수 있다. 그러니까 근본적 생태주의자들은 실제 일어난 지식체계의 대변화로부터 새로운 세계관과 형이상학의 가능성을 탐색하는 것이 아니라 거꾸로 자신들이 생각하는 새로운 세계관과 형이상학으로부터 지식체계의 한 부분에 특별한 위상을 부여하는 것이다. 이것은 우리가 통상적으로 세계관 및 형이상학의 변화와 지식체계의 변화 사이에 성립한다고 생각하는 관계와는 거리가 멀다. 우리는 통상 세계관과 형이상학의 변화를 지식체계 변화의 마지막 국면으로 이해하지 지식체계의 변화 방향을 예고하고 선도하는 것으로 이해하지 않는다. 근본적 생태주의자들이 생각하는 것처럼 세계관과 형이상학의 변화가 인간의 행위에 큰 영향을 미칠 수 있다는 것을 인정한다 하더라도, 새로운 세계관과 형이상학이 필요에 의해 만들어질 수 있는 것은 아니다.

근본적 생태주의자들이 그들이 지지하는 새로운 세계관과 형이상학에 대한 뒷받침을 과학으로부터 얻으려 했던 기대는 무리한 것이라 하더라도, 그들이 주장하는 세계관과 형이상학이 종래의 것에 비해 새롭고 더 타당한 것일 가능성이 곧바로 배제되는 것은 아니다. 세계관과 형이상학의 타당성은 어차피 특정한 영역의 지식에 의해 쉽게 증명되거나 반박되지 않는다. 그럼에도 불구하고 나는 개체 대신 관계를 근본범주로 설정하거나, 주체와 객체 사이에는 분리가 아니라 공속성이 우선이라는 등의 주장은 지나치게 근대적인 세계관 및 형이상학에 대한 부정으로부터 도출되었다는 인상을 갖고 있다. 그러한 주장은 그 자체로 타당해서라기보다는 근대적 세계관을 공격하는 데 '유용하기' 때문에 정당화되는 것이다. 그래서 근본적 생태주의의 형이상학을 '관계성의 이데올로기'(ideology of relatedness)[79]로 칭하는 것도 심하게 무리하지는 않는 것으로 보인다.

---

79) R. Kirkman, "The Problem of Knowledge in Environmental Thought", in: R. Gottlieb(ed.), *The Ecological Community*, New York, 1997.

4. 자연의 내재적 가치와 자연의 도덕적 지위

근본적 생태주의가 자연의 내재적 가치를 주장하는 것은 고유한 가치를 갖는 것을 훼손하는 것이 비난을 받을 만한 잘못이라는 일상적 판단방식을 자연에 대해서도 원용하고자 하는 것이다. 만일 이런 유추가 성립한다면 자연에 대한 비착취적인 태도를 유도하기 위해서 해결되어야 할 가장 큰 철학적 과제는 자연이 인간을 위해서가 아니라 자기 자신을 위해서 있는 존재임을 밝히는 일인 것처럼 보인다. 그러나 나는 자연이 내재적 가치를 갖는다는 것을 증명하는 일도 어렵지만, 또한 저 유추 자체에도 큰 문제가 있다고 생각한다. 앞으로 살펴보겠지만 어떤 것이 내재적 가치를 갖는 것과 도덕적 지위를 갖는다는 것은 다른 의미이기 때문이다.

논의를 더 진행하기 전에 '내재적 가치'의 개념을 분명히 해보자. 내재적 가치의 가장 일반적인 의미는 어떤 것이 다른 것을 위해서 있는 것이 아니라 그 자신 안에 목적을 갖는다는 것이다. 그런데 그런 가치의 근원과 소재지가 무엇인가에 따라 내재적 가치를 두 가지로 나눌 수 있다. 강한 의미의 내재적 가치는 어떤 것이 가치평가자에 의해 평가되는 것과 무관하게 자신 안에 가치를 갖는다는 것을 의미한다. 이 경우 가치는 사실과 유사한 지위를 갖거나 혹은 무조건적 명령의 성격을 갖는다. 즉 강한 의미의 내재적 가치란, 사실이 그것을 인식하는 자가 없어도 존재하고 무조건적 명령이 듣는 사람의 수용 여부에 상관없이 타당한 것처럼, 평가자와 무관하게 있는 가치이다. 내재적 가치의 약한 의미는 어떤 것이 그것이 가지고 있는 특성 때문에 평가자에 의해 고유한 가치를 갖는 것으로 평가되는 경우이다. 만일 평가자가 없다면 그것이 가치를 갖는지 여부는 알 수 없는 것이다. 이때 가치의 존재 여부는 평가자의 인식에 의해 결정되지만, 그 가치가 평가자의 어떤 목적과 연관된 수단적 가치는 아니라는 점에서 내재적 가치이다. 평가자는 가치의 근원(source)이지만 가치의 장소(locus)는 아닌 것이다. 이에 반해 강한 의미에서 내재적 가치를 갖는 것은 그 자체가 가치의 근원이며 장소이다.

근본적 생태주의의 기획을 위해서는, 특히 '최후의 인간'의 예[80]를 고려한다면, 자연이 강한 의미에서의 내재적 가치를 가지고 있음을 입증하는 것이 가장 바람직하게 여겨질지 모른다. 그러나 강한 의미에서 자연의 내재적 가치를 주장하는 것은 입증될 수 없는 것일뿐더러 '최후의 인간'이 친생명적으로 행위하게 만드는 데에 반드시 필요한 것도 아니다. 만일 '최후의 인간'이 자신의 사후에도 다른 생명체들이 존속할 가치가 있는 것으로 여긴다면 생명체를 모두 파괴하는 일을 자행하지는 않을 것이다. 그러므로 자연에 도덕적 지위를 부여하기 위하여 자연의 내재적 가치를 증명해야 한다면, 문제가 되는 내재적 가치는 약한 의미에서의 내재적 가치이다. 자연의 (약한 의미에서의) 내재적 가치를 주장한다는 것은 앞서 말한 것처럼 가치평가자가 자연의 어떤 속성에 근거해서 자연이 그 자신을 위해서 있는 존재로 여긴다는 것을 의미한다. 자연의 내재적 가치를 주장할 때 가장 쉽게 떠오르며 널리 공유된 근거는 자연의 생명성이다. 생명체는 자신 안에 '목적론적 중심'(teleological center)[81]을 가지고 있기에 바로 그 자신을 위해서 있다는 것이다. 이에 반해 생명을 갖지 않는 것은 다른 것을 위해서 있는 것은 아니라 할지라도 그 자체를 위해서 있는 것이 아니기 때문에 내재적 가치를 갖는다고 말할 수 없다.

---

80) '최후의 인간'의 행위와 관련된 물음은 다음과 같은 것이다. 만일 세계에 큰 재난이 있었고 한 사람 혹은 한 무리의 인간이 남았는데, 이 최후의 인간(들)도 곧 죽을 운명이며 후손은 있을 수 없다고 가정해보자. 이들이 죽고 나면 가치평가자가 더 이상 존재하지 않을 것이기에, 이들이 죽으면서 살아 있는 모든 것들을 파괴해도 좋은가? R. Sylvan, "Is There a Need for a New, an Environmental Ethic?", in: Zimmerman, 앞의 책, 16쪽.
81) Paul W. Taylor, "The Ethics of Respect for Nature", in: Zimmerman, 앞의 책, 73쪽부터.

생명에 대한 이런 견해는 그 자체로는 별문제가 될 것이 없는데, 근본적 생태주의자들은 생명에 대한 이런 소박한 견해와 생태학적 지식을 근거로 인간과 자연 전체를 포괄하는 세계관과 윤리관을 도출하려 한다. 근본적 생태주의의 경향을 갖는 생명중심주의[82]에 따르면 생명체의 내재적 가치 사이에는 어떠한 비교나 우열도 성립할 수 없다. 그러니까 어떤 생명체가 인간과 유사한 능력을 지녔다든가 의식이 있는 존재라든가 하는 것은 내재적 가치의 존재 여부나 가치의 정도를 측정하는 기준이 아니다. 생명체는 다만 자기 자신을 위해 존재한다는 점에서 동등한 내재적 가치를 가질 따름이며 그 외의 다른 사항들은 내재적 가치를 규정하는 것과 무관하다. 생명중심주의 입장에서는 인간이 다른 생명체에 비해 도덕적으로 더 고려되어야 할 이유가 없는 것이다. 인간에게 더 비중을 둔다는 것은 인간종중심주의(human chauvinism)의 표현일 뿐이다.

그러나 생명이 내재적 가치를 갖는다는 것을 받아들인다 하더라도 생명평등주의(biotic egalitarianism)가 곧 도출되는 것은 아니다. 서로 조직화의 수준이 다른 생명체 사이에 평등한 상호관계를 기대하는 것은 이미 생태학적으로 비현실적인 발상이다. 또 어떤 것이 자기 자신을 위하여 활동한다는 것과 그것이 그 자체로서 존중될 만한 것이라는 것, 그것도 도덕적 존중을 받을 만한 것이라는 것은 전혀 같은 의미가 아니다. 포악한 독재자의 자기 자신을 위한 활동이나 암세포의 자기증식활동을 그 자체 내재적 가치를 가진 것으

---

82) 테일러(Paul W. Taylor)가 정리한 생명중심주의의 4가지 요소는 다음과 같다. ① 인간은 지구의 생명공동체의 구성원으로서 인간 외의 모든 구성원에게 동일하게 적용되는 조건에 따른다. ② 지구의 생태체계는 하나의 총체성으로서 상호연관된 요소들의 망으로 이해된다. 각 존재가 생물학적으로 건강하게 기능하는 것은 다른 존재들이 생물학적으로 건강하게 기능하는 것에 의존한다. ③ 각 개별 유기체는 자신의 선을 자신의 방식대로 추구하는 생명의 목적론적 중심으로 이해된다. ④ 탁월성과 관련해서든 내재적 가치의 개념과 관련해서든 인간이 본래 다른 종들에 비해 우월하다는 주장은 근거가 없는 것이다. 위의 책, 70쪽.

로 여기기도 힘들지만, 설령 그렇다 하더라도 존중할 수는 없으며 더욱이 도덕적 존중을 표할 수는 없다. 무엇을 존중한다는 것은 그것이 가지고 있는 선(good)이 나의 이익과 무관하게 번영하길 기대하는 것이다. 또 어떤 것이 도덕적 지위를 갖는다고 여기는 것은 단지 그것의 이익이 존중받을 만하다고 인정하는 것보다 더욱 강한 가치인정을 표현하는 것이다. 그것은 상대의 이익이 나의 이익과 마찬가지로 존중받아야 한다고 인정하는 것을 의미한다. 가령 내가 소를 다른 어떤 것을 위해서가 아니라 그 자체로 존재할 만한 가치가 있는 존재라고 여기더라도, 소의 이익과 나의 이익이 충돌할 때 언제나 나의 이익이 우선이라고 여긴다면 나는 소를 내재적 가치를 가진 존재로 여기지만 소에게 도덕적 지위를 부여하는 것은 아니다. 그렇다고 내가 소에게 도덕적 지위를 부여하는 것이 불가능하다고 말하는 것은 아니다. 만일 어떤 사람이 소의 이익을 자신의 이익과 마찬가지로 존중되어야 할 것으로 여긴다면 그는 소에게 도덕적 지위를 부여하는 것이다. 특정 동물이나 식물에게 도덕적 지위를 부여하는 것은 특정 문화의 여건하에서나 밀착된 경험을 통해서 실제로 일어나는 일이기도 하다. 또 교감능력의 계발이나 상상력의 확장에 의해 어떤 사람은 모든 생명체의 이익이 나의 이익과 마찬가지로 존중되어야 한다는 세계관을 가질 수도 있다. 내가 말하고자 하는 것은 이런 세계관이 불가능하다거나 허위의식이라는 것이 아니다. 내가 강조하고자 하는 것은 생명에 대해 도덕적 지위를 부여하기 위해서는 생명체의 이익을 자신의 이익과 마찬가지로 존중받을 만하다고 여기게 하는 태도변환적 경험과 상상력이 필요한 것이지 생명에 대한 어떤 형이상학적 정의나 과학적 설명이 결정적으로 중요한 것은 아니라는 점이다. 지금까지 도덕적 지위를 갖지 않았던 존재자에게 도덕적 지위를 부여할 수 있기 위해서는 과거 타민족, 인류 전체에게 도덕적 지위를 부여하는 과정에서 그랬던 것처럼 경험과 용기 있는 시도에 바탕한 윤리적 상상력이 필요한 것이다. 그런 윤리적 상상력을 생명체에 대한 어떤 특정한 정의나 과학적 지식이 대치할 수는 없는 것이다. 생명이 우열을 가릴 수 없는 내재적 가치를 가졌다는 것은 아마도 모든 지적인 존재자가 생명을 그 자신의 이익과 무관하게 존중될 만한 것으로 여길 것이라는 말의 축약적인 표현일 것이다.

자연의 내재적 가치를 주장할 경우 피할 수 없는 이론적 난관은 '자연주의적 오류'의 문제였다. 사실판단으로부터 가치판단을 도출할 수 없다면 자연으로부터 가치를 독해해낸다는 것은 처음부터 불가능한 것처럼 보이기 때문이다. 자연의 내재적 가치를 주장하는 또 하나의 입장은 바로 사실과 가치 사이의 이런 이분법을 정면으로 문제 삼고 나선다. 이런 입장을 이해하기 위해서는 헤겔의 실천철학을 상기하는 것이 도움이 된다. 보통 옳은 행위란 단순히 내가 그렇다고 판단했기 때문에만 성립하는 것이 아니라 내가 속한 공동체에서 그렇게 인정되기 때문에 옳은 것이다. 반대로 공동체가 옳은 것이라고 규정한 것을 내가 자유의사에 따라 받아들일 수 없다면 그것은 나에게 억압적 규정에 불과하다. 헤겔이 도덕성과 인륜성의 문제로 주제화했던 것은 바로 이 문제였다. 그에 의하면 도덕이 자의적이지 않고 공동체가 억압적이지 않을 때, 즉 공동체가 개인들에게 요구해서 마땅한 것만을 요구할 정도로 공정하고 반대로 개인은 그러한 것을 자신의 자유의 조건으로서 받아들일 수 있을 때 비로소 조화로운 공동체, 성숙된 도덕적 판단이 성립한다는 것이다. 이 경우 가치는 사실처럼 주어져 있지는 않지만 그렇다고 개인의 가치부여 행위에 의해 만들어지는 것도 아니다. 옳은 행위란 조화로운 공동체에 의해 요청되는 행위인 것이다. 내가 자연의 내재적 가치를 주장하는 두 번째 경우로 거론하려는 입장은 바로 이런 헤겔 식의 사고를 자연과 인간 간의 관계에 원용한다.[83] 그러니까 자연에 대한 인간의 올바른 관계는 개인의 주관적 판단이나 인간들 사이의 합의에 의해 결정되는 것이 아니라 조화로운 자연으로부터 요구된 것을 행할 때 성립한다. 가치는 조화로운 자연에 내재하는 것이고 그것이 인간에게 요구하는 것을 행할 때 자연을 바르게 대하는 것이다. "옳은 것은 생명공동체의 통합성, 안정성, 아름다움을 보존하는 경향이 있는 것이며 그 반대의 것은 나쁜 것이다"[84]라는 레오폴드(A. Leopold)의 유명한 대지윤리의 원칙은 그런 인식의 고전적 표현이다.

사실 자연이나 생명공동체가 우리에게 가치의 기준을 제공한다는 주장이 그저 선언적 상태에 머문 것은 아니다. 가령 롤스톤 3세(Holmes Rolston Ⅲ)는 레오폴드의 주장을 세련화하고 있다. 롤스톤은 세계의 상태에 대한 인식이 사실의 인식에 그치지 않고 당위와 의무에 대한 우리들의 믿음에 영향을 미친다고 생각한다. 그러니까 그는 사실에서 당위로의 '논리적' 추론은 인정하지 않지만 사실에 대한 확대된 인식이 자연에 대한 새로운 가치평가를 '생성'한다고 생각한다. 사실에 대한 서술이 생명공동체 전체를 포괄하고 마침내 그것의 아름다움과 훌륭함에까지 이르게 되면 그것은 단순한 사실기술의 차원을 넘어서게 된다는 것이다. 그래서 그는 사실이 완전하게 드러나면 동시에 거기에서 가치가 드러나고, 그래서 사실과 가치는 같은 체계의 속성이라고 한다.[85]

나는 사실에 대한 인식이 의무에 대한 믿음에 영향을 준다는 주장에 대해

---

83) 그들이 의식적으로 헤겔의 사유를 원용하였다는 의미는 전혀 아니다. 내가 말하고자 하는 것은 다만 흄이 사실판단과 가치판단을 엄격히 구별한 이래 헤겔의 실천철학은 그 이분법을 극복하고자 한 가장 중요한 시도였고 헤겔 식의 시도의 매력과 문제점이 자연의 내재적 가치를 주장하는 입장에서 어느 정도 반복된다는 것이다.

84) A. Leopold, 앞의 책, 224-225쪽.

85) Rolston Ⅲ, "Challenges in Environmental Ethics", in: Zimmerman, 앞의 책, 156-157쪽 참고.

서는 전적으로 동의한다. 무엇을 할 것인지 말 것인지, 어떤 사람이나 자연물을 어떻게 대우해야 하는지 등에 관한 많은 논쟁은 실제로 대부분 사실에 관한 논쟁이다. 그렇다고 롤스톤이 말하는 것처럼 사실에 대한 인식이 가치판단을 생성한다고까지 말할 수는 없다. 당위에 관한 논쟁이 많은 경우 사실에 관한 인식의 문제인 것처럼 보이는 것은 실상 기본적인 도덕원리나 좋은 삶에 대한 공통의 견해가 이미 성립해 있기 때문이다. 기본적인 도덕원리나 좋은 삶에 대한 인식은 배후에서 공유되어 있다가 문제상황에 대한 인식이 충분히 상세하고 포괄적이 되었을 때 가치판단으로 구체화되어 나오는 것이지 사실에 관한 인식만으로 가치판단이 생겨나는 것은 아니다.

　나는 자연의 내재적 가치를 밝히는 것이 자연에 대한 인간의 태도를 바꾸는 데에 관건이 된다고 생각하지 않는다. 나는 비용·편익계산에서부터 미래세대에 대한 고려, 자연미에 대한 동경, 생태계 자체에 대한 윤리적 고려 등 여러 관점과 필요가 공적 토론을 매개로 충분한 비중을 갖게 되는 상황, 그리하여 자연을 훼손하려는 측과 보전하고자 하는 측 사이에 기존의 증명부담 배분방식이 역전되는 상황을 더 중시한다. 자연을 보전하고자 하는 측이 자연의 내재적 가치 등을 들어 보전에 대한 정당화 부담을 지는 것이 아니라 자연을 훼손하려는 측에서 그것이 자연에 대한 여타의 필요를 손상시키지 않는다는 것을 충분히 증명할 부담을 지도록 하는 것이다. 나는 이런 견해가 자연에 대한 인간중심주의적 도구주의를 정당화한다든가 자연에 대한 행위의 가치기준을 사람들의 다소간 자의적인 판단에 맡기는 것이라는 비난을 받을 필요는 없다고 생각한다. 사람들이 소망하는 자연의 상은 오랫동안의 지적 축적과 정서적 경향에 바탕을 둔 상상력의 산물이다. 나는 지적 판단의 일관성을 높이고 감수성이 자유롭게 계발되었을 때 많은 사람들이 생명의 다양성을 존중하는 자연관을 가질 가능성이 있다고 생각한다. 나는 이런 희망을 담지하면서 인간과 자연 간의 관계를 모색하는 것이 생태철학이 할 일이라고 생각한다. 자연이 내재적 가치를 가진다든가 자연이 인간에게 가치기준을 부여한다고 주장하는 것은 아마도 생태철학의 저 과제를 단번에 해결하려는 조급함의 표현일 것이다.

5. 생태철학과 다원주의적 민주주의

환경문제의 해결을 위해서는 자연에 대한 개인의 태도 변화에 못지않게 집합적 차원에서 구속력 있는 규범을 설정하는 것도 매우 중요하다. 그렇지 않을 경우 '공유지의 비극'을 면하기 어려울 것이기 때문이다. 그런데 환경문제에 대한 다양한 입장 사이의 대립은 하나의 통일된 시간에서 집단적으로 구속력 있는 규범을 만드는 것을 어렵게 만드는 것으로 보인다. 실제 환경 관련 법률들을 살펴보면 법률들이 그때마다 서로 다른 시각에서 논의되고 제정되었음을 쉽게 알 수 있다. 가령 오염 관련 법률들이 보편적인 자원 사용권이나 효용계산의 시각에서 제정되었다면 멸종위기의 종을 보전하기 위한 법률들은 자연 자체의 보전을 도덕적 의무로 여기는 시각에서 입안된 것들이다. 이런 상황은 자연과 인간 사이의 관계를 혁신적으로 변화시키고자 하는 근본적 생태주의자들에게는 불만스럽기 마련이다. 근본주의자들의 그런 불만은 대개 환경문제에 관련한 윤리적 다원주의에 대한 비판으로 표출된다.

다원주의적 입장은 자연에 관한 문제에서 사람들이 자신의 태도를 서로 다른 도덕적 관점에 따라 정당화할 권리를 가지고 있음을 인정한다. 근본적 생태주의는 이런 다원주의가 사람들이 각자 자신에게 유리한 방식으로 사람들의 행위를 정당화할 구실을 찾는 데로 귀착될 것이라고 염려한다. 이런 염려 때문에 근본적 생태주의는 윤리적 단일주의를 방어할 수 있어야 한다고 생각한다. 나는 다원주의의 부정적 결과에 대한 염려가 과장된 것이라고 생각하며 윤리적 단일주의를 정당화하는 논지도 현재로서는 별 설득력이 없다고 생각한다.

단일주의의 소박한 형태는 윤리적으로 고려되어야 할 사항을 단 하나의 추상적 원리로 압축하고 그 원리를 윤리적 상황에 직접 적용할 수 있다고 생각하는 것이다. 가령 레오폴드나 테일러가 생명을 윤리적으로 고려되어야 할 유일한 것으로 설정하고 그 점에서 인간이 다른 생명체에 비해 아무런 특권적 대우를 받을 이유가 없다고 주장하는 것은 이런 소박한 형태의 단일주의에 속한다. 좀 더 현학적인 형태의 단일주의는 과학 등 신뢰할 만한 지식에 근거하여 자연에 대한 하나의 통일된 윤리체계를 세울 수 있다고 주장하는 것이다. 가령 캘리콧(J. B. Callicott)은 현대의 생태학, 진화론적 생물학, 소립자 물리학 등이 이분법적 세계관을 결정적으로 무효화시켰고, 이에 따라 이분법적 세계관을 전제하여 고안된 모든 환경윤리도 그 근거를 상실했다고 믿는다.[86] 앞서 언급되었듯이, 현대의 과학이 과연 근대적 세계관을 결정적으로 무효화시킨 것인지도 의심스럽지만, 또한 자연에 대한 인식의 변화가 결정적인 윤리적 태도의 변화를 가져오는지는 더욱 의심스럽다.

윤리적 다원주의는 도덕문제에 관해 단일한 최종 진리(Truth)를 알 수 없다는 인식에서 출발한다. 그러나 사람들 사이에 다소간 동의할 수 있는 진리들(truths)조차 없다는 것은 전혀 아니다. 타인과의 상호작용에서 자신의 태도나 주장을 서로 공유할 수 있는 지식을 바탕으로 정당화해야 하는 것은 사회적 삶의 기본적인 성격이다. 그래서 아무리 다원적 사회라 하더라도 사람

---

86) J. Baird Callicott, "The Case against Moral Pluralism", in: *Environmental Ethics* 12, 1992 Summer.

들의 공유된 지식과 정서에 지나치게 어긋나는 주장들은 공적 토론의 장에서 인정을 받을 수 없고 따라서 효력을 갖기도 어렵다. 오늘날 공리주의를 택하든 법칙주의를 택하든 모두 존중될 수 있지만 인종이나 성에 바탕을 둔 위계질서적 윤리를 택하는 것이 존중될 수 없는 것은 그러한 이유에서이다.

사실 다원주의가 개인들에게 자신에게 유리한 행위를 도덕적으로 정당화하고자 하는 구실을 제공할 위험을 완전히 배제할 수는 없다. 그러나 이런 위험을 윤리적 단일주의를 통해 방지하고자 하는 것은 이론가의 자기 과신이다. 다원주의의 위험을 방지하는 것은 통일된 이론이 아니라 사람들 사이에 상호존중하고 의사소통이 활발한 삶의 양식을 유지하는 것이다. 자신의 입장을 비판적으로 검토하고자 하는 태도, 타인의 관점과 이익에 대한 진지한 관심, 그리고 활발한 공적 토론이 유지된다면 윤리적 다원주의는 오히려 새로운 문제의식과 감수성, 윤리적 판단의 성숙을 가져오는 좋은 조건이 될 것이다.

6. 나가는 말: 지적 상상력으로서의 생태철학

철학사에서 보면 철학은 새로운 것을 발견하는 방식을 통해서보다는 기존의 관행을 정당화해오던 논지를 비판함으로써 인류의 지성사에 기여해왔던 것으로 보인다. 철학의 이런 특성은 생태철학에서도 예외가 아닌 듯하다. 자연에 대한 도덕적 물음에서 철학은 인간이 자연을 도덕적으로 존중해야 한다는 것을 '증명'할 수는 없는 것으로 보인다. 자연에 도덕적 지위를 부여하는 것, 즉 자연 내 다른 존재의 이익을 나의 이익과 마찬가지 정도로 존중하는 것은 태도변환적 경험과 상상력을 통해서만 가능한 것이다. 이론으로서의 철학이 할 수 있는 일은 오히려 자연에 대해 착취적 태도를 정당화해왔던 논지들의 자의성을 지적하는 것이다. 그러니까 자연을 자원으로서만 여기는 입장의 자의성, 효용계산이 다른 관계방식보다 우위를 가져야 한다는 태도의 자의성, 동물의 고통은 도덕적 고려의 대상이 아니라는 입장의 자의성 등을 지적하는 것이다. 그리하여 자연에 대한 다른 태도가 가능한 것이고 존중될 만한 것으로 취급될 수 있는 '여지'를 만드는 것이 주 임무이지 일의적인 대안을 제시할 수는 없는 것으로 보인다. 그렇다고 내가 생태철학이 자연착취적 태도를 정당화해온 입장의 자의성에 대한 비판이라는 소극적 역할에 자신을 한정해야 한다고 주장하려는 것은 아니다. 생태철학은 자연에 대한 새로운 관계를 설정하고 새로운 실천방식을 제시하는 적극적 역할을 모색할 수 있다. 다만 이때의 생태철학은 가장 확실한 답을 제시하는 학문이라기보다는 여러 가능성을 모색하는 지적 상상력으로서 자신을 이해해야 할 것이다. 대안적 삶의 양식을 제시하는 일, 현재와 다른 인간관계와 사회의 모습을 떠올리는 일, 공동의 관심을 형태화해내는 일, 적절한 구체화를 통하여 새로운 행위양식의 실행가능성을 제시하는 일 등은 아무리 이론의 도움을 받더라도 역시 상상력의 작용 없이는 이루어질 수 없는 것이다.[87] 생태철학이 비판을 넘어서 적극적으로 대안을 모색하고자 한다면 근본적 생태주의처럼 상상력의

---

87) 환경철학과 관련하여 상상력의 문제를 논의한 경우는 매우 드물다. 에번렉(Sara Ebenreck)은 새로운 환경윤리학을 모색하는 데에 필요한 상상력의 특성을 다음과 같이 정리하고 있다. ① 우리가 매몰되어 있는 현실과 다른 현실을 창조적으로 구상하는 것, 그리하여 목적, 목표, 혹은 이상을 설정하는 것, ② 다른 사람의 관점을 이해하고 그 관점에 참여하는 것, ③ 윤리적 원칙이 요청하는 공감과 존중심을 구현할 수 있는 행위를 창조적으로 구상하는 것, ④ 우리들의 생각을 적절히 보여줄 수 있도록 이념에 대한 실례를 구성하고 전형적인 경우들을 만들어내는 일, ⑤ 선형적 논리로는 표현하기 어려운 역설적인 성질들을 이미지 관계로 포착하거나 표현하는 일, ⑥ 비유나 이야기 등의 창조적인 이름짓기를 통하여 현실에 대한 기술에 접근하기. S. Ebenbreck, "Opening Pandora's Box: Imagination's Role in Environmental Ethics", in: *Environmental Ethics* 18, 1996 Spring, 12쪽.

부분을 현학성으로 대치할 것이 아니라 과학의 도움으로 지적 정합성을 갖는 상상력(informed imagination)이 되기를, 그리고 민주주의적 조건에서 실현가능성을 모색하는 현실성 있는 상상력(realistic imagination)이 되길 추구해야 할 것이다. 생태철학은 과학에 의해 '증명'되는 것도 아니며 실천을 '지시'할 수 있는 것이 아니라 비판으로서, 그리고 과학적 지식을 기반으로 하여 구체적 실천의 가능성을 모색하는 지적 상상력으로서만 정당한 위상을 가질 수 있다.

8장 연결과 연대
정보사회에서 실천의 문제

1. 들어가는 말: 새로운 갈등의 지형학

대니얼 벨((Daniel Bell)의 『후기 산업사회의 도래』(1973)를 기점으로 삼는다면, 소위 정보사회[88)]가 본격적인 학문적 논의의 대상이 된 지 이제 30년 정도 되었다. 길지 않은 논의의 시간이었지만 이미 쉽게 개관할 수 없을 정도로 다양한 분석과 해석이 제기되었다.[89)] 정보사회와 관련하여 어떤 주제를 균형 있게 논의하기 위해서는 각 사회과학적 이론들을 비판적으로 검토하고

---

88) 나는 '정보사회'가 현대사회의 중요한 특징을 모두 포괄할 수 있을 정도로 충분히 추상적인 개념이라고 생각하지 않는다. 나는 기든스(A. Giddens)를 따라 현대사회를 '고도 근대사회'라고 부르는 것에 찬동한다. 이때 기든스가 현대사회를 '고도' 근대사회라고 칭한 것은 기능적 분화의 진전만이 아니라 성찰성의 증가를 현대사회의 특징으로 포함시키고자 한 때문이다(기든스 외, 1998: 140 참고). 그러나 이 글의 목적이 정보 통신 기술발전 및 확산에 의한 사회적 변화, 또 역으로 그러한 발전과 확산을 촉진하는 사회적 조건, 그리고 지배적 사회구조와 정보 통신 기술의 교호 작용에 의한 위험에 대응하는 실천의 가능성을 탐색하는 것이기에 편의상 '정보사회'란 용어를 그냥 사용하기로 한다.
89) 다양한 정보사회론의 분류는 강상현(1996), 전석호(1997) 등을 참고. 한국철학회는 1997년도 춘계 발표의 한 분과를 정보사회의 문제에 할당하였고, 철학연구회는 1998년 봄에 "정보화 사회의 철학적 진단"이란 주제로 학술발표회를 개최하였다. 나는 이 글에서 적당한 인용의 자리를 찾지는 못하였지만, 두 학술대회에서 발표된 김재현, 남경희, 문현병, 박정순, 이봉재, 임일환, 정호근 등의 논문으로부터 많은 도움을 받았다.

다양한 여러 이론 가운데 어느 것이 가장 설득력 있는지를 살피는 일이 선행되어야 하지만, 이 글은 논의에 필요한 최소한의 정도를 제외하고는 그러한 작업에는 관여하지 않으려 한다. 이 글이 관심을 두는 것은 정보사회에서 정당성 문제를 둘러싸고 어떤 쟁점이 형성되는지, 어떤 종류의 실천적 관심들이 주요한 영향력을 행사하며 사회구성원간의 연대성 형성의 지반이 될 수있을 것인지, 그리고 각 실천적 관심과 정보 통신 기술의 발달 사이에 어떤 상관관계가 있는지를 개괄적으로나마 고찰하는 일이다. 미리 나의 주장의 요점을 밝히자면 다음과 같다. 정보사회에서 표출되는 주요한 실천적 관심들은 대부분 그 정당성의 자원을 자연에 대한 고양된 책임 의식, 보편주의적 인권의식, 성 역할에 대한 탈전통적 이해, 진전된 개성화 등에서 취한다. 이러한 정당성 자원이 처음 형성되는 데에 정보 통신 기술이 결정적으로 기여한 것은 아니다. 그러나 저 정당성 자원들이 영향력 있는 연대적 실천의 지반이 된 것은 정보 통신 기술의 발달과 상관성을 갖는다. 나는 오늘날 주요한 갈등의 하나가 정보 통신 기술에 의해 가능해진 범지구적 연결을 사회적, 환경적, 문화적 비용을 고려하지 않은 채 이윤과 효율성을 최대화하기 위한 도구로 사용하려는 힘과 저 정당성의 자원에 근거하여 인류의 삶의 조건을 개선하려는 연대적 실천 사이에서 전개되고 있다고 생각한다. 이 새로운 갈등은 온라인 상에서만 아니라 오프라인에서, 문화는 물론 경제, 정치, 전문가 영역과 심지어 개인의 자기이해의 차원에서까지, 편재적으로 진행된다. 이런 갈등의 지형학을 구성하는 중요한 요소들을 표시하고 그것들 사이의 긴장된 상관관계를 파악하고자 하는 것이 이 글의 목표다.

이 글은 다음과 같이 이원적으로 구성되었다. 한편에서 나는 정보 통신 기술은 인류에게 새로운 차원의 생산력과 교류 방식의 기회를 열어주었지만 또한 새로운 구조적 위험을 내포하고 있다는 점을 밝힐 것이다. 이때 나는 주로 정보 통신 기술이 자본주의의 범지구화를 가속화하고 또한 범지구화된 자본주의에 의해 정보 통신 기술의 발전이 주도되는 것에서 생기는 위험에 대해 주목할 것이다(2절). 다른 한편, 나는 보편주의적인 인권 이해, 환경의식, 여성주의 등이 왜, 그리고 어떤 의미에서 정보사회에서 연대 의식을 활성화시킬 수 있는 중요한 규범적, 문화적 자원으로 등장했는지를 간략히 고찰하고자 한다(3절). 결어를 대신해서 나는 시민운동의 형태로 주로 표현되는 새로운 실천의 양상이 그 자체로 새로운 위험의 요소를 가지고 있지 않은지를 간략히 살펴볼 것이다(4절).

나는 정보사회에서 갈등의 지형학의 일면을 고찰하는 것으로 앞으로 전개될 사회적 삶의 양상에 대해 신뢰할 만한 예견을 할 수 있다고 생각하지는 않는다. 다만 정보사회에 수반되는 새로운 기회와 위기가 어떤 식으로든 실천적 대응을 불가피하게 하는데, 노동운동 등의 쇠퇴에도 불구하고 비판과 저항, 대안 제시 등의 방식을 통하여 정보사회의 지배적 논리를 순치시키고 광범위한 연대성에 기초한 사회적 삶을 형성시키려는 실천적 노력이 이루어지고 있다는 것, 그리고 그러한 노력을 위한 정당성의 자원이 고갈되지 않았다는 것을 어느 정도 개연성 있게 보여주는 것이 이 글이 성취하고자 하는 최대한의 것이다.

2. 정보사회, 그 기회와 위험

잘 알려졌다시피 오늘날 정보 통신 기술의 특징은 컴퓨터와 통신 기술의 결합으로 극도로 빠른 정보 처리와 정보 전달, 그리고 뉴미디어라 칭해지는 새로운 매체 양식들이 가능해졌다는 데에 있다. 컴퓨터의 가장 중요한 이론적 기반은 데이터의 디지털화다. 디지털화를 통해서 비로소 데이터들은 수학적 연산에 의해 처리 가능하고 전자적 방식으로 전달될 수 있는 것이 되었으며 또 아날로그 차원에서는 이질적인 데이터들 사이의 다양한 결합이 가능해진 것이다. 디지털화의 이런 가능성은 컴퓨터가 처음 고안되었을 때 의도되었듯이 무기 개발이나 군사 전략 체계의 운용에만 이용되는 것이 아니라 우주공학이나 유전공학, 경험적 사회과학, 경영 전략 수립과 경기 분석 등 수많은 변수를 고려해야 하는 곳에서는 어디에서든 지식 축적의 새로운 전기를 마련해주었다.

오늘날 정보 처리의 양과 속도가 이전의 시대와 비교할 수 없을 정도로 증가하는 것은 컴퓨터의 성능이 급속도로 개선되고 있다는 점 외에도, 컴퓨터가 연구소나 기업에서만 사용되는 것이 아니라 점차 개인들에 의해 보편적으로 사용된다는 사실에 기인한다. 컴퓨터의 보편적 보급은 정보들이 1차 자료의 단계에서부터 디지털화되게 함으로써 정보를 컴퓨터로 처리 가능하게 변형시키는 데에 드는 비용과 시간을 극단적으로 줄일 수 있게 한다. 그래서 컴퓨터의 보편적 보급과 다수 개인의 기본적인 컴퓨터 사용 능력은 정보 통신 기술이 갖는 가능성이 전 사회적 영역에서 구현되기 위한 한 중요한 전제 조건이다. 이러한 전제 조건이 현실화된 것은 뛰어난 성능을 가졌으면서도 저렴한 마이크로프로세서의 보급을 통해서다. 오늘날은 고성능의 마이크로프로세서뿐 아니라 고용량의 저장 장치와 다양한 종류의 정보를 디지털화하여 처리할 수 있는 각종 멀티미디어 장치들이 개인들에게 보급되어서 처음부터 디지털화되어 처리되고 저장되는 정보의 종류와 양은 엄청나게 증가하였다. 더욱이 수많은 개인과 조직들이 고속통신망을 통하여 정보를 전자적 방식으로 송수신할 수 있게 됨으로써 정보의 유통 속도가 급속도로 증가하게 된다. 만일 정보의 실용적 총량이 정보의 내용과 유통 속도에 비례한다면, 정보의 실용적 총량은 정보 통신 기술의 발전과 함께 그 이전과는 비교할 수 없을 정도로 증가하게 된다. 현재도 다양한 정보를 디지털화하여 처리하고 송수신하는 기술들이 나날이 진보하는 점을 감안한다면 정보의 실용적 총량은 당분간 기하급수적으로 증가할 것이라고 예측할 수 있다.

정보 통신 기술이 가져온 정보의 산출, 처리, 교환 방식에 대한 이러한 간략한 서술만을 바탕으로 해서도 정보사회를 흔히 말하듯이 물질과 노동에 비해 지식과 정보가 중시되는 사회로 이해하는 것이 너무 희미한 규정이라는 것은 곧바로 알 수 있다. 정보의 양, 산출 및 유통의 속도에서 차이가 있기는 하지만 정보와 지식이 중시되지 않는 사회는 거의 없었다. 산업사회, 특히 경쟁적 시장의 조건에서 소비자의 구미에 맞고 가격 경쟁력을 갖는 상품을 생산하기 위해서, 정보와 지식은 생산 품목의 선택과 생산성 향상, 그리고 기업의 이미지 관리에 이르기까지 극도로 중요한 자원이었다. 또 정보사회가 정보와 지식의 개방적 사용에서도 반드시 다른 사회에 비해 뛰어나다고 할 수 있지도 않다. 오히려 지식을 인류의 공적 자산으로 여겼던 계몽주의적 이상이 정보의 상품화 경향에 의해 위협받고 있는 실정이라고 할 수 있다. 정보사회와 그 이전 사회와의 차이는 정보와 지식을 얼마나 중요하게 여기는가보다는 다른 점에서 찾아져야 할 것이다. 정보와 지식의 산출과 관련하여 정보사회의 중요한 특징은 정보와 지식의 산출이 고도로 발달된 기술에 의해 뒷받침된다는 것, 그래서 정보와 지식의 산출에 관련된 정보와 지식이 증가하고 이는 다시 정보와 지식 산출의 비약적인 발전으로 이어지는 순환 구조를 갖는다는 데에서 찾아져야 할 것이다.(Castells, 1996: 32) 발달된 정보 통신 기술이 여러 산업에 사용되지만 또한 상당 부분 다시 정보 통신 기술을 발전시키기 위해 투입되는 것은 바로 정보사회에서의 정보와 지식 산출의 독특성을 보여주는 것이다. 지식과 정보가 고도의 생산성을 위한 지적 자원에 그치는 것이 아니라 그 자체 고도의 생산성을 통해 산출되는 대상이 되는 것이다. 그러니까 정보사회의 한 중요한 특징은 정보와 지식 산출을 위한 지식, 즉 고도의 생산성으로 지식과 정보를 생산하는 데에 필요한 지식이 급속도로 증가한다는 데에 있다.

정보 통신 기술이 전적으로 어떤 기술 외적인 필요의 충족을 위해 계획적으로 고안된 것은 아니었다. 그러나 그것이 급속도로 발전하고 확산되었던 것은 절실한 경제적 필요와 강력한 힘에 의해 뒷받침되었기 때문에 가능한 것이었다. 정보사회가 내포하는 가능성과 위험은 일차적으로 정보 통신 기술에 의해서 가능해진, 동시에 정보 통신 기술의 비약적인 발전을 추동하는 경제적, 정치적인 지형을 배경으로 해서 파악될 수 있다. 이것은 물론 정보 통신 기술의 사회적 영향이 그것의 발전과 확산을 주도한 힘이 의도한 결과에만 한정된다는 것을 의미하는 것은 전혀 아니다. 기술은 처음 고안될 때의 맥락과 다른 맥락에서 사용될 수 있으며, 특히 의식이나 문화에 대한 영향 같은 것은 대부분 사후에나 파악될 수 있는 것이다. 내가 의미하는 것은 다만 기술의 역사에서 정보 통신 기술만큼 사회의 지배적 힘들에 의해 적극적으로 도입되고 확산된 예가 거의 없다는 점을 고려할 때 그 맥락을 우선적으로 고려할 필요가 있다는 것이다.

여러 사회과학적 연구들은 정보 통신 기술의 획기적 발전의 사회적 배경으로서 두 가지를 들고 있다. 하나는 1970년대 초부터 축적 위기에 처한 기업 자본이 생산성을 획기적으로 개선하고 시장을 확대하려는 절실한 관심을 가지고 있었고(쉴러, 1990; 웹스터, 1997), 다른 하나는 통치의 만성적인 효율성 부족에 시달려왔던 국가권력이 정보 수집과 처리 능력을 개선할 수 있는 기술을 강력하게 필요로 하였던 점이다(기든스, 1993; 웹스터, 1997). 두 가지 관심이 맞물린 곳에서, 그러니까 시장경제의 확대 재생산을 물질적 기반으로 해서 복지 정책을 추구해온 선진 국가들과 이런 국가들의 대열로 진입을 꾀하는 몇몇의 후발 산업국가들에서 정보 통신 기술은 국운을 건 게임처럼 경쟁적으로 지원되고 장려되었다.

　정보 통신 기술이 자본이 필요로 하는 생산성을 극적으로 향상시키는 데에 기여한다는 것은 사실에 부합하는 것으로 보인다. 정보 통신 기술이 아직 가시적인 생산성 향상의 효과를 가져오지 못했다는 진단도 있기는 하다. 그러나 낡은 산업의 쇠퇴에 의해 발생하는 손실과 정보 통신 기술의 경쟁적 도입과정에서의 변환 비용 등을 감안한다면, 그리고 전체 사회의 생산력이 아니라 정보 통신 기술이 적극 활용되는 기업과 산업영역에 한정해서 보면, 정보 통신 기술이 오늘날 생산성 향상에 기여하는 핵심적 기술이라는 것은 분명하다. 정보 통신 기술은 무엇보다도 정보와 지식의 산출 및 처리, 그리고 자본과 생산의 유연성을 통하여 생산성 향상에 기여한다. 오늘날 고부가가치의 상품을 생산하는 데 지식의 중요성은 날로 커지는데, 그런 지식의 대부분은 고도의 정보 통신 기술을 바탕으로 생산되고 배분된다. 또 고속의 정보 처리와 실시간 정보 교환을 바탕으로 한 빠른 시장 분석을 통해 — 물론 또한 자본의 이동을 제한하는 각종 규제들이 철폐되는 국제 정치적 여건에 힘입어 — 자본은 수익을 내기에 가장 유리한 조건의 장소에 적시에 적당한 규모로 투자된다. 특히 생산에 직접 투자되는 것이 아니라 화폐나 유가증권의 거래를 통해 이익을 추구하는 금융자본은 정보 통신 기술의 발전을 통해서 비약적으로 확대될 수 있었다. 생산과정 안에서 정보 통신 기술은 산업 시대의 기계적 자동화가 가졌던 이점은 유지한 채 그 단점으로부터 벗어나는 것을 가능하게 해준다. 산업 시대의 자동화가 설비의 고정성과 단목적성 때문에 대량 생산과 대량 판매를 통해서만 이윤을 획득할 수 있었다면, 정보 통신 기술을 바탕으로 한 자동화는 다목적성을 구현할 수 있어 빠른 시장 변화와 개성화된 구매자들의 취향에 적시에 대처할 수 있게 한다는 점에서 큰 장점을 갖는다. 한편, 복지 국가형의 선진국들과 급속한 경제적 성장을 이룬 후발 산업국들의 정부들이 정보화에 박차를 가하는 것은 몇 가지 복합적인 이유 때문이다. 모두에게 공통적인 이유는 국민국가들에게 효율적인 통치와 이해관계의 조정을 위하여 사회적 삶의 모든 영역에 대한 정보가 언제나 부족한 자원이었던 점이다. 다양한 이해관계를 가진 개인과 집단들을 강제력과 이데올로기를 바탕으로 통합한 국민국가들에게는 정보의 수집과 처리, 그리고 감시는 통치의 불가결한 수단이었다.(기든스, 1993) 그러나 복지 국가형의 선진국들에서 정보 통신 기술이 적극적으로 도입된 것에는 다른 맥락이 고려되어야 한다. 서구형 복지국가는 시민들이 사유재산과 자유경쟁의 원리에 따라 움직이는 시장에서 스스로의 삶에 책임을 지되 경제적 성취를 이루지 못한 자도 최소한의 인간적 삶을 위해 필요한 정도의 여건을 가질 수 있도록 보조해주는 역할을 담당하였다. 국가들은 이에 필요한 재원을 경제의 확대 재생산에 의존하여 마련해왔는데, 국제적 경쟁이 심해지는 상황에서 경제의 확대 재생산은 점차 낙관할 수 없는 일이 되었다. 이에 따라 생산성 향상은 복지국가의 가장 중요한 경제정책의 문제로 대두되었다. 그래서 복지국가들이 예외 없이 생산성 향상의 핵심 기술로 부상한 정보 통신 기술의 도입과 발전을 서두르는 것은 거의 불가피한 선택이었다. 게다가 정보화는 행정 자체의 효율성을 위해서도 필수적인 것이 되었다. 복지국가에서 국가의 업무는 폭증하지만 행정을 위한 인력과 조직을 같은 정도로 증가시킬 수는 없다. 국민으로부터 주기적으로 정당성을 확인받아야 하는 권력에게는 다양해지는 행정 서비스를 국민의 부담을 지나치게 가중시키지 않은 채 제공하는 것이 극히 중요한 일이다. 정보 통신 기술은 이 딜레마를 해결할 수 있는 방법으로 적극 도입되었다. 국민 생활에 관련된 자료를 디지털화되고 컴퓨터를 통하여 빠르게 처리하는 일은 이른바 '통치 위기'를 벗어나게 할 수 있는 길로 여겨지게 된 것이다.

정보 통신 기술이 자본과 생산의 유연성, 그리고 행정의 효율성 제고를 위해 적극적으로 도입되고 확산되었으며 실제로 그런 목적의 달성에 획기적인 기여를 한다는 점을 부인할 수는 없을 것 같다. 자본은 여전히 낮은 생산성에 대해 불평하고 있고 행정은 시민들로부터 비효율적이라고 비난받지만, 정보 통신 기술이 없이 경제가 현재의 생산성을 갖고 행정이 지금과 같은 효율성을 보인다는 것은 거의 가능하지 않은 일이다. 생산성과 효율성의 획기적인 발전은, 그 대가로 사회적, 환경적 비용을 더 지불해야 하는 것이 아니라면, 인류의 삶의 질을 향상하는 중대한 기회가 된다. 마르크스가 사회주의를 자본주의와 전혀 다른 사회 체제로 그리면서도 자본주의에서 성취된 지식과 생산성 수준이 유지되거나 오히려 더욱 향상된 사회로 이해하고자 하였듯이, 고도의 생산성과 효율성은 인류의 삶의 질을 향상시키는 조건으로서 단념되기 어렵다. 또 정보 통신 기술에 의해 가능해진 범지구적 연결과 뉴미디어의 확산은 시공간적 거리에 제약되지 않은 의사소통의 가능성을 열어놓았다. 이미 오늘날의 기술 수준은 공간적 거리에 관계없이 실시간으로 정보를 전달하는 것뿐만 아니라 대면 의사소통의 시공간적 제약은 벗어나면서도 대면의 풍부한 상호작용에 근접하는 교류 양식을 가능케 하고 있다. 이러한 교류의 가능성 역시, 다른 비용만 같다면 개인의 삶에 자유와 풍요로움을 크게 확대시키는 것이다. 정보 통신 기술에 의해 가능해진 새로운 차원의 생산성과 효율성, 그리고 시공간적 제약을 벗어난 의사소통의 가능성은, 그것의 혜택을 인류가 함께 누릴 수 있고 자연의 부담을 증가시키는 것이 아니라면, 인류의 삶을 개선할 새로운 기회를 제공하는 것이다.

나는 정보 통신 기술이 가능케 한 기회를 정말 중요하다고 생각하기에 정보사회를 어둡게만 그릴 생각은 없다. 그러나 나는 또한 자본과 행정 권력에 의해 주도된 정보화와 그것을 통한 생산성 향상과 효율성 제고, 그리고 범지구적 연결은 구조적으로 부정적 가능성을 내포하고 있다고 생각한다. 자본과 행정 권력에 의해 주도된 정보화의 다른 부정적 가능성들도 있고 정보화의 방식이 아니라 정보화 자체에 수반되는 것으로 보이는 부정적 가능성들도 없지 않지만, 나는 다음의 두 가지에만 주목하고자 한다.

첫째, 자본주의적 관심에 의해 주도되는 고속의 정보 처리와 정보 교환은 새로운 종류의 국외자를 대량으로 산출한다는 점이다.[90] 유연성이 극대화된 자본의 흐름으로부터 자유로운 경제영역이 사라지면서, 이 지배적 흐름에 합류할 자원을 가진 자들과 그렇지 못한 자들 사이에는 심대한 사회적 균열이 생긴다. 모든 것들이 망으로 연결되는 사회라고는 하지만 실제로 연결은 선택적으로, 즉 가치를 주고받을 수 있는 지점들 사이에서 집중적으로 이루어진다. 이것은 자본주의적 조건에서는 이윤 확대에 기여하는 지점들 사이에서 연결이 집중적으로 이루어진다는 것을 의미한다. 그래서 정보 통신 기술이 사회를 집중화에서 분산화, 탈중심화의 길로 인도할 것이라는 예측은 일면적일 따름이다. 정보 통신 기술은 분명 수직적 집중화를 흐트러뜨리기는 하지만 새로운 종류의 집중화, 즉 지배적 흐름으로의 집중화를 가져온다. 자본을 소유하거나 혹은 교육적 훈련을 통해 이 지배적 흐름에 합류하고 유의미한 한 결절점(node)을 차지할 수 있는 사람들은 흐름의 이점을 통해 이전에는 불가능했던 부의 축적을 이룰 수도 있을 것이다. 그러나 그런 지배적 흐름에 합류할 자원을 가지고 있지 못한 자들은 부의 원천이 지배적 흐름에 흡수되고 집중되는 것을 통해 삶을 개선할 전망을 갖기 어렵다. 마치 고속도로 주변

---

90) 이 부분에 관해서 나는 정보사회에 관한 카스텔(Manuel Castells)의 3권의 저서에 많이 의지하였다. Manuel Castells, 1996, 1997, 1999.

에 위치하면서 진입 통로는 갖지 못한 채 소음의 피해만을 보는 작은 마을들처럼, 지배적 흐름에서 배제된 자들은 지배적 흐름에로 부의 원천이 흡수되어 정보사회 이전보다 더욱 황폐화된 장소와 여건에서 자신들의 삶을 꾸려가야 하는 상황에 처하게 될 수 있다. 자본의 실시간 이동, 지능 높은 자동화 그리고 유연한 생산을 가능하게 하는 정보 통신 기술의 특성상 정보사회의 지배적 흐름에서 배제된 자들의 수는 산업사회의 혜택에서 배제된 자들의 수보다 오히려 많을 수도 있겠지만,[91] 산업사회에서의 국외자들과 중요한 차이점을 갖는다. 자본과 생산이 적은 유동성만을 갖고 고정된 장소와 사회적 여건에 묶여 있는 산업사회에서는 이익을 누리는 자와 이익에서 배제된 자가 같은 공간에서, 적어도 국민국가적 틀 안에서 공존하였다. 그래서 이익에서 배제된 자들은 직접 또는 정당성을 담보로 권력을 통해서 간접적으로, 이익의 배분에 참여할 권리를 요구할 수 있었다. 그러나 정보사회에서 부의 산출과 분배가 이루어지는 지배적 흐름은 이미 장소에 고정되지 않고 국민국가적 틀에 매이지 않게 된 지 오래되었다. 그래서 지배적 흐름으로부터 배제된 자들은 산업사회의 수익에서 배제된 자들보다 분산되고 망각되는 존재가 될 가능성이 높다. 기업 자본주의적 관심에 의해 주도된 정보화는 국경과 상관없이 이른바 제4세계를 만들어내는 경향을 갖는다.(Castells, 1999)

둘째, 행정 권력에 의해 주도되는 정보화는 감시와 기술 관료적 지배를 강화할 수 있다. 시민적 권리를 누리고 책임을 완수하기 위하여, 또 공공 서비스를 받기 위하여 시민들은 자신의 삶의 세세한 부분들에 관한 자료를 여러 공공 기관과 행정 부서에 제공하며, 그러한 자료들은 통상 디지털화되어 보

---

91) 이런 염려를 극적으로 표현한 것이 '20대 80의 사회', 즉 사회구성원의 20%만이 좋은 직업과 부의 대부분을 차지하고 80%는 저급의 서비스직이나 임시 노동, 실업의 위기에 처하게 될 것이라는 진단이다. 한스 페터 마르틴, 『세계화의 덫』, 서울, 1997 참고.

관된다. 시민들의 삶에 관한 정보를 디지털화하는 것은, 만일 정보가 정보 제공자가 동의한 방식으로만 사용된다면, 효율적인 공공 서비스를 위하여 불가피할 것으로 보인다. 그러나 만일 각 기관에 흩어져 있는 정보들이 권력과 관료들의 필요에 따라 임의로 교환되고 집적된다면 시민 개개인의 삶에 관한 아주 자세하고 체계적인 정보의 수집이 가능해질 것이다. 통치의 효율성을 위해 시민들의 삶에 관한 정보를 가능한 많이 필요로 하는 권력에게 이런 가능성은 아주 유혹적인 것이다. 그러한 정보를 가진 권력은 개개 시민들과 단체들의 행위를 훨씬 수월하게 관찰하고 예측할 수 있을 것이며 권력의 관심에 맞도록 조정할 수 있을 것이다. 그래서 행정 권력에 의해 주도된 정보화는 개인과 단체들의 자율성을 약화시키고 민주적 의사결정과정을 축소시키는 결과를 가져올 수 있다.

그런데 어떤 부정적 가능성이 위험이 되는 것은 그 가능성의 실제화를 방지할 수 있는 믿을 만한 장치가 있는가 여부에 달려 있다. 가령 도시가스는 방치하면 위험한 연료이지만 믿을 만한 안전장치를 통해 잘 관리된다면 그리 위험하지 않은 연료이다. 산업사회는 수많은 부정적 가능성들을 가지고 있었고 위험으로 표출되었지만 민주주의와 사회적 권리에 대한 요구 등을 통해 부분적으로 교정될 수 있었다. 정보화된 자본주의경제와 권력이 다량의 국외자를 산출하고 기술 관료적 지배를 강화할 가능성을 갖는다고 할 때, 그리고 시민들의 자기 결정권을 축소시킬 가능성이 크다고 할 때, 그런 가능성이 위험으로 표출되고 현실화되는 것을 제어할 수 있는 장치는 있는 것인가? 산업사회에서 자본과 권력을 순치하는 가장 중요한 역할을 하였던 노동운동과 민주주의는 정보사회에서도 여전히 같은 역할을 할 수 있는가?

노동조합을 중심으로 한 사회·정치 운동은 사회주의권의 붕괴를 통해 결정적으로 쇠퇴를 겪게 되지만, 사실 산업이 발달된 많은 나라들에서는 이미 그 이전부터 약화되어왔다. 그것은 진전된 복지정책의 결과이기도 하지만 또한 정보 통신 기술의 발달과도 밀접한 연관이 있다. 자본이 최고의 금융 이익과 최적의 생산 조건을 얻을 수 있는 장소로 순간적으로 이동하는 것이 가능해진 조건에서 전통적인 파업, 즉 노동자들은 생존을 걸고 기업은 이익을 걸고 벌이는 인내심 싸움은 노동자들의 처우와 지위 개선을 위한 가장 강력한 수단으로서의 유효성을 점차 잃게 된 것이다. 피차 공간적, 사회적 고정성 때문에 생존과 이익의 외길에서 충돌 직전 극적인 타협에 동의하는 식의 드라마는 점차 영웅시대의 일처럼 보인다. 더 이상 특정한 공간적, 사회적 제약성에 묶이지 않는 자본에게 노동자들의 저항은 한 생산지에서의 총비용을 구성하는 여러 비용 가운데 하나일 따름이며, 다른 생산지에서의 총비용과의 비교 우위만이 자본의 관심사가 된다. 같이 힘들게 밀치는 것이 아니라 별 미련 없이, 그것도 노동자들의 생존의 조건을 가지고서, 퇴장해나갈 수 있는 상대와 생존 게임을 벌이는 것은 목숨을 여러 개 가진 사람과 자동차 충돌 위험을 감수하는 담력 게임을 벌이는 것처럼 무모한 일이 될 수 있다. 더욱이 노동과 자본 사이의 갈등의 가장 중요한 조정자였던 국민국가도 자본에 대한 통제력을 점차 상실하고 있다. 오늘날 자본의 흐름이 자유로워진 상태에서 기업에 적정한 노동조건을 강제하고 확대된 부의 일부를 국민에게 재분배하는 복지국가적 선택, 즉 노동자들과 사회적 이익을 고려하여 자본의 힘을 순치함으로써 정치적 정당성을 확보하는 방식은 점차 국민국가가 감당하기에 벅찬 일이 된 것이다. 범세계화된 경제와 정보 통신 기술에 의해 달라진 여건에서는 오히려 매력적인 인적 자원과 투자 환경을 조성하여 유동하는 자본을 유인하고 머물게 함으로써 고용 수준을 높이는 것이 국민국가의 가장 중요한 과제로 부각된다. 오늘날 각 국가들이 생산성 경쟁에 사활을 거는 것은 국민국가가 단지 자본의 이익 실현을 위한 수단이어서가 아니라 고용을 유지하고 나아가 정당성을 확보하는 가장 유력한 길이기 때문이다. 지식이 가장 중요한 생산 요소가 된 오늘날의 생산 방식에서 생산성 경쟁은 교육 경쟁으로 집중되고, 그래서 경제적 풍요를 구가하고 있거나 그런 전망을 향해 움직이는 국가들에서 지식의 확대 — 물론 모든 유형의 지식의 확대가 아니다! — 를 위해 그토록 노력을 기울이고 교육개혁이 부활된 영구 혁명의 구호처럼 주창되는 것 역시 범세계화된 자본주의의 조건에서 국민국가가 정당성을 확보하기 위한 선택이라고 할 수 있다.

만일 정보사회가 주 흐름에 속한 경제 부분에서 고도의 생산력을 개화시키겠지만 동시에 중대한 부정적 가능성을 내포하고 있다면, 그에 대응할 수 있는 실천을 활성화할 수 있는 연대성의 지반은 무엇인가? 노동운동이 퇴조한 상태에서, 정당성을 담보로 국가의 권력을 통하여 자본의 논리를 순치하기 어려운 상태에서, 그리고 뉴미디어의 시대에 더 이상 합리적 주체를 상정할 수 없고 주체는 분열된 다중성을 갖는다는 진단이 나오는 시기에(포스터, 1994; 1998), 자본과 권력의 지배적 논리에서 벗어나 있으면서 그것들의 무제한적 확산을 견제할 수 있는 실천을 가능케 할 윤리적, 문화적 지반은 무엇이 될 수 있는가?

3. 연대성의 새로운 지반: 성찰적인 인식과 실천들

정보사회와 정당성 자원의 변화

위에서 나는 산업사회에서 자본과 권력, 시장에 의해 주도되는 사회적 이익의 배분을 교정하는 데 중요한 역할을 하였던 노동운동이 정보사회에서 조건의 변화와 함께 상당히 약화되었다고 말하였다. 그렇다고 나는 노동운동이 중요성을 완전히 상실했다거나 또 앞으로 중요성을 더 잃을 것이 틀림없다고 생각하지는 않는다. 자본의 장소 고정성, 대내적 문제에 대해 완전한 주권을 갖는 국민국가 등 산업 시대적 전제 조건이 더 이상 유지되지 않는 정보사회에서도 노동운동이 새롭게 전개될 가능성은 얼마든지 있다. 그러나 현재는 전통적인 노동운동의 방식과 변화된 기술적, 경제적, 정치적 조건의 차이 때문에, 그리고 못지않게 중요한 사회주의권 붕괴 후의 이데올로기적 영향으로 인해서, 노동운동이 당분간은 그 영향력을 크게 증대시킬 수 있을 것 같지는 않다. 또 나는 이에 더하여 뉴미디어에 의해 주체가 분산되고 다중화되는 경향이 있다는 것도 개연성이 있는 주장이라고 생각한다. 그러나 이러한 사실들이 반드시 현대사회에서 연대성의 자원이 고갈된 것에 대한 증거라고 생각하지는 않는다. 현대사회에서 계급적 이해의 동질성만이 영향력 있는 집합적 실천 행위를 가능하게 한 유일한 연대성의 지반인 것은 아니었다. 또 사람들이 주체 분열의 위기에 처했다고 하여 자신의 삶, 타인과 자연에 대한 관계에 대한 성찰을 더 적게 하고 대안을 모색하는 일을 멈춘 것도 아니다. 계급적 연대성이 약화된 자리에 다양한 기원을 갖는 연대성의 자원이 유입되고 있으며 몇 가지 중심적인 주제와 관련해서는 이미 도덕적 확신과 진지한 참여 의지를 갖는 지지자들이 빠른 속도로 증가하고 있는 추세다. 나는 환경의식을 비롯하여 보편적 인권주의, 여성주의 등을 중심으로 인간의 행위 결과에 대한 성찰적 태도와 연대 의식이 확산되고 정보사회의 지배적 질서 내·외부에서 새로운 집합적 실천이 전개되고 있다고 생각한다. 만일 이러한 연대성의 지반이 충분히 활성화되고, 실시간으로 움직이는 정보의 흐름에서 자본과 권력에 유용한 자료들만이 아니라 또한 의미와 연대성이 교환될 수 있다면, 정보 통신 기술의 잠재력은 좀 더 인류의 삶을 개선하는 방향으로 유도될 수 있을 것이다.

이 글의 처음에서 언급되었듯이 환경, 인권, 여성주의적 의식의 형성이 정보 통신 기술에 의해 결정적인 영향을 받은 바는 없다. 저 의식은 근현대 문화 안에서 이루어진 인식과 성찰, 그리고 무엇보다도 확대된 교육에 의해서 형성된 것이다. 그러나 이런 의식의 영향력을 강화하고 집합적 실천의 중요한 기반이 되도록 하는 데에는 정보 통신 기술이 적지 않은 기여를 하였다. 그 가운데 일단 세 가지만 언급하면 다음과 같다. 첫째, 좀 역설적으로 들릴지 모르지만 정보 통신 기술은 계급, 민족, 지역 문화적 정체성에 기반한 연대성을 약화시킴으로써 저 의식들을 강화하였다.[92] 계급, 민족, 지역 문화적 정체성이 강하게 유지되던 시기에는 환경이나 보편적 인권 등의 문제는 너무 추상적이고 이상주의적인 것이었으며 여성주의자들의 문제 제기는 공동체의 이익과 문화적 정체성을 고려하지 않는 편파적 견해라는 비난을 면하기 어려웠다. 그것들은 새롭지만 힘없는 대안 문화에 불과한 것이었다. 정보 통신 기술에 의해 범지구적 연결이 이루어지고 삶의 유동성이 커지면서, 시공간적 경계의 의미가 축소되고 특수성에 기반한 정체성이 약화됨으로써, 비로소 저 의식들이 차지할 수 있는 여백이 커진 것이다. 둘째, 정보 통신 기술에 의해 가능해진 삶의 범지구적 연관성은 세계 사회라는 표상을 현실적인 것으로 여기게 만들었다. 지역사회에서 시민권, 지역 환경 등이 현실적인 문제였듯이, 세계 사회의 표상을 갖게 되면서 인권과 지구 환경 등도 현실적인 문제로 부각되었다. 셋째, 정보 통신 기술은 여성의 직업 기회를 늘림으로써 여

92) 일단은 노동운동의 약화가 환경, 인권, 여성주의의 영향력이 증대되는 것에 기여했기 때문에, 시민운동은 자본주의 체제에 위협적인 사회운동을 약화시키기 위해 권력에 의해 조종되는 것이라는 견해가 성립하는 것 같다.(페트라스, 2000) 그러나 이런 견해는 노동운동이 약화된 것은 사회·정치적 조건에 의한 것이었지 환경, 인권, 여성주의에 의한 것이 아니었다는 점, 그리고 이러한 새로운 의식과 노동운동이 서로를 강화할 수 있는 가능성을 인식하지 못하고 있다.

성의 사회적 지위를 강화하였다. 경제적 자립을 성취한 여성들이 늘어나면서 여성들을 가부장제적 질서에 묶어 둘 수 있는 중요한 물질적 기반이 약화된 것이다.

환경, 인권, 여성주의적 의식이 확산되는 데에 정보 통신 기술의 발전이 영향을 미쳤다고 해서 그런 의식이 정보사회에 순응적이라는 것은 전혀 아니다. 정보 통신 기술은 다만 특수성에 기반한 정체성을 약화시킴으로써, 또 삶의 범지구적 연관을 산출함으로써 저 의식들을 활성화한 것이다. 저 의식들은 정보 통신 기술에 의해 가능해진 고도의 생산성과 효율성, 그리고 자유롭고 풍요로운 교류의 가능성이 사회적, 환경적, 문화적 비용을 고려하지 않은 채 지배적 이익의 극대화를 위해서만 이용되는 것에 저항하는 집합적 실천의 토대가 될 수 있다. 다음에서 나는 저 의식들이 어떤 점에서 그러한지 간략히 살펴보고자 한다.

자연에 대한 책무 의식

상실된 조화로운 자연에 대한 낭만적 노래가 아니라 삶의 기본적 조건으로서의 자연에 대한 파괴를 고발하고 공공적인 대책을 요구하는 사회적 운동이 등장한 시점을 기준으로 한다면, 본격적인 환경운동은 채 40년도 되지 않는 역사를 가질 따름이다. 그러나 환경운동은 이미 정치와 문화, 그리고 경제에서까지 뚜렷한 영향력을 행사하고 있으며 그 영향력이 커지고 있는 추세다. 환경운동을 뒷받침하는 인식과 규범의식들은 다양한 원천을 갖는다. 이에 따라 환경주의도 다양한 양상을 띠는데, 그것은 근본적으로 인간중심주의적인 세계관을 생명중심주의로 전환하고 자연에 대한 도구주의적 태도를 버려야 한다는 견해에서부터 합리적인 효용·비용 계산에 의거하여 친환경적인 태도를 지지하는 입장에 이르기까지 실로 여러 가지다. 그러나 입장들의 차이가 환경운동에 부정적으로 작용하는 것은 아니다. 실제의 환경운동에서는 널리 공유될 수 있는 인식과 관철 가능한 대안을 중심으로 연대적인 활동이 펼쳐진다. 한편, 급진적인 입장들은 직접 사회운동으로 구현될 수 없더라도 자연에 대한 새로운 관계를 하나의 대안으로 진지하게 고려하도록 자극하고 자연에 대한 책무 의식을 고양시키는 역할을 한다.

환경운동이 정보 통신 기술을 바탕으로 범지구화된 자본주의사회에서 자본의 극대화된 이윤추구와 권력의 효율성 논리에 대항하는 운동으로서 큰 가능성을 가질 수 있는 것은 다음과 같은 특징 때문이다.

첫째, 환경운동은 독특하게도 지역주의와 국제성을 동시에 갖는다. 환경운동은 일상에서의 시민들의 경험, 그리고 자본과 권력의 부작용에 가장 많이 노출되어 있으면서도 조직적 저항의 능력이 없거나 매스미디어에 의해 주목되지 않음으로써 맹점화된 지역의 경험들을 국내 및 국제적인 공론의 장으로 인도한다. 지역주의와 국제주의의 이런 결합은 다국적기업들이 환경 입법이 발달한 나라에서는 물론이고 저개발국에서도 지나친 반환경적 행태를 하는 것을 점차 어렵게 하고 있다. 오늘날 대기업이라면 예외 없이 녹색 이미지를 강조하는 것은 비판적 시선을 호도하기 위한 위장술인 것만이 아니라 반환경적 기업이라는 평판을 얻게 되었을 경우에 대한 두려움을 표시하는 것이기도 하다.

둘째, 환경운동은 사회운동들 가운데 드물게 많은 수의 과학자와 전문가를 자신의 편으로 하고 있다. 이것은 기술 관료들이 환경 효과가 부정적이거나 불분명한 정책을 과학과 합리성을 내세워 정당화하기가 점점 어렵도록 만든다. 과학과 결합된 환경운동은 기술 관료들에게 정책 입안 시에 장기적인 환경 효과와 대안의 가능성을 고려하도록 강제하고 정책의 결과에 대한 책임으로부터 자유롭지 못하게 만든다. 환경운동에 의해 자극되어 과학과 기술의 사회적 영향과 자연환경에 대한 효과를 예민하게 고려하는 과학자 및 전문가들의 숫자가 증가하고 있음을 고려한다면, 환경운동은 단순히 저항에 그치는 것이 아니라 적극적으로 대안을 제시하는 데로 나아갈 잠재력을 갖는다. 과학과 기술이 자본과 권력의 논리에 부속된 것이 현 환경 위기의 가장 큰 원인이라면, 과학과 기술의 전문가들이 환경 효과에 민감하게 된 것은 문제 해결을 위해 극히 중요한 문화적 기반이 형성된 것이라고 할 수 있다.

셋째, 환경운동은 인종이나 종교, 계급, 성, 세대 간의 차이 등에 의해 가장 적게 제약을 받는 사회운동이다. 그래서 환경운동에는 다양한 종류의 경험과 인식이 유입되면서도 또한 지역 차원에서 국제 차원에 이르기까지, 심지어 미래 세대를 고려하는 광범위한 연대 의식까지도 가능하다. 환경운동의 이러한 특성은 운동의 성과 측면에서 중요할 뿐 아니라 도덕 및 정치의식을 고양시키는 특별한 교육적 효과도 갖는다. 인종과 성, 국적의 차이에도 불구하고 하나의 사안에서 연대의 가능함을 경험하는 것은 다른 문제와 관련된 의식과 실천에서도 의사소통과 연대의 가능성을 기대하게 만드는 것이다. 운동의 역사가 더 오래되었지만 국민국가의 국경을 좀처럼 넘을 수 없었던 노동과 인권운동이 앞으로 국제주의적 성격을 강화한다면 그런 국제주의는 부분적으로 환경운동에 의해 성장된 도덕의식의 결과라고 할 수 있을 것이다.

넷째, 환경운동은 어떤 사회운동보다도 발달된 정보 통신 기술을 적극적으로 이용하고 있다. 수많은 환경운동 단체들이 전 세계적으로 발달된 네트워크를 통해 연결되어 있으며 세계 각지에서 일어나는 반환경적 사건들에 관한 정보가 순식간에 교환된다. 또 중대한 환경 파괴 행위가 자행될 경우 미디어 효과를 극대화할 수 있는 방식의 현장 시위를 조직하기도 하며 가상공간에서 순식간에 네티즌들을 결집시켜 항의 운동을 펼치기도 한다. 정보 통신 기술의 이용은 순식간에 대규모 시위를 조직하는 것을 가능하게 할 뿐 아니라 또한 그런 시위를 지속적으로 펼칠 수 있는 가능성도 제공한다. 거리에서의 시위와 달리 가상공간에서의 시위는 시간적, 공간적, 생리적, 물질적 제한을 거의 받지 않기 때문에 한 개인이 동시에 여러 곳에서 필요하다고 여기는 기간 동안 시위에 참가할 수 있다. 그래서 때로는 주민이 없거나 극소수뿐인 오지에서 벌어지는 환경 파괴 행위들에 관련해서도 지속적인 대규모 시위가 가능한 것이다. 행정 권력이나 혹은 기업들은 가상공간에서 결집된 것이라도 하더라도 대규모 공중(公衆)의 비판을 쉽게 외면할 수 없다. 반환경적이라는 이미지는 오늘날 기업들과 행정 권력 모두에게 적극적으로 회피해야 할 만큼 큰 파괴력을 갖는 것이기 때문이다.

인권의 보편성에 대한 증대된 의식

인간의 평등과 존엄성은 일찍부터 계몽주의의 철학적 전통에서 강조되었지만 실제의 정치적 현실에서 그것은 특정한 주권국가에 속한 국민이 그 국가의 법에 따라 누릴 수 있는 권리였지 개인이 국적과 정체(政体)에 상관없이 인간으로서 누릴 수 있는 보편적 권리는 아니었다. 각 국가의 절대적이고 불가분적 주권에 대한 인정이 국제법에서 기본적인 원칙으로 통용되던 시기에, 한 개인이 자신이 속한 국가가 아니라 다른 국가의 법이나 혹은 공통의 국제법에 의존하여 자신의 권리를 주장하는 것은 불가능하였다. 자신의 인권이 침해당했다고 여기는 개인은 자신이 속한 국가의 법률에 의거하여 자신의 권리 회복을 요구하거나, 또는 법 자체가 공정하지 못하다고 여긴다면 그 법의 개정을 위하여 자신의 시민적, 정치적 권리를 행사하는 것이 할 수 있는 전부였다. 마찬가지로 인권의 문제를 이유로 한 국가가 다른 국가에 개입하는 것도, 자국민의 피해를 구제하기 위한 경우가 아니라면, 원칙적으로 정당화될 수 없었다. 인권에 대한 요구는 윤리적으로만 보편성을 갖고 현실에서는 국민국가의 경계 안에서 행사되는 시민권으로만 구현될 수 있었기에, 한 개인이 인권을 향유하는가 그렇지 못한가는 전적으로 그가 자유로운 공동체나 민주적 법치가 잘 이루어진 국가에 속했는가의 여부에 달린 것이었다.

잘 알려졌다시피 인권이 도덕적 차원에서만 아니라 정치적 현실에서도 국적과 관계없이 인간이 개인으로서 누릴 수 있는 권리로 여겨지게 되는 전환점은 제2차 세계대전이었다. 국가가 언제나 사적인 힘들로부터 개인들의 기본적인 권리를 보호하는 역할을 담당하는 것이 아니라 오히려 때로 가장 극단적인 폭압 기구일 수 있다는 사실을 외면할 수 없게 된 후, 기본적인 인권을 보호하는 것은 한 국가만의 책무가 아니라 인류 전체의 책무로 여겨지게 된 것이다.[93] 1948년에 국제연합에 속한 국가들에 의해 채택된 세계인권선언은 비록 인권 문제에 관련된 국제적인 사법권 설정을 약속하지도 못하였고 개인의 국제적인 청구권도 선언에 포함시키지 못하여서 여전히 법적 구속력보다는 도덕적 결의문에 가까운 것이기는 하지만(유네스코 한국위원회, 1995: 74), 인권에 대한 보편주의가 윤리적 차원이 아니라 정치적 차원에서 구체화되기 시작하는 중대한 이정표였다. 국제연합은 1976년에는 세계인권선언을 보완하여 경제, 사회, 문화에 관한 권리협정[94]을 채택하였고 현재 세계의 모든 국가의 7할이 넘는 수가 이 협정을 비준하였다. 지역 차원에서도

---

93) 제2차 세계대전의 교훈을 헌법에 반영한 독일의 경우 헌법의 제1조 1항에서 국가권력의 임무를 인권을 보호하는 것으로 규정하고 있다. (1조 1, 2항은 다음과 같다: ① 인간의 존엄성은 불가침이다. 이를 존중하고 보호하는 것은 모든 국가권력의 책무다. ② 따라서 독일 국민은 불가침의, 양도 불가한 인권을 지상의 모든 인간 공동체, 평화 및 정의의 기초로 신봉한다.) 이때 독일의 국가권력이 보호해야 할 인간의 존엄성은 독일 국민만이 아닌 모든 인간에게 해당되는 것이다. 우리 헌법의 경우 곡절 많은 변천사에도 불구하고 제1조는 언제나 "대한민국은 민주공화국이다"라는 정체(政體) 규정이었다.
94) 경제적, 사회적, 문화적 권리에 관한 국제 협약(A협약: 사회권 협약), 시민적 및 정치적 권리에 관한 국제 협약(B협약: 자유권 협약), 한상진 편, 1998, 『현대사회와 인권』, 서울: 나남.

국민국가의 틀을 넘어 인권을 보호하기 위한 협정들이 체결되었는데, 대표적인 것으로는 유럽각료이사회에 의해 채택되고 1953년부터 발효된 '인권에 관한 유럽협약'을 들 수 있다. 개인들이 국제기구에 직접 구제를 청구할 수 있는 법적 권리는 이 협약에서도 역시 인정되지 않았는데, 제9차 의정서(1994년 발효)와 제11차 의정서(1998년 발효)에 이르러서야, 그것도 협약에 가입한 모든 나라가 아니라 협약국 중 의정서 채택에 동의한 나라들에서만 제한적으로 인정되게 되었다. 미주 대륙에서도 1974년 '인권에 관한 미주협약'이 체결되고 수차례 보완되었지만 이 협약은 아직까지 개인의 국제적 청구권을 인정하는 데까지 나아가지는 못하였다.[95]

인권 문제에 관해서는 공식적인 국제 협약이나 기구만이 아니라 비정부 조직들의 활동도 무척 활발하다. 1961년에 결성되었으며 인권침해 사례에 대한 조사 활동과 청원, 시위, 교육 등의 방식을 통해 세계인권선언의 실질적 구현을 촉구해온 국제사면위원회는 그 대표적인 경우다. 국제사면위원회는 오늘날 160여 국가에 140만 명 이상의 회원을 가지고 있다. 어떤 정부로부터도 재정 지원을 받지 않는 국제사면위원회가 1998년도 한 해 동안 국제본부에서만 지출한 경비가 2600만 달러에 달한다는 것[96]은 윤리적 의식과 자발성에 기초한 대규모의 국제적 연대가 가능하다는 것을 보여주는 아주 인상적인 예다.

자연에 대한 책임의 성격과 한계, 그리고 관철의 방식과 관련하여 수많은

---

95) 인권에 관한 국제 협약들에 관련하여서는 코코트(Juliane Kokott)의 글에 많이 의존하였다. Juliane Kokott, Der Schutz der Menschenrechte im Völkerrecht, in: Brunkhorst 외 편, *Recht auf Menschenrechte*, Ffm: Suhrkamp 1999.
96) 국제사면위원회에 관해 이 글에서 언급된 정도의 간략한 자료는 다음의 웹 페이지를 참고: 국제사면위원회 한국지부(http://www.amnesty.or.kr), 국제사면위원회 (http://www.web.amnesty.org).

논쟁점이 있듯이 보편적 인권도 많은 논쟁의 대상이 되어왔다. 보편적 인권에 대한 가장 중요한 논쟁은 다음의 세 가지 문제들을 중심으로 펼쳐진다고 할 수 있다. 보편적 인권이 왜 타당한가 하는 정당성의 문제, 어떤 권리까지를 보편적 인권으로 인정할 것인가 하는 내용의 문제, 그리고 인권을 어떻게 관철시킬 것인가 하는 실행의 문제다.(Köhler, 1999) 나는 여기서 이 논쟁에 자세히 관여하지 않고 이 글의 논의와 관련하여 중요하다고 생각되는 몇 가지 점을 지적하는 데 만족하고자 한다.

보편적 인권을 어떤 방식으로 정당화하는가 하는 문제는 분명 중대한 문제다. 가령 인간이 목적 그 자체로 취급되어야 한다는 칸트적인 윤리설에서부터 곧바로 보편적 인권의 정당성을 도출하면 인권은 어떤 국가에서도 무조건적으로 실현되어야 하고 국제사회는 즉각적으로 인류 모두에게 인권이 보장되도록 행위하는 책무를 져야 할 것이다. 이에 반해 인권의 도덕적 차원이 아니라 민주주의적 정체(政体)와 갖는 상관성을 강조하면, 보편적 인권에 대해 국제사회가 공통의 책무를 지는 방식은 훨씬 조심스러워야 한다. 이 점은 잠시 후에 언급하기로 하자. 나에게 보편적 인권을 어떻게 정당화하는가의 문제보다 더 중요한 것은, 정당화 방식의 차이에도 불구하고, 인권이 특정한 국가의 시민으로서가 아니라 인간으로서 누구나 누릴 수 있는 권리여야 한다는 확신이 윤리적 의식의 발전과 정치적, 역사적 경험을 통하여 널리 공유되었다는 사실이다. 인권의 보편성에 관해 전 지구적으로 공유된 합의가 있다는 것은 실천의 차원에서는 극히 중요하다. 널리 공유되고 예민해진 환경의식이 경제의 효율성 논리와 억압적 권력, 그리고 여러 사적인 힘에 의해 무책임하게 자연이 훼손되는 현장에서 때로는 산발적으로 때로는 조직적으로 저항을 일으키게 하고 지역적 차원을 넘어선 연대를 가능하게 하는 바탕이 되듯이, 널리 공유된 인권 의식 역시 지배적 논리에 대한 중요한 저항의 원천이 될 수 있는 것이다. 환경운동에서 어디까지를 자연에 대한 용인할 수 있는 간섭으로 여길 것인가에 따라 요구와 저항의 수준이 달라지듯이, 인권에 바탕을 둔 저항운동도 어디까지를 보편적 인권으로 여길 것이냐에 따라 개인들이 연대하여 지켜야 할 권리의 항목이 달라지고 운동의 급진성도 달라지게 된다. 가장 널리 공유되었으며 세계인권선언을 움직인 정신이기도 한 견해는 보편적 인권이 사상과 집회의 자유, 종교의 자유, 고문과 폭압으로부터의 자유 등 소위 소극적 권리에 한정된다는 것이다. 이러한 견해는 국가 간의 문화적, 경제적 차이를 고려할 때 가장 잘 정당화될 수 있을 것처럼 보인다. 노동, 복지 등에 대한 권리와 같이 소위 적극적인 권리는 실행할 여력이 없는 국가들에게 무조건적으로 요구될 수 없는 것이다. 반면에 소극적 권리는 기본적으로 국가가 '하지 않거나 방지함으로써' 행할 수 있는 것들이기에 각 국가들이 그것의 보장을 회피할 명분을 갖기 어렵다. 앞서 보았듯이 세계인권선언이나 인권에 관한 유럽협약이 제정되고 보완된 과정을 보면 보편적 인권의 문제가 처음에는 대외적 주권을 갖는 국민국가적 틀을 전제하고 극단적으로 폭압적인 힘들로부터 개인의 기본적 권리를 보호하려는 취지에서 제기되었다가 이후에는 통상 적극적인 시민적 권리로 여겨졌던 것들에까지 확대된 것을 알 수 있다. 이것은 보편적 인권 문제를 예외적으로 국민국가의 주권에 간섭해야 하는 상황을 배경으로 이해하기보다는 삶의 세계 연관성과 범지구적 상호의존성이 커진 현실을 반영하여 이해한 것이다. 정보 통신 기술은 범지구적 삶의 연관성을 형성함으로써 보편적 인권에 대한 적극적인 해석이 좀 더 넓은 지지를 받게 하는 데 기여한 셈이다. 비록 아직까지 어느 정도 효과적으로 보호되는 보편적 인권은 소극적 권리들이기는 하지만, 모든 인간에게 그런 권리가 부여되어야 한다는 것이 인류 공동의 책무로 여겨진 것은 분명 규범적, 정치적 의식에서 엄청난 진보다. 게다가 적극적인 사회적 권리의 일부도 보편적 인권에 포함시켜야 한다고 주장하는 국제기구나 비정부적 조직들의 수도 상당하며 많은 지지자를 확보하고 있는 상태다. 만일 어느 정도 적극적인 사회적 권리들까지도 인류의 보편적 권리에 속한다는 의식이 널리 공유되고 국제적인 공론의 장에서 영향력을 발휘한다면, 그것은 지배적 논리에 제한을 가하고 인류의 삶의 질의 향상을 도모하는 연대적 실천을 새로운 차원에서 가능케 할 것이다.

보편적 인권과 관련하여 가장 많은 논란이 이는 부분은 바로 실행의 문제다. 루소와 칸트 이래 인권의 실질적 보장은 강제력을 갖는 집합적 의지, 즉 공화정으로서의 국가 안에서만 가능하다는 인식이 정착되었다. 이런 인식을 변형 없이 적용한다면 보편적 인권은 하나의 통일된 법체계와 강제력을 갖는 세계국가하에서만 보장될 수 있을 것이다. 그러나 그러한 세계국가는 현실적으로 가능하지도 않고 또 여러 가지 이유에서 바람직하지도 않다. 그렇다고 기본적으로 개인이 청구할 수 있고 국제사회가 강제력을 바탕으로 보호할 수 있지 않다면 보편적 인권은 단지 윤리적 이상에 그치고 말 것이다. 현재로서는 보편적 인권을 보장하는 공식적인 장치는 여러 가지의 다국간 협정들이다. 다국간 협정은 통상적으로 그것의 준수를 위해 물리적 강제력이 동원되기 어렵다는 약점을 갖기는 한다. 그러나 다국간 협정에 가입한 나라가 인권을 심대하게 침해한 사례가 생겼을 경우 국제사회는 외교적, 경제적 제재 등을 통해 협정의 준수를 촉구할 수 있다. 특히 국제적 여론은 큰 영향력을 행사한다. 인권에 관한 국제기구들이 대부분 느슨한 조직을 갖고 사법권과 집행권이 없는데도 영향력을 미칠 수 있는 것이나 인권에 관한 비정부적 조직들이 시민들의 자발적 참여와 후원을 바탕으로 활동할 수 있는 것도 상당 부분 활성화된 국제적 공론 때문이다. 경제를 비롯하여 사회적 삶의 중요한 부분들이 국제적인 연관에 의해 중대한 영향을 받는 현대사회에서는 국제적 공론은 어느 국가도 무시할 수 없는 힘을 갖는다. 또 국제적인 비난 여론은 통상 국내에서의 비판 세력을 활성화시키는 효과도 갖는다. 정보 통신 기술은 자본과 권력의 관심에 따라 확산되긴 하였지만 또한 오늘날 신속한 국제적 공론의 형성을 가능케 함으로써 국제적인 연대의 형성에 기여하고 있다.

근래에 유고와 인도네시아 사태를 계기로 대규모의 중대한 인권침해가 자행되는 경우 국제사회가 군사력을 동원하여 개입하는 문제에 관해서도 진지한 토의와 실험이 이루어졌다. 만일 국제사회가 하나의 국가에 의해 일방적으로 주도되지 않는다면, 그리고 군사개입이 가장 널리 인정된 국제기구에 의해서 결정되며 인권 보호를 위한 최소한의 활동에만 제한되어 실행된다면, 마지막으로 군사개입의 정당성과 효과에 대해 민간 기구들이 사전과 사후에 충분히 검토할 기회가 보장된다면, 아마도 그러한 적극적 개입은 인류가 무력을 가장 도덕적이고 유의미하게 사용한 예에 속하게 될 것이다. 보편적 인권의 문제는 분명 오늘날 인류의 정치적 상상력이 자극되고 시험되는 가장 중요한 주제의 하나다.

심화된 개성화: 여성주의와 연대성의 형태 변화

인류의 절반인 여성들이 인격에 대한 자율권과 남성과 같이 존중받을 수 있는 사회적 지위를 가질 수 있는 권리를 본격적으로 요구하기 시작한 것은 1세기 반도 채 되지 않는다. 또 20세기가 마감되는 이 시점에서야 인류는 여성들에게 남성과 동등한 참정권을 인정하게 된 것이 금세기의 일이라고 말하는 부끄러움에서 벗어날 수 있게 되었다. 더욱이 여성들이 형식적 권리의 평등을 넘어서 사회적 삶과 문화에서 재생산되고 신체, 욕구, 인식에 이르기까지 구성적으로 영향을 미치는 성역할 구별과 가부장제에 진지한 의문을 던지고 자신들의 삶을 새롭게 정의하려는 노력을 펼치기 시작한 것은 불과 반세기도 되지 않았다. 이런 짧은 역사에도 불구하고 여성주의는 오늘날 철저한 연구와 성실한 실천이 결합된 가장 중요한 지적 흐름 가운데 하나가 되었다.

정보 통신 기술은 여성주의의 형성에 큰 영향을 미치지는 않았다. 여성주의는 긴 시간 동안의 정치투쟁과 문화적 도전, 고등교육의 확대 등을 통해 형성된 것이다. 하지만 정보 통신 기술은 지난 수십 년간 여성주의가 활성화되는 데에는 적지 않은 기여를 하였다. 앞서 언급되었듯이 가장 중요한 점은 역시 여성들의 직업 활동의 기회가 확대되었다는 점이다. 물론 이것은 정보사회의 생산에서 신체적 힘보다는 지식과 정보가 중시되기에 여성의 직업 활동의 기회가 늘어났다고 단순히 이해되어서는 안 된다. 고도의 정보 통신 기술을 사용하는 유연적 생산은 일정 기간만 고용되는 비정규 노동자를 상당수 필요로 하는데, 바로 적은 직업 기회나 육아의 책임 등의 이유 때문에 단기간 계약에 응할 동기가 강한 여성들이 고용 대상이 된 측면도 있다. 그래서 정보사회에서도 여성의 직업 활동이 숙련성과 지속성, 처우 등의 측면에서 그 이전의 사회에 비해 현저히 개선된 증거를 아직은 찾을 수는 없다. 또 개선된 측면도 정보 통신 기술 자체의 영향만이 아니라 교육의 확대, 여성의 권리를 위한 운동 등의 영향에 기인한 바가 크다. 그러나 정보사회에서 직업 활동에 참여하는 여성의 수가 증가하는 추세며, 이것이 여성을 가부장적 질서에 종속시키는 물질적 기반을 약화시키고 있다는 점 또한 분명하다. 또 범지구적 교류의 확대, 뉴미디어의 발달 등으로 지역과 전통에 기반한 문화적 정체성의 구속력이 급속히 약화된 것도 여성들이 자신의 필요를 표현하는 것과 관련한 가부장제적 문화의 저항을 약화시킨 중요한 요인이다.

여성에게도 남성과 마찬가지로 자신의 삶에 대한 결정권과 사회참여에 대한 동등한 기회가 부여되어야 한다는 주장으로부터 문화와 사회, 권력 전체가 여성들에 의해 계발되어온 가치에 따라 전면적으로 재구성되어야 한다는 요구에 이르기까지, 여성주의의 갈래도 워낙 다양하기 때문에 더 이상 하나의 여성주의에 대해 말하는 것은 불가능하다. 그러나 환경운동과 인권운동에서와 마찬가지로 이런 다양성은 여성주의의 성장에 부정적인 영향만을 미치는 것은 아니다. 제도적 실현으로 결실을 맺을 수 있는 주장은 가장 넓은 동의를 구할 수 있는 최소 내용을 담는 것일 가능성이 크지만, 급진적 견해들은 동성과 이성, 인간관계의 새로운 설정 가능성에 관해 상상력을 자극하고 삶과 인간관계의 가능한 형태들의 팔레트를 다양화하는 데에 중요한 역할을 한다. 새로운 삶의 형태, 새로운 인간관계는 상상력에 의해 선취되고 다양한 작은 실험들을 통해 경험됨으로써 진지하게 고려될 대안으로 부각될 수 있는 것이다. 나는 여기서 논의를 위하여 단순화의 위험을 무릅쓰고 여성주의의 중요한 특징을 다음과 같이 규정하고자 한다. 여성주의는 사회적으로 (가부장제하에서) 규정된 성역할을 순응적으로 수용하지 않고 자신의 삶에 대해 스스로 정의를 내리고 그 실현을 추구할 권리를 주장하는 여성들의 요구에 의해 뒷받침된 지적·사회적 운동이다.

여성주의는 사실 일차적으로는 전통적 유대나 공동체에 기반한 연대성을 해체하는 역할을 한다. 여성들이 모성, 보살핌과 희생의 역할을 당연시하지 않고 자신의 삶에 대해 스스로 정의를 내리는 것은 개인화를 가속화하고 심화하는 효과를 갖는다. 그것은 우선 여성을 개인화하겠지만 마찬가지로 남성도 개성화하는 것이다. 고정된 여성성의 해체는 고정된 남성성의 해체를 불가피하게 동반한다. 만일 여성 자신과 남성 자신의 자기이해, 그리고 동성과 이성 사이의 관계가 전승된 범형에 따라 정의되고 수용되지 않게 되면, 개인들 사이의 지속적인 관계는 어렵게만 성취될 수 있을 것이다. 이렇게 여성주의는 일차적으로 개성화를 촉진하는 것이기 때문에, 앞서 고찰된 자연에 대한 책무 의식과 인권의 보편성에 대한 의식의 경우에서와 달리, 그것이 어떤 방식으로 연대성을 형성하는지에 관해서는 좀 더 세밀한 숙고가 필요하다. 만일 전통적인 유대 관계에 기초한 연대성 외에 다른 연대성이 가능하지 않다면 아마 여성주의는 연대성의 불가능성에 대한 선언서로 이해되어도 좋을 것이다. 그러나 실제로 여성주의는 다음과 같은 이유에서 새로운 연대성의 중요한 기반이 되고 있다.

첫째, 여성주의에 의해 촉발된 개성화는 특히 여성의 경우 강한 해방적 관심과 연결되어 있다. 이런 개성화는 소비주의에 의해 조장되는 개체화와는 다르다. 후자는 주체를 분산시키고 유아론적 경향을 갖게 하지만, 해방적 관심과 결부된 개성화는 같은 관심을 갖는 많은 사람들과 인식적, 규범적인 상호 지지를 추구하게 한다. 또 실제로 가부장제에 의해 구조화된 문화적, 사회적 권력의 지형에서 여성의 개성화는 개인적 결단에 의해서가 아니라 연대적 실천을 통해서만 가능하다.

둘째, 여성주의 운동은 비교적 인종과 국경에 의해 덜 제약된다. 다른 나라의 생산 기지로 철수할 수도 있는 자본에 맞서는 노동운동에서 한 나라의 노동자들에게 다른 나라의 노동자들은 단기적으로는 경쟁 상대이지만, 한 나라에서의 여성의 지위의 상승은 다른 나라에서의 여성의 지위의 상승에 오히려 긍정적 영향을 준다. 그래서 여성들이 일단 가부장제적 가족주의에 의해 조장된 고립화로부터 벗어나 자신의 삶에 대해 스스로 규정하고 여성주의의 지지자들과의 연대를 추구하게 되면, 인종과 국경은 별다른 장애가 되지 않는다.

셋째, 여성주의는 여성들만의 연대에 그치지 않고 이윤과 효율성 논리를 순치하려는 다른 사회적 운동과 연계될 가능성을 풍부히 담고 있다. 여성들은 가부장제 자체에 의한 억압에만 시달린 것이 아니다. 여성은 인종과 계급에 따른 차별과 착취, 지배적 권력과 이윤 추구적 경제에 의해 야기되는 사회적, 환경적 비용이 집중적으로 전가되는, 일종의 사회적 모순의 유수지 같은 역할을 담당해왔다. 그래서 여성들이 자신들의 삶에 대해 스스로 정의를 내리고 많은 선택성을 갖기를 요구하는 것은 사회구성원들이 지배적 논리의 사회적, 환경적 비용을 현실에 맞게 감지하고 공론의 장에서 주제화하는 데에 크게 기여할 수 있다. 또 여성주의가 추구하는 바가 권력, 노동, 환경, 문화의 문제와 유리되어 성취될 수 없기에, 오늘날 여성주의는 가장 다양한 방식으로 다른 사회·문화 운동들과 결합되는 양상을 보이는 것이다. 짧은 역사에도 불구하고 오늘날 여성환경개발기구(WEDO: The Women's Environment & Development Organization)나 여성발전협회(AWID: The Association for Women in Development) 등 여러 여성주의 경향의 조직들이 각국의 정부와 국제적인 기구들에게 성평등적 요소가 반영되는 경제, 환경 정책을 채택하도록 무시 못 할 압력을 행사하는 것은 여성주의의 그런 가능성을 잘 보여준다. 여성주의적 의식은 분명 전통적 유대에 바탕을 둔 연대를 허물어뜨리는 효과를 갖지만 국민국가의 경계를 넘는, 그것도 지배적 논리에 의해 야기되는 다양한 유형의 문제들에 대한 포괄적 시각을 견지하면서 공동의 대응책을 추구하게 하는 중요한 연대성의 지반이다.

4. 저항·참여·성찰: 실천의 새로운 양상

정보 통신 기술이 오늘날처럼 발달하기 전부터 성립한 범지구적 경제 연관과 산업의 환경 영향 등은 국민국가가 이미 시민들의 삶에 큰 영향을 미치는 문제들에 대하여 완전한 통제력을 행사할 수 없음을 여실히 보여주었다. 이에 더하여 발달된 정보 통신 기술은 자본의 유동성을 극단적으로 증가시키고 지식 축적을 가속화시킴으로써 경제, 정치, 윤리, 문화, 심리 등 삶의 모든 영역에서 고정성을 해체시키고 있다. 인류가 정보 통신 기술에 의해 가능해진 새로운 차원의 생산력과 교류 방식, 문화적 표현들에 대해 기대를 걸면서도 불안감을 지울 수 없는 것은 정보사회에서 일어날 수 있는 대규모의 위험들에 대처할 수 있을 공유된 규범적 의식과 제도적 장치가 없는 것으로 보이기 때문이다. 나는 이 글에서 전통적인 연대성의 기반은 약화되지만 또한 증대된 환경의식과 보편적 인권주의, 그리고 여성주의 등을 기반으로 새로운 종류의 연대성이 강화되고 있음을 예시하려 하였다. 그러나 이런 개괄적인 고찰을 통하여 정보사회의 실천에 관해 낙관적인 결론을 내리기 전에 한 가지 물음에 대한 고찰이 필요하다고 여겨진다. 저 의식들에 기반한 실천이 보통 시민운동의 형태로 표출되는데, 시민운동은 그 자체로 위험의 요소를 갖고 있지는 않은가? 이 물음은 다음의 세 가지 물음으로 나누어 생각할 수 있다. 첫째, 이기적인 목적을 위해 활동하지 않는 조직들만 염두에 두더라도, 통상 특수한 목적에 따라 결성된 조직들은 좁은 시각(tunnel vision)에서 바라보게 될 위험을 안고 있다. 미국에만 200만 개 정도 있을 것이라고 추정될 정도로 다종다양한 시민 단체들이 있는데, 좁은 시각을 갖는 시민 단체들의 요구는 오히려 노동조합 등 중요한 조직들의 협상력을 약화시키고 이미 과부하에 시달리는 공식적 정치기구들을 더욱 무력하게 만들지는 않을 것인가? 둘째, 시민운동은 대부분 저항운동의 형태를 띠는데, 이것은 결국 시민운동이 사회체제의 부산물에 불과하지 대안적 사회를 가져올 수는 없다는 것을 의미하는 것 아닌가? 마지막으로 여러 시민 단체들의 힘의 증가는 개인들을 왜소화시키는 또 하나의 권력의 형성을 의미하는 것 아닌가? 시민 단체는 어떻게 시민에 의해 통제될 수 있는가? 나는 이 물음들에 대한 간략히 답하는 것으로써 달라진 실천의 양상을 시사해보고자 한다.

시민 단체들의 힘의 증가가 과부하에 시달리는 공식적 기구들을 더욱 약화시킬 수 있다는 염려는 근거가 없는 것은 아니다. 비영리 목적의 시민 단체들은 자신들의 입장에 대한 도덕적 확신이 강하기 때문에 타협보다는 대결의 구도를 택할 가능성이 있다. 또 시민 단체들은 느슨한 조직을 유지하고 주기적으로 활력을 불어넣기 위해서는 미디어 효과가 강한 전시적 행위를 택하는 경향도 있다. 정당성의 부족에 시달리는 행정 권력은 시민 단체들의 견해를 무시할 수 없는데, 이것은 자칫 행정 권력으로 하여금 무책임하고 전문성이 결여된 선택을 하게 만들 염려가 있다(Luhmann, 1998: 847부터). 나는 이러한 염려를 진지하게 고려해야 한다고 생각한다. 그러나 또한 주요한 시민운동들이 이런 문제에 관해 세심한 고려를 할 능력을 갖추고 있다는 것도 사실이다. 문제들의 상호연관성에 대한 인식이 증대되면서 오늘날 시민 단체들은 공통의 관심사에 관해 연대하고 여러 문제들에 관해 균형 잡힌 해결을 추구하는 경향을 보인다. 오늘날 주요한 시민운동을 뒷받침하는 공통의 정치의식이 있다면 그것은 입헌주의의 기반에 선 급진적 민주주의 정신이라고 할 수 있다(Cohen·Arato, 1992). 하버마스가 말하는 '포위하지만 점령하지는 않는' 자기제한적 태도는 오늘날 영향력 있는 시민운동들의 일반적 모습이다. 더욱이 많은 시민 단체들은 오늘날 요구를 내세우는 것을 넘어 대안을 제시하고 부분적인 참여를 통해 책임을 나누는 데까지 나아가고 있으며, 행정권력도 정책결정과정에서 비정부적 조직들을 참여시키는 것에 대해 점차 전향적인 태도를 보이고 있다. 그러기에 시민운동이 책임 있는 정치를 약화시킬 수 있는 위험에 대해서 그리 크게 우려하지 않아도 좋을 듯싶다.

시민운동이 대부분 저항운동의 형태를 띠는 것은 사실이다. 그러나 이것이 시민운동을 지배적 논리의 부속물로만 머물게 하는 것은 아니다. 오늘날 주요한 시민운동들은 많은 전문 인력을 자신의 편으로 하고 있다. 그래서 시민운동은 이제 사후의 결과에 대해 항의하는 것에 그치는 것이 아니라 때로는 적극적인 대안을 제시할 능력을 갖추고 있다. 이것의 극히 중요한 한 효과는 지배적 힘의 내부에서도 대안적 담론이 자리 잡을 수 있게 한다는 것이다. 도덕성과 함께 고도의 지식을 갖춘 전문가들에게 자신의 입장을 정당화해야 할 필요성 때문에 정치, 경제, 과학 영역의 전문가들은 자신이 견실한 근거에 따라 결정하고 책임질 수 있는 행위를 하는지에 대해 훨씬 예민해진다. 시민운동은 책임 의식에 의해 뒷받침되고 대안을 진지하게 고려하는 태도가 지배적 힘 밖에서만이 아니라 내부에서, 전문가 집단 밖에서만이 아니라 전문가 집단 안에서 일어나는 경향을 만드는 것이다. 그래서 저항이 지배적 힘 외부에서 일어나는 부수적 현상에 그치는 것이 아니라 내부의 대안 담론으로 내재화되는 경향이 나타나게 된다. 오늘날 경제와 과학, 행정 등 종래에 비정치적 것으로 여겨졌거나 지배적 논리에 따라서만 움직이는 것으로 여겨졌던 영역의 내부로 대안 담론이 유입되는 것, 즉 벡(Ulrich Beck)이 말하는 '하부정치'(벡, 1998)의 활성화는 정보사회에서의 실천에 관해 조심스럽게나마 낙관적 전망을 갖게 하는 한 근거가 된다.

마지막으로, 시민운동이 일반 시민들을 소외시키는 또 하나의 권력이 될 수 있다는 염려도 진지하게 고려될 가치가 있다. 시민운동에 호의적인 대부분의 사람들은 시민 단체들이 내놓는 자료를 상세히 검토하지도 않고 또 주장들에 대해 선택적이 아닌 일반적 지지를 보내는 경향을 갖는다. 이러한 경향은 대규모의 국제적인 시민 단체에 관련해서 더욱 뚜렷하다. 지구 반대편의 지역에서 일어난 인권침해나 환경 범죄에 관한 국제적인 항의에 동참할 때 시민 단체들의 주장을 세밀히 검토한 끝에 행위하는 사람은 거의 없다고 할 수 있을 것이다. 그러나 이것이 시민 개개인을 무력화하고 왜소화하는 결과를 가져오는 것 같지는 않다. 한 개인이 자신의 모든 판단을 위해 언제나 충분한 증거를 수집한다는 것은 불가능한 일이다. 그래서 신뢰할 수 있는 다른 사람이나 조직의 판단을 차용하는 것이 불가피한데, 이렇게 타인이나 조직, 전문가에 의존하는 것이 그 자체로 개인을 무력화시키는 것은 아니다. 개인이 무력화되는 것은 의존 관계가 대안 없이 일방적이고 상대가 기대에 부응할 최선의 노력을 다하도록 통제할 수 없는 경우다. 시민운동의 지지자들과 시민 단체들 사이에 성립하는 의존 관계는 통상 이와 다르다. 시민 단체들에게는 시민들로부터 받는 신뢰가 극히 중대한 자원이다. 그래서 시민 단체들에게는 계속 신뢰받을 만하게 행위하도록 최선의 노력을 다하려는 강한 동기가 있다. 시민운동은 신뢰에 의해 통제되고 신뢰에 부합하는 실천을 함으로써 신뢰를 강화하는 신뢰의 선순환에 의존한다. 그래서 시민 개인들이 시민 단체의 판단에 의존하는 것은 관료적 전문가의 판단에 무력하게 의존하는 것과 같은 경우가 아니다.

앞에서 나는 범지구화된 자본의 이윤 논리와 권력의 효율성 논리에 저항하는 집합적 실천을 가능케 할 연대성의 기반으로서 자연에 대한 책무 의식, 보편적 인권주의, 여성주의적 의식과 진전된 개성화 등을 들었다.[97] 나는 오늘날 가장 중요한 정치적 상상력은 저 의식들로부터 나온다고 생각한다. 이런 의식에 기초한 실천이 어떤 성과를 가져올지에 대해서 예측한다는 것은

---

97) 물론 이러한 의식에 바탕을 둔 운동들이 정보사회에서 형성되는 저항 형태의 전부는 아니다. 정치, 경제, 문화의 유동성이 극대화되는 이 시점에 오히려 인종이나 종교 등의 정체성에 기반하여 자치나 혹은 독자적인 국가를 설립하고자 하는 시도들이 그 어느 때보다도 활발하다(Castells, 1997). 영향력의 측면에서만 보자면 이러한 움직임들도 정보사회에 대한 중요한 저항의 형태로 취급되어야 하는 것은 사실이다. 그러나 그것들은 대부분 존중받는 문화와 사회적 힘으로 통합되지 못한 채 권력에 의해 억눌러왔던 정체성들이 국민국가의 힘이 약화된 시기에 표출된 것들이다. 그러한 것들은 국제 사회가 진지하게 대응해야 할 문제이기는 하지만 현대사회의 지배적인 논리에 의해 생겨나는 구조적 위험들에 대응할 수 있는 저항의 잠재력을 가졌다고 보이지는 않는다. 그것은 때가 너무 지나 울리는 자명종 소리와 같이 어색하고 허탈하다.

물론 불가능하다. 그러나 저 인식과 규범의식은 적지 않은 사람들로 하여금 정보 통신 기술에 의해 새로운 차원의 생산력과 교류의 가능성이 개화되는 이 시점에도 여전히 감소하지 않는 극단의 빈곤과 자연 파괴, 경제적 수탈, 억압, 성차별 등을 회피하지 않고 대면하게 만들며, 개선을 위해 진지한 노력을 기울이도록 자극할 것이라고는 말할 수 있다. 내가 저 인식과 의식들에서 보고자 했던 것은 일차적으로 성공의 전망이 아니라 비관하지 않을 근거였다.

9장 디지털 환경은 '공정이용'을 무효화하는가
디지털 환경에서의 저작권

1. 디지털 환경과 저작권

음악파일공유 서비스를 제공하는 냅스터(Napster)사와 미국음반산업협회(RIAA) 사이의 다툼은 아마도 지난 2년여 동안 전 세계 언론이 가장 많은 관심을 보여온 법정 소송 가운데 하나일 것이다. 무엇이 문제였던가? 냅스터 사건은 법적으로는 저작권침해의 문제와 관련된 것이며 좀 더 넓은 맥락에서 보자면 디지털 환경[98]에서 정보의 사용방식에 대한 상이한 전망들 사이의 충돌에서 비롯된 것이다. 냅스터의 전체 등록자가 약 6500만 명, 1일 이용자가 약 1000만, 그리고 평균 200만 명 정도의 사용자가 접속상태에 있으며 미국 대학생의 약 70% 정도가 냅스터의 사용자라고 한다면,[99] 이 분쟁은 단순히 사업자 간의 다툼이라고 할 수 없는 것이다. 이 사건에서 핵심적인 쟁점은 이것이다. 냅스터사는 자신들이 음악파일 데이터베이스를 운영하면서 무

---

98) '디지털 환경'이라는 용어는 이 글에서 주제가 되는 저작권 문제와 관련하여 "저작, 출판, 배포 등 저작 및 저작권 행사에 관련된 행위의 상당 부분이 컴퓨터와 전자통신기술에 의존하여 이루어지는 조건"이라는 의미로 쓰인다.

99) New York Times, 2001. 3. 7. http://www.nytimes.com/2001/03/07

단으로 음악파일을 다수의 사용자에게 제공하는 식으로 조악하게 저작권을 위반하지는 않았다. 냅스터사가 제공한 서비스는 사용자들이 어떤 음악파일을 가지고 있는지를 탐색하여 사용자끼리 원하는 음악파일을 공유할 수 있게 한 것이다. 개인들이 자신들이 가지고 있는 책이나 음반을 다른 사람과 교환하여 사용하는 것은 아날로그식 출판의 시대에는 사용자의 평범한 권리에 들어가는 것이었다. 그러나 이런 평범한 권리가 디지털 환경에서 문제가 된 것이다. 예상된 대로 냅스터사는 자신들의 사이트를 통하여 개인들이 음악파일을 공유한 것은 '공정이용'(fair use)의 경우에 해당되고, 자신들의 서비스는 공정 이용을 돕는 것이었을 뿐이므로 저작권을 위반하였거나 혹은 저작권 위반을 적극적으로 도운(contributory) 행위를 한 적이 없다고 주장하였고, 미국음반산업협회는 냅스터사의 이런 주장을 반박하였다. 그간 소송은 냅스터사에 불리하게 진행되었다.[100]

　　디지털 환경하에서 '공정이용'이 왜 새로운 쟁점이 되는가? 이 글은 공정이용이 무엇이며 저작권과 관련하여 어떤 역할을 해왔는지, 그리고 왜 디지털 환경에서 새롭게 쟁점이 되는지를 살피고자 한다. 이를 통해 저작권 문제에 대한 윤리적, 법적 논쟁의 일면을 접할 수 있을 뿐만 아니라 디지털 환경에 대한 상이한 전망들 사이의 긴장된 관계도 엿볼 수 있을 것이다. 공정이용을 둘러싼 논쟁은 디지털 환경에서도 역시 공평성, 공공성 등의 가치가 중요하며 그런 문제들에 대한 해결 없이 디지털 환경이 결코 잡음 없이 작동할 수 없음을 잘 보여줄 것이다. 디지털 환경은 윤리와 정치의 저편에 있는 기술의

---

100) 냅스터사는 미국 법원으로부터 2000년 7월 26일 잠정적 폐쇄 명령을 받고 항소하였으나 2001년 2월 12일 연방 항소법원으로부터 다시 위법 판결을 받았다. 3월 6일 냅스터사는 미국음반협회 소속의 사업자들이 저작권을 가지고 있는 음악파일들의 경우 요청이 있을 시 공유를 차단하라는 명령을 받은 상태이다. 소송 및 논쟁에 관한 자세한 정보는 Electronic Frontier Foundation의 홈페이지(http://www.eff.org) 등에서 볼 수 있다.

영역이 아니라 오늘날 특별난 정치의 영역인 것이다.

공정이용의 원칙을 둘러싼 쟁점을 부각시키는 것을 목적으로 하는 이 글은 공정이용의 문제에 관련하여 어떤 뚜렷한 해결책을 제시할 처지에 있지 않다. 그러나 이 글은 저작권과 관련된 최근의 법제화과정 및 몇 가지 법적 분쟁에 대한 분석을 통해 현재 저작권 사업자들의 권익이 공정이용의 원칙보다 지나치게 우선시되고 있는 경향을 지적할 것이다. 아날로그 시대에 만들어진 저작권법을 서둘러 디지털 환경에 적용하기보다는 먼저 현재의 정보공유 방식이 초래하는 영향에 대한 신뢰할 만한 평가를 내릴 수 있도록 저작권 사업자들과 정보공유서비스를 제공하는 사람들 사이에 일종의 한시적인 사회계약을 체결할 필요가 있다는 것이 이 글의 제안이다.

2. 저작권과 공정이용의 원칙

유형재산이 아니라 발명 등 지적인 창작물에 대한 제조, 판매권 등을 주장하는 것, 즉 지적 재산권은 중세 후기부터 등장하였는데, 기록된 최초의 지적 재산권 형태는 특허권이었다.[101] 문학, 예술 작품 등의 저작물에 관련하여 저작자에게 독점적인 출판, 배포권 등을 인정하는 저작권은 15세기 후반 베네치아와 16세기 런던에서 이미 시행되었다고 하지만 당시의 저작권 부여의 목적은 저작자나 출판업자의 권리를 보호하기 위해서가 아니라 정부의 수입

---

101) 최초의 특허권은 1421년 플로렌스(Florence)에서 건축가이자 기술자인 필리포 브루넬레스키(Filippo Brunelleschi)에게 주어졌다 한다. 그는 자신이 개발한, 대리석을 이동시킬 때 쓰는 기어가 장착된 운반선을 3년 동안 독점적으로 제작할 권한을 받았다. 브리태니커(Britannica)의 'patent' 항목 참고.

을 올리고 출판물의 내용을 통제하기 위한 것이었다. 저작권이 저작자와 출판업자의 권리를 보호하는 기능을 하게 된 것은 1710년 영국에서 제정된 '앤 여왕의 법(Act of Anne)'에서부터이며, 이 법은 저작권 역사의 중요한 이정표로 평가된다. 이 법에서 저작권은 일정한 기간 동안만 보호되는 권리이며 그 기간이 지나면 저작물의 내용은 공공의 소유물이 된다는 원칙이 확립된다. 당시의 법에서 정한 저작권의 보호기간은 28년이었다. 저작권법은 그 후 덴마크(1741), 미국(1790), 프랑스(1793), 그리고 19세기에는 대부분의 선진국에서 도입되었다.[102] 한편 각국의 저작권법이 자국민의 권리를 보호하는 데에 한정된 반면에 통신과 교류의 수단이 발전하면서 저작자의 권리를 국제적 차원에서 보호할 필요성이 점점 커지게 되었다. 1852년 프랑스는 자국 내에서 유통되는 모든 저작물들에 관하여 저작자들의 국적과 관련 없이 저작자들의 권리를 자국의 저작권법하에 보호하기로 하였다. 이것은 국제간 협약의 움직임을 일으켜 마침내 1886년 스위스 베른에서 14개국이 모여 저작권에 관한 국제협약을 체결하기에 이르게 되는데, 협약 가입국 간에는 상대국가의 출판된 저작물과 상대국가의 시민이나 체재자의 미출판 저작물에 대해서 자국의 저작물과 같이 보호하기로 하였다. 두 번째 주요한 국제조약은 1952년 제네바에서 체결되고 1955년부터 발효된 세계저작권 협약(The Universal Copyright Convention, UCC)이다. 이 협약에 가입한 국가들은 외국의 저작물에 대해서도 최초의 출판지와 상관없이 국내 저작물과 동일한 보호를 할 의무를 지기로 하였다.[103] 한편 '관세 및 무역에 관한 일반협정(GATT)'의 우

---

102) '특허'와 '저작권'의 역사는 브리태니커 사전의 'patent', 'copyright'항목에 아주 간략히 잘 정리되어 있다.

103) 저작권을 주장하기 위하여 우리에게 익숙한 '©' 표시를 의무화한 것은 이 조약에서이다. 현재 세계저작권협회(WIPO)는 베른조약을 따라 이 표시를 의무화하지 않고 있다.

루과이 라운드에서 주요한 의제로 채택되었던 무역관련 지적소유권(TRIPs) 규정은 1995년부터 GATT를 대체한 WTO 체제에서도 그대로 받아들여져 조약 가입 국가들의 지적 소유권 관련법과 정책에 큰 영향을 미치고 있다.[104] 저작권은 최초의 도입 때부터 오늘날까지 다양한 변화를 겪어오면서 작가, 예술가, 출판인, 기타 저작물에 대한 권리를 가지고 있는 사람들에게 저작물을 복제, 출판, 배포, 공연, 방송할 수 있는 등의 배타적 권한을 부여함으로써 저작권자가 저작물에 대한 통제권과 경제적 이익 등 기타의 수익을 누릴 수 있게 하는 가장 중요한 사회적 제도로 정착되어왔다.

　지적재산권, 특히 저작권의 등장과 변화의 과정은 저작물을 제작, 출판, 유통하는 기술의 발전과 밀접한 연관을 가졌다. 처음 저작권이 등장하였을 때의 기술적 배경은 활자 인쇄술의 발전이다. 인쇄술의 발달은 같은 저작물을 짧은 시간에 대량으로 복제할 수 있는 길을 열었는데, 이는 작가와 출판업자에게, 특히 후자에게 기회이자 위험이기도 하였다. 인쇄술이 대량 판매기회를 열어주는 것이었지만 동시에 그 기회에는 책을 복제해 판매하는 다른 출판업자에 의해 몰락할 정도의 손실을 입을 수도 있는 위험이 동반하는 것이었다. 이런 불확실한 상황에서 벗어나기 위하여 출판업자들은 법에 의해 보호되는 독점적 권한을 추구하게 되었고, 그 권한의 근거를 저작자로부터 권리를 양도받은 데에서 찾았다. 사실 저작자들의 권리 향상은 출판업자들이 이익을 추구하는 과정에서 어느 정도 부수적으로 이루어진 것이었다.

　저작권 등 지적재산권은 물질적 재산권에 유추하여 도입된 개념이었지만

---

104) 우리나라의 저작권 법령에 관해서는 저작권 심의조정위원회의 사이트 http://www.copyright.or.kr/를 참고. 미국의 경우 저작권과 공정이용에 관한 일차자료를 모아놓은 스탠퍼드 법대의 사이트(SUL Copyright & Fair Use Primary Materials) http-//fairuse.stanford.edu/primary/는 이 분야를 공부하는 사람에게 매우 유용하다. 저작권에 관련된 각종 국제조약은 박문석, 『현대저작권법』, 서울: 지식산업사, 1997을 참고.

처음부터 몇 가지 중요한 점에서 물질적 재산권과는 동일시될 수 없는 성격을 가졌다. 물질적 재산권과 지적재산권의 가장 중요한 차이점은 그 초점이 소유에 있는가 사용에 있는가에서 구별된다. 물질적 재산권은 소유의 정당성 여부에 초점이 맞추어진 개념이다. 일단 어떤 물적 재산을 정당하게 소유하면, 소유자가 자신의 소유물을 가지고 무엇을 하는가는, 타인에게 해를 입히지 않는 한, 재산권에서 중요한 일이 아니었다. 물적 재산권을 침해하는 것은 바로 이런 배타적인 소유권을 침해하는 것이다.

이에 반해 지적재산권의 고유한 문제는 소유의 문제라기보다는 사용의 문제라고 할 수 있다. 누가 어떤 저작물을 정당하게 소유하였는가의 여부보다는 저작물을 가지고 무엇을 해도 좋은가가 지적재산권의 고유한 문제인 것이다. 그러니까 지적재산권의 침해는 권리 소유자의 수중에 있는 무엇을 탈취하거나 훼손하는 것을 의미하지 않는다. 만일 저작자가 자신의 저작물을 탈취당했다면 그것은 물적 재산권의 문제일 뿐이다. 그렇다면 저작권침해란 저작자의 어떤 권리가 침해되었다는 것인가? 그 권리의 성격은 무엇이며 어떻게 정당화될 수 있는가?

저작권은 저자에게 자신의 저작물을 자신의 것으로 공표하고 저작물로부터 발생하는 수익을 누릴 수 있는 배타적 권리를 부여하는 것이다. 저작권침해는 이런 배타적 권리를 침해하였다는 것을 의미한다. 그러나 저작권의 이런 배타적 성격은 물적 재산권과 달리 그렇게 '자연스러운' 것은 아니다. 물적 재산의 경우 동일한 물건에 대한 한 사람의 사용은 그에 대한 다른 사람의 동시적이고 전면적인 사용과 양립하기 어렵기 때문에 재산의 성격 자체가 어느 정도 배타적 성격을 갖는다고 할 수 있다. 반면에 저작물의 내용은 그런 배타적 성격을 갖지 않는다. 어떤 저작자가 사용한 표현을 다른 사람이 사용했다고 해서, 또 저작자의 작품을 다른 사람이 복제했다고 해서, 저작자가 자신의 저작물의 내용이나 표현을 사용할 자유가 상실되거나 축소되는 것이 아니다. 오히려 물적 재산과 달리 지적 저작물은 타인이 그 저작물을 사용함으로써만 저작자에게 수익을 가져다줄 수 있다. 그러니까 재산권으로서의 저작권의 초점은, 저작물이 설령 정당한 절차를 거쳐 사용자의 수중에 있더라도, 그것의 사용방식을 통제해서 저작권자가 수익을 누릴 수 있도록 보호하는 데에 있는 것이다. 지적재산권은 그 자체 배타적 성격을 가질 수 없는 재산에 배타적 권리를 부여하여 성립한 것이다. 그러므로 저작권은 자연적 권리라기보다는 특정한 사회적 목적을 위해 설정된 권리라고 할 수 있다.

실제로 그것이 '자연스러운' 권리가 아님을 반영하듯 저작권은 재산권 형태 중에서 가장 짧은 역사를 가지고 있다. 재산권은 초기에 저작자의 경제적 이익, 학문과 예술의 발전, 그리고 지식에 대한 권력의 통제라는 복합적 관심에서 도입되었다. 그러나 이 세 가지 관심이 언제나 조화롭게 공존할 수는 없었다. 사상과 표현의 자유가 헌법적 권리로 인정받게 되면서 저작권은 더 이상 권력의 선호에 따라 부여되는 것이 아니고, 따라서 지식을 통제하는 수단일 수 없게 되었다. 이에 반해 학문과 예술의 발전이라는 사회적 목적은 점차 강조되어 마침내 저작권 보호의 가장 중요한 목적으로 규정된다. 저작자의 경제적 이익을 보호하는 것은 그런 목적의 달성을 위한 수단이지 그 자체가 최종 목적이 아니라는 원칙이 정착된 것이다. 지적 재산에 관련된 법률을 제정할 의회의 권능에 관하여 "의회는 (……) 한정된 기간동안 저작자와 발명가들에게 그들의 저술물과 발견물들에 대한 배타적 권리를 보호함으로써 학문과 유용한 기술의 발전을 촉진할 (……) 권능을 갖는다"[105]라는 미국 헌

---

105) Article 1 Section 8 Clause 8-Patent and Copyright Clause of the Constitution. [The Congress shall have power] "To promote the progress of science and useful arts, by securing for limited times to authors and inventors the exclusive right to their

법 제1조 8장 8절의 규정은 현대적인 저작권 이해의 가장 중요한 이정표가 된다. 미국의 경우 "학문과 유용한 기술의 발전"을 촉진하는 것이 지적재산권 보호의 목적이라는 원칙은 법전의 문구에 그치지 않고 수많은 판례들을 통해서 천명되어왔고 지적 재산권과 관련된 분쟁에서 최상위의 규범으로 작용하고 있다. 그러나 주의할 점은 저 사회적 유용성의 원칙이 저작자의 '자연적' 권리를 전면적으로 부인하는 것은 아니라는 사실이다. 의회의 권능은 '학문과 유용한 기술'의 발전을 위하여 저작자의 권리를 '보호하는'(secure) 것이지 '창출하는'(create) 것이 아니다.[106] 사회적 유용성이 저작권에 대해 우선성을 갖는다는 것은 다소간 불명확한 저작권을 사회적 유용성을 최대화하는 방향으로 구체화한다는 것을 의미하는 것이지 사회적 유용성의 이름으로 저작자의 권리를 무효화할 수 있다는 의미는 아닌 것이다.

　저작권이 저작권자들의 경제적 이익을 보호하고 그를 통해 재능 있는 자들의 창조적 노력을 학문과 예술의 영역에 유입시키는 기능을 한다는 것은 일찍부터 널리 인정되었지만, 또한 저작권 등 지적재산권을 무제한적인 권리로 인정할 경우 지식과 예술, 기술의 발전에 부정적 영향을 미치게 된다는 것도 마찬가지로 일찍부터 인식되었다. 만일 저작자에게 아이디어나 사실에 대해서마저 독점적 권한을 부여한다면 그것은 타인의 정신적, 지적인 자유를 구속하고 학문과 예술의 발전을 저해하는 일이 될 것이다. 또 저작자가 자신의 저작물에 대한 사용방식을 부당하게 제한하거나 혹은 지나친 대가를 요구하는 것 역시 사용자의 권리를 침해하고 학문과 예술의 발전에 부정적으로 작용할 수 있다. 그래서 저작권과 관련해서는 언제나 저작권의 적절한 제한이 문제가 되었다. 일찍부터 지적재산권에 제한된 기간을 설정했던 것은 그

respective writings and discoveries"
106) http://supreme.findlaw.com/constitution/article01/39.htm1#1 해설 참조.

런 부작용을 방지하기 위한 가장 중요한 장치였다.

저작권에 한시성을 부여하는 것과 함께 저작권의 지나친 배타성을 제한하기 위해 정착된 다른 장치는 소위 '공정이용'을 허용하는 것이었다. 비영리적인 사적인 목적, 교육과 연구 등의 목적을 위한 사용 등 사용자의 공정한 권리라고 여겨질 수 있는 범위에서 사용자가 저작자의 허락을 구하지 않고 저작물을 사용할 권리를 인정하는 것이다. 현재 공정한 이용에 해당되어 저작권자의 허락 없이 저작물을 이용할 수 있는 경우로 널리 인정되어 있고 한국을 비롯하여 대부분의 저작권법에 명시되어 있는 것들 중에 가장 중요한 것은 다음과 같은 경우들이다. 사적이용을 위한 복제, 학교교육목적 등에의 이용, 시사보도를 위한 이용, 공표된 저작물의 보도·비평·교육·연구 등을 위한 인용, 영리를 목적으로 하지 아니하는 공연·방송을 위한 이용, 도서관 등에서 조사·연구·자료보존·상호대차 업무 등을 위해 복제하는 것, 시험문제로서의 복제, 점자에 의한 복제·배포 등.[107] 물론 위에서 열거된 것처럼 비영리적, 교육적 목적 등에 사용된다고 해서 저작물의 사용이 언제나 정당화되는 것은 아니다. 저작자의 허락을 받지 않은 저작물의 사용이 공정한 이용에 해당되기 위해서는 사용의 목적 외에도 저작물의 성격, 사용된 부분이 저작물 전체에서 차지하는 비중, 그리고 저작물의 사용이 저작물의 잠재적 시장이나 저작물의 가치에 미치는 영향 등이 고려되어야 한다.[108] 앞으로의 논의를 위하여 공정한 이용 여부를 가릴 때 고려되는 이 4가지 기준, 즉 사용의 목적(purpose), 저작물의 성격(nature), 사용의 양(amount), 그리고 시장영향(effect)에 대해 조금만 더 자세히 살펴보자.

---

107) 저작권법 22-30조 참고.
108) 미국 저작권법 107조; Bonnie F. Dunn, Fair Use: "Overview and Meaning for Higher Education", http : //www.cetus.org/fair5.html 참고.

저작권 제정의 목적에 따르면 저작권의 궁극적 목적은 저작자의 재산권 보호가 아니라 학문과 예술의 발전 등 사회적 이익을 진작시키는 것이다. 그러므로 저작자의 상업적 이익은 문화창달을 위해 필수적인 활동인 교육과 연구, 비평 등의 작업을 제한하는 정도로 주장될 수 없다. 그러나 저작권자의 배타적 권리는 사회적 유용성과 대립될 때 언제나 무효화되는 것은 아니다. 저작권은 부분적으로는 준자연적 권리이기도 하고, 또 그것의 배타성이 원칙적으로 지켜질 때만 학문과 예술의 영역으로 창조적 재능을 유입시키는 저작권의 긍정적 기능도 발휘될 수 있는 것이다. 그래서 교육과 연구를 위하더라도 지나치게 많은 부분이나 부수를 복제하는 것은 공정한 이용에 해당하지 않을 수 있다. 또 단순한 복제보다는 인용이나 비평, 혹은 새로운 창작을 위한 재료로 사용하는 경우가 공정한 이용으로 여겨질 가능성이 높다. 대부분의 나라의 저작권법에서 공정이용에 관해 가장 관대한 경우는 교육목적에 사용하는 경우이다. 복제에 대해 비교적 엄격한 미국의 경우에도 수업에서 사용하기 위한 경우에 다수의 복제도 공정한 이용에 들어갈 수 있는 것으로 규정하고 있다.

저작물의 성격에 관련해서는, 대개 출판되지 않은 저작물을 저작권자의 허락 없이 사용하는 것은 출판된 저작물의 경우보다 공정이용으로 인정되는 데에 불리하다. 자신의 저작물을 출판 등의 방법으로 공중에게 공표할지 여부나 언제 공표할지를 결정할 수 있는 저작자의 권리를 침해하는 것은 저작자의 수익권만이 아니라 표현의 자유와 인격권에 대한 침해일 수 있기 때문이다. 또 학술적 저작이나 사실 기술적인 성격이 강한 저작물들은 대중적인 소비를 위한 저작물들에 비해 좀 더 쉽게 공정이용의 대상이 될 수 있다.

사용의 양(amount)에는 질적인 차원도 포함된다. 그러니까 인용이나 복제된 부분이 원저작물에서 양적으로 어느 정도를 차지하느냐와 함께 질적으로 어느 정도의 비중을 갖는가도 중요한 고려 사항이다. 사용된 부분의 중요성(substantiality)을 평가하는 데에 한 가지 방법만 있는 것은 아니다. 저작권에 관한 판례들을 통해서 여러 가지 방법이 시도되었는데 대표적인 것으로는 저작물 전체에 대해 어떤 비중을 갖는가를 중시하는 총체적 검사법과 저작물의 사용이 저작권으로 보호될 저작물의 독창적인 요소들을 얼마나 차용하고 있는지를 가려내는 해체 검사법을 들 수 있다.[109]

시장영향의 요소를 고려하는 것은 저작물 사용의 내용적 측면보다는 사용의 경제적 결과에 주목하는 것이다. 판매를 위하여 공표된 저작물은 원칙적으로 대가를 지불하고 구입되며 기타 저작권자에 의하여 허락된 방식으로 사용될 것이 기대되고, 저작권법은 그런 기대에 법적 권리의 성격을 부여하였다. 그래서 구입 등의 방식을 통하지 않고 저작물을 취득하거나 허락되지 않은 방식으로 사용할 경우 그런 사용이 저작물의 시장에 영향을 미치지 않을 때에만 공정이용으로 인정될 수 있다. 보통 시장영향을 측정하는 것은 어려운 일이기 때문에 이 문제는 사용의 목적과 긴밀한 연관을 갖는다. 사용의 목적이 교육과 연구 등이면 시장영향이 적다고 인정되는 반면 상업적 목적을 위한 사용은 공정이용으로 인정되기는 매우 어렵다.

저작권자의 동의를 받지 않은 사용이 공정이용에 해당하는가의 여부는 위에서 언급한 4가지 요소를 고려한 끝에 결정될 수 있는데, 그러한 고려를 위하여 어떤 뚜렷한 기준선이 있는 것은 아니다. 4가지 기준을 모두 만족시킬 경우만 공정이용일 수 있다는 규정도 없으며 각 요소의 비중이 얼마나 되는지에 대한 규칙도 없다. 각 요소들을 고려했을 때 전체적인 비중이 공정이용을 지지하는가 그렇지 않은가를 저작권법, 사회적 관행, 일반적인 공정성 개

---

109) 리차드 세버슨, 추병환·류지환 역,『정보윤리학의 기본원리』, 철학과현실사, 2000, 70쪽.

넘에 비추어 판단하는 것이다.

공정이용은 저작권 문제에서 아주 핵심적인 사항이었으면서도 법적으로는 아주 불분명하여 끊임없는 논쟁거리였다. 그럼에도 불구하고 널리 공유된 평가에 따르면 저작권과 공정이용은 어떤 균형을 이루어 한편에서 저작자들에게는 자신의 저작물과 관련하여 경제적 수익을 누릴 수 있게 함으로써 창작의욕을 고취시키고 다른 한편 사용자들에게는 지적 저작물들에 대한 접근의 기회를 충분히 개방하여 학문과 예술의 발전에 기여해왔다. 그런데 저작, 공표, 출판, 배포가 점차 컴퓨터와 고속의 통신기술 환경에서 이루어지면서 종래 인정되어오던 공정이용의 방식에 근본적인 의문이 제기되었다. 저작권자 혹은 저작권 사업자들이 공정이용의 관행이 저작권을 심대하게 침해하는 결과를 가져온다고 하여 엄격히 제한할 것을 요구하기 시작한 것이다. 그런데 이러한 요구는, 과격한 정보공유론자들이 주장하듯이, 단지 저작권 사업자들의 상업적 이기주의만을 반영하는 것으로 치부될 수는 없다. 실제로 디지털 환경은 창작, 복제와 배포 등의 방식을 워낙 심대하게 변화시켜서 아날로그식 종이인쇄 기술의 조건에서 성립되었던 공정이용의 방식을 전면적으로 재고하게 하는 것을 불가피하게 한다.

저작권과 공정이용의 원칙이 저작자와 사용자에게 만족할 만한 균형을 이룰 수 있었던 것은 부당한 복제를 삼가는 윤리의식이나 혹은 사회적 합의만이 아니라 복제의 기술적 한계도 한몫을 하였다. 적지 않은 복제의 비용, 그리고 원본과 복제의 질의 차이 등은 복제물의 매력을 감소시키는 중요한 요인이었던 것이다. 지난 몇십 년간 사진복사(photocopy) 기술은 복제본의 매력을 크게 증가시켜 저작물 시장에 어느 정도 위협적인 영향을 미친 것은 사실이었다. 그러나 그 영향도 일부 인쇄물의 시장에 해당된 것이었고 모든 저작물들에게까지 미친 것은 아니었으며, 공정이용의 원칙 자체를 위협할 만한 것은 더욱 아니었다. 그러나 저작물의 생산, 저장, 유통이 디지털 매체를 통해 이루어지는 비중이 늘어나면서 이런 사정은 크게 달라졌다. 디지털 환경에서는 원본과 원칙적으로 질적으로 동일한 복제본을 극단적으로 적은 비용으로 단시간에 대량으로 제작할 수 있을 뿐 아니라 또한 발달된 통신망을 통하여 순식간에 유포시킬 수 있게 되었다. 또 멀티미디어 기술로 인해 저작물을 쉽게 합성, 변형할 수 있고 다른 유형의 저작물로 변환할 수도 있어 한 저작물을 대폭 이용하면서도 그 저작물과 전혀 동일성을 유지하지 않는 다양한 방식들이 가능하게 되었다. 대부분의 저작물들의 창작, 복제, 배포, 응용, 공연, 실연 등 저작권과 관련된 행위들이 디지털 매체를 매개로 이루어지는 기술적 조건에서 저작권자의 권리는 어떻게 보호될 수 있는가? 저작권자의 권리를 보호하면서 공정이용의 원칙도 지켜질 수 있는 것인가?

3. 디지털 환경과 공정이용에 관한 쟁점

공정이용은 모두 상업적 계약으로 대치될 수 있는가

디지털 환경에서 가장 문제가 되는 것은 복제다. 아날로그식 인쇄 시대에는 사적 이용을 위한 복제는 위에서 언급된 4가지 기준에 비추어 볼 때 공정이용으로 인정될 가능성이 높았다. 사적 이용을 위하여 많은 양을 복제하는 것은 노력과 비용, 그리고 복제물의 질에 비추어 볼 때 복제하는 사람에게 큰 이익이 되지 않는 경우가 많았다. 그래서 복제는 주로 저작물이 구입하기 어려운 것이거나 혹은 너무 가격이 비싼 경우, 그리고 저작물의 일부분만이 필요한 경우에 행해졌고, 이것은 저작물의 판매시장을 크게 위협하는 것은 아니었다. 다만 학술잡지의 경우 연구자들이 구입하기보다는 복제하는 경우가 워낙 많아 사적 이용을 위한 복제가 저작물의 판매시장에 영향을 준다고 말할 수 있는데, 이 경우에도 저작권자들은 학술기관이나 도서관에서 구입하는 잡지의 가격을 높게 책정함으로써 어느 정도 성공적으로 문제를 해결해왔다. 그러나 디지털화된 저작물의 경우 복제는 거의 비용을 들이지 않고 극히 신속하게 이루어질 수 있다. 더욱이 복제물의 질은 원칙적으로 원본의 질과 구별되지 않는다.

복제가 저렴하며 복제물이 원본과 동일한 질을 갖기 때문에 사적 이용을 위한 복제의 매력은 이미 상당히 큰데, 게다가 복제할 원본을 구하는 일까지 어렵지 않다면 아마도 복제의 매력은 극대화될 것이다. 가령 저작물을 다른 사람이나 도서관으로부터 쉽게 빌릴 수 있다면, 혹은 통신망으로 연결된 데이터베이스에서 필요한 저작물들을 간단히 다운로드할 수 있다면, 복제는 경제적으로 극히 효율적인 행위가 될 것이다. 이런 상황은, 사용자들이 특별히 아날로그 시대보다 더 복제를 부정적으로 여기는 윤리적 의식을 가지고 있지 않다고 전제한다면, 복제를 크게 증가시킬 것이며 저작물의 판매시장은 이에 영향을 받지 않을 수 없을 것이다. 물론 복제를 하는 사람이 다른 가능성이 없었다면 모두 저작물을 구입했을 사람들은 아니고, 따라서 복제의 양만큼 저작물의 판매량이 감소하는 것은 아니다. 그러나 다수의 사람이 복제를 하는 것이 분명 저작물의 잠재적 시장에 영향을 미친다는 사실은 부정할 수 없다. 인쇄술의 발달이 초기에 출판업자들에게 기회이자 큰 위험이었듯이 디지털 환경도 저작권 사업자들에게 새로운 기회이자 커다란 위협인 것이다. 저작권 사업자들이 이런 상황에 대해 민감하게 반응하는 것은 당연한 일이다.

저작권 사업자들은 디지털 환경이 사적 이용을 위한 복제, 도서관에서의 대여, 연구를 위한 분석 등 과거에 공정이용으로 여겨졌던 행위들을 더 이상 저작권과 양립할 수 없도록 만들었다고 여긴다. 디지털 환경에서 저작권자들은 이제 사용자들에게 포괄적인 사용허가가 아니라 저작권자가 인정하는 제한된 사용허가만을 줄 수 있다는 것이다. 저작권 사업자들은 이렇게 아날로그 시대에 통용되었던 소위 첫 판매(first sale) 원칙의 종언을 선언한다. 첫 판매 원칙하에서는 저작권자가 일단 저작물을 판매하면 구입한 자는 대량으로 복제하여 판매하는 것이 아니라면 대여 등을 포함하여 자신이 원하는 대부분의 방식으로 저작물을 사용할 수 있었다. 저작권자의 권리는 저작물을 처음 판매할 수 있는 권리였지 이후 저작물의 사용방식을 규제하는 것이 아니었다. 사용자가 자신이 구입한 책을 이웃에게 빌려주거나 남에게 판매하는 것은 저작권자가 관여할 일이 아니었다. 이제 저작권 사업자들은 저작물이 사용자에게 '판매'(sale)된 것이 아니라 '사용허가'(license)된 것이라고 이해하고자 한다.

저작물 사용에 대한 이런 이해하에 전통적인 공정이용의 권리를 축소시키기 위하여 저작권자들이 택한 방법이 바로 상업적 계약의 방식을 도입하는 것이었다. 비영리적인 목적을 위한 행위라 하더라도 저작물의 복제, 대여, 변경 등을 하지 않는다는 등의 계약을 사용자들과 체결하는 것이다. 상업거래법은 계약당사자들이 자유의사에 따라 체결한 계약의 구속력을 일반적으로 인정하기에 저작권 사업자들은 이런 방식으로 공정이용으로 인한 문제를 극복해나가려 한 것이다. 그런데 소수의 특정한 사용자를 위한 프로그램 같은 저작물의 경우 저작권자와 사용자 사이에 이용의 방식을 규정하는 상업계약을 체결할 수 있지만 문제는 사용자들과 일일이 계약을 맺을 수 없는 대량상품 성격의 저작물의 경우였다. 저작권자와 명시적인 계약을 맺지 않은 대량상품의 사용자들은 저작물에 대한 종래 방식의 공정이용의 권리를 여전히 가질 수 있는 것 아닌가? 이 문제를 해결하기 위하여 저작권 사업자들이 널리 사용한 방법이 소위 피막포장지 허가(shrink-wrap license)이다. 저작물의 포장에 적힌 계약조건에 동의할 때만 포장을 뜯도록 경고문을 부착하고, 포장을 뜯는 것은 계약조건에 동의한 것으로 간주하는 것이다. 이런 사용허가 방식은 여러 가지 변형태들이 있는데, 가령 프로그램의 설치나 혹은 최초의 사용을 계약조건에 동의한 것으로 여기는 것 등이 그런 것이다.

그러나 널리 사용되는 이러한 계약방식은 많은 비판을 불러일으켰다. 우선 저작권법에 명시된 공정이용의 권리를 우회해가는 것이 과연 정당화될 수 있느냐가 문제였다. 사실 피막포장지 허가는 무용하거나 무효일 가능성을 담고 있는 것이다. 즉 피막포장지 허가가 저작물을 공정이용의 경우를 제외하고 다른 방식으로 사용할 수 없다는 내용만을 담고 있다면 ─ 저작권법이 이미 그런 보호를 제공하므로 ─ 불필요한 문구일 따름이고, 사용자의 권리를 저작권법에서 인정한 이상으로 제한하는 내용이라면 불공정 계약에 해당되어 무효일 수 있는 것이다. 특히 공정이용이 그 근거를 표현의 자유 등과 같은 헌법적 권리에서 갖는 것이라면 그것에 배치되는 상업적 계약, 그것도 계약조건에 대한 충분한 검토와 상호동의를 명시적으로 확인하지 않은 계약은 법적 효력을 가질 수 없는 것이다. 이런 비판 외에도 피막포장 허가방식은 두 가지 점에서 저작권 사업자들의 기대를 충족시키지 못하였다. 첫째, 사용자들이 계약조건에 별로 주목하지 않기 때문에 복제행위에 대한 저지효과가 별로 없다는 점이다. 둘째, 드물게 소송이 걸린 경우에 법원조차 저작권 사업자들에게 유리한 판정을 쉽게 내려주지 않는다는 사실이다.

복제방지를 위한 기술적 장치는 무조건 보호되어야 하는가

상업계약 방식을 통하여 저작권을 보호하고자 하는 방식의 불만족스러운 점을 극복하기 위하여 저작권 사업자들이 도입한 다른 한 방법은 저작물에 복제를 불가능하게 하는 기술적 장치를 삽입하는 것이었다. 사용자가 저작권자가 허락하지 않은 방식으로 저작물을 사용하는 것을 원천적으로 봉쇄하는 것이다. 거친 방법으로는 저작물을 저작권자가 허락하는 횟수 이상으로 복제할 경우 프로그램이 파괴되도록 하는 방식 같은 것들이 있고 부드러운 방식으로는 저작물에 복제할 때만 나타나는 일종의 잡음부호를 넣어 복제물과 원본을 가려낼 수 있게 하는 방법 등이 있다. 가장 세련된 방법은 저작물의 내용을 암호화(encryption)해서 암호를 푸는 코드(decryption key)를 통하여서만 접근할 수 있게 하는 것이다. 암호화는 현재 전자상거래 등에서도 보편적으로 사용되는 보안기법인데, 데이터의 비트를 복잡한 연산법에 따라 재배열해놓고 암호열쇠를 통해서만 정상적인 데이터로 식별될 수 있게 하는 방법이다.

그러나 암호화를 포함하여 어떤 기술적 자구책들도 저작권자들이 원하는 정도의 복제방지 효과를 가져오지 못하였다. 암호는 종종 해커들의 역엔지니어링을 통하여 해독되어 공개되곤 하였다. 이렇게 기술적 자구책만으로 한계를 느낀 저작권 사업자들은 복제방지를 위한 기술적 장치를 무력화하는 모든 행위를 불법화하도록 저작권법이 개정되어야 한다고 강력히 요구하게 된다. 그들은 복제를 방지할 수 있는 제도적 장치가 마련되지 않고서는 디지털 환경에 본격적으로 참여할 수 없다고 말한다. 그들은 또 자신들이 적극적으로 참여하지 않으면 정보통신기술이 열어놓은 가능성, 즉 정보와 저작물이 신속하고 저렴하며 다양하게 접근될 수 있는 가능성이 크게 축소될 것이며 그 피해는 결국 사용자에게 돌아갈 것이라고 말한다.

법개정을 위한 저작권 사업자들의 노력은 효력을 발휘하여 특히 미국의 행정부를 중심으로 복제를 극단적으로 금하는 방향으로 저작권 개정을 추진하게 된다. 당시 (1993년 기준) 행정부로서는 연 458억 달러의 무역수지를 올려주는 저작권 산업계를 보호하는 것은 중요한 일이었다. 1993년 기준으로 미국의 저작권 산업계는 부당한 복제 등으로 인하여 발생하는 손실을 150~170억 달러로 추산하였다.[110] 또 저작권 산업을 보호하는 것은 정보통신산업 분야 전체의 성장 잠재력을 극대화하기 위해서도 반드시 요청되는 것이었다. 디지털매체를 이용한 정보의 창출과 교환, 그리고 정보고속도로에서 유용한 통행이 늘어날수록 정보통신기술에 대한 수요도 증가할 것이기 때문이다.[111]

그러나 저작권 사업자들과 행정 권력에 의해 주도된 저작권법의 개정 움직임은 여러 가지 논쟁을 일으켰는데, 그 가운데 하나가 바로 저작권 사업자들이 스스로 저작권을 방어하기 위하여 기술적 장치를 사용하는 것이 과연 무조건적으로 보호되어야 하는가의 문제였다. 이 문제에서도 역시 쟁점은 디지털 환경에서 공정이용의 범위를 축소하는 것이 정당화될 수 있는지의 여부

110) Lehman 보고서 참고. 이 보고서의 전문은 http://www.eff.org/pub/ Intellectual_property/ipwg_nii_ip_lehman.report 등에서 볼 수 있다.
111) 복제를 방지하는 일은 저작권 사업자들의 관심사이기도 할 뿐만 아니라 또한 대부분의 선진국에서는 정부의 초미의 관심사이도 하였다. 저작권으로 인한 수입이 국민총생산에서 차지하는 비중이 큰 나라들에서는 정부는 대내적으로 저작권 분쟁을 해결할 수 있는 명확한 제도적 장치를 마련하고 대외적으로 저작권료의 손실이 발생하지 않도록 하는 국제적인 협약의 체결이 시급한 일이었다. 미국의 경우 클린턴 행정부는 1993년 '국가정보기반'(NII: The National Information Infrastructure 계획을 발표하고 구체적인 전망과 실행을 위한 실무연구팀을 구성한다. 실무연구팀의 세 위원회 중 하나는 정보정책 개발을 위한 위원회였는데, 이 위원회의 한 분과에서 NII의 조건에서 지적재산권이 어떻게 변형되어야 하는지를 다루고 있다. 1995년 9월에는 백서 또는 Lehman 보고서라 불리는 지적재산권의 변화 방향에 대한 방대한 보고서가 작성되었다. 유럽의 많은 국가들에서도 복제의 문제 등과 관련하여 저작권법을 재형성하는 것이 시급한 과제였다. 특히 유럽연합하에 경제공동체를 지향하는 유럽 국가들에게는 저작권 시장에서 국가들 사이에 서로 충돌하지 않는 저작권법의 제정은 필수적이었다. EC 집행위원회는 1988년 6월 "저작권과 기술의 도전에 관한 녹서"(The Green Paper on Copyright and the Challenge of Technology)를 발행하였고 이후 1991년에는 컴퓨터 프로그램의 법적 보호에 관한 이사회 지침, 그리고 1993년에는 저작권과 저작인접권의 보호기간 등에 관한 이사회 지침 등이 발행되었다. 유럽연합 이사회는 1998년 6월에 유럽연합차원에서 저작권법의 개정방향을 담은 보고서를 내놓고 각 국가들이 이 보고서의 지침에 따라 저작권법을 조정할 것을 요구하고 있다.

이다.

　미국의 경우 1997년 처음 하원에서 준비한 법안은(H. R. 2281)은 저작권 사업자들의 요구를 받아들여 국가정보 기관의 첩보수집활동 등의 경우를 제외하고는 저작물을 보호하기 위하여 삽입된 암호 등의 기계적 장치를 무력화하는 행위는 모두 불법화하는 내용을 담고 있었다. 그러나 이런 규정은 청문회 과정과 언론에서 정보공유운동 단체들뿐 아니라 컴퓨터 프로그래머나 도서관 업무 종사자, 그리고 공정이용 원칙의 수호자들로부터 심한 비판을 받았다. 저작권자들은 저작물들이 자신들이 원하는 방식으로만 사용되도록 강제할 권리를 갖는가? 더욱이 복제의 가능성이 있다고 해서 복제를 가능케 하는 기술마저 불법화할 수 있는 것인가? 암호의 경우, 연구를 위해서 또는 프로그램을 자신의 용도에 맞게 조정하기 위하여, 또는 다른 프로그램과의 호환성의 가능성을 탐색하기 위하여 사용자가 해독을 시도할 수 있는 것 아닌가? 도대체 저작권자가 자신이 원하는 방식으로만 저작물을 사용할 것을 강제한다면 그것은 헌법적 권리인 표현의 자유를 침해하는 것 아닌가? 디지털 환경이라 하더라도 사용자의 공정이용의 권리는 침해될 수 없는 것 아닌가?[112] 미국의 경우 1998년 10월 디지털 천년 법DMCA(Digital Millenium Copyright Act)이 의회를 통과하여 제정되기까지 바로 이러한 문제들이 치열한 쟁점을 형성하였다.[113]

---

112) 이런 문제제기를 한 가장 대표적인 인물은 아마도 법학자 새뮤얼슨(Pamela Samuelson)일 것이다. 최근의 글로는 "Why the Anticircumvention Regulations Need Revision", *Intellectual Property in the Age of Universal Access*, ACM, 2000.
113) 공정이용에 대한 치열한 논쟁이 있었던 미국에서조차 공정이용을 축소하고 저작권자들의 권리가 더 비중 있게 반영된 저작권이 채택되었다. 세계저작권협회에 가입해 있는 나라들은 국제협약에 의해 제약되기 때문에 서로 크게 다르지 않은 저작권법을 갖게 되는 것이 피할 수 없는 노릇이기는 하지만, 그래도 저작권 사업자들의 영향력이 미국에 비해 상대적으로 약한 유럽은 약간의 차이를 보이고 있다. 유럽의 경우 미국보다는 저작자의 저작인격권

반대 운동이 어느 정도 효력을 발휘하여 최종 법률에서는 복제방지를 위한 기술적 장치를 우회할 수 있는 예외적인 경우를 인정하였다. 그 중요한 경우를 예로 들면 다음과 같다. 1) 비영리적 목적의 도서관, 기록보관소, 교육기관에서 오직 저작권법에서 허용된 업무를 수행할 목적으로 복제하기 위한 경우, 이때도 저작물의 기술적 장치를 해제하는 외에 다른 방식으로 복제물을 입수할 수 없을 경우만 허용된다. 2) 법률적 조사, 정부의 관리에 의한 보호, 정보수집 활동을 위한 경우. 3) 다른 프로그램과의 호환성을 확보하는 데 필요한 요소를 찾아내기 위한 경우. 4) 암호연구를 위한 경우. 5) 청소년 보호를 위한 경우. 6) 개인정보 보호를 위한 경우. 7) 안전성 테스트를 위한 경우 등.[114] 사용자의 권리를 옹호하는 여러 비판 때문에 이런 예외조항이 들어가긴 하였지만, DMCA는 원래 저작권 사업자들의 요구에 의해 강한 영향을 받은 법안이었다. 복제방지 장치를 무력화하거나 복제 외에는 별다른 다른 용도를 갖지 않는 기술의 판매나 제공을 불법화한 규정의 경우 기술 자체를 불법화하는 것은 정당하지 못하다는 비판에도 불구하고 그대로 유지되었다. 그래서 DMCA는 한편에서 경우에 따라 암호해독이나 역엔지니어링 등을 인정하면서 그것을 위한 기술을 제공하는 것은 불법화하는 불균형을 보이고 있다. 이에 반해 유럽연합이 가입국에 권고한 지침에서는 복제 등을 할 수 있는 예외 규정은 비슷한데, 복제를 위한 기술 자체를 불법화하지는 않고 있다. 그

을 더 강하게 보호하는 반면 저작재산권에 관해서는 사용자의 공정이용권을 더 많이 인정하는 편이다. 우리나라의 경우 1957년에 제정된 저작권법을 1986에 전문개정하고 각각 1994, 1995, 2000년 1월 12일에 부분 개정하여 공표하였으며 저작권법 외에 프로그램 보호법도 제정(1986. 12. 31에 공표, 2000년 1. 28 전문을 개정)하는 등 디지털 환경에 맞는 법적 제도를 갖추기 위하여 노력해왔다. 그러나 공정이용 등에 관련 된 법규정이 그에 대한 치열한 논의과정 없이 외국의 사례를 수용하여 채택된 것은 유감스러운 일이다.
114) DMCA의 전문은 저작권심의조정위원회 http://www.copyright.or.kr/나 http://thomas.loc.gov/cgi-bin/cpquery/z?cp105:hr796 사이트 등 도처에서 볼 수 있다.

러나 유럽연합이 점차 미국의 선례를 따라가게 될 가능성은 매우 높다.

　DMCA는 순수히 미국 의회의 독자적 결정이라기보다는 디지털 환경에서 저작권 보호를 위해 복제방지를 무력화하는 행위를 규제하도록 하는 등의 지침을 채택한 세계저작권협회의 규정을 미국의 저작권법에 반영한 결과이기는 하다. 그렇지만 복제방지 기술을 무력화하는 기술 자체를 불법화하는 것은 세계저작권협회의 지침에 부합하는 유일한 길은 아니었다. 또 세계저작권협회의 지침이 성립되는 과정에서 미국의 저작권 사업자들의 영향력이 크게 작용하였다는 것도 널리 알려진 사실이다. 이렇게 저작권자들이 사용하는 복제방지를 위한 기술적 장치의 보호규정이 사회적 합의가 결여된 채 채택되었기 때문에, DMCA는 논쟁의 종결이 아니라 새로운 출발점을 의미할 따름이다.

　최근에 미국에서는 DMCA가 복제방지를 위한 기술적 장치를 무력화하는 기술에 대해 어느 정도까지 공정이용으로 판정할 수 있는지를 시험하는, 'DeCSS 소송'이라 불리는 흥미로운 재판이 진행되고 있다. 이 소송은 디지털 환경에서의 저작권과 관련된 논쟁을 주목해온 사람들에게 공정이용을 둘러싼 쟁점의 현주소를 파악하는 데에 냅스터사 사건보다 더 흥미로운 사건으로 여겨진다. DMCA가 현재 우리나라를 비롯한 세계 각국의 저작권법의 중요한 전범으로 작용하고 있기에 이 소송의 내용을 간략히 살피는 것은 공정이용을 둘러싼 논쟁의 현 단계를 파악하는 데에 도움이 될 것이다.

　소송은 2000년 1월 미국영화협회(Motion Picture Association of America, MPAA)가 유니버설(Universal), 패러마운트(Paramount) 등 할리우드의 8개 대형영화사를 대변하여 "2600: The Hacker Quarterly"라는 잡지의 발행인 콜리(Eric Corley)를 저작권 위반 혐의로 고소한 데에서 시작되었다. 소송의 발단은 콜리가 자신이 발행하는 잡지에 DVD의 스크램블 장치인 CSS를 푸는 코드를 게재한 데에서 비롯된다. 이 스크램블 장치는 영화사업자들이 영화를 디지털 매체에 담아 시장에 내놓으면서 복제를 방지하기 위하여 채택한 기술적 장치였다. 이 기술적 장치 때문에 DVD는 CSS가 장착된 재생기에서만 재생될 수 있고, CSS가 장착된 재생기는 복제를 위한 정보 처리는 지원하지 않도록 하였기 때문에 원천적으로 복제가 불가능하였다. 그런데 이 기술적 장치의 암호는 전혀 예상되지 않은 곳에서 영화사업자들이 경악할 정도로 빨리 해독되고 말았다. 마이크로소프트의 윈도가 아니라 리눅스를 사용하는 노르웨이의 한 소년이 DVD를 리눅스에서 볼 수 없는 문제를 해결하기 위하여 CSS의 암호를 해독하려는 시도를 하였고, 그는 어렵지 않게 이 일에 성공을 하였다. 그는 다른 리눅스 사용자들을 위하여 CSS의 암호를 풀 수 있는 코드를 통신상에 공개하였다. 콜리는 인터넷상에 공개된 DeCSS라 불리는 이 코드를 자신의 잡지와 웹사이트에 게재한 것이다.

영화사들은 이 프로그램이 복제방지를 위한 기술적 장치를 불법적으로 무력화하였으므로 DMCA를 위반하였으며, 더욱이 그 코드를 공개하였으므로 상업비밀을 침해한 것이라고 주장한다. 특히 DeCSS를 이용하면 DVD의 파일을 MPEG4 파일로 변형할 수 있는 길도 열리는데, 그래서 영화사들은 인터넷 사용자들이 MP3 음악파일을 공유하는 것과 같은 사태가 영화에서도 일어날까 두려워한다. 그러나 DeCSS의 변호인들은 CSS의 암호를 해독한 것이 복제를 위한 것이 아니라 호환성을 확보하기 위한 것이었으므로 공정이용의 경우에 해당한다고 주장한다. 또 코드는 단순히 기술이나 노하우가 아니라 일종의 언어이기 때문에 그것을 공개적으로 사용하는 것은 수정헌법 1조가 보호하는 표현의 자유에 해당하는 것이라고 한다. DeCSS의 변호인들은 또 DeCSS가 설령 DVD의 복제나 또는 변형을 가능케 하는 데에 사용될 수 있다고 해서 그것의 공개 자체를 불법이라고 할 수는 없다고 주장한다. 실제의 복제행위가 아닌, 복제를 가능케 할 수 있는 기술을 불법화하는 것은 부당하다는 것이다.

현재 DeCSS 소송은 피고인들에게 불리한 판결이 내려진 상태이다.[115] 법원은 DeCSS의 사용이 공정이용에 해당하지 않으며 그것의 공개가 표현의 자유에 해당하지 않는다고 판정한 것이다. 그러나 이 판정은 공정이용에 관한 논쟁의, 결코 종착점이 아닌, 하나의 중요한 이정표일 따름이다.

4. 디지털 환경은 공정이용을 불필요하게 하는가

저작권 사업자들이 디지털 환경에서 공정이용을 극단적으로 제한해야 한다고 주장할 때 가장 중요한 논거는 공정이용을 인정해야 할 여건이 더 이상 존재하지 않는다는 것이다. 공정이용이 허락된 것은 원래 사용자가 저작권자의 허락 없이 무료사용을 해도 좋다는 의미가 아니었다. 공정이용의 원칙은 저작권자가 저작물의 사용방식을 지나치게 제한하는 경우, 또 사용자가 저작권자로부터 저작물을 입수하는 데에 지나치게 많은 시간이나 경비가 드는 경우에 사용자의 권리를 보호하기 위한 것이었다. 만일 저작권자로부터 쉽게, 그리고 공정한 가격으로 저작물을 구입할 수 있다면 임의로 복제하거나 복제된 것을 사용하는 것은 공정이용이라고 하기 어렵다. 그런데 저작권 사업자들에 따르면 오늘날의 디지털 환경은 저작물을 습득하는 데에 필요한 거래비용(transaction cost)을 최소화하는 것을 가능케 하였다. 저작물이 디지털화되어 있을 경우 발달된 통신기술을 이용하면 저작권자에게 저작물 사용의 허

---

115) 2000년 8월 17일 콜리 측은 패소하였고 DeCSS를 자신의 웹사이트에 게재하는 것은 물론 다른 사람들에게 제공하는 등의 행위를 즉각 중지할 것을 명령받았다.

락을 구하고 필요한 저작권료를 지불하는 것을 간단히 처리할 수 있다. 공정이용을 축소해야 한다는 주장을 하는 사람들이 드는 또 하나의 강력한 이유는 저작권을 침해하는 복제가 다수 행해짐으로써 실제 사용자들의 부담이 늘어난다는 것이다. 현재 시장에서 거래되는 대부분의 지적 저작물들의 가격에서 거래비용이 차지하는 비중이 절반 이상을 차지하는 실정인데, 거래비용을 대폭 줄일 수 있는 디지털 환경으로 전환하지 못하는 결정적인 이유는 바로 복제의 문제 때문이라는 것이다. 만일 디지털 환경에서 사적인 복제를 방지할 수만 있다면 거래비용 감소의 혜택을 저작권자와 사용자 모두가 누릴 수 있으리라는 것이다.

저작권자들이 디지털 환경에서 공정이용의 문제가 재고되어야 한다고 주장하는 것은 충분히 이해되는 일이다. 그러나 정보 통신 기술에 의해 가능해진 정보생산과 유통의 새로운 차원이 적극 활용되지 못하는 것은 복제의 위험 때문이라는 저작권 사업자들의 주장을 그대로 받아들이기는 어렵다. 디지털 환경이 저작권 사업자들에게 위협적이 되었다면 그것은 부분적으로는 그동안 독점적인 생산·유통의 구조로부터 수익을 창출하는 데에 익숙해 있던 저작권 사업자들이 새로운 정보통신기술을 사용자 본위의 서비스로 편입하는 데에 미온적이었던 것에 기인한다. 또 현재 냅스터 소송 등에서 문제가 되는 정보공유방식이 저작권 사업자들의 수익에 어떤 영향을 미치는가에 관해서도 아직 확실한 결론을 내릴 수 있는 상태가 아니다.

냅스터사의 서비스는 분명 아날로그 시대의 기준으로 보면 저작권침해로 판정될 수밖에 없는 측면들이 있다. 하지만 정보에 접근할 기회를 늘리는 것은 동시에 정보에 대한 수요를 창출하는 효과가 있다는 것도 사실이다. 가령 음악파일 공유는 청취되는 음악의 양과 다양성을 증가시켜 음반구매의 수요자 층을 넓히는 데에 기여할 수 있는 것이다. 또 가장 많이 판매되는 음반의 음악이 공유되는 음악파일로서도 가장 인기가 높다는 것은 역으로 서비스와 마케팅에 따라 음악파일 공유를 음반판매의 확대로 전환시킬 수도 있다는 것을 의미하지 않을까? 아무튼 사용자들끼리 무료로 공유되는 음악파일이 그렇지 않았더라면 음반으로 판매되었을 저작물이라고만 보는 것은 분명 잘못된 판단이다. 이렇게 현재의 복제, 정보공유의 형태가 저작권자들에게 어떤 피해를 가져오는지가 확정적으로 알려지지 않은 상태에서 공정이용의 원칙을 폐지하거나 혹은 공정이용 여부의 결정을 저작권자들의 판단에만 맡길 수는 없다. 저작권자들의 이익, 학문과 예술의 발전, 그리고 표현의 자유 사이의 균형점을 찾는 일에서 저작권자들은 이해당사자의 하나일 뿐이다.

저작권자들의 정반대에 서 있는 급진적인 정보공유론자들의 주장도 경청할 만하지만 전적인 설득력을 갖지는 않는다. 경청할 만하다는 것은 정보공유론자들이 디지털 환경에서 상호부조나 공평성, 자유 등의 가치가 침식되는 것에 저항하고 있다는 점이다. 정보와 지식은 인간의 집합적인 지적 노력을 통하여 전승되고 산출되는 것으로서 분명 배타적 재산으로만 여겨질 수 없는 측면들을 가지고 있다. 프로그램의 작동방식을 알기 위하여 복제방지장치를 풀고 소스코드를 분석해보는 것, 비슷한 관심을 갖는 사람끼리 자신이 발견한 정보를 공유하는 것을 금하는 것은 오래 전승된 연구, 학습공동체 정신과 어긋난다. 또 저작권자의 이익이 생활세계적 삶의 양식을 훼손하면서까지 보호될 수도 없다. 가령 자신이 구입한 프로그램을 동료나 이웃에게 잠시 사용해볼 수 있도록 빌려주는 것조차 불법화하는 것은 지나친 일이다. "자유소프트웨어"(free software) 운동을 펼치는 스톨먼(R. Stallman)의 말처럼 저작권자들의 경제적 이익이 "시민들의 자발적 협조정신"을 희생시키면서까지 보호될 수는 없는 것이다.[116) 디지털 환경에서도 공정이용이 축소되어서는 안 된다는 주장의 배경에는 저작권 사업자들이 생각하는 것처럼 단순히 저작물을 무료로 사용하는 데에 길들여진 사용자들의 의식만이 아니라 지식과 정보를 인류의 공동자산으로 여기는 정신이 서 있는 것이다.

정보공유론자들이 지적하듯이, 심화되는 상업화의 경향에도 불구하고 정보와 지식의 세계에서는 자신이 발견한 것을 다른 사람들과 공유하는 것에서 가장 큰 만족을 느끼는 사람들이 여전히 많이 존재한다. 실제로 인터넷에서 자신이 필요로 하는 정보를 찾아보았거나 혹은 다른 사람의 도움을 구해본 사람들은 대부분 정보공유론자의 그런 지적을 사실이라고 수긍할 수 있을 것이다. 그러나 또한 저작자의 경제적 이익을 보호하는 것이 학문과 예술의 발전에 창조적 재능을 유입시키는 가장 중요한 장치라는 것은 부인하기 어렵다. 정보공유는 그 자체 바람직한 것이지만 자발적인 한에서, 그리고 타인의 권리를 해치지 않는 한에서 그렇다. 저작권자의 권리를 전혀 보호하지 않는 것은 정보의 철저한 상품화보다 오히려 문화의 발달과 개인의 자유에 더 악영향을 미칠 것이다. 강제된 정보공유는 금지된 정보공유보다 더 큰 해악을 가져올 수 있다. 그렇다면 무엇을 어떻게 할 것인가?

디지털 기술의 특성상, 그리고 물적 재산과 동일시될 수 없는 정보와 지식의 성격상, 표현의 자유나 사생활의 자유, 알 권리 등을 침해하지 않으면서 강제적인 법적 장치만을 통하여 저작권 문제를 다 해결한다는 것은 가능하지도 않고 바람직하지도 않다. 저작권자들이 비영리적 서비스를 강화하면서 사용자들의 공정심에 호소하여 저작권 보호의 필요성을 설득하는 길을 너무 일찍 포기하고 피막포장 허가나 혹은 복제방지를 위한 기술적 장치, 로비를 통

---

116) http://www.gnu.org/philosophy/why-free.html

한 입법 등 강제적 장치에 지나치게 의존해온 것은 지식과 정보의 세계에 대한 편협된 판단에 기인하는 것이라고 할 수 있다. 그렇다고 디지털 환경은 과격한 정보공유론자들 가운데 일부가 주장하듯이 저작권에 종말을 가져오지는 않을 것이다.

나의 생각으로 현 단계에서 중요한 것은 일종의 사회계약 정신을 부활시키는 것이다. 저작권 사업자들은 새로운 정보통신기술을 바탕으로 정보공유 서비스를 제공하는 사업자나 개인들과 지금처럼 기존의 법에 의존하여 대결만을 벌일 것이 아니다. 저작권자들만이 디지털 환경이 주는 이점의 독점적인 수혜자일 수는 없다. 오히려 그들과 한시적인 협정을 맺어 현재 정보공유방식이 저작권에 미치는 효과를 공동으로 분석하고 그 결과에 따라 저작권에 피해가 가지 않는 정보공유방식을 정착시켜나가기로 하는 것이다. 그것이 저작권자와 사용자의 이익을 함께 배려하면서 디지털 환경에 대처하는 자세라고 할 것이다. 이런 점에서 대부분의 음반회사들이 냅스터사와 어떤 타협도 하려 하지 않는 것은[117] 미래지향적인 태도라고 할 수 없는 것이다. 정보공유론자들도 저작권의 보호 없이 지금과 같은 속도로 지식과 정보가 축적될 수는 없을 것임을 분명히 알아야 한다. 타인에게 정보와 지식을 제공할 수 있다는 것은 분명 많은 사람에게 큰 기쁨이지만 일반적으로 강제될 수는 없는 것이다. 근대사회에서 산업생산과 상품경제의 발달이 소유권에 대한 새로운 합의를 요구하였고 노동과 공정한 교환에 근거한 물적 소유권이 정당화되었듯이, 오늘날 디지털 환경은 저작권에 대해서도 새로운 사회적 합의의 필요성을 제기하고 있는 것으로 보인다.

---

117) 냅스터사와 소송을 벌인 미국음반협회 소속사 중 BMG를 제외하고 다른 음반사들은 5년 동안 10억 달러를 내겠다는 냅스터사의 제안을 일축하였다. http://www.nytimes.com/2001/03/07

10장 근대와 폭력, 혹은
우리는 얼마나 비폭력적인가

1. 들어가는 말

　'우리'는 '폭력'을 '전반적으로' 부정적인 의미로 받아들인다. 과연 실제 폭력의 양이 그 이전에 비해 결정적으로 줄어들었는지에 대해서는 논란의 여지가 있겠지만, 폭력에 대한 전반적인 부정적 태도만은 분명 '우리'의 시대를 과거의 다른 시대와 구별해주는 중요한 표시 가운데 하나이다. '우리'는 시민들 사이의 갈등해결 수단으로서는 물론이고, 훈육의 수단으로서도, 심지어 범죄자를 처벌하는 경우조차도 가시적 폭력을 행사하는 것은 배격한다. 폭력의 행사는 이유를 막론하고 자신의 격을 낮추는 것으로 여겨진다. "폭력으로는 아무것도 이룰 수 없다"라거나 "폭력은 폭력만을 낳을 뿐이다"라는 구호는 교양 있는 시민들의 공유된 지혜인 것처럼 보인다. 폭력을 이렇게 배척함에도 불구하고 왜 언제나 다시금 폭력이 발생하는지 의아해하지만, 폭력에 대한 부정적 태도만은 변함이 없다. 그런데 '우리'는 어째서 이런 태도를 가지게 되었을까? 이 글은 바로 폭력에 대한 이런 '우리'의 태도의 기원을 살피고자 한다. 나는 '우리'가 그런 태도를 갖게 된 복합적인 메커니즘을 살펴봄으로써 한편으로 근대에서 새롭게 성취된 사회적 능력을 독해해낼 수 있으면서, 다른 한편으로 자기목적화된 반폭력주의 속에 들어 있는 기만적 요소를 찾아낼 수 있을 것이라 생각한다. 제대로 뒷받침할 수 있을지 모르겠지만, 내가 보여주고 싶은 것은 다음과 같은 생각이다. 나는 근대가 행위영역의 일부에서 폭력을 순화하고 감소시킨 측면이 있다고 생각한다. 하지만 근대가 폭력과 손을 잡을 수 없을 만큼 폭력과 그 자체로 모순된 것도 아니고 또 폭력을 다 제어할 수 있는 힘을 가진 것도 아니다. 특히 근대는 스스로 만든 폭력에 대해서는 그것에 '폭력'이란 이름을 붙이지 않음으로써 ― 이름을 없앰으로써 존재를 없애는 오래된 주술의 방법에 따라 ― 자신의 폭력성을 부정하고 인식하지 못하는 경향이 있다. 근대를 폭력의 부재로 본다든가 반대로 폭력을 근대의 숙명으로 보는 양극단의 사이에서 '근대'와 '폭력' 각각을, 그리고 또 양자의 관계를 복합적으로 파악할 필요가 있다.

2. 폭력의 주변화와 반폭력주의의 허위의식

자기통제적 태도의 일반화: 엘리아스의 문명화 테제

폭력을 전반적으로 부정적으로 보는 '우리'는 누구인가? 폭력에 대한 이런 태도가 근대와 그 이전을 구별해주는 한 특징이라면, 이러한 태도는 근대사회의 효과라고 할 수 있을 것이다. 그렇다면 그런 태도를 갖게 한 근대사회는 무엇인가? '우리'는 '근대'에 의해 어떻게, 그리고 얼마나 조형되었는가? 반대로 우리는 근대를 어떻게 조형하였는가? 우리는 얼마나 근본적으로 폭력을 배격하게 되었는가? 배격된 폭력은 사라진 것인가 아니면 '우리'의 가시권 밖으로 밀려난 것뿐인가? 근대의 연장선 위에서 마침내 우리는 '폭력'의 종식을 경험하게 될 것인가? 엘리아스(Norbert Elias)의 문명화이론은 이런 물음들에 접근할 때 가장 좋은 출발점이 된다. 무엇보다도 그는 근대성과 폭력에 대한 간결한 개념을 사용하며, 거시적 관점과 미시적 관점을 잘 결합하고 있다. 우리는 그가 사용하는 근대와 폭력의 개념을 좀 더 복합적으로 만들면서 근대와 폭력의 관계에 대한 우리의 인식을 확대해갈 수 있을 것이다.

엘리아스가 보는 근대사회의 가장 중요한 특징은 국가에 의한 폭력의 독점과 기능적 분화이다. 근대사회의 이런 기본적 특징은 이미 막스 베버가 분명히 지적한 바이지만, 엘리아스는 근대사회의 그런 특징이 개인의 의식과 태도에 행사하는 변화의 압력에 주목한다. 엘리아스가 말하는 문명화는 "육체적 폭력의 독점과 더불어 행위고리의 연장 및 사회영역 내의 의존성 증가와 동시에 일어나는 행동변화의 다양한 측면"이다.[118] 폭력의 독점이 이루어지고 기능적 분화가 이루어진 사회에서는 개인들의 행위고리가 길어지며 개인들 서로 간의 기능적 의존성이 커진다. 이런 사회에서는 "자신의 자연스러운 열정과 충동에 끌려가는 사람의 사회적 실존은 점점 더 커다란 위협을 받게" 되고, "그럴수록 자신의 감정을 자제하고 (……) 자기행위 또는 상대방 행위의 결과를 고려하도록 어려서부터 강한 압력을 받게 된다. 즉각적인 분노 표출의 억제, 감정의 진정, 현 순간을 넘어서 과거의 원인과 미래의 결과들로 엮어지는 연쇄고리로 사유영역을 확장해야 할 필요성"이 생기는 것이다.[119] 이런 필요성은 개인에게 "행위의 장기적 효과라는 관점에서 순간적 감정과 충동을 꾸준히 억제할 것을 강요한다. 그것은 개인의 내면에 항상 한결같은 자기지배를 키워주며, 이 자기지배는 단단한 고리와 같이 그의 모든 행동을 둘러싸고 사회적 수준에 맞게 그의 충동을 통제한다."[120] 외부통제가 전환되

---

118) N. 엘리아스, 박미애 역, 『문명화과정』, 제2권, 한길사 1999, 321쪽.
119) 위의 책, 312쪽 참고.
120) 위의 책, 326쪽.

는 것이다.

분노의 억제와 자기통제가 이런 메커니즘을 통해서 생겨난다면, 그런 태도는 도덕적 이성의 결단에 의한 것도 아니고 근대에 와서 처음 생겨난 태도일 필요도 없다. 그것은 사람들이 상호의존의 관계망과 행위의 연쇄고리를 길게 고려해야 하는 조건에서는 어디서나 나타나는 태도여야 한다. 개인적 문명화과정은 "경쟁의 압력하에 기능의 분화가 다수의 사람들을 서로 의존하게 만드는 곳, 물리적 폭력의 독점이 감정을 배제한 협동을 가능케 하는 동시에 필수적으로 만드는 곳, 그리고 타인의 행동과 의도를 끊임없이 계산하고 예상할 것을 요구하는 기능들이 생겨나는 곳에서는 어디서나" 발견된다.[121] 엘리아스는 한편으로 자기통제적 태도의 출현을 근대 이전으로까지 추적함으로써 저 메커니즘을 실증하려 하고 다른 한편으로 상호의존과 기능적 분화가 더욱 진행됨에 따라 앞으로 그런 태도가 더 강도 높게 요구될 것이라고 진단하는 것을 서슴지 않는다. 특히 궁정생활 속에서의 경쟁을, 그러니까 근대 정신의 대표자들이 비합리적 사치와 특권에 결부시켜 이해했던 현상을, 정확하게 계산하고 감정을 억제하는 태도의 중요한 원천으로 밝혀내는 대목은 엘리아스의 역사사회학의 큰 매력 가운데 하나이다.[122] 근대사회의 특징은 그런 태도가 모든 사회구성원들에게 동일하게 요구되기 시작했다는 것이지, 그런 태도가 처음 등장했다는 것은 전혀 아니다.

충동의 조절, 자기통제적 태도는 반드시 의식적으로만 수행되는 과정은 아니다. 어릴 때부터 자기통제의 훈련을 받은 개인은 이미 다소간 복잡한 행위고리를 고려하며 자기통제를 하는 데에 어느 정도 습관이 되어 있다. 그러니까 자기통제가 매번 고통스럽게 지금 현재 직접적으로 욕구를 실현하고자

---

121) 위의 책, 332쪽 참고.
122) N. 엘리아스, 박여성 역, 『궁정사회』, 한길사 2003, 특히 223쪽부터 참고.

하는 충동을 억누르는 방식으로 수행되는 것은 아니다. 그렇다고 인간의 욕구가 언제나 남김없이, 그리고 내적갈등 없이 통제될 수는 없고 또 그래서도 안 된다. 자기통제도 일종의 적응의 노력이라면, 욕구를 전적으로 희생시키는 자기통제는 잘못된 적응이다. 결국 자기통제에 가장 잘 성공했다는 것은 스스로를 통제하면서도 삶의 충족감 측면에서 "쾌락수지"[123]를 흑자로 맞추는 경우라고 할 수 있다.

이제 폭력을 '전반적으로' 부정적으로 보는 '우리'의 태도로 돌아가보자. 어떤 것에 대한 '전반적인' 부정적 태도란 거의 어떤 상황에서도 그것으로부터 이익을 얻을 수 있는 가능성이 아주 적은 경우에 성립한다고 할 수 있다. 이제 이런 심리적 규칙을 엘리아스의 이론과 결합하며 다음과 같은 결론에 이를 수 있을 것이다. 폭력에 대한 '전반적인' 부정적인 태도를 갖는 '우리'는 긴 연쇄고리를 고려하고 직접적인 욕구를 충족을 통제해야 하는 근대적 삶 속에서 쾌락수지의 흑자를 이룬 사람들이다. 물론 쾌락수지의 흑자 여부를 객관적으로 평가할 수 있는 것은 아니다. 동일한 사회적 여건 ─ 이것 역시 객관적으로 확정한다는 것은 불가능하지만 ─ 아래서도 개인의 욕망구조나 인지능력, 사회화의 과정에 따라 쾌락수지는 다를 수 있다. 쾌락수지의 면에서 중요한 것은 자기통제적 태도를 통해서 그렇지 않을 경우보다 더 많은 것을 향유하고 있다고 느끼는가의 여부이다.

만일 폭력에 대한 전반적인 부정적 태도가 근대사회의 조건에서 쾌락수지의 흑자를 맞춘 사람들의 태도라면, 그런 태도는 일반화될 수 있는가? 쾌락수지가 적자인 사람들에게 충동의 억제, 폭력의 부정은 어떤 의미를 가질 수 있는가? 그들에게 폭력에 대해 전반적으로 부정적인 태도를 갖도록 요구하는

---

123) N. 엘리아스, 『문명화과정』, 제2권, 331쪽.

것은 어떤 정당성을 가질 수 있는가?

　두 가지 경우를 생각해볼 수 있을 것 같다. 하나는 이상주의적 입장으로서, 충분한 노력 혹은 자기통제가 누구에게나 쾌락수지를 흑자로 맞추어줄 것이라고 가정하는 것이다. 하지만 이런 가정은 현실성이 떨어진다. 쾌락수지의 흑자를 맞추기 위해서는 상호의존 관계의 평화적 유지를 통해서 이익을 볼 수 있는 자원을 가지고 있어야 한다. 자기통제는 그런 자원의 하나지만 충분조건은 아니다. 자연적 소질, 개별적인 사회화의 여건, 가용한 물적 수단, 그리고 행운에 이르기까지, 상호의존 관계로부터 얻을 수 있는 것에 영향을 미칠 수 있는 요소들은 다양하다. 그러므로 자기책임에 기인하지 않은 불이익을 어느 정도 시정할 준비가 되어있지 않다면, 이상주의적 입장은 자원을 많이 가진 사람들의 이데올로기라는 비판을 면하기 어렵다. 다른 하나의 경우는 현실주의적 입장으로서, 자기통제적 태도의 약화나 단념을 쾌락수지의 적자만을 더욱 키울 뿐이라는 의미에서 비폭력적 태도를 추천하는 것이다. 하지만 사회적 관계는 오직 적응의 대상만이 아니라 또한 변화의 대상일 수도 있다는 것이다. 그러므로 이런 추천의 뒤에는 쾌락수지의 흑자를 내고 있는 사람들이 현재의 사회관계를 유지하겠다는 일종의 독점의지와 냉혹함이 자리하고 있다고 할 수 있다. 이상주의적 입장은, 개인들이 자기책임에 기인하지 않은 불이익을 어느 정도 상쇄하는 쪽으로 움직일 태세가 되어 있지 않는 한, 실제로는 이런 현실주의적 입장과 별반 다를 바 없다.

　이제 다음과 같이 물어볼 수 있다. 반폭력주의는 정치적, 법적, 경제적 힘을 가지고 있어서 자신들의 의지를 관철하기 위하여 가시적 폭력을 사용할 필요가 없는 사람들의 태도가 아닌가? 가시적 폭력을 반문명적인 것으로 낙인찍음으로써 자원이 적은 자들 ― 그리고 폭력을 갈등해결의 수단으로 삼는 빈도가 높은 사람들 ― 의 처지가 그들의 도덕적 자질의 부족에 기인한 것이라고 암시하려는 것은 아닌가? 반폭력주의는 폭력의 원인을 제거하기보다는 실제로는 공권력의 통제기능이 강화되게 하는 쪽으로 작용하지 않는가? 공권력의 가장 중요한 기능이 — 폭력의 독점을 통한 — 폭력의 방지에 있으니 말이다. 우리는 이런 의심을 자유민주주의와 관련하여 더 심화시켜볼 수 있다.

폭력의 비가시화: 자유민주주의의 포함과 배제의 논리

엘리아스에게 폭력의 독점과 기능적 분화라는 근대사회의 조건은 사회구성원 모두에게 보편적으로 부과된 조건이고, 개인에게 남겨진 과제는 이런 조건에 성공적으로 적응하는 일이다. 이런 조건에 적합한 자기통제적 태도를 익히지 못해 문제를 겪는 사람들이 있겠지만, 그런 부적응의 부담과 책임은 개인과 사회화를 담당하는 사람들이 져야 할 몫이다. 이런 폭력의 부재 혹은 감소과정으로 그려진 근대는 실제 역사적 근대의 모습과 거리가 멀다. 오늘날 근대사회의 형성과정에 관한 역사사회학적 연구들은 근대화가 산업의 발달을 중심적 요인으로 하여 내적, 자생적으로 진행된 점진적, 진화적, 필연적 변화 과정이 아니라 전쟁, 지정학적 요소, 국가 간 관계에서의 위치 등 나라마다 같지 않은 "역사적으로 우연적인 구도"[124] 위에서 이루어졌음을 밝혀주고 있다.[125] 근대화과정에 대한 이런 역사사회학적 계몽을 받아들인다 하더라도, 그래서 사회마다 근대화의 길도 서로 다르고 근대화의 성공이 약속된 것도 아니며, 나아가 성공한 근대화도 최종적인 사회상태라고 볼 수 없다

---

124) H. Joas, "The Modernity of War: Modernization Theory and the Problem of Violence", *International Sociology* Vol. 14, 1999, No. 4, 465쪽.

125) 근대사회의 형성과정에서 폭력, 특히 전쟁이 행한 역할에 관한 역사사회학적 연구들을 정리한 것으로는 다음을 참고. 신진욱, 「근대와 폭력-다원적 복합성과 역사적 불확정성의 사회이론」, 『한국사회학』 제38집 4호, 2004, 1-31쪽.

는 사실을 받아들이더라도, 잠정적으로 근대화의 중요한 수렴점을 말할 수는 있는 것으로 보인다. 그것은 국민국가와 자본주의경제이며, 이것을 정치적으로 표현한 것은 자유민주주의이다. 이런 생각이 틀리지 않는다면, 과연 근대가 폭력과 얼마나 먼지 혹은 가까운지를 따지기 위해서는 자유민주주의가 폭력과 어떤 관계에 있는지 물어볼 필요가 있다.

자유민주주의는, 그것의 대변자들의 자기이해에 따르자면, 타인의 자유를 침해하지 않는 한 모든 시민에게 최대한의 자유를 허용하며 공적 사안에 대한 결정에 시민들의 직·간접적 참여를 보장하고자 한다. 로크 이래 자유민주주의를 옹호하는 거의 모든 이론들이 천명하듯이, 자유민주주의는 갈등 해결 수단으로서의 폭력을 배제한다. 허용되는 폭력이 있다면 오직 폭력을 방지하기 위한 폭력뿐이다. 그러니까 사적 폭력을 제어하기 위해 국가가 독점하는 폭력과, 공권력이 변질되어 더 이상 시민들의 안전을 보장하는 것이 아니라 오히려 위협할 때 시민들이 행사할 수 있는 폭력, 그리고 법의 보호를 받을 수 없는 상황에서 자기방어를 위해 행사하는 폭력만이 허용되는 것이다.

이념적 측면에서 자유민주주의가 그 어떤 정치적 입장 못지않게 폭력을 부정적으로 보고 있다는 것은 분명하다. 하지만 자유민주주의는 동등한 시민계급에 속하지 않는 사람들을 어떻게 대하여야 할지에 관해서는 극히 빈곤한 논리만을 가진 이념이었다. 그러니까 자유민주주의의 섬세한 논리는 시민계급에 포함된 자들 사이에 적용되는 것일 뿐, 배제된 자들에 대해서는 이전의 공개적으로 차별적인 정치적 이념들보다 특별히 더 나은 모습을 보이지는 못하였다. 그나마 자유민주주의는 시민의 경계를 확대하는 문제에서도 매우 더딘 진행을 보였다. 가령 선거권 문제만 하더라도, 만인의 자유와 평등을 선언한 대혁명이 있었던 프랑스에서조차 즉각 모든 시민들에게 동일한 권리가 부여된 것이 아니었다. 자신의 자산을 가지고 있으며 경제적으로 독립적인 사람들만이 공적인 사안에 대해 특별한 이해관계에 빠지지 않고 자율적인 판단을 할 수 있다는 논리 – 프랑스만이 아니라 영국, 독일에서도 모두 볼 수 있는 논리 – 가 아주 집요하게 선거권의 확대를 막았다. 재산 외에도 종교, 성, 인종 등 사회구성원들을 시민적 공동체로 통합하는 것을 막는 요인들은 아주 더디게만 극복되었다.[126] 근대화의 선두에 선 나라들에서 보통선거권이, 그러니까 재산, 신분, 성별, 교육 수준과 상관없이 부여되는 선거권이 1차 대전 이후에나 현실화되었다는 것은 얼마나 사고의 경계가 사회적 경계와 맞물려 있는지 잘 보여준다.

시민계급에서 배제된 자들을 대하는 문제와 관련된 자유민주주의의 빈곤한 논리는 종종 그들에 대한 폭력을 용인하는 태도로 나타난다. 더욱이 그 폭력이 시민계급 자신이 직접 행사하는 것이 아닐 경우에는 용인을 넘어 묵시적인 환영의 태도를 보일 수 있다. 1990년대 초, 그러니까 소련과 동구권의 사회주의체제가 붕괴된 이후 명백히 자유민주주의 외에 선택이 가능하지 않아 보이는 시점에, 이미 후쿠야마(Francis Fukuyama)가 자유민주주의 체제로서 "역사의 종언"에 이르렀음을 선언한 이후에, 지젝(Slavoj Žižek)은 자유민주주의의 그런 폭력성을 아주 단호하게 고발하고 있다. 두 쪽에 불과한 아주 짧은 글이지만, '우리'의 반폭력적 태도를 돌아볼 수 있게 하는 기지에 찬 글이다. 지젝은 칸트의 프랑스혁명에 대한 평가를 거의 패러디하는 방식으로 자유민주주의의 위선을 지적한다. 1798년, 그러니까 프랑스혁명이 공포정치의 잔혹한 폭력과 왕당파의 반란을 거치면서 그 성과를 가늠하기 쉽지 않았을 때, 칸트는 혁명의 진정한 모습을 혁명적 사건들 자체가 아니라 혁명에 "직접 같이하지는 못하였으나 위험을 무릅쓰고라도 열광적으로 참여하길 소

126) G. Noiriel, "Der Staatsbürger", in: U. Frevert, H.-G. Haupt 편, *Der Mensch des 19. Jahrhunderts*, Essen 2004.

망했을 (……) 모든 관객의 마음속에 있는 것"[127)]이라고 말한 바 있다. 이에 빗대어 지젝은 1992년 구 동독지역의 로스톡(Rostock) 등에서 일어난 대규모 외국인 폭행사건[128)]에 대해 "이 사건의 진정한 의미는 신나치의 만행이 침묵하는 다수 대중의 승인 내지 최소한 '이해'를 받았다는 사실에서 찾아져야 한다"[129)]라고 말하였다. 그러니까 극우세력의 외국인 혐오와 공격은 자유민주주의적 규범을 익히지 못한 소수 일탈자의 행위가 아니라, 라캉(Jacques Lacan) 식으로 말하자면, 대타자의 욕망을 따른 것이다. 여기서 지젝은 전통적 인종주의와 "포스트모던한" 인종주의를 구별한다. 전통적 인종주의는 직접적이고 거칠며 유태인이나 흑인 등 특정 인종을 폄하한다. 포스트모던한 인종주의자들은 이런 인종주의에 반대한다고 선언한다. 그들은 로스톡 사건 같은 것에 경악을 표시하고 신나치 폭력에 분명히 반대한다고 말한다. 하지만 그들은 가령 이렇게 덧붙인다. 로스톡 문제는 감당하기 어려울 만큼 외국인이 들어와서 생기는 문제이니 이 문제를 어떻게 해결해야 할지 머리를 맞대고 고민해야 할 것이라고 말이다. 결국 포스트모던한 인종주의자들은 내심으로 인종분리정책을 지지하는 것이다. 지젝은 이런 포스트모던한 인종주의는 자신이 "인종주의의 반대편에 있다고 믿기 때문에, 그리고 바로 인종주의적 정책을 인종주의를 격퇴하는 정책이라고 천명하기 때문에"[130)] 더욱 위험

---

127) I. Kant, "Der Streit Der Fakultäten", 1798, in: I. Kant, Werkausgabe, 제9권, Frankfurt: M., 1977, 267-300쪽.

128) 1992년 8월 구동독지역 북쪽 끝 도시인 리히텐하겐(Lichtenhagen)의 로스톡 (Rostock) 지역에서 정치적 망명을 신청한 외국인들을 겨냥하여 발생한 극우세력의 난동사건. 거의 전쟁같이 치러진 전후 최악의 극우세력 난동 가운데 하나이다. 이 사건을 수천 명의 군중이 때로는 동조하면서 구경하였다.

129) S. Zizek, "The Violence of Liberal Democracy", *Assemblage*, No. 20, Violence, Space, 1993 Apr., 93쪽.

130) 위의 책, 93쪽.

하다고 말한다.

자, 이제 다시 물어보자. '우리'의 폭력에 대한 전반적인 부정적 태도는 실제로 얼마나 진정성을 갖는가? 혹시 우리는 폭력을 반대한다고 천명하지만 실제로 그것은 폭력을 '그들'의 일로 만들기 위한 일종의 허위의식은 아닌가? 폭력을 배제함으로써 실상 문제 자체를 배제하는 것은 아닌가? 이런 의문이 근거 없는 것은 아니라고 해보자. 그리고 '우리'가 의도적으로 그런 허위의식을 갖는 것은 아니라고 해보자. 그런 비의도적인 — 혹은 『역사와 계급의식』에서의 루카치처럼 강하게 표현해서 — '불가피한' 허위의식은 근대의 어떤 특성 때문에 생기는 것일까?

폭력의 탈사회화: 체계이론에서 본 폭력의 위치

폭력의 주변화에 대한 가장 극적인 설명은 체계이론에서 찾을 수 있을 것으로 보인다. 파슨스(Talcott Parsons)에서 루만으로 이어지는 체계이론은 근대사회가 독자적 논리에 따라 재생산되는 체계들로 돌이킬 수 없게 분화되었다고 진단한다. 각 체계 안에서 사람들의 행위는 오직 그 체계의 재생산 논리에 따라 편입된다. 가령 과학체계 안에서는 진·위, 법체계에서는 합법·불법, 경제체계에서는 지불·미불이라는 기준에 따라 행위가 조정되는 것이다. 물론 실제의 체계들에서는 재생산 논리에 이질적 요소들이 작용할 수 있다. 그러나 그러한 것들도 최종적으로는 재생산 논리를 위반하지 말아야 한다. 가령 과학체계에서 힘 있는 사람의 주장은 좀 더 쉽게 진리의 후보가 될 수 있겠지만, 명백히 진리가 아님이 판명된 순간에는 아무런 위치를 차지할 수 없다. 이렇게 각 체계가 독자적인 재생산 논리에 따라 움직인다면, 각 체계 안에 폭력이 자리할 공간은 없다. 혹시 폭력이 행사되더라도 일시적 잡음에 불과할 따름이다. 그러면 폭력은 어디에 위치하는가?

체계는 체계의 재생산 논리에 맞출 수 없는 행위를 배제한다. 가령 경제체계에는 다른 사람들이 그에 대해 지불할 용의가 있는 재화를 제공할 수 있거나 혹은 반대로 지불할 능력이 있는 사람의 행위만이 편입된다. 그렇지 못한 사람의 행위는, 따라서 그런 사람도, 경제체계로부터 배제된다. 하나의 체계로부터 배제된 자는, 물론 언제나 그런 것은 아니지만, 다른 체계로부터 배제될 가능성이 커진다. 가령 능력이 부족하여 경제체계에 제대로 편입되지 못한 사람은 문화체계에도 제대로 편입되지 못하고 마침내 합법적인 방식으로 자신의 필요를 충족시키기 어려운 처지에 놓일 수 있다. 이렇게 중요한 체계들로부터 배제된 사람들에게 필요의 충족을 위한 자원으로 남는 것은 결국 신체뿐이다. 체계에서 배제된 자들은 체계들이 제공하는 성과를 누릴 수 없기에 새롭게 '원시적' 상태에 놓이게 되는 것이다. 이들이 바로 필요의 충족을 위해 신체적 폭력에 의지하고 또 그런 폭력에 가장 많이 노출된다.

다시 또 묻는다. 반폭력을 천명하면서 우리는 체계에서 배제된 자들을 도덕적으로 배제하는 효과를 산출하는 것은 아닌가? 그것은 정말로 폭력을 없애려는 의지가 아니라 차별화를 위한 전략은 아닌가? 과학적 사고로 무장한 식민지지배자들이 유독 원주민과 관련해서만은 원인과 결과를 바꾸어 사고하였듯이, 그러니까 지배를 위하여 만들어낸 원주민의 미개성을 이번에는 지배의 이유로 삼았듯이, 우리의 반폭력주의도 배제된 자들의 주변에 울타리를 치기 위한 논리는 아닌가? 사르트르(Jean Paul Sartre)가 파농(Frantz Fanon)의 『대지의 저주받은 사람들』에 대한 서문을 쓰면서 프랑스인들에게 "그토록 자유롭고 인간적인 당신, 문화에 대해 허위에 가까울 만큼 과장된 존경심을 보이는 당신은 정작 자신이 식민지를 소유하고 있다는 사실, 당신의 이름으로 사람들이 학살된다는 사실에는 눈을 감는다"[131]라고 한 지적이 우리를 아주 비껴가는 것일까?

지금 우리가 폭력에 대한 우리의 부정적 태도 뒤에 감추어져 있을지도 모른다고 의심하고 있는 태도를 뭐라고 명명하면 좋을까? 아마도 '냉혹함'(callousness), 즉 "열정이 없는 잔혹함" 내지 "특별히 해칠 의도 없이 타인에 가하는 폭력"[132]이라고 할 수 있을 것이다.

3. 수평적 소통양식의 확대: 기든스와 하버마스의 근대성이론

그런데 지금 우리는 폭력을 부정적으로 보는 우리의 태도를 지나치게 비판적으로 보고 있는 것은 아닐까? 역사적으로 이루어진 성취를 간과하고 개선을 위해 의탁할 수 있는 지점마저 부정하는 비판은 현상을 유지하기 위한 또 하나의 방편일 수 있다. 하버마스가 이성의 비판적 잠재력을 남김없이 부정하는 후기구조주의의 입장을 새로운 유형의 보수주의로 규정했듯이 말이다. 그러니 한 걸음 뒤로 물러서서 물어보자. 폭력에 대한 우리의 태도는 단지 허위의식이 아니라 근대에 이루어진 긍정적으로 평가되어야 할 중요한 사회적 성취를 반영하고 있는 것은 아닐까?

나는 폭력에 대한 우리의 부정적 태도가 국가에 의한 폭력독점이나 매체

---

131) 프란츠 파농, 남경태 역, 『대지의 저주받은 사람들』, 그린비, 2004, 31쪽.
132) R. Collins, "Three Faces of Cruelty: Towards a Comparative Sociology of Violence", *Theory and Society*, 1, 1974, 432쪽. 콜린스는 이 글에서 폭력의 성격을 논하면서 '잔혹성'(cruelty)을 포괄적인 개념으로 하고 그 세 가지 양상으로 '잔인'(ferociousness), '냉혹', '금욕'을 든다. 콜린스는 근현대사회에서 격정적인 잔인한 행위는 줄어드는 반면 관료제화의 진행과 함께 냉혹함이 늘어날 위험이 있다고 말한다.

에 의해 행위가 조정되는 비중이 늘어났다는 사실보다, 일상적 삶에서의 교류방식의 변화에 의해 더 영향을 받았을 것이라고 추정한다. 중세 말 근대 초의 모든 서구국가들에서 일상적 폭력은 도처에 있었고 범죄로 여겨지지 않았다.[133] 폭력의 사회적 의미에서 보자면, 그러니까 폭력의 양이나 빈도가 아니라 폭력이 얼마나 사회적 교류의 정상적인 방식으로 수용되는가의 측면에서 보자면, 근대이전의 사회의 일상은 분명 더 폭력적이었다고 말할 수 있다. 일상적 폭력에 대한 이런 태도는 ― 국가에 의한 폭력도 아주 빨리 줄어든 것은 아니지만 ― 아주 점진적으로만 변화하였다. 공적 영역과 사적 영역의 분리는 일단 정치·경제적 삶에서보다 일생생활에서 폭력의 감소가 더디게 진행되도록 작용한 것으로 보인다. 이 분리로 인해 정치적 영역에서 형식적으로 성취된 평등권은 보호자와 피보호자, 가장과 여타 가족구성원, 친족 간 위계질서, 연령질서, 사회적 위세의 차이 등으로 짜인 일상생활에 쉽게 파고들 수 없었다. 그래서 폭력은 일상생활에서 훈육과 징벌의 수단으로서 오랫동안 용인되었는데, 특히 높은 사람이 낮은 사람에게,[134] 가장이 가족 구성원들에게 행하는 훈육 목적의 폭력의 경우가 그러하였다. 또 사람들이 재산이나 명예와 관련된 분쟁을 직접 해결하기 위한 폭력이나 젊은이들 사이의 폭력도, 정도가 지나친 것만 아니라면 묵인되었다. 폭력에 대한 이런 수용적 태도는 계몽주의적 노력에 적지 않게 힘입어,[135] 특히 교육기회의 확대와 더불어, 점진적으로 변화한다. 좀처럼 흔들리지 않는 젠더질서와 소규모 가족의 증가추세

---

133) Eva Lacour, "Faces of Violence Revisited. A Typology of Violence in Early Modern Rural Germany", *Journal of Social History* 34, No. 3, 2001 Spr., 649쪽 참고.

134) S. D. Amussen, "Punishment, Disciplin, and Power: The Social Meaning of Violence in Early Modern England", *The Journal of British Studies*, Vol. 34, No. 1, 1995 Jan., 4쪽 참고.

135) 계몽주의 운동이 일상생활을 변화시키기 위하여 행한 구체적인 노력의 사례들은 다음을 참고. 조순주, 「18세기 독일 대도시와 지방의 계몽지 비교연구」, 『부산사학』 제37집,

가 같이 작용하여 가정폭력은 오히려 현저하게 늘어나기도 했고,[136] 그래서 우리는 에밀 졸라(Émile Zola)가 19세기 후반 프랑스 사회를 사실적으로 그렸다는 소설 『나나』에서 안타깝게도 미모의 여인 나나가 매 맞는 소리를 여전히 들어야 하지만 말이다.

> 허구한 날 철썩철썩 때리는 소리가 그치질 않았고, 그것은 마치 그들 생활의 시계추 소리와도 같았다. 너무 매를 맞아 나나의 몸뚱이는 고급 비단처럼 부드러워졌다.[137]

이제 사람들은 일상생활에서 이런 폭력을 용인하지 않는다. 왜 그럴까? 폭력을 독점하는 국가의 권력이 늦게야 일상생활에까지 영향을 미치게 되어서일까? 혹은 매체를 통해 조절됨으로써 폭력이 자리할 여지가 없는 체계의 작동방식이 일상생활에서도 관철되기에 이른 것일까? 하버마스나 기든스에 따르자면 오히려 완전히 반대로 설명해야 한다. 하버마스에 의하면 생활세계는 단순히 경제와 행정이 독립하고 남은 사회의 잔여영역에 불과한 것이 아니다. 생활세계는 물질적 재생산의 압박으로부터 벗어나게 됨으로써 비로소 언어적 의사소통의 순수한 논리에 따른 합리화의 길을 걸을 수 있게 된다. 이제 좋은 근거 외에는 어떤 강제력도 작용하지 않은 채 이룩된 합의를 통해 행위가 조정되어야 한다는 요구가 생활세계를 실제로 변모시킨다. 기든스는 근현대사회에서 친밀성의 영역, 특히 성과 사랑의 영역에서 "순수한 관계"와 "합류적 사랑"이, 즉 오직 서로의 신뢰만이 문제 되는 수평적 인간관계가 형성되고 있음을 확인한다. 이제 친밀성의 영역은 선진적, 민주적 인간관계가 채 영

---

136) E. Lacour, 앞의 글, 662쪽.
137) 에밀 졸라, 정봉구 역, 『나나』, 을유문화사 1989, 240쪽.

향을 미치지 못한 곳이 아니라, 반대로 새로운 차원의 민주주의를 위한 소통 능력이 성장하는 곳이다.[138]

일상생활에서 확인될 수 있는 수평적 인간관계의 확대는 폭력에 대한 우리의 전반적인 부정적 태도를 긍정적으로 설명해줄 수 있는 유력한 근거로 보인다. 반폭력주의는 단지 다른 자원이 많아 가시적 폭력을 사용할 필요가 없는 사람들이 자신들을 하층의 사람들과 구별하는 방식이 아니라 수평적 관계의 경험을 통해서 실제로 익힌 사회적 능력의 표현일 수 있기 때문이다. 이런 연관성을 인정한다고 하더라고, 무조건적 반폭력주의가 정당화될 수 있는 것일까?

수평적 인간관계는 당사자들이 서로의 자유와 자율권을 인정하고 갈등을 오직 합의에 따라 해결하려는 의지를 가질 때 가능하다. 서로에 대한 충분한 신뢰가 성립하지 않을 경우, 수평적 인간관계는 인위적으로 설정된 조건 아래서만 성립할 수 있다. 당사자들의 모든 자연적, 사회적 차이가 그 자체로 의사결정에 영향을 미치는 것을 차단하는 장치 말이다. 그런 장치가 성립하지 않은 조건에서, 자신의 의사를 표시하고 의지를 관철시킬 수 있는 수단이 불평등하게 배분되어 있는 상황에서 어떤 폭력은 의사표시의 한 방법일 수도 있지 않을까?

이제 또다시 물어볼 수 있다. 우리의 무조건적인 반폭력주의는 삶의 극히 좁은 영역에서만 집중적으로 경험될 수 있는 수평적 인간관계로부터 형성된 과잉감수성의 표시는 아닌가? 아예 폭력을 대면조차 하지 않으려는 감수성은, 다양한 폭력을 구별하고 그런 폭력을 낳는 인간학적 기초와 사회적 구도를 읽어내려는 노력을 생략하기 위한 도덕적 위장술은 아닐까? 가시적 폭력

---

138) A. 기든스, 배은경, 황정미 역, 『현대 사회의 성, 사랑, 에로티시즘』, 새물결, 2000.

에 대해 민감해진 우리는 폭력을 사회적 성취로부터 배제된 자들의 영역으로 외재화, 주변화하는 데에 기여하고 있지는 않은가? 우리의 반폭력주의는 실제로는 '해방담론'이 아니라 폭력이 '우리'의 영역으로 넘쳐 나오지 않게 막으라고 촉구하는 '안전담론', '통제담론'이 되는 것은 아닌가? '우리'의 반폭력주의는 골목의 감시용 CCTV 증가로 위안을 얻는 성질의 것은 아닌가?

4. 폭력, 고통, 죽음, 권력: 폭력의 인간학적 기초

위계질서보다는 수평적 인간관계가 폭력과 친화성이 적다는 것은 분명하다. 하지만 수평적 인간관계의 확대와 함께 점진적으로 폭력이 소멸할 것이라는 기대는 폭력의 근본적인 차원 하나를 놓치고 있다. 언어적 의사소통을 통해 행위를 조정하고 문제를 해결하기 위해 노력할 수 있지만, 이런 노력이 문제 해결을 보장하지는 않는다. 많은 문제상황은 우리에게 아무런 억압 없이 충분히 논의할 여유를 놓지 않을뿐더러, 설령 그런 여건이 성립한다 할지라도 합의에 이른다는 보장은 전혀 없다. 합의에 따른 문제 해결이 이루어지지 않으면 어떻게 할 것인가?

두 가지 방식을 생각할 수 있다. 하나는 합의 자체가 당면한 문제의 해결보다 상위의 목적으로 작용하게 하는 것이다. 합의 의외의 방식으로 문제를 해결하기보다는 문제를 미해결 상태로 두는 것이 좋다는 공통의 확신이 있다면, 폭력의 사용은 거의 완전히 배제될 수 있을 것이다. 그러나 이런 가정은 인간학적 사실에 맞지 않다. 자족적 체계가 아닌 인간은 문제에서 자유로울 수 없으며 또 문제의 해결을 마냥 미룰 수도 없다. 최선의 해결방식이 없다고 해서 문제가 사라지는 것은 아니기 때문에, 최후의 방법으로라도 문제를 해결해야 한다. 그래서 폭력을 우선적 수단으로 삼지 않는다 해도, 최후의 수단으로서 폭력은 배제될 수 없다. 다른 하나의 방식은 합의의 이런 한계를 인식하고 문제 해결의 최종적인 수단으로서 폭력을 제삼자의 손에 두는 것이다. 국가의 폭력독점이 개인의 문명화를 가져왔다는 것은 이런 맥락에서의 이야기이다. 그런데 이런 해법도 최후수단으로서 폭력을 완전히 배제하지는 못한다. 국가 또는 제삼자가 공정하게 갈등을 처리해야 한다는 조건이 언제나 충족되지 않는다는 것만이 문제가 아니다. 공정한 제삼자의 입장은 종종 당사자들에게는 문제 해결이 아니다. 또 국가가 모든 종류의 갈등에 개입할 수도 없다. 그래서 심각한 갈등상황에서 사람들은 폭력으로라도 스스로 문제를 해결할 수밖에 없다는 판단을 할 수 있다. 물론 정말 다른 대안이 없었는지 따질 수 있고, 폭력적 수단을 사용해 문제 해결을 꾀한 것이 문제를 그대로 둔 것보다 더 나은 것이었는지 따질 수 있다. 그러나 내가 말하고자 하는 것은 그런 주관적 판단을 — 그리고 행동은 결국 주관적 판단에 따라 하는 것이다 — 완전히 막을 수 있는 방법은 없다는 것이다. "폭력으로는 아무것도 이룰 수 없다"라는 상투적 격언과 달리, 최후수단으로서의 폭력이 완전히 소멸될 가능성은 없어 보인다.

폭력이 최후수단이 될 수 있는 것은 인간이 신체적 존재라는 사실에 기초하고 있다. 이제까지 우리는 폭력을 이야기하면서 막상 폭력이 성립할 수 있는 가장 기본적인 조건, 즉 인간이 신체를 가진 존재라는 사실을 진지하게 다루지 않았다. 이 인간학적 사실로부터 출발해보면 폭력에 대한 우리의 부정적 태도를 설명할 수 있는 또 하나의 이유를 찾을 수 있을지 모른다.

폭력의 가장 전형적인 형태는 타인의 신체에 실제 고통을 가하거나 혹은 고통의 위협을 통해서 자신의 의지를 관철시키는 것이다. 신체적 고통은 피해자는 물론 가해자에게도 아주 쉽게 죽음을 연상시킨다. 죽을 가능성이 전혀 없는 고통에 대해서도 "아파 죽겠다"라고 말한다든가, 실제폭력을 행사할 의도가 없고 위협만 하고자 할 때도 "너 죽을래?"라고 말하는 우리의 언어습관에는 그런 연상체계가 반영되어 있다. 아마도 자기보존을 위한 신체의 조기경보체계가 그런 연상체계를 확립시켰을 것이다. 그런 연상체계가 어떻게 성립되었든 간에, 중요한 것은 신체에 가해지는 폭력이, 그것이 객관적으로 볼 때는 죽음으로 이어질 가능성과는 매우 거리가 멀다 하더라도 당사자들에게는 죽음을 연상시킨다는 사실이다.

살해 자체가 목적이 아닌 폭력은 신체적 죽음을 매개로 해서 상대에게 자신의 의지를 관철시키는 사회적 행위이다. 헤겔의 저 유명한 "주인과 노예의 변증법"은 폭력을 통해서 사회적 관계가 형성될 수 있는 방식을 극적으로 보여준다. 생사를 건 싸움에서 죽음이 두려워 굴복한 자는 죽음을 무릅쓴 승리자의 노예가 된다. 주인은 무엇이든 시킬 수 있고, 노예는 무엇이든 해야 한다. 그러니까 상대에게 죽음의 두려움을 느끼도록 폭력을 가하는 사람은 절대적 권력을 느끼게 되고, 반대로 죽음의 두려움 때문에 굴복한 피해자는 절대적 무력감을 느끼게 된다. 고문의 역사는 폭력이 권력의 확인과 관련이 있다는 것을 아프게 증언해준다고 하겠다. 고문은 단순히 상대를 죽이기 위한 것이 아니라 상대가 절대적으로 무력한 존재임을, 아무것도 아닌 자임을 확인시켜주기 위한 것이다.[139]

그런데 인간은 누구도 폭력의 위험으로부터 자유롭지 못하다. 신체적 존재로서의 인간들 사이에는 홉스가 말하는 "자연적 평등", 즉 누구도 지속적으로 우위를 가질 수 없는 관계가 문명이 발달한 지금도 여전히 성립하기 때문

---

139) 그래서 고문에 굴복하지 않은 자는 고문하는 자를 분노케 하여 더욱 모질고 잔혹하게 다루게 한다. 역사적으로 얼마나 잔혹한 고문들이 행해졌는지 일별하기 위해서는 다음을 참고. 존 스웨인, 조석현 역, 『고문실의 쾌락』, 자작나무, 2001.

이다. 바로 이런 자연적 평등 때문에 누구도 안전을 보장받을 수 없고, 그래서 홉스는 자연권 — 그가 이해하는 방식으로 하자면, 자신을 위해 어떤 수단도 사용할 수 있는 권리 — 을 국가에 양도해야 한다고 하였던 것이다. 하지만 신체적 폭력을 국가가 독점한다고 해서 불안이 다 사라지는 것은 아니다. 국가의 폭력독점은 주로 사후적으로 효력을 발휘하기 때문이다. 그러니까 타인에게 신체적 위해를 가한 사람은 국가로부터 처벌받을 수 있지만, 국가가 사전에 모든 폭력을 방지할 수 있는 것은 아니다. 신체적 존재로서의 인간이 폭력을 가할 수 있다는 사실, 그리고 폭력의 피해자일 수 있다는 사실은 완전히 소멸될 수 없다.

나는 폭력을 전반적으로 부정적으로 보는 우리의 태도는 부분적으로 바로 이런 인간학적 사실에 기초하고 있다고 생각한다. 누구도 죽음과 절대적 무력감을 연상시키는 폭력으로부터 완전히 자유로울 수 없다는 사실 말이다. 하지만 이런 인간학적 사실이 갖는 설명력을 과장해서는 안 된다. 상대적으로 안전한 공간에 살고 있어서 신체적 폭력에 노출될 가능성이 적은 '우리'가 왜 — 폭력이 훨씬 빈번하게 발생하는 공간에 살고 있는 사람들보다 — 더 폭력에 대해 더 부정적일까? 내 생각에 '우리'의 이런 태도는 앞서 언급된 요소들을 같이 고려할 때, 그러니까 사회적으로 습득한 자기통제적 태도와 수평적 인간관계의 능력에 더하여 사회적 차별화 전략과 과도한 감수성을 같이 고려할 때 좀 더 잘 설명될 수 있을 것으로 보인다.

5. 나가는 말: 폭력은 사라질 수 있는 것인가

나는 앞에서 한편으로 '우리'의 반폭력주의가 인간학적, 사회구조적, 문화적 기초를 가지고 있음을, 그리고 다른 한편 그런 반폭력주의가 어느 지점에서 허위의식으로 전환될 수 있는지를 살펴보았다. 이제 마지막으로 아주 단도직입적인 물음을 던져보자. 폭력은 사라질 수 있는 것일까?[140]

단답형으로 말하자면, 그럴 수 없다. 인간이 신체적 존재인 한에서, 적어도 '주관적인' 최종해결책으로서 폭력은 완전히 사라질 수 없을 것이다. 그렇다고 해서 폭력을 줄이려고 하는 시도가 의미가 없다는 것은 아니다. 폭력 극복의 실존적 불가능성을 핑계로 폭력을 미화하고자 하는 것은 더욱 아니다. 내가 강조하고자 했던 것은 반폭력주의가 좁은 안전지대를 만드는 것에 만족해서는 안 된다는 점이다. 나에게는 특히 안전지대 밖의 폭력은 '그들'의 일이고, 폭력이야말로 '그들'과 '우리'를 가르는 징표라고 보는 태도가 문제로 여겨진다. 오늘날 폭력은, 개인적 차원에서나 집단적 차원에서나, '그들'의 삶의 조건을 '그들'의 탓으로 돌리는 가장 좋은 이유가 되고 있다. 폭력적 개인은 도울 필요가 없는 존재이고, 폭력적 집단은 응징을 받아야 하는 집단으로 여겨진다. 폭력은 배제된 자들을 배제된 영역에 묶어두는 마법의 고리가 된 것이다. 그런데 만일 배제된 자들이 폭력성 때문에 배제된 측면보다 배제되었기 때문에 폭력에 노출되는 측면이 더 크다면, 폭력을 줄이기 위한 노력의 방향은 분명하다. 배제를 아주 배제하지는 못하더라도 최소화하려는 노력이 그것이다.

---

140) 이 물음은 2007년 한림대학교 인문학연구소의 심포지엄에서 초고를 발표할 때 논평을 맡아주었던 김번 교수의 질문이다. 그 당시나 지금이나 나는 이 질문에 대한 만족할 만한 답을 가지고 있지 못하다.

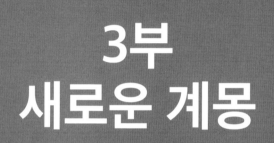

3부
새로운 계몽

11장 인문과학의 위기와 가능성

1. 인문과학의 위기

　인문과학의 위기에 대한 논의는 최근 들어 생겨난 새로운 일은 아니다. 도대체 '인문과학' 또는 '정신과학'이란 용어조차도 종래 철학으로 불리던 총체적인 지식체계에서 자연과학이 독립해 나간 후 남은 영역을 지칭하는 말로서 성립하였다. 비자연과학의 의미로서의 인문과학에는 그래서 일찍부터 그것의 정체성(identity)과 학문성이 문제 되었다. 사실 인문과학은 자신의 이념적 정체성의 문제에 관한 한 인문적 지식의 오랜 전통에 의지할 수 있었다. 이에 반해 대학에서 연구되고 가르쳐지는 학문이면서도 자연과학과 비교될 만한 신뢰할 수 있는 지식을 제시하지 못한다는 점에서 인문과학은 방법론적으로 계속 수세에 몰려왔다. 그러나 오늘날 인문과학의 위기는 더 이상 방법론의 문제만이 아니다. 근래에는 방법론에 관련된 논쟁은 오히려 잠잠해졌고, 회의의 눈길은 인문과학의 이념이나 존립의 의미에까지 닿아 있다. 인문과학의 아포리아적인 구조 및 친지배적(親支配的) 성격을 폭로하려는 시도들도 이미 낯설지 않은 정도이다.

　인문과학의 이러한 이념적 위기는 치유되지 않은 채 오래 지속된 방법론적 위기의 한 합병증만은 아니다. 만일 병이라고 한다면 그것은 방법론적 불안정성보다 더 심층에 있었던 병이다. 아니, 인문과학의 위기를 병에 비유하는 것조차 어쩌면 인문과학도의 자기보호본능이 작용한 호사스러운 표현방식인지도 모르겠다. 병은 곧바로 관심을 끌고 극복의 대상으로 여겨지지만 인문과학의 위기는 그런 관심의 대상조차 되지 못하는 실정이다.

아무튼 인문과학의 위기를 병에 비유하면 한 유용한 유추가 가능해진다. 어떠한 병이 새로운 종류의 것이어서 그에 대한 치료약이 준비되어 있지 않은 경우에, 우리는 먼저 그것의 발생과정을 살피고 기존에 개발된 약의 재배합을 통하여 필요한 약품을 얻을 가능성이 있는지를 살펴보아야 할 것이다. 인문과학의 위기에 대해서도 같은 방식의 대응을 해봄직하다. 사회적 조건의 변화 과정에 인문과학이 어떤 방식으로 노출되어왔는가를 살펴보면 인문과학이 무엇을 상실했기에 오늘의 상태에 이르게 되었는지를 알 수 있을지도 모른다. 이런 진단은 인문과학의 역량의 회복을 위하여 어떤 요소가 강화되어야 할 것인지를 시사해줄 것이다. 이런 시각에서 출발하여, 나는 이 글에서 다음의 두 가지 사항을 대변하고자 한다.

첫째, 인문과학의 이념적 위기는 그것이 현대 산업사회의 역학과 논리가 강화시켜온 문화적 현상들에 대해 대안적 사고(alternative thinking)의 역할을 하고 있지 못하다는 데에 있다. 둘째, 인문과학이 대안적 사고를 촉진할 수 있다면, 그것은 한편으로는 지배적인 현실의 성립조건을 역사적으로 특정화하고(historical specification), 다른 한편으로는 지식들의 반성적 배열(reflective constellation)을 꾀하는 데에서 가능하다. 이때 지식들의 반성적 배열이란 말은 지식들이 그것들 사이의 체계적 연관만을 가지며 수단적으로 기능하지 않고 개인들로 하여금 자신의 사고와 행위에 대해 자기성찰적이 되도록 영향을 주는 지식들의 배열을 의미한다. 위의 주장은 매우 추상적일 뿐 아니라 비판철학적 입장에 상당히 치우친 것으로 보인다. 다음의 논의는 위의 주장을 어느 정도 구체화하고 설득력 있게 만들기 위한 것이다.

2. '인문과학'인가 '인문학'인가

논의를 시작할 때 우선 '인문과학'과 '인문학' 중 어느 용어를 택할 것인지가 문제 된다. 용어들이 이미 특정한 사용 맥락에 편입되어 있기 때문에 용어 선택의 문제는 순전히 언어적 문제만은 아니다. 특히 인문적 학문의 위상과 관련된 논의에서는 특정한 용어의 선택이 이미 주장되는 입장에 대한 강한 암시를 의미할 수 있기에 이 문제를 약간 길게 다루겠다.

'인문과학'보다 '인문학'을 선호하는 사람들은 대개 인문적 학문이 대학의 행정적인 학문 구분에 편입되어 자연과학 및 사회과학과 함께 지식생산과 전수체계의 한 부분을 담당하고 있을 뿐인 현실에 대해 비판적이다. 그들은 인문적 현상들을 '대상'으로 삼는 인문과학이 인문적 지식의 전체일 수도 없고 또 가장 중요한 부분도 아니라고 생각한다. 그들이 보기에 이제까지 인문적 학문이 과학의 이념에 매달리고 지나치게 방법론의 문제에 집착해온 것은 인문적 학문이 인문적 정신을 잃고 인문'과학'이 되어버린 현실의 필연적인 귀결이다. 아도르노(Th. W. Adorno)식으로 표현하자면 정신과학(Geisteswissenschaft)의 과학화(Verwissenschaftlichung)와 탈정신화(Entgeistung)는 아주 밀접히 연관되어 있다. (Adorno 1977, 498)

인문학이란 용어가 이와 같이 비판적 뉘앙스를 담고 있다는 점에서는 장점을 가지고 있지만 동시에 단점도 가지고 있다. 인문학에서의 '학'의 개념은 대개 좁은 의미의 과학이 아니라 피히테나 헤겔의 학문론

(Wissenschaftslehre)에서 보이는 것과 같이 개별 지식체계의 근저에 있는 궁극적인 원리를 찾는 학문(Wissenschaft)이거나 혹은 동양사상 전통에서처럼 지식과 지식의 전수 및 습득을 포괄하는 넓은 의미의 '학'(學)이다. 그런데 학문의 분화가 이루어진 현실에서 이런 근본주의적인 혹은 포괄적인 학문의 개념을 인문학이 다른 학문의 것이 아닌 자신의 것으로 삼을 권리는 어디에 있단 말인가?[141]

'인문학'에 비추어보면 '인문과학'이란 용어는 심한 긴장을 담고 있다. 즉 '인문과학'이란 용어는 방법적으로 과학이기도 어렵고 또 이념상 과학만일 수도 없는 학문이 대학을 중심으로 가르쳐지고 배워지는 현실에 상응하는 말이다. 그런 한에서 그것은 어느 정도는 부조리한 말이다. 그러나 부조리한 듯이 보이는 '인문과학'이란 용어는 달리 보면 논증의 수단을 버리지 않으면서 또한 지식과 삶의 연관을 유지하고자 하는 인문적 학문의 자기요구를 충실히 보여주고 있기도 하다.

인문과학의 역사는 두 가지 요구의 동시적인 충족이 얼마나 어려운 것인가를 보여준다. 자연과학과 비교할 수 있을 객관성을 확보하려는 노력은 경험적 사회과학이나 심리학 등으로 독립해나갔다. 또 비경험적인 지반에서 객관성을 확보하려는 노력은 논리적인 언어분석이나 과학적 설명의 구조를 다루는 구조학문 혹은 메타과학(meta-science)으로 증류화되었다. 이런 메타과학은 일상의 삶과의 순환에 대한 요구로부터는 오히려 사회과학보다도 더 멀리 떨어져 있다고 할 수 있다. 한편 대학에서의 학문이 학문성 요구를 독점하면서 대학 밖에서 펼쳐지는 인문적 활동은 비학문적인 일이 되어버렸다.

---

141) 포괄적인 학문의 이념을 인문학의 본령으로 삼을 경우 자연과학마저도 넓은 의미의 인문학이라는 주장이 가능하게 된다. 이런 주장의 세련된 형태로는 다음을 참고. 백낙청 1990, 334쪽 이하.

인문과학의 역사를 이렇게 볼 때 인문적 학문을 지칭하기 위하여 '인문과학'과 '인문학' 중 어느 용어가 더 적합한가 하는 문제는 일괄적으로가 아니라 주제와 주제를 보는 시각에 따라 결정될 사안이 된다. '인문과학'으로서의 인문적 학문은 전적으로 잘못된 길을 들어선 것이라고 보는 입장에서는 '인문과학'이란 용어에 인문적 학문의 잘못된 현실을 상기시키는 이상의 기능을 부여할 수 없을 것이다.

그렇지만 위에서 언급된 인문과학의 두 요구, 즉 학문성의 요구와 개인적 삶의 순환성에 대한 요구를 인문적 학문이 현대사회의 학문 조건에서 자신의 정체성을 갖기 위해서는 피할 수 없는 것으로 이해할 경우, '인문과학'이란 용어는 여전히 쓸모 있는 용어이다. 이런 점에서 너무 과학주의적으로만 사용하지만 않는다면 '인문과학'이란 용어는 인문적 학문의 자기주장과 곤경을 표시하는 데에 '인문학'보다 장점을 갖는다. '인문학'이란 용어가 갖는 여러 장점에도 불구하고 이 글에서 '인문과학'이란 용어가 선호되는 것은 이 이유에서뿐이다.

3. 대안적 지식으로서의 인문과학

인문과학의 위기는 보통 믿어지는 것처럼 인문과학의 자족적이던 상태가 자연과학의 도전으로 균열되면서 생긴 것은 아니다. 자족적이었다가 자연과학의 성과에 의해 위기를 맞은 것은 인문과학이 아니라 종래의 형이상학적 체계였다. 굳이 시간적 선후를 따지자면 인문과학의 독자성에 대한 논의는 자연과학의 방법에 대한 논의보다 대개 1세기 정도 후에서야 나타난다.(O. Marquard 1986, 99) 말하자면 인문과학은 자연과학보다 더 젊은 학문이다.

물론 인문과학의 발생을 밀(J. S. Mill)이나 딜타이(W. Dilthey)가 아니라 직접적으로 키케로(Cicero)의 인문(humanitas)에 연관시키려는 사람들에게는 이것은 어불성설일 것이다. 그러나 이념상 인문정신의 역사는 길지만, 독자적인 학문으로서의 인문과학의 성립은 분명 자연과학이 상당히 발달한 이후의 일이다.

인문과학이 자연과학보다 젊은 학문이라는 사실을 확인하는 것은 사실 확인 이상으로 중요하다. 그것은 인문과학의 위기가 직접적으로 자연과학에서 온 것이 아니라는 사실을 강하게 암시한다. 오히려 자연과학은 일차적으로 인문과학이 독자적인 학문으로 성립되도록 자극하였다고 말할 수 있다. 인문과학의 존립이 자연과학에 의해 위협받게 되었다고 보는 사람들은 방법론 논쟁에서 인문과학이 얼마나 수세적인 위치에 있었는지를 강조하려 할 것이다. 사실 방법론 논쟁에서 인문과학이 자연과학과 비견할 만한 확실한 지식을 보장해주는 방법을 제시할 수 없었다는 사실이 분명해지기는 하였다. 그러나 방법론 논쟁을 자세히 살펴보면 가장 핵심적인 문제는 인문사회과학적 방법의 확실성 여부 그 자체가 아니었다. 더 중요한 논쟁거리가 된 것은 인문과학적 지식도 자연과학적 기준에 맞아야 한다는 요구였다. 비판이론가들의 공격의 화살은 결코 자연과학자들에게가 아니라 위의 요구를 내세우는 기술 관료들과 그들의 학문적 대리인으로 지목된 논리실증주의자나 과학주의자들에게 향해진 것이었다.

기술 관료나 과학주의자들이 인문과학을 그것의 과학성의 측면에 초점을 맞추어 문제 삼는 이유는 어렵지 않게 추정될 수 있다. 그들이 보기엔 자연과학적 기준에 맞는 지식이어야 물질적 생산에 기여하거나 사회 관리에 소용될 수 있는 '생산적' 지식일 수 있기 때문이다. 그러므로 설령 방법론 논쟁이 어느 정도 잠잠해졌다 하더라도 인문과학에 대한 위협이 약화된 것은 전혀 아니다. 지식과 물적 자원의 분배과정을 관장하는 사람들에게 생산적 지식에 대한 관심이 지배적인 한, 인문과학은 항상 의심스러운 눈길을 받게 될 것이다. 독자적 학문으로서의 인문과학이 처음부터 생산적 지식과는 다른 종류의 지식을 추구하였던 한에서 이런 위협은 인문과학으로부터 거의 떼어낼 수 없는 그림자와 같다.

지금까지의 고찰은 인문과학의 역할을 생산과 행정적 관리체계가 지배하는 사회에서 대안과 의미를 찾으며, 그러한 노력들을 논증적 담론으로 만들려는 노력으로 규정하는 것을 정당화해 준다. 다음 절에서는 인문과학 역할을 규정하는 다른 입장들에 대해 비판적으로 고찰해봄으로써 이 주장을 어느 정도 강화시켜보고자 한다.

4. 보상 역할과 역할 부정 사이

위의 논의에서는 인문과학의 비판적 기능이 강조되었다. 이에 반해 최근에는 인문과학의 필요성을 주장하되 인문과학의 비판된 성격은 철저히 배제하는 입장도 있다. 가령 리터(J. Ritter)나 뤼베(H. Lübbe)는 인문과학의 역할을 빠른 속도로 진행되는 근대화과정에서 상실되어가는 과거의 것을 보전하는 일에서 찾는다. 이 주장을 더욱 극단화해서 마르크바르트(O. Marquard)는 인문과학의 과제를 근대화의 단일화 경향에 대한 보상으로서 여러 가지 다양한 것들에 대한 이야기를 되살려내는 역할에서 찾는다. 이런 입장들은 인문과학이 필요해지는 것을 온갖 종류의 박물관이 등장하고 일상생활에서조차 골동품의 가치가 높게 평가되는 경향 등과 같은 원인을 갖는 사실로 이해하려 한다. 인문과학의 역할을 이렇게 지적, 정서적 보상의 역할

(Kompensationsrolle)에서 찾으면 인문과학의 장래성에 대한 역설적인 진단이 내려진다. 현대화의 속도가 빨라지면 빨라질수록 그것이 만들어놓는 지적, 정서적 손상은 클 것이고, 그만큼 인문과학이 할 일은 많아진다. 그러므로 인문과학이 위기에 봉착한 듯이 보인다면, 그것은 인문과학이 담당해야 할 역할이 없어서가 아니라 과도하게 많기 때문이다. 빠른 속도의 현대화는 말하자면 인문과학이 번성할 수 있는 조건인 셈이다.

이런 주장은 우선 인문과학을 전공하는 사람들이 오늘날 겪는 좌절과 위축되어가는 인문과학의 위상에 맞지 않는다. 전공자들의 좌절은 차치하고라도 근래에는 심지어 인문과학이 전통적으로 누려왔던 교양과목으로서의 특권적 위치마저 심한 위협을 받고 있다. 또 마르크바르트가 말하는 근대화의 단일화 경향이나 그에 대한 다양성의 보상의 욕구 등은 매우 추상적인 이야기이다. 그것은 근대화과정의 갈등이나 그 갈등의 해결을 위한 여러 갈래의 시도들 사이의 차이를 평면화하는 것이다. 나아가 근대화의 단일화 경향에 대한 보상의 역할을 계속 인문과학이 담당할 것인지도 매우 의심스럽다. 상품경제는 손쉽게 접근할 수 있는 수많은 문화산업적 장치를 만들어내었다. 힘들게 노력해서야 작은 지적 만족을 얻을 수 있는 인문과학적 작업이 현대의 문화산업의 조건하에서 계속 번성하리라는 예측은 거의 신뢰하기 어렵다.

위에 언급된 지극히 낙천적인 입장에 반해 니체(F. Nietzsche)로 소급되는 한 입장은 인문과학의 기능에 대해 철저히 비판적이다. 니체는 초기부터 줄곧 합리적 학문에 대한 비판을 펼쳤다. 전통적으로 인문과학이, 그것이 텍스트나 혹은 언어, 사상, 제도, 사회적 사실 등 무엇을 대상으로 삼든 간에, 대상의 역사에 주목하였다는 점을 염두에 두면 역사적 학문에 관한 니체의 비판은 특히 주목할 만하다. 『반시대적 고찰』(Unzeitgemäße Betrachtungen)에서 니체는 역사적 지식이 학문화될 경우 삶의 창조적 에너지가 발산되는 데 중대한 해가 될 수 있음을 아주 정열적으로 역설하였다. 그에 따르자면 근대인은 역사적 지식의 과잉에 시달려 자기행위를 결단하지 못하고 있다. 이에 대한 해독제로서 그는 시계(視界)를 적당히 제한하는 '비역사적인' 태도와 과거의 생성과정이 아닌 현재적인 것에 집중하는 '초역사적인' 태도를 추천하고 있다. 인문과학에 대한 이러한 비판은 이후에는 더욱 철저해진다. 그는 인문과학이 지향점으로 삼는 가장 중요한 이념인 진리와 정의마저도 권력에 대한 의지의 한 가면으로 폭로한다. 이런 니체의 생각은 포스트모더니즘의 대표적 사상가들에 의해 더욱 세밀해진다. 그들은 인문과학이 실제로 권력기제와 맺어온 관계를 '발굴'해내거나, 지배에 저항하는 이성의 지배적 성격을 폭로하고, 합리적 합의를 가져올 수 있을 담론의 가능성을 부정한다.

이미 니체에서도 분명히 드러나듯이 인문과학에 대한 이런 철저한 비판의 입장은 구원점(救援点)으로서 결국 미학적 사고에 의존하고 있다. 미학적 사고는 니체에서 표출적이고 창조적인 자아의 모습에 맞는 것으로서 부각되었고, 포스트 모더니스트들에 이르러서는 대상에 대해 비폭력적인 사고의 준거점이 되는 것으로 보인다. 그런데 과연 미학적 사고가 그 자신만으로 사회비판으로까지 나가는 준거점이 될 수 있을까?

오늘날 자본주의사회는 자신의 체제유지를 위하여 거의 마술적인 효과를 내는 합성공식을 만들어내었다. 그것은 상품에 효율성(efficiency)과 미학(aesthetic), 그리고 성(eroticism)을 결합시키는 것이다. 값싸고 질이 좋으며 미감을 만족시키고 거기에다 성적인 감정까지 자극하는 상품들의 세계에 대해서 다수의 사람들이 진정으로 저항할 가능성은 거의 없을 듯하다. 만일 이러한 현실진단이 맞는다면, 미학적 사고는 결코 지배적 사고에 편입되지 않은 안전지대를 의미하지 않는다. 미학은 상당 부분 저 마술적 합성품의 한

구성요소로 편입되었다. 그러므로 미학적 사고에 의존하면서, 저항적 이성에서조차 지배적 이성과의 닮은꼴을 찾으려는 시도는 철저한 비판의 외양과 달리 허탈한 현실긍정이 되기 십상이다.

5. 지식의 반성적 배열로서의 인문과학

앞에서 언급되었듯이, 인문과학의 위기는 나의 생각으로는 근본적으로 방법론적인 곤경에서 오는 것이 아니라 인문적 지식이 산업사회에서 더 이상 '생산적' 지식이 되지 못하는 데서 온다. 좀 더 정확히 말하자면 인문과학의 위기는 생산과정에 직접적으로 도움이 되는 지식을 산출하지 못할뿐더러, 생산력 확대 과정에 기능적으로 편입되지 못하기 때문에 생긴다. 사실 산업사회는 많은 비생산적인 것으로 보이는 것들조차 생산력 확대 과정에 포괄시켜왔다. 대표적으로 무기산업과 실업의 문제를 들 수 있다. 인류의 생존을 위협할 만한 무기를 생산하는 산업이 동시에 첨단산업의 중요한 부분을 담당해왔던 사실은 더 이상 아무 비밀이 아니다. 또 직업경쟁의 조건하에서 적정한 실업률은 임금 수준의 조절을 용이하게 하는 데 기여할 뿐 아니라, 직업을 가진 사람들을 어느 정도 경제체제의 수혜자로 만듦으로써 그들의 조직을 체제 내에 편입시키는 것을 유리하게 만들었다.

사실 인문과학은 생산력 확대 과정에 기능적으로 편입될 수 있으며, 또 그것이 끊임없이 요구되고 있기도 하다. 가령 인문과학은 언어교육과 건전한 윤리교육, 그리고 전통의 복원 작업을 통해 공동체 감정을 상승시켜야 한다는 주문이 그렇다. 그러나 인문적 지식이 이런 의미의 생산적 학문이 된다고 해서 인문과학의 위기가 해소되는 것은 아니다. 우선 인문과학이 이런 방식으로 생산적인 학문이 될 경우 도대체 인문과학적인 시각이 따로 있을 수 있는가 하는 의문이 든다. 또 생산적이고자 하는 인문과학은 아마도 기능교육의 한 부분이 되거나 앞서 언급된 보상의 역할을 넘어서지 못할 것이다. 그런데 인문과학이 생산적이기도 어렵지만, 위에서 언급된 방식으로 생산적일 경우에도 자신의 정체성을 유지할 수 없다면 그 외의 어떤 역할이 인문과학의 위상 확립을 위해 필수적이란 말인가?

한때 철학자들은 철학이 학문성의 위기에 처한 상황을 오히려 학문성 일반의 토대를 구명함으로써 새롭게 철학의 위엄을 세우는 계기로 삼았던 적이 있다. 데카르트가 지식의 의심할 수 없는 원리를 확립하려고 한 시도로부터 칸트가 지식들의 종류를 구별하고 지식들의 타당성 근거를 구명한 점이 그렇다. 인문과학이 처한 오늘날의 기능성의 위기도 유사한 방법으로 대처할 수 있지 않을까? 인문과학은 그것이 아직 가지고 있는 무기능성을 생산적 사회에 대해 어느 정도 바깥에 선 관찰자의 관점을 갖는 계기로 전환할 수 있어야만 자신의 고유한 가능성을 갖지 않을까?

인문과학이 어느 정도 생산적 사회의 바깥에 설 수 있으려면 나의 생각으로는 한편으로 철저하게 역사적 작업이 되고, 다른 한편 철학적 반성의 작업이 되어야 한다. 그럼으로써 인문과학은 현대 산업사회가 자신의 생산의 논리에 맞지 않는 문화적, 사회적 요인을 어떻게 제어하면서 발전해왔는지를 역사적으로 재구성해내고 나아가 그 제어의 정도와 방식을 문제시할 수 있을 것이며, 대안적 의미 창출의 가능성을 열어놓을 수 있을 것이다.

이런 인문과학의 역할규정은 결코 자의적인 것만은 아니다. 한편에서 마르크스(K. Marx)의 자본주의 사회비판과 다른 한편 인문과학의 고전적인 자기이해를 상호교정적으로 결합시키면 바로 그러한 역할규정을 얻을 수 있다. 마르크스의 자본주의 비판은 자본주의경제가 추상적인 등가교환의 법칙에 따라 조직되는 것이 아니라 생산수단을 소유한 자와 그렇지 못한 사람들 사이의 적대적인 관계를 그 사회적 조건으로 한다는 인식에서 출발한다. 자본주의경제가 산술적인 혹은 물리화학적인 법칙에 따라 조직된 것이라면 우리는 그것을 전혀 비판의 대상으로 삼을 수 없을 것이다. 그것이 비판의 대상이 될 수 있는 것은 바로 생산수단을 소유한 사람들과 그렇지 못한 사람들 사이의 적대적 관계를 사회적(social) 조건으로 가졌으며 그 생산양식이 유지되는 한 그 사회적 조건을 계속 재생산하기 때문이다.

마르크스는 자본주의 관찰에서 국민경제학자들과 달리 사회적 차원을 부각시켰으나 의미 이해의 과정이나 문화의 독자적 발전 논리 등에 대한 깊이 있는 숙고를 하지는 못하였다. 마르크스 이론의 이런 부족한 측면이 고전적인 인문과학의 자기이해에 의해 보완될 경우, 이 글에서 주장된 인문과학의 역할규정이 좀 더 분명하게 가시화된다.

인문과학적 방법의 개척자들의 주장에 충실하게 이해하자면, 자연과학과 다른 종류의 학문으로서의 인문과학은 처음부터 사람들의 사고와 행동의 표현체, 즉 의미 담지체를 그 대상으로 삼는다는 점에서 자신의 정체성을 확보하려고 했다. 이 점은 정신과학의 독자성을 논증하는 최초의 체계적 시도를 했다고 할 수 있을 딜타이에서부터 오늘날의 비판적 해석학에 이르기까지 공통적이다. 그들의 주장에 따르자면 인문과학은 의미 이해를 추구하며, 대상이 의미 담지체일 경우 대상들 사이의 경험적, 법칙적 연관을 찾는 일은 기껏해야 의미 이해를 위한 보조기능을 할 수 있을 뿐 의미 이해를 대치하지는 못한다.

대상의 의미 이해는 그것으로 그치는 것이 아니라 동시에 해석자의 의미 지평을 객관화시키는 계기가 된다. 사람들이 자신이 서 있는 위치를 자신의 발밑만을 바라봄으로써가 아니라 주변 사물들의 위치 관계와 원근 관계를 통해서 비로소 확인할 수 있듯이, 어떤 대상이나 기호물에 표현된 의미가 주는 생소함이나 친숙함을 통해서 나의 의미 지평도 비로소 나에게 점차 객관화될 수 있다는 것이다. 나의 의미 지평이 객관화된다는 것은 내가 나 자신에 대해 반성적이 될 수 있고 의미 문제에 관해 더 선택적일 수 있다는 것을 의미한다. 나의 의미 지평이 객관화되면서 텍스트의 의미 지평은 더 이상 수용의 대상만이 아니라 비판적 고찰의 대상이 되기도 한다. 처음에는 텍스트 해석에 초점이 맞추어져 발달했던 해석학은 이렇게 해서 비판철학적 관심과 생산적 결합을 하게 된다.

마르크스식의 역사적 작업이 다양한 의미들의 차원과 사회적, 문화적 가능성들을 확인해내는 해석적인 작업에 의해 보충되어야 하듯이, 해석적 작업은 역사적 작업에 의해 보완되어야 한다. 다양한 사회적, 문화적 가능성들 가운데 어느 것이 실제로 실현될 수도 있었던 가능성이었는지는 해석적 작업만으로 확인될 수 없기 때문이다. 이렇게 해서 현대사회의 지배적 논리를 역사적으로 규정해내고 그 지배적 논리가 사회적, 문화적 가능성들을 어떻게 차별적으로 관리해왔는지를 밝혀내면 지식의 영역에서 얼마나 편중적인 축적이 이루어져왔는지를 드러낼 수 있을 것이다. 이제까지 산업국가들에서는 자연의 효율적 지배와 사회관계의 효과적 관리, 그리고 빠른 속도의 상품 생산과 유통을 위한 지식의 축적이 엄청난 속도로 이루어져왔다. 그에 반해 사회적 관계의 발전을 위한 노력은 거의 사회적 위기의 임시적 수습의 차원에서만 이루어져왔다.

지식의 편중적 축적을 밝혀낼 수 있을 때 비로소 인문과학은 어느 정도 지배적 담론의 바깥에 설 수 있게 되고 지식의 축적 방식 자체를 반성의 대상으로 삼을 수 있게 된다. 앞에서 인문과학이 지식의 반성적 배열에 기여해야 한다고 했었던 것은 바로 이것을 의미한다. 물론 인문과학이 지배적 담론의 바깥에 설 수 있다는 것이 인문과학이 쉽게 탈세계적 관점을 가질 수 있다는 것은 아니다. 인문과학이 지배적 담론으로부터 가질 수 있는 거리란 실제로는 아주 불안정한 것일 따름이다. 마르쿠제(H. Marcuse)는 비판이론이 한편으로는 근본적인 사회 변화의 가능성을 보지 못하면서 다른 한편 그 가능성에 대한 희망을 버리지 못하는, 매우 불안정한 위상을 가지고 있다고 하였다. 현대 산업사회의 조건에서 인문과학은 이와 유사한 불안정성에서 벗어나기 어려울 것이다. 비판이론가들에게서 또 하나의 모범을 찾자면, 그들이 자신들의 작업의 불안정성에서 벗어나기 위하여 현실정당화로 가지도 않았고 독단적인 유토피아적 사고로 도피하지 않았던 것처럼, 인문과학도 자신의 위상의 불안정성을 무엇보다 사회에 대한 반성적 고찰의 출발점으로 삼아야 할 것이다.

사회적인 것의 발전과정은 경제 발전에 환원될 수 없고 독자적인 논리에 따른다는 주장이 근래에 철학, 심리학, 사회학 등 여러 학문들의 이론에 의해 점차 강화되고 있다. 사회적 관계의 발전은 물질적 부의 양적 증대를 외적 조건으로 갖기는 하지만 결코 그것의 부산물만은 아니라는 것이다. 이 주장이 타당하다면 기술의 발달이, 더욱이 기술 관료의 사회관리가 인간의 해방을 자동적으로 가져다주지는 않는다는 주장은 더욱 타당할 것이다. 생산과 행정적 관리체계가 지배하는 사회에서 대안과 의미를 찾으며 그러한 노력들을 논증적 담론으로 만들려는 노력은 과거 어느 때보다도 요청되는 작업이다.

12장 기술지배와 가치, 그리고 대학교육

1. 두려운 안락함: 기술발전의 역설

현대 생활의 안락함이 기술에 의존하고 있음은 누구나 안다. 그런데 값이 매겨지지 않은 호화품을 먼저 사용하고 지불능력을 벗어날지도 모르는 계산서를 기다리듯, 안락한 삶에 어떤 불안이 따른다. 이 불안감은 두 가지 이유를 갖는 것으로 보인다. 첫째는 물질적 과정에 대한 효과적 통제능력으로서의 기술이 갖는 양면성이다. 기술은 생산활동의 수고를 감소시켜주고 질병과 재해 등 자연으로부터의 위협을 덜어준다. 그러나 석기와 청동기 기술부터 핵에너지와 극소전자 기술에 이르기까지, 기술은 언제나 생산기술이면서 동시에 무기기술이었다. 그래서 기술의 생산적 측면이 커짐과 함께 파괴적 힘도 동시에 커져왔다. 이렇게 기술의 생산적 측면과 파괴적 측면을 분리할 수 없다는 사실은, 특히 인간 및 인간의 자연적 생활조건을 일시에 무화시켜버릴 수도 있는 가공할 만한 원자에너지 사용기술이 등장한 이후, 사람들에게 큰 당혹감을 주었다. 기술의 결정적인 파괴력에 더하여, 점진적으로 진행되는 자연파괴도 안락한 삶에 불안의 그림자를 드리운다. 기술이 발달하지 않은 시기에 사람들이 분명 가졌을 것으로 생각되는 깨끗한 물, 신선한 공기, 그리고 고요함은 오늘날 사치품이 되어가고 있다. 게다가 우리가 지금 이런 대가를 치르면서도 여전히 어느 정도의 만족감을 갖고 누리는 물질적 안락함이 과연 미래세대에게도 허용될 수 있을지조차 불분명하다. 우리 시대는 미래세대가 써야 할 자원을 미리 사용하고 있기 때문이다. 가령 에너지만 하더라도, 미래세대는 아주 뛰어난 능력을 가져서 기존의 에너지원과 다른 에너지원을 개발하지 않으면, 커다란 곤란함을 겪을 것이다. 한 걸음 더 나아가 자연의 자연성 보존을 꼭 인간을 위해서가 아니라 그 자체로 원하는 사람들에게는 기술의 발달이 하나의 역설로 보일 수밖에 없다. 인간의 기술의 결과로 왜곡된 자연체계, 불구와 기형이 되어가는 생물들의 모습은 자연존재 중의 하나인 인간이 넘지 말아야 할 선을 넘어선 것으로 보인다.

기술의 발전에 의구심을 갖게 되는 다른 한 가지 이유는 기술이 자연지배의 수단을 넘어서 사회지배의 수단으로 사용된다는 점이다. 사회성원의 의사결정과정이 사회공학적인 사회관리 방법에 의해 대체되고 있으며, 주체가 점차 자유로운 인격으로서가 아니라 계산과 계획의 객체로 전락한다는 것이다. 자연을 공동으로 지배하면서 자신들 사이에는 자유로운 인격으로서 관계하는 사회를 그리던 계몽주의적 이상은 철저히 관리된 사회라는 역설적 결과로 귀착하는 듯이 보인다. 기술이 '지배기술'이 된 이 '기술지배'의 역설 앞에서 사회주의자뿐만 아니라 자유주의자들도 자신에게 어떤 조언을 해야 할지 난감해한다. 자연파괴와 사회지배를 기술과 연관 지으면 곧 의문점들이 생겨난다. 기술은 단순히 수단일 뿐인데, 문제는 수단을 어떻게 사용하는가에 달린 것 아닌가? 그렇다고 한다면, 왜 기술이 자연과 사회의 지배수단으로 사용되도록 방치되는가? 기술을 가지고 무엇을 해야 할지를 말해줄 확고한 가치의 부재 때문인가? 혹시 기술이 우연히 지배의 목적에 사용되는 것이 아니라 근본적으로 지배의 구조를 담고 있는 것은 아닐까?

기술주의 또는 기술지배(technocracy)의 명제는 원래 1930년대 대불황의 시기에 낭비와 비효율성을 줄이기 위하여 정책 입안과 실행이 기술적 효율성의 원칙에 따라야 한다는 발상으로 등장하였다. 이 시도는 특히 사회정책적 문제점과 사회관리의 권위적 성격 때문에 논란의 대상이 되었는데, 뉴딜 정책 이후 정치적 구호로서는 호소력을 상실하였다. 그러나 일부 학자들은 정치·사회영역에서 기술적 효율성의 원칙이 실질적으로 점차 광범위하게 관철되고 있다고 판단하였고, 이후 기술지배에 관해서는 주로 비판적인 의미에서 거론되었다. 그러므로 기술지배의 명제는 주로 정치·사회적 문제가 기술의 문제로 변용되는 데에 초점을 맞춘 것이었다. 그러나 자연 파괴의 문제가 기술지배의 명제에서 간과된 것은 아니었다. 다만 학자에 따라서는 기술적 효율성의 명법이 사회관계로 확장되는 것이 자연 지배적인 기술의 필연적 결과라고 진단하거나, 혹은 사회에서의 지배 관계가 자연 파괴적인 기술개발과 사용을 부추긴다고 설명하였다. 이 글에서는 기술지배를 기술의 사회지배뿐 아니라 자연 파괴의 문제를 포괄하는 폭넓은 의미로 사용하고자 한다. 이 글에서 기술지배는 인간 상호 간 및 인간과 자연과의 관계, 그리고 생태계에 미치는 기술의 심대한 영향이 어떤 유사필연성(類似必然性)에 따라 거의 통제될 수 없이 일정한 방향으로 진행되는 것으로 보이는 상황을 일컫는다.

　논의를 더 진행하기 전에 기술의 개념을 간략히 정의하기로 하자.[142] 여기서 기술(technology)은 어떤 특정한 목적의 실현을 위하여 지식과 도구 및 자원을 효과적으로 조직하는 방식 전체를 의미하며, 사물들을 다루는 숙련(crafts)에 한정되지 않는다. 또 일반적으로 '과학기술'이라고 단숨에 부르기도 하지만 기술은 과학과 그 목표에서 구별된다. 과학은 일종의 설명체계

---

142) '기술'에 관한 다양한 개념정의는 다음을 참조. 강성화, 「기술철학의 근본문제」, 출처: 『시대와 철학』 11호 1995.

이며 사실에 관한 지식의 축적을 목표로 하지만, 기술에서는 목표 달성을 위한 효과적인 방법에 초점이 맞추어져 있다. 방법의 효과성의 기준은 일차적으로 과학성이 아니라 경비, 속도, 투입되는 재료 등의 측면에서 고려되는 효율성이다. 기술이 결과에 도달하는 방법을 중시한다면 (know-how) 과학은 그 결과가 나올 수 있는 이유에 대한 지식(know-why)을 추구한다. 물론 기술이 고도화되면서 우연히 발견되는 기술은 점차 줄어들고 많은 기술이 과학의 응용으로 탄생한다고는 하지만, 이 기본적인 구별은 여전히 유효하다. 과학적 토대가 확립되지 않은 생산기술도 여전히 많고, 대폭발이론처럼 어떻게 기술과 연결될지 모를 과학적 지식도 허다하다.

이 글은 다음과 같이 구성되었다. 먼저 자연 고갈과 자연 파괴의 현상을 기술의 양식 또는 기술 사용의 사회적 맥락과 연관 지어 진단하고 새로운 기술 또는 기술 사용의 새로운 사회적 맥락을 통하여 대안을 모색하는 다양한 입장을 간략히 정리한다(2절). 다음에는 기술이 사회·정치적 지배의 수단으로 되는 경향을 비판하고 대안을 추구하였던 대표적인 입장인 비판이론 측의 대응을 간략히 정리한다(3절). 이 논의를 바탕으로 기술지배 현상에 대처하기 위해서 교육의 영역에서는 합리적, 민주적, 심미적 인격의 형성이 필요함을 밝히고(4절), 그런 인격의 형성을 대학교육에서 방기되어서는 안 될 과제로 규정한다(5절). 마지막으로 이런 논의가 대학의 교양교육의 방향과 편제를 재고하는 데에 어떤 시사점을 가질 수 있는지를 간략히 언급한다(6절).

2. 기술과 자연지배

기술발전의 하나의 큰 역설은 인간의 생존을 위하여 고안되었을 기술이 인간을 포함하여 많은 생명체의 생존조건이며 숱한 영감과 기쁨의 원천인 자연을 파괴하는 수단으로 쓰이고 있다는 점이다. 자연의 손상은 두 가지 측면에서 고려될 수 있다. 하나는 대규모 생산에 의해 자원의 고갈이 심화되면서 생기는 자연의 빈곤화이며, 다른 한 측면은 자연의 자정(自淨)능력을 넘어서는 물질배출에 의해 야기되는 자연의 오염이다. 기술에 따라 개발될 수 있는 자원이 다르기 때문에 자원의 양을 정확히 한정할 수 없고 또 자연의 자정능력의 한계를 정확히 규정할 수 없지만, 아무튼 현재의 생산과 소비체계가 자연의 자원량과 자정능력의 한계선 쪽으로 다가가고 있다는 판단을 하게 하는 징후들은 수없이 많다. 자연은 이제 '스스로 그러한 것'으로 여겨질 수 없으며 인간이 낸 상처들을 큰 흔적 없이 지울 수 있는 자기 재생능력을 가진 것으로 보이지 않는다. 자연 파괴의 원인을 기술에 바탕을 둔 대량생산과 소비체계에서 찾으면, 곧 이런 체계를 가능하게 만드는 기술과 자연 파괴 사이의 어떤 상관관계를 상정하게 된다.

기술과 자연 파괴와의 상관관계를 설정하는 시각은 상황 진단과 이론들에 따라 다양하다. 다양한 입장들은 현재의 대량생산 방식과 기술의 관계를 어떻게 설정하는가에 따라 분류할 수 있다. 첫 번째는 현재의 생산 방식과 그 문제점을 특정한 기술의 단계와 연결된 것으로 보는 진단이다. 이런 시각에서는 대규모의 에너지와 자원을 사용하는 기술이 자원 고갈과 오염을 불가피하게 만드는 가장 중요한 조건이다. 이런 입장은 재료의 사용과 오염 배출을 최소화하는 극소전자 기술과 정보처리 기술로의 전환이 자연 파괴에 대처할 수 있는 최상의 길이다. 이런 진단이 맞다면 소비 수준을 낮추지 않으면서도 환경친화적인 생산이 가능하다. 기술의 발전에 거는 이런 기대는 신보수주의자들만이 갖고 있는 것은 아니다. 자본주의가 계급적 착취의 구조를 벗어날 수 없다고 비판하는 마르크스주의자들의 일부도 환경문제에 관한 한 기술적으로 해결될 수 있는 것으로 생각한다. 이런 입장은 특히 사회주의권의 나라들이 심각한 자연 파괴를 감행하였다는 사실에 의해 강화된다. 자연 파괴는 정치적 체제의 문제가 아니라는 것이다. 물론 실천의 차원에서 사회주의적 시각과 신보수주의적 시각 사이에 중요한 차이가 있다. 신보수주의자는 결국 경제가 경비 절감을 위하여 재료 절약적이며 오염 배출이 적은 기술을 발전시킬 것이라고 낙관한다. 그러나 사회주의자는 정치적 개입의 필요성을 주장한다. 자본주의경제에서 사기업들은 자신들이 개발한 기술을 가능한 한 독점적으로 사용하려 한다. 또 개발비의 정도나 노동력의 공급, 시장의 구조 등에 따라 새로운 기술이 반드시 더 이윤을 가져온다고 볼 수도 없다. 그렇기 때문에 사회주의자의 시각에서는 경우에 따라 새로운 기술의 사용과 확산이 노동운동 등을 통해 강제되어야 한다.

두 번째 입장은 무한 생산주의와 결합된 기술에서 자연 파괴의 원인을 찾는다. 이 입장에서는 특히 자본주의적 생산방식이 문제 되는데, 왜냐면 이익의 극대화를 추구하는 자본은 무한 생산을 지향하고 무한 소비를 조장하기 때문이다. 무한 생산주의와 무한 소비주의가 지배하는 한, 재료 절감과 오염 배출을 줄이는 기술적 혁신은 문제의 근본적인 해결이 될 수 없다. 생산의 무한한 확대가 일어날 경우 결국 자원 고갈의 정도와 자연 오염의 총량은 늘어날 것이라는 것이다. 무한 생산주의는 자본주의에 내재하는 논리지만, 과거의 사회주의권 국가들의 예들이 보여주듯이, 다른 정치체제와도 결합될 수 있다. 그러므로 실천적으로 볼 때 이 입장은 무조건적인 혁명론으로 나아갈 수 없다. 이 입장은 다시 세 가지로 나눌 수 있다. 그 하나는 자본주의경제의 논리를 인정하되, 자연과 맺을 수 있는 다른 관계들, 즉 인식적, 준(準)윤리적, 심미적 관계의 권리를 지켜내려는 노력이다. 이것은 경제논리 내부로의 침해가 아니라 그것의 확장을 제한하는 일이 될 것이다. 이런 입장은 경제

논리에 흡수되지 않는 문화의 독자적 논리, 시민사회에서 형성되는 자유로운 여론 형성과정, 그리고 여론의 정치적 힘으로의 전환에 많은 기대를 건다. 이에 반해 다른 두 가지는 자본주의적 경제의 극복을 생태계 파괴 문제의 해결을 위한 필요조건으로 보는 입장이다. 이 입장은 국가권력에 의한 통제와 조정의 필요를 인정하는가 여부에 따라 생태주의적인 사회주의로의 이행을 지지하거나 생태주의적·무정부주의적인 입장을 취하게 된다.[143]

경제가 결국 경비 절감의 차원에서 환경친화적 기술의 발전을 촉진하고 그것을 통해 환경문제를 해결할 수 있을 것이라는 낙관론을 제외한다면, 환경문제에 대응하는 다양한 입장들의 공통적 특징은 바로 실천적 차원에서 뚜렷한 전략을 내놓지 못한다는 사실이다. 기술의 발전에 큰 기대를 거는 신보수주의마저도 기술의 발전을 앞질러 가는 소비 수준의 향상이 환경에 미치는 부정적인 효과를 우려한다.

기술 낙관론을 버리고 자연 파괴에 적극적으로 대처하려는 녹색운동의 경우에 무엇보다도 어려운 점은 지속적인 관심과 실천의 주체를 확보하는 문제이다. 궁극적으로는 모든 인간이 자연 파괴의 희생자라고 해서 인류를 실천의 주체로 설정할 수는 없다. 현실에서 자연환경 파괴의 피해는 차별적으로 경험되기 때문이다. 전체 사회에 충격과 공포감을 주는 오염 사고나 환경 재난이 발생하여 환경문제가 진지한 정치적 의제로 부각되는 경우에도, 곧 고용과 성장 등의 다른 고려 사항들과의 상관관계 속에서 환경은 긴급하

---

143) 최근 젊은 학자들 사이에서 벌어진 환경 정치적 논쟁에서 기술 낙관적이면서 사회주의적인 시각은 황태연(『환경정치학과 현대정치사상』, 서울: 나남, 1992) 등이, 생태주의적·사회주의적인 입장은 최병두(『환경사회이론과 국제환경문제』, 서울: 한울, 1995) 등이 대변한다. 시민사회의 역할을 강조하는 입장은 하버마스의 이론을 염두에 둔 것인데, 김호기(「환경운동과 새로운 정치적 연대」, 『동향과 전망』 가을호, 1994)의 입장이 이와 가장 유사한 것 같다. 생태주의적 무정부주의는 김성국 (구승회, 김성국 외, 『아나키, 환경, 공동체』, 서울: 모색, 1996) 등이 대변한다.

지 않은 문제로서 뒷전으로 밀려나기 쉽다. 환경문제를 지속적인 정치적 의제로 만들려는 시민운동들이 활발해져가지만, 많은 경우 상징적 저항에 머물 뿐 정치적 관철력을 갖지 못한다. 만일 사회구조적으로 피해자의 위치에 있는 자들만이 변혁을 위한 진지한 정치적 실천의 주체가 될 수 있다는 마르크스의 통찰을 그대로 녹색운동에 적용한다면, 녹색 실천의 주체는 확대된 생산과 소비에 의하여 혜택은 가장 적게 보고 피해는 가장 많이 입는 사람들이 되어야 할 것이다. 이런 식으로 실천의 주체를 찾는다면 빈곤층, 특히 실업자가 녹색 프롤레타리아의 핵심이 될 것이다.[144] 그러나 실업자 등 체제의 주변인들이 녹색 정치운동에서 실제로 차지하는 비중은 미미하며, 앞으로도 중심적인 주체로 떠오를 가능성은 별로 커 보이지 않는다. 이렇게 가장 큰 이해관계를 가질 만한 사람들이 운동의 중심적 주체가 되지 못한다는 점에서 녹색운동은 과거의 시민적 정치혁명이나 사회주의 운동과 크게 다르다. 그렇다면 물음이 제기된다. 기술의 지배에 저항할 수 있는 실천적 역량을 가진 주체는 어떻게 형성될 수 있는가?

3. 기술과 사회지배

기술발전의 부정적 현상에 사람들이 당혹감을 느끼는 또 하나의 이유는 계몽주의 이래 근대적 기술에 걸었던 기대를 배경으로 이해할 수 있다. 자유주의자나 사회주의자 모두 기술의 발전에 걸었던 기대는 지대하였다. 자유주의자들은 기술의 발전이 인간을 자연과의 투쟁에서 오는 위협과 노고로부터

---

144) 가령 A. 돕슨, 정용화 역, 『녹색정치사상』, 민음사, 1993, 193쪽부터.

해방시킬 것이고, 이것은 인간이 개인의 소질을 계발하는 데 더 많은 관심과 시간을 쓸 수 있는 조건이 될 것이라고 생각하였다. 사회주의자들은 이로부터 한 걸음 더 나아가서 기술의 발전이 낡은 사회관계를 해체하고 인간들 사이의 평등을 기초로 하는 새로운 사회관계를 가져오는 중요한 역학으로 작용할 것이라고 생각하였다. 그들은 생산력의 발전이 자본주의적 사회관계마저 해체하여 사회주의사회의 실질적 조건을 마련해주리라 믿었다. 과학에 의해 뒷받침된 근대적 "기술의 약속"은 "일반적인 자유와 번영의 획득"이었다.[145] 사실 자유주의나 사회주의자들이 기술의 발전에 걸었던 기대가 전혀 빗나간 것은 아니다. 기술이 가장 중요한 생산력의 요소가 되면서 생산력 향상을 위해 기술의 습득과 계발, 교육이 특정인에게만이 아니라 모든 사람에게 개방되고 독려되었고, 이것은 생산과정에서의 개인의 위치가 출생 신분 등과 같은 요소에 의해 미리 결정되는 정도를 완화시키는 데에 기여하였다. 또 식량 증산이나 건축, 교통, 통신, 의료, 재화공급 등의 측면에서 볼 수 있듯이, 기술의 발전은 실제로 개인들이 매일매일 자연이 주는 위협과 대결해야 하는 것에서 벗어나 원한다면 자신의 계발에 더 힘을 쓸 수 있는 물질적 여건을 만든 것은 사실이다. 이렇게 기술이 사람들을 전통적 속박과 자연의 위협으로부터 어느 정도 해방시켜 자기실현을 추구할 수 있는 '자유로운 개인'으로 변화시키는 데에 결정적으로 기여했다는 점에서, 기술의 발전은 자유주의의 중요한 성립조건이다. 나아가서 기술의 발전이 사회적 관계를 좀 더 평등주의적으로 변모시키는 데에 기여했다는 점도 부정될 수 없다. 물론 기술의 발전이 완전한 평등사회를 가져오지는 않았지만, 적어도 시장경제의 부작용을 어느 정도 완화하는 복지국가를 가능하게 하였던 것이다. 한편에서 대규모의

---

145) A. Borgmann, *Technology and the Character of Contemporary Life*, Chicago, 1984, 39쪽.

이윤이 축적되면서도 그것이 마르크스가 생각한 것처럼 다수성원의 궁핍화로 가지 않을 수 있었던 결정적인 요인은, 아무리 제국주의적 시장 확장 등을 통한 부의 축적과 부의 재분배를 위한 정치적 투쟁 등 기술 외적인 요인을 염두에 둔다 하더라도, 역시 기술의 발전이다.

기술의 발전이 인간해방에 지속적으로 기여할 것이라는 기대가 가장 크게 흔들리게 된 것은 아마도 나치즘과 같은 전체주의의 경험이었을 것이다. 나치 체제는 기술이 얼마나 비합리적인 목적을 위해 동원되며 억압적 파괴적으로 사용될 수 있는지를 보여주었다. 특히 전체주의 체제가 많은 국민들의 지지 속에 출범하였다는 사실은 기술의 발달이 그 자체로 개인의 자율적 판단 능력의 향상과 정치적 성숙을 가져오는 것은 아니라는 사실을 분명하게 보여주었다. 그러나 인류의 엄청난 불행이었던 제2차 세계대전도 사람들에게 기술이 발달할수록 기술의 파괴적 사용을 제어하고 생산적으로 운용될 수 있게 할 성숙된 정치적 의식이 필요하다는 교훈을 충분히 강하게 새겨주지 못하였다. 정치적으로 발전한 서방국가들에서조차 정치가 기술 관료들에 의해 사회 공학화 되며, 국민은 물질적 대량소비와 대중매체를 통해 전달되는 문화상품의 향유에 만족한 채 비판적 능력을 상실해가는 경향을 보였다. 이런 상황에 대한 우려감이 비판적인 사상가들로 하여금 기술발전의 정치적 의미에 민감해지도록 만들었다.

가령 마르쿠제(H. Marcuse)는 자본주의뿐만 아니라 사회주의 체제에서도 합리성이 효율성과 동일시되고 있는 현상을 통렬하게 비판하였다. 합리성과 효율성이 동일시되면, 자연과의 관계에서나 사회적 관계에서 합리적 문제 해결이란 곧 기술적 문제 해결이 된다. 이렇게 되면 사회적인 문제들의 해결이 정치적 담론과 실천으로부터 사회공학적 관리체계로 이전된다. 효율성의 명법에 따르는 개인들은 자율직 주체로서 사회의 의사결정과정에 참여하는 것이 아니라 행정적 관리의 객체가 된다. 효율적인 방법을 찾아내는 사람들은 기술 관료들이기 때문에 개인들은 결국 기술 관료들의 지배하에 놓이게 된다. 기술 관료의 지배의 특징은 그것이 전통적인 지배 방식과는 달리 개인적, 사적인 성격을 갖지 않고 합리성과 객관성에만 따르는 것으로 보이기 때문에 지배로서 여겨지지 않는다는 점이다. 더욱이 발달된 생산력과 사회공학적 관리는 개인들의 욕망을 상당한 정도로 만족시킨다. 사람들은 이제 체제에 저항할 근본적인 이유가 없어졌다. 마르쿠제는 기술의 발전으로 인해 드디어 사람들이 다른 종류의 사회관계에 대한 열망을 전혀 갖지 않는 일차원적 사회가 도래하였다고 진단한다. 헉슬리(Aldous Leonard Huxley)가 상상한 '멋진 신세계'는 마르쿠제가 보기에 거의 현실이 되었다.

합리성이 효율성으로 축소되고 사회적 실천이 사회적 관리에 흡수되는 상황에 대처하기 위하여 마르쿠제가 내놓는 대안은 서로 다른 두 가지 방향을 갖는다. 한편에서 그는 물질적 과정에 대한 효과적인 통제로서의 기술에는 주체가 어떤 계획의 실현을 위하여 대상이나 타자를 도구화하는 지배의 구조가 내재한다고 보았다.[146] 그래서 그는 기술 외적인 보완 장치에 의해서는 지배의 현상을 근본적으로 방지할 수 없고, 자연을 가공의 대상으로 보는 기술의 관점을 근본적으로 바꾸어 자연을 동반자로 여기는 새로운 기술을 세워야 한다고 생각하였다. 다른 한편 그는 사회적 관계에서 억압을 제거함으로써 비로소 자연에 대한 일방적인 착취관계를 교정할 수 있을 것이라고 생각한다. 마르쿠제는 이 두 가지 관점 사이에서 동요하고 있다. 마르쿠제의 시대진단에서 더욱 곤란한 문제는, 두 가지 관점 중 어느 것을 선택하든 간에 비

---

146) H. Marcuse, "Some Social Implications of Modern Technology", in: *Zeitschrift für Sozialforschung* 9, 1941; *One-Dimensional Man*, London 1964 (차인석 역, 『일차원적 인간』, 서울:삼성출판사, 1976.)

판과 변혁적 실천의 주체를 설정할 길이 없다는 것이다.

하버마스는 마르쿠제의 곤경을 노동과 상호행위, 도구적 행위와 의사소통행위라는 범주적 구별을 도입함으로써 해결하려고 한다.[147] 도구적 행위란 어떤 목적을 실현하기 위한 효율적인 방법에 초점이 맞추어진 행위로서 원칙적으로 주체와 대상 사이의 이항(二項)적인 행위이다. 이에 반해 의사소통행위는 타인과의 합의를 그 수행의 조건으로 하는 삼항적 행위이다. 만일 타인을 합의나, 합의가 여의치 않을 경우, 공정한 협상을 추구할 상대로 여기지 않고 특정한 목적 달성을 위한 한 변수로만 취급할 경우 의사소통행위는 전략적 행위로 변질된다. 하버마스는 도구적 행위와 의사소통행위는 어떤 특정한 시대의 인간에게만 해당되는 행위양식이 아니라 노동을 해야 하며 언어를 통해 타인과 상호작용을 하는 인간의 인간학적 사실에 뿌리를 둔 기본적인 행위양식들이라고 생각한다. 하버마스의 이런 견해에 따르자면 지배적 성격을 갖지 않는 전혀 새로운 기술은 생각될 수 없다. 기술지배의 현상이란 도구적 행위 그 자체의 문제가 아니라 그것이 의사소통행위의 영역을 침식하여 사회영역에서 의사소통행위가 전략적 행위로 교체되는 현상일 뿐이다. 그래서 하버마스는 마르쿠제의 대안 중 첫 번째 대안을 불가능한 것으로 판정하고 두 번째의 대안을 발전시킨다.

하버마스는 후기자본주의사회에서 기술지배의 현상이 진행된 과정을 좀 더 경험적, 역사적으로 이해하려 한다. 그는 무엇보다도 국가의 역할 변화에 주목한다. 후기자본주의사회에서 국가는 지속적인 성장과 동시에 사회적 안정유지의 책임자 역할을 담당한다. 이 일을 성공적으로 수행하기 위하여 국가는 과학과 기술의 발전을 적극적으로 촉진시킴으로써 생산력을 높이고 경

---

147) J. Habermas, *Technik und Wissenschaft als Ideologie*, Frankfurt: M., 1969.

기 조절책과 복지정책 등을 통하여 사회적 갈등이 증폭되어 나타나지 않도록 배려한다. 다른 한편 국가는 사회구성원들의 요구가 시장경제의 질서를 근본적으로 손상시키는 정도로 확대되지 않도록 적절히 조절할 필요가 있다. 국가의 조절 능력을 넘어서는 요구는 권력의 정당성을 위협하기 때문이다. 이를 위하여 국가는 개인들의 요구를 낮추고 노동 의욕을 고취시키기 위한 이데올로기적 노력을 한다. 그러나 무엇보다도 효과적인 방법은 현재와 다른 방식의 부의 분배를 불가능하게 만드는 사실적인 근거가 있다고 설득하는 것이다. 이런 식으로 사회적 문제에서 실천과 규범적 차원을 제거하고, 사회적 문제를 사실의 문제로 만드는 데에 과학과 기술이 사용될 때 그것은 이데올로기로서 기능한다. 이런 식으로 후기자본주의 국가는 효율성의 논리를 강화하고 민주적 요구를 주변화시킴으로써 사회 전체를 기술적 관리의 대상으로 만들어 가는 경향을 갖는다. 그러나 하버마스가 보기에 이런 과정은 완전히 종결된 것도 아니고 어쩔 수 없이 종결로 나아간다고 단정될 필요도 없다.

그러면 하버마스의 대안은 무엇인가? 하버마스는 후기자본주의사회에서 축소된 민주주의적 요소를 강화하고자 한다. 아직 아무 흔적 없이 사라지지 않았으며 언어적 의사소통에 의해 재생산되는 보편주의적 문화는 비판적 관점의 실제적 기반을 제공한다. 그는 특히 비공식적인 제도들에서 여론형성과정이 활성화되어야 함을 강조한다. 물론 하버마스가 모든 다른 여건을 무시한 채 무조건 평등관계를 급진적으로 관철시키자는 것은 아니다. 현재의 상황이 달리 될 수 없다고 하는 소위 사실적 필연성에 대해 기술 관료들이 해석권을 독점하지 않도록 하자는 것이다.[148]

단순히 반기술적인 태도를 취하는 것이 아니라 기술발전의 긍정적 측면

---

148) 이상의 논의는 다음을 참조. J. Habermas, *Legitimationsprobleme im Spätkapitalismus*, Frankfurt: M., 1973, 50-130쪽.

도 함께 보는 비판적 사상가들 대부분이 내놓는 대안은 결국 개인의 자율성과 그에 바탕을 둔 민주적 정치 관계의 활성화이다. 그들은 기술의 발전이 개인의 자율과 민주적 관계와는 거리가 먼 결핍과 적대적 경쟁 속에서 가속화된 것은 사실이지만, 그러나 그런 사회적 조건을 영속적인 것으로 여길 필요는 없다는 생각이다. 그들에 의하면 기술의 발전은 오히려 그런 사회적 조건의 효력을 감소시킬 수 있는 실질적 조건을 창출하였다. 현대의 생산력 수준을 고려할 때, 결핍과 적대적 경쟁은 특정한 이해관계에 의해 불필요하게 연장되거나 인위적으로 조장될 뿐이라는 것이다. 그들에 의하면 이런 사회적 조건하에서 기술의 발전이 이루어지기 때문에 기술이 여전히 자연과 인간에 대해 파괴적으로 사용되는 것이다.

기술발전의 파괴적 측면을 사회적 조건에서 찾으려 한 비판적 사상가들의 기본적인 전제를 맥퍼슨(C. B Macpherson)의 견해를 통해[149] 정리하기로 하자. 그는 서구 근대사회가 서로 상충되는 두 인간관을 형성하였다고 한다. 하나는 인간을 유용한 것을 소비하는 자로서 무한한 욕구를 가지며 무한히 획득을 추구하는 자로 여기는 것이다. 근대 이전에도 인간의 무한한 욕망에 대한 이야기가 없었던 것은 아니지만, 중요한 차이점은 근대사회에서 이런 인간형이 도덕적으로 용인될 수 있는 것으로 여겨졌다는 사실이다. 심지어 많은 부는 소유의 의미를 넘어서 능력의 표시로 여겨졌다. 맥퍼슨은 무한한 획득과 소유에서 자기실현감을 느끼는 이런 주체의 개념이 시장경제의 발전기에 조장되었다고 생각한다. 그러나 그에 의하면 근대문화는 다른 인간관도 배태하였다. 그것은 자신의 자율성을 귀하게 여기고 타인의 동등한 권리를 존중할 줄 아는 민주적 인간형이다. 19세기 중반부터 대두된 이 인간상

149) C. B Macpherson, "Democratic Theory: Ontology and Technology", in: R. Mitcham & R. Mackey, *Philosophy and Technology*, New York, 1983.

은 자본주의 경제방식에 강한 회의를 제기하는 문화적 배경이 된다. 맥퍼슨은 지금껏 자본주의경제의 발달과정에서 이런 민주적 인간형이 주변적인 것으로 밀려났지만, 이 인간관이 이제 중심적 위치를 차지할 수 있는 실질적 여건이 어느 정도 마련되었다고 생각한다. 맥퍼슨이 보기에 이제 결핍과 그에 기초한 적대적 경쟁은 더 이상 불가피한 사실이 아니다. 실천적 역량만 있다면, 그것의 효력은 정지되거나 완화될 수 있다. 그런데 민주적 인간상을 중심적 위치에 세울 수 있는 실천은 어떤 것인가? 그것은 기술에 대해 어떻게 작용하는가?

4. 평화적 공존의 윤리와 자연최소간섭의 원칙

가치는 일반적으로 행위의 목적과 도덕성에 관계한다. 만일 기술이 주로 수단적 의미를 갖는다면, 기술의 여러 부정적 결과들은 기술이 올바른 가치에 의해 인도될 때 방지될 수 있는 것 아닐까? 그러나 가치의 현실은 그것에 어떤 교정적 역할을 기대할 수 있을 만큼 내용적 통일성을 가지며 실천을 위해 충분히 강한 동기를 부여하는 것으로 보이지 않는다. 자연과 사회세계가 기술에 의해 전 지구적으로 결정적 영향을 받고 있는 반면에, 가치는 여전히 지역성과 비합리성을 벗어나지 못하고 있다. 가치들 사이의 충돌이 일어나며 공통의 가치를 찾기 어려운 현실은, 가치들 간의 선택이 결국 개인의 결단의 문제라는 이론들에 의해, 아예 극복될 수 없는 상황으로 여겨지기도 하였다. 이런 가치의 충돌은 기술의 파괴적 경향을 가속화시키는 데에 기여한다. 인류를 결합시키는 공통의 규범이 없을 경우 기술은 생산수단이면서 생존 경쟁에서 우위 확보를 위한 수단으로써 파괴적으로 사용될 것이기 때문이다. 특히 고도의 기술이 비합리적인 가치의 실현을 위하여 사용될 경우 얼마나 위험스러운가는 더 논의할 것 없이 인종주의적 전체주의 체제만 보아도 분명할 것이다. 그렇다고 섣불리 어떤 가치의 보편성을 주장하면 지배 사고에 감염된 문화제국주의의 오해를 받기 쉽다. 그러면 기술지배 현상을 어느 정도 교정할 수 있는 보편적 규범은 있을 수 없는가?

근대 이후에 별다른 이의 없이 인간에게 공통적인 이상으로서 통할 수 있는 것이 있다면, 그것은 사적 영역에서의 자율과 사람들 사이의 평화적 공존일 것이다. 이 이상을 칸트처럼 이성적 존재인 인간에게 거의 선험적인 소망으로 내재하는 것으로 규정하든, 아니면 홉스처럼 근본적으로 타인에 대해 지속적으로 지적, 신체적 우위를 가질 수 없는 개인이 어쩔 수 없이 내리게 되는 전략적 판단으로 설명하든, 이 이상은 여러 사상가들에 의해 정당화되었다. 이런 시도들은 바로 발전된 기술의 점증하는 파괴력에 대한 뚜렷한 자각을 바탕으로 이루어진 것이었다. 그러나 인류의 대다수에게 공존의 이념을 실감 나게 가르친 스승은 이런 철학자들이 아니라 원자폭탄이었다. 공멸의 위험이 비로소 공존을 진지하게 생각하게 만든 것이다. 이제 전쟁, 인구, 불균등 발전, 환경 등의 문제를 지구적 차원에서 고려하지 않으면 안 된다는 견해가 점차 확산되고 있다. 물론 이런 견해는 국가 간의 경쟁이 치열하고 공존을 위한 발걸음을 먼저 내디뎌야 할 경제선진국들이 자신들의 우위를 지키기에 급급한 현실에서 아직 주변적인 성격을 가지고 있을 뿐이다. 그러나 그런 견해의 영향력이 커지고 있다는 것도 사실이다. 인간의 욕구가 무한하기 때문에 평화로운 공존은 불가능하다는 견해는 아마도 어느 시기에는 더 이상 불변의 인간학적 사실이 아니라 지나간 시대의 독단으로 여겨질지도 모른다.

사람들 사이의 평화로운 공존이 억압 없이 성취되기 위해서는 사람들의 필요가 자유롭게 표출되고 공정하게 조정되며 어느 정도 적절하게 충족될 수 있어야 한다. 이를 위해서는 자신의 필요를 표현할 능력의 계발과 기회가 충분히 주어져야 하며, 사회적 요구들을 조정할 공정한 절차가 제도화되어야 하고, 정당한 권리가 형식적으로 인정되는 것을 넘어 구체적으로 실현될 수 있어야 한다. 좀 도식적으로 표현하자면, 필요의 인식과 표현은 문화·사회적 영역에서 일어나는 일이며, 사람들의 필요를 공정한 절차를 통하여 정당한 권리로 규정하는 것은 정치적 영역에 속하고, 권리를 구체화하는 일은 부와 기회의 재분배에 해당된다. 그렇다면 현대사회에서 평화로운 공존은 사회문화적 개방성, 정치적 민주주의, 적절한 재분배 정책이 없이는 가능하지 않다는 결론에 이르게 된다. 획일화되고 억압된 삶에 대한 대안으로 가치다원주의가 종종 주장되는데, 그것은 대개 문화사회적 영역에 한정된 주장으로서 공정한 절차와 구체화된 권리의 토대 위에서만 현실성을 가질 수 있다. 사람들 사이의 평화로운 공존을 위한 문화, 사회, 정치적 실천이 제대로 이루어질 때 발달된 기술은 지배의 수단이 아니라 삶의 다양성과 풍요를 실현하게 하는 가장 중요한 물질적 토대가 될 수 있을 것이다.

사람들 사이의 평화로운 공존은 한 걸음 더 나아가 자연에 대한 최소간섭 원칙에 의해 보완되어야 한다. 자연에 대한 최소간섭이 곧 기술의 배제를 의미하는 것은 아니다. 오히려 기술은 자연에 최소간섭을 하면서 삶을 영위하기 위한 조건이다. 이를 위하여 종국적으로는 상품경제의 구조가 바뀌어야 할 것이다. 사실 기술의 효율성을 급속도로 발전시켜온 것은 상품경제였다. 상품경제하에서는 보다 적은 경비로 상품을 생산하기 위하여 자원을 효율적으로 사용하고 관리하는 방법이 극도로 발전한다. 상품경제하에서의 기술의 발달경향을 깊이 신뢰하는 사람들은 결국 비용절감을 위하여 가장 적은 자원을 사용하는 생산방식이 추구될 것이라고 낙관론을 펴기도 한다. 그러나 상품경제하에서 자원사용의 효율성이 증가한 것은 엄연한 사실이지만, 자원사용의 전체량 또한 급속도로 증가되었다. 개별상품은 이전보다 더 적은 시간과 자원을 들여 생산되지만, 이윤의 확대를 위하여 상품의 양이 급속도로 확대되기 때문이다. 결국 상품경제하에서 달성된 최대의 효율은 자연에 대한 최소간섭의 수단으로 사용된 것이 아니라 최대간섭의 수단으로 사용된 것이다. 그러므로 상품경제를 통해서 기술이 급속도로 발전할 수 있었다 할지라도 상품경제에 대한 영속적인 신뢰는 수정되어야 한다. 기술의 자연 파괴적 측면을 제거하자면 기술을 상품경제의 논리로부터 해방시켜 자연에 대한 최소간섭의 수단으로 전환시키는 것이 가장 큰 과제가 될 것이다.

기술을 사람들 사이의 평화적 공존과 자연에 대한 최소간섭의 수단으로 만들기 위해서는 기술 개발에서부터 그 사용의 단계에 이르기까지 다양한 문화적, 사회적 필요와 생태론적 시각이 반영될 수 있어야 한다. 이러한 요구가 반드시 기술의 효율성과 대립적 관계에 있는 것은 아니다. 한 기술과 다른 기술의 효율성 비교는 소재, 설비, 노동력, 부작용 등에 대한 값이 주어졌을 때 시간과 경비의 함수로 결정된다. 즉 같은 물건을 적은 시간에 적은 경비를 들여서 생산하는 것이 효율적 기술이다. 그래서 기술의 효율성을 평가하는 효율성 지표는 많은 경우 소재, 노동력, 부작용 등에 대한 현실에서의 왜곡된 가치평가를 그대로 반영한다. 가령 기술의 효율성을 투입 경비와 이윤의 상관관계에서만 따지는 경우, 후진국의 천연자원과 노동력을 대량으로 소모하면서 폐기물은 다른 나라에 값싸게 넘기는 기술도 얼마든지 효율적인 기술이다. 이것은 기술이 단지 이데올로기로서 기능한다든가 이데올로기의 산물이라는 주장은 전혀 아니다. 기술은 실제로 작동한다는 점에서 분명히 이데올로기만이 아니라 어떤 객관성을 갖는다.[150] 그런 기술의 객관성마저 송두리

---

150) 핀버그(A. Feenberg)는 이 문제를 기술요소(technical element)와 개별기술(individual technology)로 구별하여 설명한다. 기술은 부분기술로서 그 자체로 가치중립적

째 부정하는 것은 가능하지도 않으며 문제 해결에 도움이 되지도 않는다. 기술의 개발과 사용 과정에 문화적, 사회적, 생태론적 관심을 반영한다는 것은 단지 기술에 대해 이데올로기적으로 맞서는 것이 아니라 바로 기술의 효율성 지표를 구성하는 요소들의 비중관계를 달리 설정하는 것을 의미한다. 가령 기술의 효율성을 평가할 때 작업의 위험성, 재료 및 에너지의 사용량, 배출되는 오염 물질의 양, 나아가서 작업자의 자기 실현감 등에 무거운 비중을 준다면 기술의 개발과 사용의 양태는 크게 달라질 수 있을 것이다. 만일 문화적, 사회적, 생태론적 관심이 기술의 효율성 지표를 설정할 때 충분히 반영된다면, 기술이야말로 많은 구체적인 과제들의 가장 이상적인 문제 해결방식이 될 것이다.[151] 효율적 기술이 사회지배의 수단이 아니라 자유롭고 평등한 인간관계의 기초가 될 수 있도록, 그리고 자연에 대한 최대간섭의 수단이 아니라 최소간섭의 수단으로 사용될 수 있도록 유도하는 일은 무엇보다도 제도적, 또는 비제도적 차원에서의 정치적 실천을 통하여 이루어져야 할 일이다. 그러나 그런 정치적 실천은 주체들의 인식과 욕구 구조의 변화 없이는 실현 불가능한 공허한 민주독재 또는 환경독재의 이념이 될 것이다. 사람들 사이의 관계 및 사람과 자연과의 관계가 평화로우면서도 풍요와 다양성을 갖기

이라고 할 수 있다. 기술은 여러 기술요소의 결합으로 이루어지는데, 이 결합과정에서 사회의 가치평가와 지배관계가 반영된다. 가령 — 핀버그가 든 예는 아닌데 — 바퀴를 만드는 기술은 그 자체로 가치중립적인 기술이라고 할 수 있지만 그 기술이 다른 기술요소와 결합되어 환자용 의자의 바퀴를 만드는 데 사용될 수도 있고 대포차의 바퀴를 만드는 데에 사용될 수도 있다. 기술요소는 가치중립적이나 기술은 그렇지 않기 때문에, 기술은 이데올로기적이면서 동시에 실제로 작동한다. A. Feenberg, *Critical Theory of Technology*, New York, 1991, 81–82쪽.

151) 기술발전의 정도를 평가하는 데 복합적인 기준이 사용될 수 있으며, 경우에 따라 기술만이 다양한 관심사를 동시에 충족시킬 유일한 해결책일 수 있다는 주장을 기지 있게 펼친 글로는 다음을 참조. B. Latour, "A Door Must Be Either Open or Shut: A Little Philosophy of Techniques", in: A. Feenberg·A. Hannay (eds.), *Technology and the Politics of Knowledge*, Bloomington and Indianapolis, 1995.

위해서는 인간 삶의 사회적 조건과 생태학적 조건에 대한 과학적 인식이 필요하며, 또 민주적 사회관계, 그리고 자연과 맺을 수 있는 비기술적 관계, 즉 준(準)윤리적, 심미적 관계를 희생시키면서까지 물질적 이익의 극대화를 추구하려 하지 않으려는 태도의 형성이 필요하다.

5. 기술지배와 대학교육의 지적 과제

만일 대학이 교육기관으로서 기술지배 현상을 교정하기 위해 어떤 기여를 하여야 한다면, 그것은 바로 새로운 주체를 형성해내는 일일 것이다. 이때 형성되어야 할 새로운 주체란 인간 삶의 조건에 대한 포괄적인 이해, 타인에 대한 민주적 태도, 그리고 객관성과 이해관계의 강압을 떠나 세계와 접할 수 있는 도덕적, 심미적 능력을 갖춘 주체, 즉 합리적, 민주적, 도덕적, 심미적 인격이다. 합리적, 민주적, 도덕적, 심미적 인격의 형성이 사회적으로 중요하다는 점에는 별 논란의 여지가 없을 것이다. 그런데 그런 인격이 사회적으로 요청된다고 해서 대학이 그런 인격을 형성하는 과제를 맡아야 하는가? 대학은 전문인을 양성하면 되는 것 아닌가?

오늘날 대학은 지식의 생산과 전수, 문화의 창달과 재생산에서 가장 중요한 제도의 역할을 담당하고 있다. 만일 대학이 자신의 이런 역할을 유지해나가려 한다면, 전문적 인력의 양성에 힘써야 하는 것뿐 아니라 새로운 문명적과제를 식별해내고 의식적으로 대처해나가는 노력을 기울여야 할 것이다. 나는 우리의 대학교육이 서구적 모형에 따른 지식 생산 및 전수, 우리의 전통적인 교육관에 따른 덕성 교육, 또한 학생들의 고급문화에 대한 욕구를 충족시켜 주는 공식, 비공식적 장치들을 통하여 합리적, 도덕적, 심미적 인격의 형성에 기여해 왔다고 생각한다. 특히 자신의 전공 이외의 분야에서 고르게 교양학점을 이수하게 하는 대학의 교양교육제도는, 겉핥기식의 교육밖에 이루어지지 않는다는 비판을 감안하더라도, 포괄적인 시각을 기르는 데에 기여하였다.

합리적, 도덕적, 심미적 인격을 형성시키는 일은 어느 정도 의식적으로 추진된 반면에 우리의 대학교육에서 가장 등한시된 것은 민주적 인격을 형성하는 일이다. 나는 민주적 인격 형성이 대학교육에서 다른 과제보다 우선시되어야 한다고 생각하지는 않는다. 그러나 합리적, 도덕적, 심미적 인격 형성의 경우와 달리 과연 대학이 그런 과제를 맡아야 하느냐는 회의적 시각이 예상되기 때문에, 또 민주적 인격을 형성하는 일이 이데올로기 교육과 혼동될 염려가 있기 때문에, 이 문제를 어느 정도 자세히 논의해보고자 한다.

대학이 공공적 성격을 갖는 교육기관이라면, 그 공공성에 민주적 인격의 형성이 포함된다고 나는 생각한다. 그것이 '정치적'인 것이기 때문에 교육기관의 임무에 들어갈 필요가 없다는 반론은 민주적 관계의 중요성을 여전히 작게 평가하는 우리의 의식을 반영한다. 물론 그것이 대학만의 고유한 역할이라고 주장하려는 것은 전혀 아니다. 다만 연령이나 지적 수준, 그리고 아직 절실한 이해관계에 얽혀 있지 않은 점 등으로 볼 때 대학시기가 보편주의적이고 민주적인 사고와 교류 방식을 익힐 수 있는 최적의 시기라는 것이다.

민주적 의사결정과정의 훈련이 없는 사람일수록 어떤 갈등 상황에 처했을 때 상대를 제압하려 하거나 아니면 권위 순응적 태도로써 대하기 쉽다는 것은 잘 알려진 사실이다.[152] 권위를 추종하여 자신을 비합리적인 목적의 실현을 위한 수단으로 바치는 집단적 행위는 진정한 의미에서 정치적 태도라

---

152) E. Fromm, *Escape from Freedom*, New York 1972(초판 1941); 에리히 프롬, 이상두 역, 『자유에서의 도피』, 3판, 서울: 범우사, 1995.

고 말할 수 없다. "히틀러를 권좌에 앉힌 것은 정치적인 독일이 아니었다. 정치적인 독일은 없었다"[153]라는 말은 이런 사실을 적시하는 표현이다. 자신과 타인을 동등한 권리주체로 인정하고 갈등을 합리적으로 해결할 수 있는 능력은 정치적 건전성을 위해서뿐만 아니라 개인적 차원에서도 중요하다. 갈등의 합리적 해결과정을 통해서 개인들의 동기도 합리성을 띠게 되며 신뢰할 수 있는 인격이 형성된다. 합리적 동기를 가지며 신뢰할 수 있는 인격을 가진 주체가 개인의 삶의 측면에서, 그리고 정치·사회·경제적으로 얼마나 중요한지에 대해 우리는 충분히 많은 논증과 예를 제시할 수 있다. 만일 이것이 인정된다면 그런 인격의 형성은 하나의 공공적 과제여야 한다.

유감스럽게도 민주적 인격의 형성이라는 과제는 권위적 정권하에서는 물론이고 개방과 혁신을 표방하는 현재의 대학개혁 논의에서도 아무런 중요성을 부여받지 못하고 있다.[154] 이것은 대학교육 개혁의 논의가 사회의 특정한 요구에 의해 주도되기 때문인 것 같다. 대학이 재정의 일부 또는 상당 부분을 정부나 공공의 기금 또는 기업 등으로부터 지원받아야 하는 상황에서 대학들이 그들의 하는 일을 사회에 대해 정당화해야 하는 것은 당연하다. 우리 ― 뿐만 아니라 여러 다른 ― 사회에서 대학에 요구되는 가장 중요한 사항은 사회적 생산에서 쓸모 있는 인력을 양성하는 일이다. 이 당위가 우리 사회에서 얼

---

153) Walther G. H. Rothholz, "Zur politischen Funktion der Universität", in: *Wem nützt die Wissenschaft*, München, 1981, (dtv 4385) S. 75.

154) 최근에 학교에서의 민주주의 교육이 갑자기 긴급한 과제로 부상되었다. 한국대학생총연합회 소속 학생들이 자신들의 통일안을 제시하며 시위하다가 경찰과 대치하면서 연세대학교를 점거, 농성하였고, 학생들의 저항과 경찰의 진압과정에서 엄청난 폭력이 행사되었던 것이 그 계기였다. 이 사건 이후 교육개혁위원회에는 자유민주주의 교육의 강화방안이 주문되었다. 이 일은 이 글이 마무리된 후에 일어났고, 또 현재로서는 단순한 이념교육을 넘어서는 교육안이 나올지의 여부를 알 수 없는 상황이기에, 나는 교육개혁 논의에서 민주적 인격교육에 중요성이 부여되지 않았다는 주장을 수정하지 않고 그대로 둔다.

마나 유보 없이 수용되는지는 대학이 불량품을 생산한다느니 대학이 졸업생에 대해 A/S를 실시한다는 등의 거친 표현들이 대학인들 자신의 입에서 나온다는 사실에서도 실감할 수 있다. 대학교육에 대해서라면 어떤 교육자의 발언보다도 재벌기업 총수의 발언이 훨씬 중요하게 받아들여진다. 이에 반해 대학 내부에서부터 나오는 개혁의 운동은 미미하다. 1960년대 독일의 대학개혁 논의에서 기능적 측면에 초점을 맞춘 대학 외부에서의 개혁 요구와 학생들의 민주적 참여에 대한 요구가 팽팽한 대립을 보였던 것과는 아주 다른 모습이다. 이런 상황에서 대학개혁 논의에서 민주적 인격의 형성이 아예 논의조차 되지 않는 것은 이해되고 남음이 있다.

사회적으로 쓸모 있는 인력을 양성하는 일은 대학이 지금보다 더 충실히 수행해야 할 과제임은 의문의 여지가 없다. 그럼에도 불구하고 민주적 인격의 형성은 대학교육의 한 과제로 인정되어야 한다. 대학에서 민주적 인격을 형성하는 일이 학문성을 적당히 낮추거나 손상시키고 정치적인 문제에 비중을 많이 둔다는 것을 의미하는 것은 전혀 아니다. 학생들이 학문적 탐구와 담론에 내재한 성찰과 자기반성의 구조에 익숙해지는 것은 민주적 인격형성을 위해서도 더할 나위 없이 좋은 교육이다. 또 사회·정치적인 문제에 대한 활발한 토론 문화를 통하여 실제의 사회의 이해관계에 대한 안목을 기르는 것도 중요하다. 사회·정치적인 문제에 대해 철저히 무관심하든가 아니면 이상주의적 태도만을 가지고 사회에 나가면 단순한 순응이나 좌절에 빠지고 말기 쉽다. 사회의 이해관계에 대해 판단력을 기른 사람들이 그래도 자신의 생각과 현실 사이를 조정해보려고 노력하는 태도를 지속적으로 가질 수 있다. 우리의 대학들은 그런 교육을 애써 외면하였고 '정치적' 문제에 대해서는 학생들 스스로 자신들을 교육하게 하였다. 학생들의 정치교육은 최대 규모의 자율학습이었던 것이다. 그럼에도 불구하고 학생운동이 한국의 민주화과정에 큰 역할을 하였다는 사실, 그리고 또 다양한 시민운동들, 특히 합리적인 대안을 내놓을 역량을 갖춘 시민운동들에서도 역시 지식인들의 역할이 두드러진다는 사실 등은 대학교육과 관련해서도 진지한 숙고의 대상이 되어야 한다. 이것을 결국 지배와 지배에 대한 비판 모두 엘리트가 독점한다고 냉소적으로 보는 것은 곤란하다. 지배는 언제나 있어왔지만 비판은 언제나 있었던 것이 아니다. 만일 대학이 민주적 인격을 형성하는 과제를 방기하지 않았다면 현재의 사회적 상황은 훨씬 낫지 않았을까?

6. 대학 교양교육의 방향

나는 지금까지 기술지배 현상의 성격 및 그것을 교정할 수 있는 대안에 대하여 논의하였다. 단순히 기술로부터의 도피가 아니라 기술지배 현상을 방지하기 위해서는 기술이 사람들 사이의 평화로운 삶의 영위를 위한 물질적 생산력으로서, 그리고 동시에 자연에 대한 최소간섭의 수단으로서 사용될 수 있어야 한다. 이것은 사회관계 및 자연관계의 다양한 필요가 기술개발과 사용의 과정에서 균형 있게 반영됨으로써 가능하다. 나는 이를 위한 주체적 조건에 주목하여 합리적, 민주적, 도덕적, 심미적 인격의 형성이 필요하다는 결론을 내렸다. 나는 이런 주체의 형성이 대학교육이 담당하여야 할 과제라고 규정하였다. 대학교육에 대한 이런 규정이 기술지배 현상에 대한 한 대처방안으로서 논의된 것이지만, 오직 그 목적만을 위하여 유효하다고 생각되지는 않는다. 많은 인문사회과학적 연구들은 현대의 여러 사회병리적 현상들이 합리적, 민주적, 도덕적, 심미적 관심이 고루 형성되고 발현될 때만 해결될 수 있을 것이라고 진단한다. 그런데 위에서 제시된 교육목표에 동의한다 하더라도, 그 목표에 맞게 교육을 재편한다는 것은 무척 어려운 일이다. 나는 합리적, 민주적, 도덕적, 심미적 주체의 형성이 기술지배 현상에 대처하기 위해서뿐 아니라 일반적 교육목표로서 타당하다고 전제하고, 교양교육의 바람직한 개편 방향에 관해서만 아주 개괄적으로 논의하고자 한다.

인문사회과학을 전공하는 학생들에게 제공되는 이공 계통의 과목은 단순히 고등학교까지 배웠던 과학·기술적 지식을 반복하거나 심화하는 것보다는 과학적 설명방식을 익히면서 우리의 삶의 생태학적 조건, 생태계와 우리의 행위 사이의 인과관계에 대한 포괄적인 이해를 키우게 하는 방향으로 재편되는 것이 바람직하다. 실험위주의 교육으로 전환은,[155] 그것이 단순히 기능주의적 발상에 따른 과학기술 교육을 위해서가 아니라 위에 제시된 교양교육의 목표를 위해 편성되는 것이라면, 더할 나위 없이 효과적일 것이다. 실험 과정의 참여는 과학적 설명의 방식을 자연스럽게 익히게 할 것이며, 실험 장치에 접함으로써 과학과 기술에 대한 불필요한 기피나 또는 맹신의 태도를 갖지 않게 하는 데 기여할 것이기 때문이다. 가령 오염 물질을 가려내고 오염 정도를 측정해보는 연습은 자신의 행위에 대한 책임감을 높이는 데에도 기여할 수 있을 것이다.

다른 한편 이공계통의 학생들에게 제공되는 인문사회계통의 교양과목은 그들이 자신들의 사회적, 도덕적, 미적 경험을 적절한 언어로 표현해내고 타인들의 경험을 이해할 수 있는 능력을 기르는 데 중점을 두어야 한다. 이것은 단순히 과학자와 기술자의 사회성을 기른다든가 개인의 삶을 윤택하게 만들기 위한 것이 아니다. 앞서 논의되었듯이, 과학과 기술의 생산적 측면을 살리고 부작용을 줄이기 위해서는 기술의 개발과 사용의 과정에서 다양한 필요가

---

155) 인문사회계 학생들에게 과학교육을 강화해야 할 필요성에 관해서는 다음을 참조. 김영식, 「대학에서 과학의 바람직한 위치와 역할」, 출처: 『지성의 현장』 6권 1호, 1996.

고려되는 것이 중요하다. 이공계 학생들이 개인의 경험과 사회적 필요를 언어화 해내는 능력을 기르는 것은 훗날 그들이 과학과 기술을 개발하거나 사용할 때 다양한 필요들을 고려하는 대화에 자신을 연결시키는 것을 용이하게 해줄 것이다. 이런 목표를 갖는 교양교육에서는 무엇보다도 토론 위주의 진행이 효과적이다.

인문사회과학 전공자들에게 생태계의 포괄적인 인과관계에 대한 이해를 넓혀주고 이공계의 학생들에게 토론 교육을 강화한다고 해서 당장 커다란 변화가 일어날 것으로 기대하지는 않는다. 그러나 자신이 전공하지 않는 영역에 대해 전문적인 지식이 없더라도 어떤 최소한의 접점을 가지고 있는 것은 그렇지 않은 경우에 비해 깊이 있는 접근을 유발하는 데 크게 유리하게 작용할 수 있다. 비유하자면, 어떤 외국인이 한국어를 한마디도 모르는 경우와 '안녕하세요'를 아는 것은 그 자체만으로는 별 차이가 아니다. 그러나 그가 한국어를 한마디 아는 것은 한국에 대한 관심의 시작이라는 점에서 앞으로 있을 큰 차이의 시작일 수 있다. 또 무엇보다도 한국인에게는 그 사람이 한국어를 한마디 안다는 사실이 대화 시작의 부담을 훨씬 덜어준다. 전문화된 사회에서 이공계의 전문인들과 인문사회과학 쪽의 전문인들이 서로 다른 영역의 내부로 들어가 동등한 대화 상대자가 된다는 것은 매우 어려운 일이며 요구될 수도 없다. 그러나 현대사회에서 과학과 기술의 복합적인 인과관계를 고려하기 위해서는 이공계의 지식과 인문사회과학의 지식이 서로에 대하여 적어도 완전히 닫힌 언어체계가 되지 않도록 하는 것은 반드시 필요하다. 그래야 자신들의 판단과 행위가 전공 영역을 벗어난 문제들과 연루될 때 자폐적이 되지 않고 필요한 대화를 시작할 수 있을 것이다. 교양교육이 전문영역 사이의 최소한의 의사소통을 가능하게 하는 역할을 한다면, 그것은 단순히 전공의 예비교육으로서가 아니라 전공과 나란히 중요성을 갖는 교육이 될 것이다.

13장 근대국가이론과 국가의 해체

1. 들어가는 말: 새로운 현상과 지체된 인식

오늘날 안보와 경제, 문화, 일상의 삶에 이르기까지 각 국가 간의 상호의존성은 그 어느 때보다 커졌다. 이제 타국과의 관계는 특별한 행사를 동반하는 외교의 업무가 아니라 정치, 경제, 사회, 문화의 일상사가 되었다. 국가 간의 영토적 경계는 더 이상 사람과 물자, 정보의 흐름이 멈추는 지점이 아니다. 중요한 정책의 경우에는 입안 단계에서부터 결정과 수행에 이르기까지, 다른 국가의 이익과의 조정가능성이 성공의 필요조건으로서 작용한다. 또 대내적으로 국가는 법률상(de jure) 여전히 독점적인 정책 결정자이지만 실질적으로는(de facto) 점차 사회 각 집단의 이익의 조정자로서 기능하고 있다. 이런 변화는 대외적으로 배타적인 주권을 가지며 대내적으로 위계적 질서의 정점에 서는 근대적 국가의 상을 상당 부분 와해시켰다. 이런 현상을 어떻게 이해할 것인가? 자본주의적 질서의 외연적 확장과 내포적 심화가 가져온 상부구조의 변화인가? 아니면 자본주의적 시장의 역학으로만 환원할 수 없는 복합적 과정의 산물인가? 그것은 인류의 삶의 양식 가운데 어떤 것을 낡은 것으로 만들고 어떤 새로운 가능성을 열어놓는가? 또 한편에서는 근대적 국가의 와해현상이 일어나는데 다른 한편에서는 인종이나 민족에 기초한 독립적인 국가를 설립하려는 강력한 흐름이 일어나는 것을 어떻게 설명해야 하는가? 그것은 지체된 발전이 만회되는 현상으로서 어느 민족도 역사의 계단을 건너뛸 수 없음을 보여주는 것일까? 민족이라는 것은 오늘날 어떤 의미를 갖는가? 나는 이런 물음들에 대해 나 자신조차 충분히 설득시킬 수 있을 만한 답을 가지고 있지 않다. 나의 의도는 이런 물음들을 단서로 하여 다음과 같은 주장을 어느 정도 강화하는 것이다.

첫째, 근대국가는 자신의 영토 내에서 안정성(stability)과 참여(participation), 또는 질서와 민주라는 두 가지 필요를 충족시키는 과제를 가졌다. 근대 이전의 통치형태가 이 과제를 충족시킬 가능성을 갖지 못한 반면, 근대국가는 이 과제에 대처할 수 있는 사회조직방식을 발전시켰다는 점에서 진화된 정치체계라고 할 수 있다. 근대국가의 이러한 새로운 문제 해결능력은 개인들이 충성심을 가질 수 있을 만큼 보편성을 가지며 동시에 제도적으로 충분히 구속력을 갖는 헌법적 질서의 확립에 의해 가능하였다. 나는 근대국가가 충족시켜야 하는 과제 및 그 과제에 대한 해결방법이 근대국가이론의 역사에서, 특히 헤겔의 국가론에 이르러 충분히 분명하게 개념화되었다고 생각한다.

둘째, 한 국가 내의, 그리고 국가 간의 관계의 복합성의 증가는 국가 주권의 배타성을 유지하기 어렵게 만든다. 국가는 대내적 질서의 정점에 서며 타국과의 관계를 독점하는, 닫힌 피라미드의 최상점이 아니라 복잡한 그물망(network)의 한 지점으로서 다양한 접근방식에 열려 있고 또 우회될 수도 있다. 나는 군사, 경제, 환경 등의 문제의 복합성의 수준이 개별 국가의 주권의 배타성을 유지하는 것을 불가능하게 만든다고 생각한다. 그래서 현재의 문제 해결능력의 수준을 후퇴시키려 하지 않는 한, 배타적 주권국가로서의 근대국가의 상은 돌이킬 수 없게 노쇠한 것이라고 생각한다.

셋째, 자본과 노동의 유동성이 극대화되는 것은 개인의 인격적 동일성과 집단에의 귀속감, 그리고 지위의 안정성을 극도로 위협한다. 새로 열리는 기회의 크기보다 현재 가진 것을 잃을지도 모른다는 두려움이 더 많은 사람들에게서 탈민족화로서의 세계화에 대한 저항의 정서가 형성된다. 나는 자본의 효율성을 극대화하는 것을 위주로 진행되는 세계화가 중대한 사회심리학적 저항을 야기하며, 이것이 근래에 서구에서 일어나는 새로운 민족주의적 경향에 자양분을 공급하는 한 원천이라고 생각한다.

넷째, 나는 민족에 대한 새로운 발견이 일국 내든 국가 간에든 타민족에 대한 배타적인 민족주의로 가는 것은 오히려 근대국가 이전으로 돌아가는 것이라고 생각한다. 특히 보편적 권리 및 의무체계와 무관하게 존재하는 것으로 가정되는 민족의 동질성은 경계되어야 한다. 그런 동질성은 이질적인 생각과 행위에 대해 배타적이기 쉽고, 작은 집단을 넘어서는 포괄적인 규범에의 구속감을 약화시킨다. 민족은 인종적 단위로서가 아니라 사회통합의 단위로서만 정치적 권리를 가질 수 있다.

이런 주장들로부터 나는 다음과 같은 잠정적 결론을 내리려 한다. 배타적 주권국가로서의 근대국가는 낡은 틀이 되었지만, 보편주의적 원칙이 정치문화에 뿌리를 내리고 사회제도를 통해 실질적으로 구현되는 이념형으로서의 근대국가는 아직 유효하다. 그것은 많은 국가들에게 여전히 도달해야 하는 목표이며, 이미 그 목표를 어느 정도 달성한 국가들도 아직 완성했다고 할 수 없는 이념이다.

도처에서 '근대의 노쇠'가 말해지지만, 적어도 근대국가의 합리적 핵심은 아직 낡지 않았다.

2. 근대국가의 근대성

정치학이나 역사학에서는 근대국가를 확정된 영토 내에서 다른 사회조직과 구별되는 업무체계를 가지는, 사적이지 않은 통치조직으로 규정한다.[156] 이런 근대국가는 나라마다 다르긴 하지만 왕권을 유지하기 위한 전략, 종교분쟁, 귀족과 신흥 부르주아지 사이의 대립, 기타 사회적 대립들의 소용돌이로부터 하나의 새로운 정치적 질서로서 등장하였다.[157] 새로운 질서를 태동시키는 데에는 문화적 영향도 무시할 수 없는데, 르네상스의 인간주의와 종교개혁은 국가를 종교로부터 분리하여 세속적 질서로 바라보게 하는 데에 기여하였다. 이것은 국가를 자연에 의해 정해진 불변적인, 또는 신에 의해 부과된 신성한 질서가 아니라 인간에 의해 만들어진 것으로 여기는 것을 가능하게 만들었다. 국가가 사람들에 의해 만들어진 것으로 여겨지면 이제 그것의 존재 이유가 문제 된다. 국가를 인위적 조직체로 설정하고 그것의 존재목적, 목적을 달성하기 위한 제도적 장치에 물음을 집중하였던 것은 근대국가이론의 발생조건이 된다.

그런데 역사학적, 정치학적인 근대국가의 개념만으로는 근대국가의 근대성이 충분히 설명되지 않는다. 가령 관료제와 법치를 근대국가의 특징으로 삼으려면, 왜 그것이 근대국가의 여러 성격 가운데 근대성을 나타내는 현상으로 선택되어야 하는지가 설명되어야 한다. 그렇지 않으면 근대국가와 그 이전의 통치형태 사이의 수많은 공통성을 이유로 근대국가의 새로움을 부정

---

156) K. Dyson, The State Tradition in Western Europe, Oxford, 1980, 29쪽; G. Poggi, The State: Its Nature, Development and Prospects, California, 1990, 19쪽부터.

157) 근대국가의 역사사회학적 개념과 근대국가의 발생과정에 대하여는 전상인, 「국제정치학을 위한 역사사회학적 비전」, 김달중 외 편, 『국제정치학의 새로운 영역과 쟁점』, 나남, 1995 참고.

하거나, 아니면 그 이전의 통치형태와 다른 점 모두를 근대국가의 특징으로 보아야 한다고 주장할 수도 있다. 나는 근대국가의 근대성을 그 이전의 통치형태에서는 가능하지 않았던 새로운 문제 해결 방식의 제도화에서 찾는 입장을 지지한다. 이런 해석을 선호하는 것은 근대성에 대한 어떤 본질주의적인 생각 때문이 아니라 그런 해석이 근대성에 대한 일반적 관념 및 여러 학문분야에서의 이해방식과 가장 잘 부합한다고 생각하기 때문이다.

근대국가의 근대성을 정치적 문제 해결 능력의 새로운 '진화'에서 찾으려는 입장은 현대의 사회학에서 비교적 강한 지지를 받고 있지만,[158] 정치사상사의 재구성을 통해서도 확인될 수 있다. 사상사적으로 보면 근대의 국가이론들은 사회질서의 안정성을 강조하는 입장과 개인들의 참여의 확대를 강조하는 입장의 사이에 배열할 수 있는 것으로 보인다. 이것은 근대의 정치사상가들의 입장을 2항으로 된 표에 분류할 수 있다는 말은 아니다. 근대의 어느 중요한 사상가도 완전히 한쪽의 극단에 서는 주장을 하지는 않았다. 주권의 대내외적 절대성을 강조하는 보댕(Jean Bodin)이나 홉스도 국가의 통치가 법에 따라 이루어져야 함을 강조하였고, 개인의 권리 보호에 역점을 두는 로크의 정치사상도 질서유지를 위한 공권력이 충분히 강해야 한다는 사실에 의문의 여지를 남기지 않는다. 그들 사이의 차이는 다만 사회적 질서의 안정성과 정당성 사이의 상대적 비중을 어떻게 설정하는가에 있다.

사회질서의 확고부동한 안정성을 강조하는 입장은 질서의 안정성을 사회적 삶의 가장 기본적인 조건으로 여긴다. 홉스 식으로 하면 절대적 구속력을 갖는 질서가 있어야 비로소 개인의 권리가 지켜질 수 있고 약속이나 계약의

---

158) J. Habermas, *Zur Rekonstruktion des Historischen Materialismus*, Frankfurt: M., 1976, 219쪽부터.; N. Luhmann, *Soziologische Aufklärung* 3권, Opladen, 1981, 288쪽부터.; K. Eder, *Geschichte als Lernprozeß?*, Frankfurt/M., 1991, 476-477쪽.

이행이 기대될 수 있다. 절대적 질서는 기대구조의 안정화의 조건으로서 비로소 사회적 삶을 가능하게 하는 것이다. 통치권력의 절대성을 사회적 삶의 성립조건으로 보기 때문에, 홉스는 통치권력의 절대성은 사회 안에서 이루어지는 정치적 의사결정과정의 협상대상일 수 없는 것으로 규정한다. 자신의 이론이 통치권력의 독재와 부패 가능성에 대한 대책을 내놓지 못하고 있다는 사실을 자각하고 있지만, 그에게는 통치권력의 정당성의 문제는 권력의 절대성이 갖는 중요성에 비하면 아주 부차적이다. 이에 반해 로크는 ─ 홉스 못지 않게 질서의 안정성을 강조하지만, 그래서 홉스와의 표면적인 차이보다 심층적인 동일성이 더 크다고 해석되기도 하지만 ─ 바로 질서의 정당성을 안정성의 조건으로 규정한다. 그에 의하면 사회적 질서는 근본적으로 개인들의 자기통치이기 때문에 구속력을 갖는다. 개인의 권리를 억압하는 통치권력은 결국 안정성도 유지할 수 없다고 생각하기 때문에, 로크에게는 통치권력의 정당성에 대한 주기적인 검사를 제도화하는 것이 바람직한 것으로 여겨진다.

통치권력의 안정성을 위하여 권력의 정당성에 대한 물음을 배제하려는 입장이나 권력의 정당성으로부터 사회적 질서의 안정성을 도출하려는 입장 모두 중요한 통찰이지만 또한 결정적인 약점을 갖는다. 전자의 경우 사람들의 행위동기를 미리 도덕화하거나 생래적인 사회성에 호소하지 않으면서 사회적 삶의 가능조건을 설명한다는 점에서 큰 이론적 장점을 갖는다. 통치권력의 절대성은 분명히 개인들 사이에 성립할 수 있는 관계의 복합성과 자의성을 줄이고 기대구조를 안정화한다고 인정될 수 있다. 그러나 이런 사유를 한 걸음 더 진행시켜 가면 곧 자기모순에 봉착한다. 절대적인 통치권력이 개인들 상호 간의 기대구조의 안정화를 가져온다고 인정하더라도, 이 입장은 권력의 절대성이 효과적으로 유지될 수 있다는 전제하에서만 주장될 수 있다. 그러나 도덕의 차원을 완전히 배제하면 이런 전제가 실현될 수 없다. 한 사람의 일탈자를 막기 위해 감시자가 있어야 할 것이고, 그 감시자가 일탈자와 공모하거나 스스로 일탈자가 되지 않도록 다시 감시자가 있어야 할 것이다. 이런 식으로 감시의 연쇄가 계속되어야 한다면, 권력의 유지를 위해 동원되어야 하는 권력이 실제 동원가능한 권력보다 항상 크기 때문에, 이런 체제는 장기적으로는 지속불가능하다. 그러므로 권력의 비용을 부담 가능한 한계 안에 묶기 위해서도 개인들이 질서에 자발적으로 복종하는 것이 필요하다. 그런데 홉스에게서는 자발적 복종을 성취하는 방도에 대한 답이 없다. 통치권력의 절대성이 사회적 삶을 위해 반드시 필요하다는 통찰에 따라 사람들이 자발적으로 복종하게 될 것이라는 홉스의 기대는 그 자신의 이론적 출발점과 양립될 수 없다.

다른 한편 통치의 근본적인 토대를 개인의 자율에서 찾으려는 입장은 복종의 자발성을 극대화할 수 있는 대안을 제시하지만 또한 해결하기 어려운 점을 갖는다. 개인들이 모두 합의하는 규범을 창출하기 어렵고, 설령 그것이 가능하다 하더라도 규범의 지속적인 준수를 보장할 길이 없다. 특히 서로 신뢰할 수 있게 하는 경험을 공유한 사람들뿐 아니라 익명의 다수와 관계해야 하는 사회에서 언제나 타인의 도덕적 선의지를 기대한다는 것은 어려운 일이다. 그래서 개인들의 자율을 통치의 기초로 삼으려 한 사회계약론은 — 사회질서를 성립시키기 위해 한번 체결한 계약은 영구히 번복될 수 없다는 식의 — 비계약적 요소를 끌어들임으로써만 유지될 수 있었다.

구속력과 정당성 사이의 이런 딜레마를 해결하는 방법이 보편화 가능한 법에 기초한 통치이다. 법은 폭력과 달리 정당성을 가지며 도덕과 달리 물리적 강제력을 갖는다. 법의 강제력은 기대구조를 안정화할 수 있으면서 법의 정당성은 자발적 복종을 수반할 수 있다. 이런 통찰은 이미 로크에게서도 분명하지만, 헤겔에서 가장 체계적 형태를 갖춘 것으로 보인다.

헤겔은 정당성 없는 절대적 권력이 개인들의 권리요구 앞에서 오래 지속될 수 없으며, 또한 개인의 도덕적 반성만으로 안정적인 사회질서를 가져올 수 없다는 것을 분명히 인식하였다. 그는 권력이 독재로 가지 않게 하고 대중이 자신의 요구를 폭력적으로 표출하지 않게 하기 위해서는 '매개의 체계'(System der Vermittlung)[159]가 필요하다고 생각하였고, 헌법이 그런 역할을 한다고 생각하였다. 근대적 국가는 보편적 헌법을 매개의 체계로 가지며, 그래서 주관성에게 최대의 자립성을 허용하면서도 개인들을 실체적 통일성에로 통합하는 무궁한 강점을 가질 수 있다.[160] 헤겔은 이런 국가가 다른 국가형태에 비하여 가장 발달한 것이며 그 이상의 발전된 국가형태가 있을 수 없다고 여긴다. 그의 역사철학은 세계사가 한편으로 보편성을 갖는 헌법적 질서가 수립되고 다른 한편으로 헌법적 질서를 자신의 자유의 토대로 인식하는 주체의 성립을 향하여, 즉 그가 말하는 "지상에 현존하는 신적인 이념"[161]의 완성을 향하여 나아감을 보이려 한다.

헤겔의 국가이론을 흥미롭게 하는 것 중의 하나는 그가 보편적 헌법질서와 그것을 자신의 자유의 토대로 자각하는 주체의 형성을 하나의 역동적 과정으로 서술한다는 점이다. 가령 그의 서술에서 압제적인 권력은 단지 부정적으로만 묘사되지 않는다. 압제적인 권력은 개인을 자기 속으로 후퇴하게 하여 비로소 내면세계를 갖는 주체를 형성시킨다. 내면의 세계를 갖는 주체만이 현실질서에 대해 초월적인 관점을 가질 수 있다. 개인들이 자신들의 내면세계에서 정당성을 갖는 새로운 질서에 대한 상을 형성시켰을 때, 개인은

---

159) Hegel, *Grundlinien der Philosophie des Rechts*, (Theorie Werkausgabe Bd. 7, Frankfurt: M., 1970) §302 Zusatz.

160) 위의 책, 260쪽.

161) Hegel, *Vorlesungen über die Philosophie der Geschichte*, (Theorie Werkausgabe Bd. 12), 37쪽.

다시 압제적 권력에 맞서게 된다. 개인들의 정치적 실천력이 충분히 강할 경우 권력은 주체들의 권리주장을 수용하여 보편성을 갖는 질서로 변모된다. 동시에 이 과정에서 개인들의 자의성은 권력의 강제성에 의해 정련되어 일반적 질서에 대한 존중으로 승화된다. 헤겔은 보편성을 갖는 헌법질서와 이를 자신의 자유의 토대로 인식하는 주체의 형성에서 세계사의 도정이 완결된다고 본다.

3. 유럽통합: 근대국가의 해체인가 근대적 정치원리의 확장인가

만일 근대국가를 정치학과 역사학에서처럼 대외적으로는 배타적 주권을 가지며 대내적으로 정치적 결정의 독점권을 갖는 정치체로 이해할 경우, 오늘날 이런 국가의 상에 더 이상 맞지 않는 징후들이 도처에서 보인다. 근대국가의 상과 현실 사이에는 좁혀질 가능성이 없어 보이는 중요한 '간극'이 생겨난 것이다.[162] 그런 징후들은 '근대국가의 해체'라든가 '탈근대' 등으로 극적으로 표현되기도 하는데, 이런 극적인 느낌은 어느 정도는 이론 스스로에 의해 만들어진 것이다. 사실 대내적으로 정치적 결정권을 독점하며 대외적으로 어떠한 구속력 있는 국제질서에도 매이지 않는 국가는 절대주의 시기에도 거의 없었다. 특히 약소국의 경우 대외적 주권이란 강대국에 의해 용인되는 한에서만 통용되는 것이었다. 2차대전 이후 많은 독립국가들이 탄생하였고 민

---

162) D. Held는 근대적 국가의 상과 현실 사이의 간극(gap)을 다음의 다섯 가지로 정리한다. 세계경제(world economy), 헤게모니 권력과 권력블록(hegemonic powers and power blocs), 국제조직(international organizations), 국제법(international laws), 독자적 대내정치의 종식(the end of domestic policy) D. Held, *Political Theory and the Modern State*, Stanford, 1984, 229쪽부터 참고.

족자결주의가 외쳐졌지만, 대부분의 국가는 법적 지위에서만 독립적이었다. 그러나 극적 변화에 대한 느낌이 또한 현재 진행되고 있는 어떤 심대한 변화를 시사하는 것도 사실이다. 오늘날 국제관계란 일부 국가들의 일시적인 전략적 연대나 강대국의 영향권에의 편입에 그치는 것이 아니다. 국제관계는 전통적인 협력 분야인 군사와 외교 분야에 한정되지 않고, 더 이상 국내정치와 명확한 선을 긋기 어려울 정도로 경제, 사회, 복지, 문화의 영역을 포괄한다. 더욱이 국민국가들이 자발적으로 자신의 주권의 일부를 양도하여 각 국가의 대내외적 정책에 구속력을 갖는 초국가적 질서를 형성시키고 있다. 이런 현상이 가장 가시적으로 드러난 것은 유럽통합추진의 과정이다. 국제정치학과 경제학에서 흔히 말해지듯이, 유럽통합의 추진이 가능했던 실질적 기반이 군사와 경제의 측면에 있음은 분명하다. 미국과 소련을 중심으로 한 체제대립의 시기에 서유럽국가들이 각각 독자적인 방위체계를 갖는다는 것은 불가능하였다. 미국의 영향 아래 지속된 군사적 상호의존 관계는 서유럽의 강대국 간의 고질적인 적대관계를 지속적인 협력관계로 전환하는 데 크게 기여하였다. 또 경제규모가 확대되고 국제시장에서 일본과의 경쟁이 심해지면서 유럽시장을 지켜낼 필요가 점차 증대하였다.

그러나 공동방위와 단일시장이라는 '물질적인' 동인 이외에 이념적, 이데올로기적인 목표도 유럽통합 추진의 중요한 요소이다. 2차대전 후 유럽에서는 각 국민국가들 사이에서의 패권 다툼이 양차 대전의 원인이었으며 국가들 사이의 적대적 경쟁관계를 극복하기 위한 노력을 더 이상 미루어서는 안 된다는 인식이 널리 공유되었다. 원래 경제협력관계가 먼저 추진된 것도 경제적 관계가 가장 중요해서가 아니라 문제가 적은 곳에서부터 시작하여 실질적인 상호협력관계의 토대를 확대해나가자는 취지에서였다. 유럽 국가들 사이의 전쟁가능성이 희박해졌고 구소련과 동구권으로부터의 군사적 위협이 실질적으로 사라지면서 정치적 이유보다 경제적 이유가 유럽통합에 견인차 역할을 하는 것은 사실이지만, 유럽통합의 이념적 요소는 아직도 강하게 작용하고 있다. 기술의 생산력과 파괴력이 증가된 조건에서는 국가 간의 이해를 평화적으로 조정하고 전쟁을 방지하기 위한 국제질서를 성립시키는 것이 정치의 중대한 과제라고 역설한 칸트의 통찰[163]이 두 세기 반 후에 — 칸트와 무관하게 — 정치가들의 의지로 변모된 것이다.

또 70년대 후반부터는 환경, 노동, 복지 등의 문제에서도 국제적인 공조의 필요성이 커졌다. 유럽통합이 자본의 논리에 의해 주도되는 것을 불만스러워하고 노동과 복지국가적 정책의 이유에서 유럽통합이 가져올 효과에 대해 유보적이었던 좌파정당마저도 유럽통합을 대부분 지지하게 된 것은 유럽통합이 단일시장형성이라는 경제적 차원의 성격만 갖는 것이 아니기 때문이었다.[164]

만일 유럽통합을 공동방위와 단일시장의 형성을 넘어서 인권, 사회, 문화, 복지, 환경 등 복합적인 차원에서의 상호연관성을 포괄하는 현상으로 본다면, 유럽통합과정을 정부 간 협상에만 초점을 맞추어 설명하거나 (intergovernmentalism), 아니면 각 정부의 노력을 여러 이익집단 사이의 기능적 연관성에 대한 추인(functionalism) 정도로 보는 것 모두 설득력이 없다.[165] 그런 설명은 동서독의 통일과정이나 북미자유무역협정(NAFTA)의 성립과정에 대해서는 어느 정도 설득력 있는 설명 틀일지 모른다. 그러나 유

---

163) I. 칸트, 이한구 역, 『영원한 평화를 위하여』, 서광사, 1992.
164) W. Müller, "Political Traditions and the Role of the State", in: W. Müller·V. Wright 편, *The State in Western Europe: Retreat or Redefinition?*, Essex, 1994.
165) J. Anderson, "The State of the (European) Union: From the Single Market to Maastricht, from Singular Events to General Theories", in: *World Politics* 47, 1995 April.

럽통합과정은 정부 간 협상에서부터 이념이 같은 정당들 사이의 협조관계, 경제협력, 시민운동에 이르기까지 다차원적인 현상이다. 정부는 교섭을 위한 중요한 창구이지만 결코 유럽통합의 성격을 홀로 주도하지 못한다. 통합과정에 있는 유럽국가들은 서로에 대하여 다양한 방식으로 개방되어 있다. 특히 유럽기구의 활동범위와 영향력이 커지면서 자국의 정부를 우회하여 유럽차원에서 자신들의 이익을 도모하려는 움직임이 더욱 활발해지고 있다. 돈육생산업자협회의 사무실이 브뤼셀에 있는 것은 브뤼셀의 지리적 이점 때문이 아닌 것이다. 이제 통합과정의 유럽국가들은 서로에 대해 닫힌 피라미드형의 구조를 가지고 피라미드의 정점을 통해서만 교섭하는 것이 아니라 서로 다원적으로 접속된 그물망(network)형 관계를 가지고 있다. 이런 형의 관계에서는 어느 한 접속지점의 성격변화나 장애가 다른 지점에 영향을 주지만, 동시에 다른 지점에 의해 그 충격이 흡수되기도 한다. 그래서 하나의 결정이나 하나의 집단이 네트워크 전체의 접속방식을 결정한다는 것은 거의 가능하지 않게 된다. 만일 이런 진단이 맞는다면 적어도 통합과정에 있는 유럽의 국가들에서 ─ 현재의 각 국가들 사이에 성립되어 있는 관계들의 복합성 수준을 무리하게 훼손하지 않으려는 한 ─ 대내적으로 정책결정을 독점하고 대외적으로 배타적 주권을 갖는 근대국가의 상은 실질상으로나 이념상으로 돌이킬 수 없이 노쇠한 것이 된다.[166]

---

166) 물론 이것은 반드시 국가의 역할이 축소되었다는 말은 아니다. 심지어 명백히 한 국가의 주권을 제한하는 조치조차도 반드시 국가의 역할을 축소시키는 결과를 가져오지는 않는다. 때로는 유럽차원에서 결정된 정책을 수행하기 위하여 정부의 대내적 위상이 강화되기도 한다. 그러나 그런 현상 역시 네트워크상의 한 지점에서 일어나는 것이고 사안에 따라 유동적 성격을 갖는 것이다. 작은 예이지만, 유럽차원에서 정해진 대기오염물질 배출기준이 관철되는 과정에서 영국 정부가 겪는 위상의 변화는 주권의 제한이 반드시 정부의 약화로 이어지는 것이 아님을 보여준다. 영국은 특별한 수치상의 규정 없이 기업의 자율적 규제에 호소하면서 오염물질배출을 통제하여왔었다. 그러다가 1980년대 초부터 영국 정부는 유럽이

그런데 만일 근대국가의 근대성을 배타적 주권에서가 아니라 보편적 헌법에 따른 통치에서 찾는다면, 유럽통합을 근대국가의 해체로 보는 것과는 전혀 다른 해석이 가능하다. 유럽통합의 과정은 그 전에는 법적 규제의 밖에 놓여 있던 영역인 국제관계를 새로이 법적 규제의 대상에 편입시키고 있다. 이것은 근대국가에서 성취된 문제 해결방식을 국가 간의 관계에로 확장하는 것이며, 굳이 근대국가의 해체로 이해될 필요는 없다. 이런 시각에서 볼 때 중요한 문제는 주권의 부분적 제약 여부보다 국제관계를 조정하는 법의 성격이다. 국제관계를 조정하는 법이 자본의 유동성과 효율성을 위한 수단에 불과한 경우와 그것을 넘어서 인권, 노동조건, 환경의 개선을 위한 구속력 있는 기준으로 작용하는 것은 커다란 차이이다.

유럽통합조약은 단일시장을 위한 조치만이 아니라 안보, 인권, 고용, 사회보장, 환경 등에 관련된 광범위한 내용을 포괄하고 있다.[167] 과연 유럽의 국가들이 단일시장과 단일화폐를 성취하고 그것을 넘어서 정치통합에까지 이를지 미지수이기는 하다. 그러나 간과되어서 안 될 사항은 어쨌든 현재의 방식으로 유럽통합이 추진될 수 있는 것은 각 나라들에서 보편주의적 헌법이 실질적으로 기능하고 민주주의적인 정치문화가 정착되었기 때문에 가능한 것이었다는 점이다. 그래서 현재 가장 중요한 점은 국가들을 초국가적인 유럽기구에 편입시키는 것이 아니라 국내정치를 유럽화하는 것이라는 진단은

사회에서 합의된 사항에 따라 허용기준치를 정하고 그에 따른 규제의 책임을 지게 된다. 유럽이사회의 결정에 따라 기존의 정책노선을 변경해야 한다는 것은 영국 정부의 결정권을 제약하는 것이지만, 이 정책을 수행하는 과정에서 오히려 정부의 기업에 대한 통제력은 상승하였다. 다른 한편 오염물질배출기준을 수치화하고 자료공개의 의무를 부과하면서 정보에 대한 접근이 개방되자, 정부에 대한 시민운동의 압력이 커졌다. Ch. Knill, "Staatlichkeit im Wandel: Großbritanien im Spannungsfeld nationaler Reformen und europäischer Integration", in: *Politische Vierteljahresschrift* 36. Jg., 1995 Dez.
167) Maastricht Treaty의 Common Provisions, Article G 참고.

설득력이 있다.[168] 만일 법치와 민주주의적 정치문화가 근대국가의 '합리적 핵심'이라면, 유럽통합조약에서 목표로 설정된 유럽통합은 근대국가의 이념의 실현 위에서만 가능한 것이다.

4. '민족주의'의 부활: 일면적 세계화의 한 표징

통합유럽을 기정사실화하고 통합유럽이 연방국가(Bundesstaat)의 형태를 가질 것인가 아니면 국가연합(Staatenbund)의 형태를 가질 것인가 논의가 한창이었을 때, 유럽의 정치학계는 예상치 않게 민족과 민족주의의 문제에 새로이 직면하게 되었다. 직접적인 계기는 물론 공산주의 이후의 구소련 지역과 동구권에서 일어난, 종교나 인종에 기초한 국가설립을 둘러싼 분쟁에서 비롯되었다. 세계화를 필연적인 현상으로 보는 사람들은 이런 현상을 보고 구공산권 국가들이 그들이 무모하게 건너뛴 역사의 단계를 만회해야 하는 지체의 상태에 있다고 하면 그만일 것이다. 그러나 문제는 그것만이 아니었다. 마스트리흐트(Maastricht) 조약으로 막상 유럽통합이 결정적 국면에 접어들자 서유럽국가들의 국민들의 정서에 주목할 만한 변화가 일어났다. 1992년 6월 마스트리흐트 조약의 인준여부가 처음 국민투표에 부쳐진 덴마크에서는 부결되는 일이 벌어졌다. 유럽통합을 주도하던 국가들은 덴마크에 경제, 통화통합 및 안보공동체에서는 빠지는 예외를 인정함으로써 1993년 2차 국민투표에서 겨우 덴마크 국민들을 찬성으로 유도할 수 있었다. 유럽통합을 가장 강력하게 추진해온 독일의 경우, 1992년 말 국회에서 조약을 인준

---

168) M. R. Lepsius, "Beyond the Nationstate: The Multinational State as the Model for the European Community", J. A. Hall 편, *The State* Ⅲ권, London 1994.

할 때 드물게 초당적 합의가 이루어져 95%의 의원이 찬성하였다. 그러나 비공식적 여론조사에 의하면 독일 국민의 37%만이 유럽통합을 지지를 하였다고 한다.[169] 프랑스와 영국에서도 찬성이 반대를 크게 넘지 못하였다. 과거 연방정부적 성격의 통합유럽 청사진을 제시하였던 정치가들이 이제 자신들이 추구하는 것이 사실은 느슨한 국가연합이라고 서둘러 말해야 할 정도로 일반 국민들의 정서에서 민족국가의 비중이 다시 커졌다. 이제 통합유럽은 서로의 이해관계의 충돌 때문에 완성될 수 없는 바벨탑이 되는가? 도대체 민족의 '부활'은 어떤 이유를 갖는 것일까? 거기에는 어떤 위험이 있으며, 유럽통합과정의 어떤 결함을 시사해주는가?

근대국가에서 민족의 개념에는 인종적, 문화적 요소와 같은 비정치적 동질성의 요소와, 동일한 권리와 책임을 갖는 정치체제의 구성원이라는 정치적 동질성의 의미가 혼재되어 있다.[170] 만일 민족의 본질적인 측면을 전자에 둔다면 국가는 인위체로서 민족의 특수한 이념을 구현하기 위한 도구적 성격을 갖는다. 그런 목적을 수행하지 못할 경우 국가는 부정적인 것으로, 또는 기껏해야 필요악이나 '이성 없는 기계' 정도로 보여진다. 이에 반해 민족에서 후자의 요소를 강조하면 국가는 보편적 질서의 담지자이다. 인종적, 문화적 요구는 일반적인 정치적 의사결정과정 속에서 매개되고 인정되는 한에서만 국가에 의해 수용된다.

식민지하에서 국가와 무관하게 이미 있는 동질성을 민족성원의 조건으로 여길 경우, 그것이 식민지 혹은 반식민지하에서 반외세적인 운동의 토대가 된다는 점에서는 긍정적인 기능을 할 수 있을 것이다. 또 풍요로운 사회에

---

169) Spiegel, 1992년 12월 2일 자, 2022년 현재 기사 제목의 확인은 어려움.
170) Habermas, "Staatsbürgerschaft und nationale Identität", in: Habermas, *Faktizität und Geltung*, Frankfurt: M., 1992, 635쪽부터.

서도 '우리는 하나'라는 의식은, 독일이나 일본의 예가 보여주듯이, 부의 재분배를 위해 유리하게 작용할 수 있다.[171] 그러나 이런 민족관의 단점은 포괄적 규범의 가치를 약화시킨다는 데에 있다. 그것은 쉽게 자기 민족의 이익과 타민족의 이익을 대립적 위치에 놓고 국내의 이민족과 타국에 대한 적대적 태도를 형성하게 한다. 민족주의적 경향이 부활하는 것에 대해 서유럽의 지성인들과 정치계가 민감하게 반응하는 이유가 여기에 있다. 그런데 정치적 활동을 어렵게 하는 여러 가지 제도적 장치들에도 불구하고 극우적 민족주의 세력이 급속도로 지지를 확대해가고 있는 이유는 무엇인가? 극우적 민족주의가 많은 서유럽국가에서 이미 제도권 정치에 진입하여 무시할 수 없는 영향력을 행사하고 있다는 사실은 그것이 일시적 현상에 그치지 않을 것임을 시사한다.

나는 이런 현상이 실제로 존재하는 민족의 실체성에서 유래한다고 생각하지 않는다. 또 민족주의가 어떤 세계사적인 중요성을 다시 가질 것이라고 생각하지도 않는다.[172] 그러나 — 민족이 항상 어느 정도는 '가상의 공동체'였다면 — 이 가상의 공동체에 대한 강한 필요가 다시 발생하는 것은 우연일 수 없다. 나는 유럽통합이 민족주의의 부활을 부추긴 주 원인은 결코 아니지만, 민족주의적 정서의 확산에 유리한 다음과 같은 사회심리적 효과를 유발한다고 생각한다.

첫째는 자본과 노동의 유동성이 일반인들에게 가져다주는 불안을 들 수 있다. 자본과 노동력의 유동성을 극대화하는 것이 투자자의 입장에 크게 유리하다는 것은 분명한 사실이지만 근로자들에게는 커다란 불안을 안겨준다.

---

171) R. B. Reich, "Who Is 'Us'", in: Hall, 1994, 556쪽.
172) 이런 진단은 E. J. 홉스봄, 강명세 역, 「1780년 이후의 민족과 민족주의」, 『창작과 비평』, 1994, 209쪽부터 참고.

이것은 특히 선호도 높은 전문적 능력을 갖추지 않은 평범한 근로자들에게 더욱 그렇다. 그들에게는 단일시장을 통해 새로 열릴 기회는 적은 반면 새로 도입되는 기술이나 타국에서 유입되는 값싼 노동력 때문에 현재의 일자리와 복지혜택을 잃을지 모른다는 불안은 무척 크다. 같은 현상은 실업의 상태에 있는 사람들에게는 일자리를 가질 가능성이 거의 없어진다는 절망감을 준다. 이런 사회심리적 상황은 많은 평범한 사람들에게 자신들의 이익을 타협 없이 보호해줄 수 있는 공동체에 대한 동경을 심어준다.

두 번째로는 의미 및 귀속감의 상실의 현상에서 오는 반감을 들 수 있다. 사람들이 자신의 자기정체성을 확인하는 데에는 타인과 구별되는 측면보다 도 오히려 어떤 집단에의 귀속감이 더 중요하다. 그런 소속감은 아직 국가, 문화, 지역성과 연관되어 있다. 사실 귀속감 상실의 문제는 새로운 것이 아니다. 유럽의 산업사회는 가족의 해체, 사물화 경향 등으로 귀속감의 상실에 시달려온 지 오래이다. 그러나 유럽통합은 그런 상실감을 극대화한다. 실제로 국가의 주권이 부분적으로 양도되는 것에 대한 반발은 적으나 문화적 동질성의 상실에 대한 염려가 크다는 것은[173] 이런 심리적 상태를 반영한다.

셋째로, 유럽통합에 대한 반감에는 엘리트지배에 대한 불만도 한몫을 차지하는 것으로 보인다. 국내의 정치적 사안과 달리 유럽통합협상은 일반인들에게는 잘 알 수 없는 내용의 것이었다. 협상내용은 사회의 엘리트들에 의해 결정되었고 국민에게는 찬성하는 선택만이 남겨졌다. 분명 자신들에게 중요한 결과를 가져올 결정에 대하여 스스로 내용도 모르는 채 찬성해야 한다는 것은 국민들에게 자신들이 실질적인 주권자가 아님을 뼈아프게 느끼게 하

---

173) K. R. Korte, "Das Dilemma des Nationalstaates in Westeuropa: Zur Identitätsproblematik der europäischen Integaration", in: *Politik und Zeitgeschichte* 43Jg., 1993, B14, 26쪽.

였다.

예상치 못한 저항에 부딪히면서 유럽통합이 합의된 일정대로 추진될 수 있을지에 대해 정치가들 스스로 회의적이 되었다. 그렇다고 배타적 주권국가로의 회귀는 불가능한 것으로 보인다. 현재의 복합적인 상호의존성의 수준은 느슨한 국가연합의 형태로라도 유럽통합을 불가피하게 만드는 것으로 보인다. 유럽통합이 처한 현재의 곤경은 통합의 필요성에 대한 부정적 증거가 아니라 자본의 효율성을 제고하기 위해 기존의 사회적 합의를 후퇴시키는 것이 심각한 부작용을 초래한다는 사실에 대한 증거이다.

5. 나가는 말: 근대국가의 '합리적 핵심'의 유효성

통합에 대한 필요와 실질적 기반을 가장 잘 갖춘 유럽에서마저 국가 간의 통합의 전망이 불투명한 마당에, 근대국가의 해체를 말하는 것은 성급한 예측이다. 분명 배타적 주권국가의 시대는 지났지만 국가의 역할이 반드시 감소한 것은 아니다. 특히 시장의 기능에 맡겨둘 수 없는 안보, 복지, 경제, 고용 등의 영역에서 국가의 역할은 아직 지대하다. 그러므로 현재 일어나고 있는 국가의 성격 변화는 국가의 후퇴(retreat)라기보다는 재형태화(reshaping)의 과정으로 보는 것이 더 적절할 것이다.[174] 또 국가는 국민들의 참여를 확보하고 문제에 가장 신속히 접근할 수 있다는 점에서 아직 포기될 수 없는 장치이다. 그러나 민족주의의 부활은 경계해야 한다. 추상적인 초국적 질서와 비정치적 동질성을 강조하는 민족주의의 사이에서 아직도 중요한 것은 세계

174) W. Müller·V. Wright, *Reshaping the State in Western Europe: The Limits to Retreat*, 동일인 편집, 앞의 책, 7쪽.

의 국가들이 보편주의적 정신에 토대한 헌법을 갖추고 그에 따라 통치되는 것이다. 헤겔의 표현을 빌려 말하자면, 각 국가는 보편적 정신이 특수하게 구현된 것이어야 한다. 물론 이때 보편주의란 헤겔에서와는 달리 아주 기본적인 몇 가지 권리와 절차적 정의가 주를 이루기 때문에, 특수에 대해 폭력적, 억압적인 것일 수 없다. 보편주의적인 헌법질서의 구현과 그에 대해 충성심을 갖는 국민이라는 근대국가이념의 합리적 핵심은 아직도 유효하다. 그러므로 다른 영역에서 탈근대를 말할 수 있을지 모르지만 국가이론에서는 아직 탈근대를 말하기 어렵다.

14장 평화, 세계시민권, 그리고 환대의 윤리
칸트의 평화구상에 대한 한 해석

1. 들어가는 말

칸트가 영원한 평화를 위한 제도적 조건으로 든 것들은 오늘날 상당 부분 충족되었다. 공화정을 표방하는 나라가 압도적 다수이며, 침략전쟁을 명백히 금지하는 헌장을 가진 유엔에는 현재 동티모르를 마지막으로 191개국이 가입해 있다. 유엔이 1948년에 채택한 인권선언은 칸트가 생각했던 세계시민권보다 훨씬 포괄적인 권리들을 포함하고 있다. 이렇게 제도적 조건이 상당부분 충족되었는데, 우리가 아직 영원한 평화와는 멀리 떨어져 있는 현실은 무엇 때문인가? 20세기 말 유럽을 당혹시켰던 보스니아 내전과 코소보 전쟁, 2001년의 9·11 테러와 그에 이어지는 미국의 소위 '테러와의 전쟁', 그리고 지구상에서 가장 강한 국가에서마저도 제1의 정치적 쟁점이 안보인 것을 어떻게 설명해야 하는가? 이런 상황은 "세계시민적 체제"를 역설하였던 칸트의 정치철학에 대해 다음과 같은 물음을 던지는 것을 피할 수 없게 한다. 칸트의 평화구상은 시효가 지난 것인가 아니면 아직 미래의 과제인가? 칸트의 구상이 틀린 것인가, 아니면 그가 말한 제도적 조건이 외형상으로만 충족되었기에 그런 것인가? 오늘날 칸트의 구상을 그의 방식대로 더 생각해나간다면 어디에 이르게 될까? 그 끝에서 우리가 만나야 할 새로운 사고는 무엇일까?

나는 칸트가 평화를 위해 설정한 궤도가 타당하다고 생각하는 편이며, 그래서 칸트의 주장을 약간 약화시키는 롤스 식의 수용방식[175]이나 아니면 더 급진화하는 하버마스 식의 수용방식[176]을 매우 중요한 시도라고 생각한다. 다만 종래의 시도들이 거의 제도적 측면을 다룬 것에 비해 나는 — 칸트가 언급은 하였지만 충분히 강조하지 못한 — 비제도적 측면을 주로 조명해보고자 한다. 내가 부각시키고자 하는 것은 환대의 윤리이다.

이 논문은 세 부분으로 이루어졌다. 처음에는 칸트의 평화구상을 법이론적 차원과 정치적 실천의 차원으로 나누고, 전자가 후자로 번역되는 과정에서 어떤 차이가 발생하는지를 간략히 지적할 것이다(2절). 다음에는 칸트가 환대를 세계차원에서 평화가 가능하기 위한 중요한 조건으로 규정하면서도 그것의 의미나 구현방식에 대해서는 모호한 상태로 남겨두었음을 지적한다. 나는 이런 사정에 대한 설명을 칸트의 평화구상이 그가 스스로 표명한 것보다 훨씬 더 의사소통의 메커니즘과 인류의 도덕적 학습능력에 의지한다는 점에서 찾을 것이다(3절). 이런 고찰을 바탕으로 나는 칸트의 환대 개념을 재해석해서 이방인과 적극적으로 의사소통을 하고자 하는 자세로 규정하고, 그러한 환대의 구체적인 모델로 "이방인을 그의 언어로 이해하기"를 제안하고자 한다(4절). 마지막으로 이런 환대의 윤리가 왜 바로 오늘날 소위 테러리즘의 시대에 긴급하게 요청되는 윤리인지를 설명한다(5절).

---

175) 문화다원주의를 수용하는 롤스는 평화의 조건으로 칸트처럼 가령 모든 국가가 공화제를 구현해야 한다고 주장하지 않는다. 롤스, 『만민법』, 장동진 외 역, 이끌리오 2001.
176) 하버마스는 칸트가 국가 간의 느슨한 평화연맹을 주장한 것과 달리 국제연합의 집행권과 구속력 있는 판결을 내릴 수 있는 국제사법재판소의 설립을 강조한다. 하버마스, 『이질성의 포용』, 황태연 역, 나남 2000.

2. 칸트의 평화구상: 법이론적 차원과 정치적 차원

다음은 1795년에 발간된 『영원한 평화를 위하여』[177]에서 칸트가 지속적인 평화를 위한 정치적 조건으로 드는 소위 세 가지 확정조항이다.

1. 모든 국가의 시민적 정치체제는 공화 정체이어야 한다.
2. 국제법은 자유로운 국가들의 연방체제에 기초하지 않으면 안 된다.
3. 세계 시민법은 보편적 환대[178]의 조건들에 국한되어야 한다.

칸트가 왜 이것들을 지속적인 평화를 위한 가장 중요한 조건으로 들었는지를 이해하려면 우리는 칸트의 평화구상이 자연법이론에 기초하고 있음을 고려해야 한다. 법이론적 차원에서 볼 때 칸트의 평화구상은 두 가지 원리에 기초한다. 첫 번째 원리는 홉스적인 것으로서, 권리관계가 저항할 수 없는 강제력에 의해 뒷받침된 법에 의해 규제되어야만 평화가 정착될 수 있다는 것이다. 다만 칸트는 홉스와 달리 이 원리를 한 국가 내에서 시민들의 관계에 제한하지 않는다. 칸트는 가능한 갈등의 유형을 동일한 정치공동체에 속하는 사람들 사이의 갈등, 국가들 사이의 갈등, 그리고 서로 다른 정치공동체에 속하는 사람들 사이의 갈등으로 보았기에, 세 가지 유형의 갈등을 규제하는 법체계가 성립함으로써 평화가 정착될 수 있다고 믿었다. 칸트가 영원한 평화의 조건으로 국내법, 국제법, 세계시민법을 든 것은 그런 이유에서이다.

두 번째 원리는 플라톤적인 것으로서 법체계가 오직 이성으로부터 도출되

---

177) 칸트, 『영원한 평화를 위하여』, 이한구 역, 서광사 1992.
178) 이한구의 번역본에서는 '우호'로 번역되어 있다. 'Hospitalitaet'가 '환대'로 번역되는 것이 낫다는 주장은 문성원, 『배제의 배제와 환대』, 동녘 2000, 117쪽의 주 45를 참고.

어야 한다는 것이다. 칸트는 이성적인 법체계는 경험으로부터 올 수 없다고 생각한다. 법체계는 성공적인 사례로부터가 아니라 오직 권리관계를 공법 아래 구속시킨다는 이상에서부터 도출되어야 한다. 법적 규제를 벗어난 갈등해결방식이 없다는 점에서 보편적 평화가 성립한다면, 법체계가 불변적인 이성적 원리에 기초한다는 점에서 평화의 정의로움이 보증된다. 『도덕형이상학』(Metaphysik der Sitten)에서의 다음 구절은 칸트의 평화구상의 이 두 가지 원리를 잘 보여주고 있다.

> 평화는 서로 인접해 사는 사람들의 무리가 오직 법을 통해 내 것과 네 것을 보장받는 상태, 그러니까 하나의 헌법 아래 사는 상태이다. 하지만 우리는 헌법의 규칙을 세울 때 지금까지 가장 형편이 좋았던 사람들의 경험으로부터 다른 사람들을 위한 규범을 도출하는 방식으로 해서는 안 된다. 헌법의 규칙은 사람들을 공법 아래 법적으로 구속시킨다는 이상으로부터 이성을 통해 선험적으로 도출되어야 한다.[179]

영구적인 평화는 이런 법적인 평화구상이 정치적 현실이 될 때 가능하다. 의무론자로서의 칸트, 혹은 "이론에서는 맞을지 몰라도 실천에서는 아무 소용이 없다"라는 속설을 단호히 부정하는 칸트를 생각한다면, 우리는 그가 법이론적인 평화구상을 직접적으로 정치프로그램으로 번역하려 할 것이라고 기대하게 된다. 하지만 칸트는 국가 간의 관계를 공법에 따라 규제하는 문제에 관한 한 실천적 어려움을 인정한다. 법이론적으로 볼 때는 "세계공화국"을, 즉 전 세계 모든 국가를 포함하는 "국제국가"(civitas gentium)을 추구하

---

179) I. Kant, *Metaphysik der Sitten*, W. Weischedel 편, I. Kant, Werke in zehn Bänden, Darmstadt, 1983, 제7권, 479쪽.

는 것이 맞지만, 주권을 가진 국가들이 이를 받아들이지 않을 것이기 때문에 소극적 대안으로서 "평화연맹"(foedus pacificum)을 형성하는 것이 현명하다는 것이다.[180] 법이론적으로 설계된 평화구상을 이런 식으로 정치프로그램으로 번역한 결과가 바로 앞서 제시된 세 가지 확정조항이다.

3. 평화의 실현: 자연의 메커니즘 대 의사소통의 메커니즘

칸트는 평화의 실현이 인간의 의식적 노력이 아니라 '자연'에 의해서 이루어진다고 한다. "인간이 욕구하는 것과는 관계없이 자연이 스스로 그것을 행한다"[181]. 물리적 생존조건으로서 자연의 의미를 제외하면 여기서 자연은 두 가지를 의미한다. 첫 번째는 홉스를 따라 '불화'와 '대립'을 의미한다. 만인의 만인에 대한 투쟁 상태에서는 자신들의 안전을 전혀 보장받을 수 없는 자연인들이 법적 구속에 따를 태세를 갖게 되듯이, 전쟁에 지친 국가들도 마침내 어떤 법적 관계를 받아들여 "야만의 무법상태"에서 벗어나고자 할 것이라는 것이다. 자연의 두 번째 의미는 이익추구경향이다. 사람들은 전쟁을 통해서보다는 평화로운 관계를 통해서 더 상업적 이익을 볼 수 있다는 것을 알게 되고, 그래서 상업적 정신은 국가들로 하여금 "마치 영속적인 동맹관계"(54)에 있는 듯이 행동하게 할 것이라는 것이다.

그런데 칸트는 평화실현의 메커니즘과 관련해서 실상은 절반만 홉스주의자이다. 그 자신은 강조하지 않지만 그는 인간의 학습능력과 의사소통의 메커니즘을 신뢰하고 있다. 이미 그는 시민적 정치체제의 성립과정을 설명할

---

180) 칸트, 『영원한 평화를 위하여』, 35쪽.
181) 위의 책, 30쪽.

때도 순전히 홉스적인 메커니즘에만 의존하지 않는다. 철저히 홉스적이라면 "반항할 수 없는 힘"에 스스로 굴복하는 것까지만 설명할 수 있지 법의 도덕적 성격은 설명할 수 없을 것이다. 그런데 칸트는 불화와 대립을 말하면서도 그것이 재능의 계발을 가져오고 "계속된 계몽에 의해 도덕적 식별력에 대한 조야한 자연적 소질을 점차로 특정한 실천적 원리들로 변화시킬 수 있고, 그것에 의해 자연적 감정에 의해 함께 뭉친 인간의 사회를 도덕적인 전체로 바꿀 수 있는 사고방식이 자리 잡기 시작한다"[182]라는 것이다. 이렇게 보면 개인들이, 적어도 계몽된 사람들의 경우, 보편적 법률에 구속되는 것은 그것이 반항할 수 없는 힘이어서만이 아니라, 그것의 필요와 도덕적 정당성에 대한 믿음 때문이다. 보편적 법의 구속력은 물리적 힘에 의해서만이 아니라 개인들이 스스로를 법에 구속시키는 태도에 의해 강화된다.

칸트가 개별국가들에 대한 물리적 강제력을 보유하지 않은 평화연맹으로도 전쟁을 상당 부분 방지할 수 있다고 믿은 것은 공화정체의 형성에서와 동일한 학습능력을 국가 간의 관계에서도 염두에 두었기 때문이다. 평화연맹이 강제력을 갖는 세계국가는 아니지만, 전쟁이 종식되어야 한다는 통찰에 근거해서 국가들이 가입할 경우 전쟁을 방지하는 효과를 가질 수 있다. "연맹의 이념"이 서서히 모든 국가로 확산되며 먼저 계몽된 강력한 공화국가가 연맹의 구심점이 되면, 국가들이 연맹을 떠나지 않을 수 있게 될 것이라는 것이다.[183]

공화정과 평화연맹의 성립과 관련해서는 '불화'와 '반목'이라는 자연적 메커니즘과 법적 지배의 필요를 인식하게 되는 학습능력이 비슷한 비중으로 언

---

182) 칸트, 「세계시민적 관점에서 본 보편사의 이념」, 이한구 역, 『칸트의 역사철학』, 서광사 1992, 29쪽.
183) 칸트, 『영원한 평화를 위하여』, 34쪽.

급되었다면, 세계시민권에 관련해서는 학습능력에 훨씬 큰 무게를 둔다. 공화정체와 평화연맹을 설명할 때와 달리 칸트는 이방인에 대한 약탈과 침략에 대해서 분개하기만 할 뿐, 약탈과 침략이 세계시민권을 가져오는 자연의 메커니즘이라고 하지 않는다. 반목과 적대에 지쳐서라기보다는 "한 곳에서의 권리의 침해가 다른 곳으로 전달되기 때문에",[184] 사람들은 모든 인간을 세계공동체(commercium)의 구성원으로 인정하고 이런 구성원 지위에 공법적 지위를 부여한다는 것이다.

4. 세계시민권과 환대

칸트의 평화구상이 법이론적 관점에 의지하고 있다는 점을 염두에 두면, 앞서 언급된 세 가지 확정조항을 평화를 위한 조건으로 든 것은 쉽게 이해될 수 있다. 하지만 세 조항에 대한 칸트의 설명은 그다지 않게 체계적 균형을 이루고 있지 않다. 공화제와 국가연합에 관련해서는 그것들의 의미, 제도적 핵심, 성립가능성이 상세하게 설명되고 있는 반면, 세계시민권에 대해서는 그렇지 않다. 세계시민권의 보장이 영원한 평화를 위해 어떤 중요성을 갖는지, 세계시민권을 보장하기 위한 제도적 장치가 무엇인지에 대해 칸트는 아무런 상세한 설명을 제시하지 않는다. 심지어 세계시민권의 개념조차 분명하게 규정되어 있지 않다. 세계시민권은 그저 인류가 지구를 공유하기에 갖는 방문의 권리로 간단하게 규정되어버린다. 세계시민권과 관련해서 그의 관심은 이 방문의 권리가 제한된 권리라는 것, 손님의 권리가 아니라는 것을 분

---

184) 위의 책, 40쪽.

명히 하는 것이 전부인 것처럼 보인다. 그래서 혹자가 제3 조항을 "좀 이국적"[185]이라고 여긴다거나 심지어 오늘날의 "여행자유"[186]와 같은 것으로 해석한다고 하더라도 아주 이상하지만은 않은 것이다.

하지만 칸트의 세계시민권을 평범한 방문의 권리와 같은 것으로 여기면, 그것이 왜 칸트가 영원한 평화를 위한 조건으로서 엄격하게 세 가지로 제한한 조항들 가운데 하나가 되어야 하는지 이해할 수 없게 된다. 칸트의 텍스트를 조금 더 정확하게 분석해보면 우리는 방문의 권리가 곧 세계시민권이 아니고 세계시민권이 형성되는 데 필요한 선행조건임을 알 수 있다. 칸트의 견해에 따르자면 인류는 다른 정치공동체에 속하는 사람들과 교류할 수 있는 권리를 가진다. 만일 이런 방문의 권리로부터 출발하여 지구상의 인류가 보편적 법에 따라 규제되는 관계를 형성하는 데에 이르게 되면 세계시민권이 성립하는 것이다.

> 이 권리는, 모든 민족들이 하나가 될 가능성을 위해, 즉 민족들 사이의 교류가 어떤 보편적인 법에 따라 이루어지는 것을 목적으로 사용되는 한에서, 세계시민권(ius cosmopoliticum)이라고 부를 수 있겠다.[187]

그러한 방문의 권리를 우리는 오늘날의 맥락에서 이방인이 현지인과 법적 관계나 혹은 그와 유사한 관계를 형성하기 위하여 소통을 시도할 수 있는 권리로 해석할 수 있겠다. 그런데 이방인이 현지인과 하는 소통은 한 정치공동

---

185) G. Patzig, "Kants Schrift "Zum ewigen Frieden"", in: R. Merkel u. R. Wittmann Hrsg., *Zum ewigen Frieden*, 21쪽.

186) V. Gerhardt, *Immanuel Kants Entwurf 'Zum Ewigen Frieden'*, Darmstadt 1995, 10쪽.

187) I. Kant, *Metaphysik der Sitten*, 앞의 책, 476쪽.

체 구성원들 사이의 소통과 다르다. 이방인의 경우 자기가 방문한 법공동체에서 완전한 성원자격을 주장할 수 없다. 오직 시민들이 동의한 법만이 정당성을 가질 수 있는 공화제 헌법하에서 시민들은 정치적 참여에 대한 권리와 의무를 동시에 갖는다. 정치적 토의는 상호이해를 이루어야 한다는 강제하에서, 즉 논쟁이 논거와 이해조정 외에 어떤 수단도 택해서는 안 된다는 일반적 의식하에서 이루어진다. 논거가 갖는 강제력은 상호대립하는 이해의 조정이 논거 외의 다른 수단을 통해 이루어져서는 안 된다는 합의를 배경으로 해서 작용한다. 하지만 이방인과 현지인의 만남의 경우 사정이 다르다. 이들의 삶은 어떤 공통의 규칙에 의해 상호 결부되어 있지 않다. 이들 사이에는 소통을 하고 합의를 이루며 이를 통해 이해를 조정해야 하는 강제가 없다. 그러니까 서로 다른 정치공동체에 속하는 사람들 사이에는 정치적 토의가 전개될 가능성이 보증되지 않는다. 이 경우 소통의 필연성과 상호성이 기대될 수 없기 때문에, 소통의 방향 또한 소통의 일반적 구조와 논리로부터 도출될 수 없다. 그런데 칸트는 어떻게 방문의 권리만 인정되면 서로 다른 정치공동체에 속한 사람들 사이에 평화로운 교류가 확산되고 법적 규제의 형식을 갖춘 상호관계가 성립할 수 있다고 생각하는 것일까?

5. 소통생성의 윤리로서의 환대: 이방인 언어 배우기

세계시민권의 성립가능성과 관련해서 칸트는 소통의 메커니즘에 의지하며, 이때 환대를 소통이 성공하기 위한 가장 중요한 조건으로 든다. 하지만 그는 환대의 중요성을 강조하면서도 또한 동시에 환대의 개념을 최소화하고자 하였다. 그것은, 그 스스로 분명히 밝히듯이, 환대를 박애가 아니라 권리의 개념으로 사용하는 데에서 비롯된 것이다. 이방인을 적대적으로 대하지 않는 것은, 박애의 개념으로서 볼 때 거의 환대라고조차 할 수 없지만, 이방인이 다른 권리공동체에 요구할 수 있는 권리로서는 최대한이라는 것이다.

이런 환대는 완전히 낯선 이방인에게는 결코 사소한 것이 아니다. 소통을 추구하는 이방인의 입장에서는 적대적인 취급을 당하지 않을 것이라는 확신만으로도 소통에의 용기를 가질 수 있다. 사실 소통의 가장 큰 장애는 의견이나 가치의 차이가 아니다. 차이는 소통의 정상적인 일부이고, 종종 대화를 위한 생산적인 출발점이다. 소통에서 가장 큰 장애는 소통의 시도 자체를 불온하게 여기는 태도, 소통을 거부하는 유무언의 태도이다. 이런 태도가 현지인과 이방인 사이의 소통에 미치는 영향은 결정적이다. 동일한 공동체에 속한 사람들 사이에서는 소통을 거부하는 것 역시 상당한 부담이기 때문에 쉽게 그런 태도를 가질 수도 없고 오래 지속하기도 어렵다. 그러나 현지인에게 소통을 강제할 수 있는 자원이 없는 이방인은 현지인이 소통을 거부할 경우 관계형성을 위한 아무런 수단을 갖지 못한다.

그런데 적대적으로 대우받지 않을 권리로서 이 최소한의 환대는 모든 사람들에게 방문국의 사람들과 교류하고 소통할 수 있는 가능성을 열어주지는 않는다. 그것은 자의식과 언어적 능력을 통해 이미 소통의 자원을 갖춘 사람들에게만 상호이해와 동화의 가능성을 제공해줄 뿐, 이러한 문화적 수단을 갖지 못한 사람에게는 부족하다. 이런 사람들을 소통의 장으로 들어와 자기표현을 할 수 있도록 하기 위해서는 좀 더 적극적인 환대가 필요하다.

이 '좀 더 적극적인' 환대는 내 집의 가장 좋은 거처를 상대에게 내어주고 가장 좋은 음식으로 대접하며, 가장 소중한 것을 희생하면서까지 상대의 안전을 지켜주는 것이 아니다. 나는 환대의 원형을 데리다(Jacques Derrida)처럼 무조건적인 환대에서 찾지 않는다. 데리다는 도덕적으로 요구되는 환대는 무제한적인 환대인데, 다만 실제 현실에서는 제한되어 나타날 수밖에 없다고 한다.[188] 하지만 환대를 데리다처럼 이해하면, 제한된 환대는 언제나 무제한적인 환대에 비추어 도덕적 결함을 지니고 있는 것으로 나타난다. 내가 생각하기에 환대는 비범한 도덕적 능력의 발로라기보다는 상대를 "편하게 해준다"라는 평범한 윤리의식에 뿌리를 두고 있다. 그것은 헌신과 무관심 사이에 위치하는 것으로, 상대와 조정해야 하는 이익이 없더라도, 내가 그와 대화를 해야만 하는 강제가 없더라도, 상대를 이해하고 상대의 필요에 어느 정도 부응하려고 노력하는 자발적 태도이다.

그런데 의사소통을 하면서 이방인을 편하게 해준다는 것은 구체적으로 무엇을 의미하는 것일까? 나의 생활공간을 내주는 것은 아니면서 이방인에게 "편하게 느끼게 하는 것", 서양식 표현으로 하자면 "집처럼 느끼게 해주는 것"은 어떻게 가능할까? 오로지 의사소통의 측면에서만 보자면, 이방인으로 하여금 자신의 언어로 말하게 하는 것, 또는 우리가 "이방인을 그의 언어로 이해하는 것"이 바로 그런 대접이 될 수 있을 것 같다.

이방인이 나의 언어가 아니라 그의 언어로 자신을 표현하도록 하려면, 새로운 언어를 배워야 하는 부담은 나의 몫이 된다. 이것은 이방인이 방문국가에서 느끼는 낯섦을 역으로 내가 느끼게 된다는 것을 의미한다. 낯선 기호, 낯선 텍스트에 직면해서 길을 잃지 않기 위해서 나는 상대의 의사소통적 태도에 의존하게 된다. 자신을 이런 언어적, 문화적 곤경상황에 놓아보면, 이방인이 나의 언어로 자신을 표현하려고 노력하는 것이 완전히 달리 보인다. 나의 나라에서 별생각 없이 나의 언어로 이방인과 말하곤 했던 내가 갑자기 의사소통을 위한 준비가 덜 된 자로, 타인과의 교류에서 문명화된 인간이 지켜

---

188) 데리다, 『환대에 대하여』, 남수인 역, 동문선 2004.

야 할 윤리를 충족시키지 못한 자로 밝혀진다. 이에 반해 자신에게는 낯선 나의 언어로 소통을 시도할 용기를 보인 이방인은 공정한 소통에 대한 준비가 되어 있음을 보인 셈이다. 그러니까 서로 다른 언어와 문화에 속한 사람들 사이에 소통이 이루어지기 위해서 발생하는 정신적 비용을 이방인이 혼자 지불한 셈이다. 만일 "이방인의 언어로 이해하고 말하기"가 상이한 문화에 속한 사람들 사이의 공정한 소통을 위한 조건이라면, 우리는 더듬거리면서 나의 언어로 이야기하는 이방인 앞에서 짜증스러워할 수 없게 된다. 오히려 우리는 상대로부터 극진한 방식으로 대화에 초대된 것이라고 할 수 있겠다.

한 가지 오해를 미리 방지하도록 하자. "이방인의 언어로 이해하고 말하기"가 환대의 구체적 모델이 될 수 있다고 해서, 우리가 실제로 모든 이방인의 언어를 다 배워야 한다는 것은 아니다. 내가 강조하고자 하는 것은 이방인과 상호이해를 이루지 못하였을 때, 책임의 절반 이상은 이방인으로 하여금 나의 언어로 이야기하게 한 사람에게, 즉 나에게 있다는 것을 직시하자는 것이다.

나는 환대를 윤리적 태도에서 일반적으로 요구되는 상호성 원칙과 양립불가능한 것이라고 여기지 않는다. 환대는 언어적, 사회적 자원을 덜 가진 이방인과의 만남에서 억압 없이 소통이 이루어질 수 있는 정서적·정신적 구도를 만들어준다. 환대는 상호성을 전제하지는 않지만 상호성을 생성시키는 윤리이다.[189]

---

189) 문성원은 환대를 상호성을 넘어서는 윤리로 규정하고 있다. 문성원, 앞의 책, 143쪽 참고. 문성원이 환대를 이렇게 규정하기에 이른 것은 상호성이 자유주의의 논리이며 환대는 자유주의의 '닫힌' 성격을 넘어서는 윤리라고 보기 때문이다. 나는 현실의 자유주의가 상호성을 단순히 전제할 뿐 상호성의 생성에는 관심을 두지 않는다고 비판한다면 동의할 수 있다. 하지만 자유주의가 상호성을 넘어서지 못한다는 지적은 나에게는 과잉비판으로 보인다. 글의 맥락으로 보면 상호성을 넘어선다는 것이 부분적으로는 상호성의 생성과 아주 다른 의미인 것 같지는 않다. 하지만 문성원은 단호하게 '환대'의 열림은 "상호성의 열림"으로서의 자유

환대의 윤리는 신앙공동체나 혈연공동체를 바탕으로 하는 전근대적 사고의 유산처럼 보일지 모른다. 하지만 나는 환대의 윤리가 근대화의 거름망을 전혀 통과하지 못할 것이라고 생각하지 않는다. 오늘날 서구인들에게 환대의 윤리가 낯설다면, 그것은 단지 환대의 윤리가 합리적 사고에 맞지 않아서만은 아닐 것이라고 생각한다. 나는 그것이 좀 더 근본적으로는 근대 이후 서구인들에게 이방인의 체험, 타자의 체험이 적은 것과 연관이 있을 것이라고 추정한다. 서구인들에게 자신들의 세계에서 만나는 이방인은 이미 자신들의 언어로 말하는 이방인이었거나, 아니면 그들의 언어를 구사할 줄 몰라서 사회세계 밖에 있는 사람들이었다. 서구인들은 또 이국땅에서 자기들의 언어를 전파하고 상당 부분 자신들의 언어를 사용하며 살 수 있었다. 그들의 언어는 종종 이국땅에서조차 특권을 누리는 언어였다. 그래서 서구인들은 안에서도 밖에서도 이방인이 될 수 있는 기회가 적었다. 이방인으로서, 그것도 관광객으로서가 아니라 권리가 적은 이방인으로서, 다른 문화와 사회를 체험해보지 않은 자는 환대가 소통에서 얼마나 대단한 효과를 발휘하는지를 실감하기 어려울 것이다.

6. 평화와 환대: 현재의 윤리로서의 환대

환대의 윤리는 전근대적인 것이 아니라 오히려 현재의 세계에서 평화적 관계를 구축하기 위하여 요청되는 윤리라고 할 수 있다. 국가 간에 치러지는

주의의 열림과 "본질적으로" 다르다고 한다. 나는 환대에 대한 이런 이해에서 어디까지가 윤리학적 고려이고 어디까지가 형이상학적·종교적 고려인지 잘 구별할 수 없고, 그래서 그것이 자유주의에 대한 진지한 비판이 될 수 있을지 잘 모르겠다.

대규모 전쟁의 위험은, 지역적으로는 여전히 피로 얼룩진 전쟁과 분쟁이 벌어지고 있지만, 국가 간의 관계를 규제하는 각종 초국가적 기구와 규약이 조밀해짐에 따라 점차 감소해갈 것이라고 조심스럽게 예측할 수 있다. 반면에 9·11이 극적으로 보여주듯이, 절망적 상황에 처한 소수집단이 극단적 폭력을 행사할 위험은 오히려 증가하고 있다.

만일 우리가 테러리즘에서 테러리스트만 보려고 하지 않는다면, 테러리즘을 달리 조명해볼 수 있다. 테러리즘은 소통의 밖으로 밀려나간 자들, 소통을 통해서 자신들의 소리를 낼 수 없었던 자들의 좌절감과 복수심을 자양분으로 한다. 그러니까 테러리즘은 그들에게 극적인 의사표현의 수단으로서 기능하는 것이다.

소통의 관점에서 테러리즘을 본다고 해서 내가 테러리즘을 조금이라도 옹호하려는 것은 아니다. 또 테러리스트들이 모두 절망에 내몰린 사람들이라는 것도 아니다. 잘 알려졌듯이 빈 라덴은 백만장자의 아들이고, 많은 테러리스트들이 상대적으로 유복한 가정의 출신이다. 하지만 이런 사실들로부터 테러리스트들을 전혀 이해할 수 없는 광신자로 결론 내리고 마는 것은 너무 단순한 추론이다. 테러리즘을 이해하려면 테러수행자의 인물이 아니라 기호로서의 테러, 테러의 의미론적 기능에 초점을 맞추어야 한다. 그래야 그것의 위험성도, 그리고 대처의 실마리도 찾을 수 있다.

테러의 가장 큰 위험성은 그것이 이미 의사표현의 수단으로, 하나의 의식(儀式)과 기호로 정착되었다는 점이다. 일반적인 폭력적 범죄의 경우와 달리 테러행위 후에는 종종 스스로가 그 행위자라고 자처하면서 행위의 메시지를 공표하는 집단이 있다. 테러는 심지어 그러한 공표를 위해 이루어지는 것이라고, 공표의 의식이라고 할 수 있다. 통용되는 언어를 인위적으로 막는 것이 거의 가능하지 않듯이, 의사표현의 수단으로서 기호화되고 의식화된 테러는 제거하기 어렵다. 드러난 테러리스트들을 군사작전을 통해서 제거한다고 해서 문제가 해결되는 것은 전혀 아니다. 테러가 의사표현의 수단으로 여겨지는 한, 단순히 물리력으로 테러리스트를 제거하는 것은 테러에 새로운 동기를 부여할 따름이다. 기호화된 테러는 그 기호를 발음하는 새로운 '영웅'을 만들어낸다.

테러의 의미론적 기능, 기호의 성격에 주목하면 테러에 대한 근본적인 대처방식이 무엇이야 할지도 생각해볼 수 있다. 기호는 물리적으로 지워지는 것이 아니라 그것의 의미론적 기능이 상실됨으로써, 혹은 다른 기호로 대체됨으로써 소멸될 수 있다. 그렇다면 테러리스트들이 스스로 영웅의식을 느끼도록 만드는 메시지가 다른 기호를 통해 표현되도록 해야 한다. 테러리스트들이 대변하고 있다고 생각하는 의미공동체에서조차 테러가 적절하지 못한 소통의 수단이라고 여겨져야 한다. 같은 메시지를 테러의 방식보다 더 효과적으로 전할 수 있는 방식을 경험한 사람들에게 테러는 아무런 의미론적 기능을 하지 못하고 한갓 폭력이 된다. 테러리즘의 의미론적 기능을 무화시킬 수 있을 때, 테러리즘이 좌절된 자들에게도 의사표현의 수단으로서 수용되지 못하게 될 때, 비로소 테러리즘이 설 곳이 없게 되는 것이다. 의미론적 기능을 약화시키지 못한 채 물리력만으로 치러지는 "테러와의 전쟁"은 끝나지 않는 전쟁으로 남을 따름이다. 그러므로 좌절된 자들이 소통의 장으로 들어올 용기를 갖도록, 소통의 방식으로 뜻을 전달할 수 있음을 경험하게 하도록, 소통을 통해 오히려 의사를 더 잘 전달할 수 있다고 느끼도록 만드는 것이 중요하다. 이 지점에서 바로 환대의 윤리가 절실히 필요하다. 이방인이 자신의 언어로 자신을 표현하고 우리가 그것을 이해하려고 하는 적극적인 소통의 자세로서의 환대 말이다.

그런데 나는 그렇지 않아도 부족한 환대의 태도가 잘사는 국가들에서 오히려 침식되고 있다는 느낌을 갖는다. 경쟁적 대중민주주의와 복지국가는 시민들에게 수혜자의 위치에 익숙하게 만들었다. 시민들은 세계차원에서 어떤 일이 일어나든, 자신들이 누리는 수혜의 폭이 줄어들지만 않으면 된다. 자신들의 복지수준을 다치지 않게 하는 것이 최선의 세계질서가 된다. 이런 시민들에게, 저개발국으로부터의 이방인은 아주 쉽게 수혜의 경쟁자로 축소되어 이해되고, 그런 이방인들의 유래지인 저개발국은 문제의 온상 정도로 여겨진다. 이방인과의 소통이 확대되기는커녕, 오히려 소원화 경향이 커지고 있다.

하지만 나는, 칸트를 따라, 인류의 도덕적 학습능력에 희망을 건다. 또 그럴 조짐이 아주 없는 것도 아니다. 나는 잘사는 나라의 시민들이 인색한 표정을 거두고 의사소통의 문제에 관한 한 그들이 오히려 만회해야 할 부분이 많다는 사실을 자각하게 되길 바란다.

15장 분배적 정의와 복지

1. 분배적 정의의 역사

부나 지위, 기타 사회적 자원을 사회구성원들에게 공정하게 배분하는 일
은 어떤 사회에서든 거의 피할 수 없는 과제이다. 사회구성원들이 사회적 자
원의 배분 방식을 어느 정도 수긍하는 것은 지속적인 사회적 안정을 위한 필
수요건이기 때문이다. 그래서 사회적 갈등을 최소화할 수 있는 배분의 방식
이 이미 고대부터 정치가와 사상가들의 진지한 관심사였던 것은 우연이 아
니다. 가령 플라톤(Platon)은 빈부 격차가 시민들의 불화의 중요한 원인으
로 보고 그것을 방지하기 위하여 재산의 상한선을 정하자고 제안한 바 있다.
그의 제안에 따르자면 먼저 시민의 삶을 영위하는 데에 필요한 최소한의 소
유 수준을 먼저 정하고, 능력에 따라 더 많이 소유하게 되는 사람도 그 수준
의 4배가 넘지 않는 범위에서만 재산을 가질 수 있게 하는 것이 바람직하다
(Platon, 1988: 169). 플라톤의 이러한 견해는 아리스토텔레스(Aristoteles)
에 의해 곧 반박된다. 최소 재산 수준의 4배까지는 허용되어도 5배부터는 허
용되지 않는다고 할 때 4 또는 5라는 숫자가 아무런 근거 없이 임의로 제시
된 것이기 때문이다.(아리스토텔레스, 1996: 62)

아리스토텔레스는 '분배적 정의'의 개념을 최초로 도입하였을 뿐 아니라 분배적 정의에 관한 논의의 역사에서 오랫동안 논의의 방향을 규정하는 이론을 제시하였다. 분배적 정의에 대한 그의 고전적 규정에 따르면 그것은 "명예나 금전이나 이 밖에 국가의 공민(公民) 간에 분배될 수 있는 것들의 분배에 있어서의"(아리스토텔레스, 1984: 148) 정의이다. 그에 따르면 분배적 정의는 배분 비율의 적절성에서 성립하는데, 그 적절성을 그는 수학적 표현을 빌려 "기하학적 비율"이라고 부른다. 그가 이렇게 부르는 이유는 배분될 것의 비율이 배분받을 사람들의 자격에 비례한다고 여기기 때문이다. 즉 어떤 사회적 자원을 두 사람 A와 B에게 C와 D만큼씩 배분한다면, C와 D의 비율은 A와 B의 자격의 비율과 같을 때만 공정하다는 것이다. 이에 반해 자발적 혹은 비자발적 교류 관계에서 발생하는 잘못을 바로잡는 '시정적 정의'에서는 사람의 자격이 문제 되지 않는다. 가령 도둑질의 경우 끼친 손해의 크기가 배상의 규모를 결정하는 것이지 점잖은 사람이 나쁜 사람의 것을 훔쳤는가 혹은 반대로 나쁜 사람이 점잖은 사람의 것을 훔쳤는가는 배상의 규모에 별 영향을 미치지 않는다. 그래서 시정적 정의에서의 적절한 비율을 아리스토텔레스는 "산술적 비율"이라고 부른다.(위의 책, 151)

아리스토텔레스는 부나 사회적 지위 등을 배분할 때 문제 되는 사람들의 자격이 입장에 따라 여러 가지일 수 있음을 지적하였다. 그에 따르면 "민주주의는 그것을 자유민의 신분이라 하고, 과두 정치를 지지하는 사람들은 그것을 부(혹은 좋은 가문)라 하고, 귀족 정치를 지배하는 사람들은 그것을 덕이라고 한다."(위의 책, 149) 그런데 아리스토텔레스는 자격에 관한 다양한 입장 가운데 어느 것이 가장 설득력 있는 것인지를 뚜렷하게 제시하지 않았다. 아리스토텔레스가 제기하였으나 대답하지 않은 이 자격의 문제는 이후 분배적 정의를 논하는 역사에서 계속 중요한 쟁점이 된다.

분배적 정의와 관련된 아리스토텔레스의 고찰은 분배적 정의에 관한 개념 규정에 그치는 것이 아니다. 그는 다양한 사회, 경제체제를 비교 분석하면서 완전한 균등배분이 정의의 문제에 대한 최종적인 해결을 가져오지 않는다는 것을 놀랄 만큼 세밀하게 논증하고 있다. 그는 완전한 균등 배분이 개인의 성취동기를 약화시키고 능력 있는 자를 벌주는 것이기 때문에 그 자체로 공정하지 못하며, 또 균등한 분배를 하려고 하더라도 무엇을 어떻게 균등하게 분배하는가 하는 문제가 남는다고 지적한다. 특히 그는 공정한 배분의 대상이 되는 것에는 부 외에도 권력과 사회적 지위가 있음을 지적하고, 이것들을 단순히 균등하게 배분하는 것은 정의와 거리가 멀다고 생각하였다.(아리스토텔레스, 1996: 50쪽부터.)

분배적 정의는 중세시대에는 표면상 별 관심의 대상이 되지 못했다. 그러나 기독교 사상에 들어 있는 평등주의적 요소는 훗날의 보편적인 권리 의식과 정치적 평등주의를 준비하는 것이었다. 기독교 사상의 토양에서 형성된 새로운 수준의 정치의식은 늦어도 토마스 아퀴나스(Thomas Aquinas)에서는 명백히 드러난다. 그는 신학적 사고의 틀 안에서 자연법사상을 발전시켜 근대적인 사고를 예고하였다. 아퀴나스는 현실의 법과 자연의 법을 나누고 현실의 법은 이성과 직관에 의해 파악될 수 있는 자연법에 어긋나지 않을 때에만 정당성을 가질 수 있다고 하였다.(Copleston, 1962: 418) 이런 자연법사상은 정의관에 새로운 긴장을 불어넣는 것이었다. 그것은 모든 인간을 동일한 권리주체로 설정함으로써 현실의 불평등에 대항하여 반사실적(反事實的)인 평등성을 정의로운 상태로 설정하는 데에서 오는 긴장이다.

근대의 자연법사상 초기에는 시민계급의 이해관계에 따라 정의는 주로 소유권과 결부되어 논의되었다. 그런데 소유권의 보호는 아리스토텔레스의 개념을 사용하여 말하자면 시정적 정의에 관련된 문제였다. 그래서 자유주의

사상가들에게 분배적 정의의 문제는 시정적 정의에 비해 부차적인 중요성을 가졌다. 그러나 루소에 이르면 자유와 함께 평등이 인간의 가장 중요한 권리로서 선언됨으로써 이후에 분배적 정의의 문제가 중요한 주제로 대두될 것임이 시사된다. 그러나 루소는 아직 정의의 실현의 방법으로써 부의 재분배를 주장하는 데에까지 이르지 않았다.

프랑스 대혁명 이후 중요성을 얻게 되는 사회주의 사상은 분배적 정의에 관한 논의의 역사에서 새로운 분기점을 이룬다. 그들은 소유권보다 평등을 우위에 두고 부와 기타 사회적 자원의 균등한 분배를 강력하게 주장하였다. 그러나 대부분의 초기 사회주의자들은 분배적 정의에서 "기하학적 비율"이 문제 된다는 아리스토텔레스의 지적을 망각하였다. 그들은 사람들이 어떤 자격에 의해 사회적 자원을 동일하게 배분받을 권리가 있는지를 설명하지 못하였던 것이다. 그들은 자유로운 활동과 능력에 따른 소유를 주장하는 자유주의자들의 주장을 반박할 수 있는 인간 인식과 정치적 실천의 방안을 가지고 있지 않았다.

아리스토텔레스 이후 분배적 정의의 이해에 가장 큰 변화를 가져온 사람은 아마도 마르크스였을 것이다. 마르크스는 사람들에게 형식적 기회균등으로서의 '정치적 자유' 대신 실질적인 기회균등으로서의 '사회적 자유'가 보장되어야 한다고 주장한다.(Marx, 1983: 390) 그는 사회적 자유의 실현이 일시적인 부의 재분배를 통해서가 아니라 사회의 전면적인 재구조화를 통해서만 가능하다고 생각하였다. 마르크스는 자신이 구상하는 새로운 정의로운 사회를 노동을 중심으로 하는 인간관에 의해 뒷받침한다. 그에게 인간의 노동은 생계의 수단일 뿐 아니라 인간의 자기실현 활동이다. 그래서 그는 노동하는 자가 생산의 과정에서 주체적이지 못하며 생산물을 자신의 것으로 할 수 없을 때 빈곤의 문제뿐 아니라 인간 삶의 전면적인 소외가 발생한다고 생각한다. 이런 인식을 바탕으로 그는 생산수단의 사적 소유를 금지해야 한다는 결론을 내리고 개인의 이익을 위한 생산과 능력에 따른 소득이 아니라 공동체를 위한 생산과 필요에 따른 배분을 주장한다.

마르크스가 자유주의적 정의관에 대해 치열하게 비판하였음에도 불구하고 자유주의적 전통은 결코 약화되지 않았다. 어떤 분배적 정의관의 위상을 평가할 때 이론적 설득력의 측면에서가 아니라 얼마나 많은 사람들이 그 견해를 지지하는가로 따지자면, 분배적 정의에 관한 근대 이후 현재까지의 논의에서 오히려 자유주의 전통이 가장 중심적인 흐름이었다고 할 수 있다. 현대의 자유주의적 정의관은 세 가지 입장으로 분류할 수 있다. 그 하나는 개인주의적 자유주의의 입장이다. 이 입장은 개인의 자유를 강조하며 원칙적으로 부의 재분배를 부당한 것으로 여긴다. 부당하지 않은 방법으로 획득된 부를 다시 재분배하는 것은 성실한 자에게 벌을 주는 셈이라는 것이다. 로크로 소급되는 이 입장은 근래에는 노직(R. Nozick)에 의해 강력히 주장되었다. 이와 다른 하나의 입장은 공리주의이다. 공리주의는 개인적 자유주의와 달리 사회적 행복의 총량을 중시한다. 이 입장에서는 행복의 총량을 증대시키는 한에서 사회적 선(social goods)의 재분배가 정당화된다. 이런 점에서는 공리주의는 개인주의적 자유주의보다 훨씬 적극적인 사회정책을 지지하는데, 반면에 자유주의가 이룩한 중요한 통찰을 자신들의 이론 속에 적절히 통합시키지 못하고 있다. 공리주의는 개인들의 어떤 기본적인 권리들은 사회적 행복의 총량을 확대하기 위해서라도 침해되어서는 안 된다는 도덕적 직관을 이론적으로 적절히 수용해내지 못한다.

자유주의의 전통에서 가장 뛰어난 설명력을 갖는 입장으로서 자유주의적 평등주의의 입장을 들 수 있다. 자유주의적 평등주의의 입장은 자유주의와 달리 평등을 중요한 가치로 여기며 또 급진적 평등주의와 달리 개인의 자유를 강조한다. 다만 문제는 자유와 평등의 조화가 실제로는 물론이고 이론적으로도 쉽게 달성되기 어려운 것으로 보인다는 것이다. 바로 이 문제를 극복할 수 있는 가능성을 제시한 사상가가 롤스이다. 그의 이론은 지난 30여 년간 분배적 정의에 관한 논의에서 가장 큰 영향력을 행사하였는데, 그로 대표되는 자유주의적 평등주의의 입장은 센(A. Sen), 드워킨(R. Dworkin), 아네슨 (J. Arneson) 등에 의해 더욱 정교화된다. 이 입장의 분배적 정의론은 단순히 빈곤한 자에 대한 부조가 아니라 개인의 책임으로 돌릴 수 없는 불리한 여건에 대한 광범위한 보상을 정당화한다. 보상되어야 하는 불리한 여건에는 부와 사회적 지위 같은 물적 조건뿐 아니라 재능 등과 같은 전이 불가능한 자원 (intransferable resource)도 포함된다.

마지막으로 분배적 정의에 대한 최근의 입장으로서 공동체주의와 여성주의를 들 수 있는데, 이 두 가지 입장은 기존의 분배적 정의에 대해 각각 독특한 방식으로 비판하고 있다. 샌델(M. Sandel), 매킨타이어(A. MacIntyre) 등에 의해 대변되는 공동체주의는 추상적, 보편적 정의론을 비판하고 한 사회의 공동선과 관습에 결부된 정의론을 주장한다. 공동체주의는 유지될 가치가 있는 전통과 그렇지 않은 전통을 구별할 수 있는 기준을 명확히 제시하지 못하는 단점을 갖지만 정의론을 실제적인 사회, 문화적 조건과 결합시키려 한점에서 공로를 갖는다.

여성주의 측에서 제시하는 정의관은 여성주의 입장이 다양한 만큼 서로 다르다. 자유주의적 여성주의는 앞서 언급된 자유주의적 정의관과 다르지 않은 견해를 가지고 있는데, 다만 여성에게도 남성과 동등한 사회적 권리가 부여되어야 한다고 주장할 뿐이다. 그러나 기존의 정의관을 근본적으로 비판하는 여성주의적 입장들도 있다. 그들의 주장은 몇 가지로 집약될 수 있다. 그들은 사적 영역과 공적 영역이 여성에게 불공정한 방식으로 분리된 현실에서 공적 영역에 주로 관련된 기존의 정의관은 남성편향적이라고 비판한다. 기존의 정의관에 대해 더 근본적인 비판을 하는 여성주의자들은 심지어 기존의 정의관뿐 아니라 정의의 윤리 자체가 남성적이며 여성 자신의 필요, 또 여성에 의해 더 잘 지각되는 인간관계의 중요한 측면을 도외시하고 있다고 비판한다.

분배적 정의에 관한 논의의 역사를 앞서 서술된 것처럼 아주 짧게만 살펴보아도 매우 다양한 정의관이 있었음은 쉽게 알 수 있다. 다양한 견해들을 분류하기 위하여 아리스토텔레스의 '기하학적 비율'을 상기해보자. 아리스토텔레스에게는 사회적 자원의 배분이 배분받는 사람들의 '자격'에 비례할 때에만 정의로운 것이었다. 분배적 정의에 관한 논의의 역사는 거의 배분의 기준이 되는 '자격'을 무엇으로 정할 것인가에 관한 논의의 역사라고 해도 과언이 아니다. 배분의 기준은 때로 필요(need)에서, 때로는 성취(achievement)나 노력(effort), 생산성(productivity)에서, 때로는 행복의 사회적 총량이나 공익(public good)에서 찾아졌다.(Rescher, 1966; 황경식, 1995) 기독교나 자발적 부조의 전통, 그리고 사회주의 진영에서는 필요가 가장 중요한 배분의 기준이었다면 자유주의 진영에서는 성취나 노력 혹은 생산성이, 공리주의에서는 행복의 총량이, 그리고 아리스토텔레스주의나 공동체주의에서는 공익이 가장 중요시되었다. 물론 각 입장이 다른 기준을 배제한 채 오직 한 가지 기준만을 채택한 것은 아니었다. 가령 사회주의자들은 필요 외에도 성취를 배분의 기준으로서 함께 염두에 두고 있었음이 분명하다. 또 성취를 중시하는 자유주의자들도 그들이 공정한 경쟁 조건으로 이해하는 공익에 대해서는 큰 관심을 가졌다.

그런데 분배적 정의에 관한 다양한 견해의 뒤에 아무런 공통성이 없는 것일까? 구체적 입장의 다양성에도 불구하고 논의의 지평을 형성하는 공통의 이념은 지적될 수 있는 것으로 보인다. 그것은 공정성 또는 평등성 이념이다. 각 분배적 정의관은 거의 공정성 또는 평등성 이념에 사회적 구체성을 부여한 것이라고 말할 수 있다. 그런데 분배적 정의가 같은 이념에 연관된다면 왜 그렇게 다양한 정의관이 생겨난 것일까?

평등성 이념은 매우 추상적인 이념이다. 게다가 그 이념은 때로는 불명확하게만 의식되어 있다. 이런 평등성의 이념을 다른 가치들과의 균형을 고려하면서 사회적으로 실행 가능한 구상으로 구체화해낸다는 것은 결코 쉬운 일이 아니다. 평등성 이념은 경험적 현실에 곧바로 적용될 수 있을 만큼 구체적이지 않으며 경험적 현실은 어떤 원칙을 쉽게 일의적으로 적용할 수 있을 만큼 단순하지 않기 때문이다. 그래서 평등성의 이념을 구체화하는 것은 관점의 특수성과 역사성을 벗어날 수 없는 해석의 과정이다. 분배적 정의에 대한 견해는 시대와 문제의식에 따라 다양할 수밖에 없는 것이다. 그러나 분배적 정의에 관한 견해의 다양성 앞에서 그것들의 타당성을 평가할 수 있는 기준이 전혀 없다는 상대주의적 결론을 내릴 필요는 없다. 앞으로 살펴보게 되듯이, 한 분배적 정의관의 설득력은 그것이 얼마나 평등성의 이념을 일관성 있게 해석하였는가의 여부, 그리고 그것이 얼마나 사회적으로 실행 가능한 것인가에 따라 평가될 수 있다. 즉 이론적 정합성과 실행 가능성은 분배적 정의에 관한 입장들의 설득력을 평가할 때 우리가 의지할 수 있는 두 가지 지표가 된다.

2. 분배적 정의의 철학적 구조

분배적 정의와 평등성

복지가 개인이나 자선단체의 자발적인 부조, 혹은 국가의 은전에 의해 이루어지는 단계에서는 분배적 정의가 크게 문제 되지 않는다. 그러나 복지가 법적 제도에 의해 뒷받침된 보편적 사회권이 될 경우 분배적 정의의 문제는 커다란 중요성을 갖는다. 보편적 사회권으로서의 복지는 반드시 자발적이지만은 않은 국민의 부담에 기초하며 경우에 따라 이미 획득된 부의 재분배를 필요로 하고, 그래서 높은 수준의 정당성을 요구하기 때문이다. 만일 복지에 대한 권리와 부담이 보편성을 갖는 분배적 정의에 기초하지 않으면 복지 수혜자는 자신이 권리를 갖지 않은 것을 요구하는 것이 되고 복지비용의 부담자는 부당하게 자신의 몫을 침탈당하는 것이 된다. 그래서 사회권으로서의 복지를 정당화하기 위해서는 보편성을 가지며 원칙적으로 사회구성원 모두의 동의를 얻을 수 있는 분배적 정의의 기준을 확립해야 한다.

그런데 모든 사람들이 동의할 수 있는 분배적 정의의 기준을 찾는 것은 쉬운 일이 아니다. 분배적 정의에 관해 아주 다양한 견해가 서로 상충하고 경합을 벌이고 있는 것을 보면 심지어 분배적 정의에 관해 하나의 기준을 세우려는 시도가 도대체 헛된 일이라고 결론을 내리는 것이 조금 더 현실에 맞는 판단처럼 보이기도 한다. 만일 이런 결론이 불가피하다면 복지에 관한 권리를 법적 보호를 받을 수 있는 사회권으로 정당화하기는 곤란할 것이다. 그것은 가진 자와 그렇지 않은 자 사이의 힘의 관계에 바탕을 둔 타협의 산물이든가, 혹은 가진 자에게 강제로 은전을 베풀게 하는 것 이상이 되지 못할 것이다. 이런 결과는 분명 복지권을 옹호하려는 사람들이 받아들이기 거북할 것인데, 그렇다고 해서 또한 분배적 정의에 관한 견해의 다양성을 외면할 수도 없는 노릇이다.

그러나 분배적 정의에 관한 이론이 다양한 것은 분명하지만, 그것이 반드시 분배적 정의에 관한 어떠한 공통적 견해도 불가능하게 만드는 것은 아니다. 분배적 정의에 관한 다양한 입장들은 대부분 표면적 차이에도 불구하고 어떤 근본적인 원칙을 공유하고 있다. 그것은 "공동체 구성원들의 이익이 모두 마찬가지로 중요하다"(Dworkin, 1983: 24)라는 평등성의 원칙, 또는 "아무도 타고 난 우연의 결과나 사회적 여건의 우연성으로 인해 유리하거나 불리하지 않아야 한다"(롤스, 1985: 34)라는 공정성의 원칙이다. 우리가 이 원칙을 어떻게 해서 갖게 되었는지, 그리고 이 원칙 자체가 어떻게 정당화될 수 있을지는 쉽게 대답될 수 없는 문제이다. 이 원칙을 정당화하려는 시도는 오히려 이 원칙을 전제하고 있는 경우가 대부분이다. 왜냐하면 누구에게 평등성 또는 공정성의 원칙을 진지하게 정당화한다는 것은 이미 상대를 자신과 근본적으로 동등한 권리를 가진 자로 전제하는 것이며, 그래서 증명하고자 하는 원칙을 이미 전제하는 것이 되기 때문이다. 그렇다고 저 원칙을 시대와 역사를 초월해 있는 어떤 선험적인 것으로 볼 필요는 없다. 그것은 분명히 사회적 권리관계가 혈통이나 신분 같이 개인의 행위에 귀책될 수 없는 요소에 의해 결정될 수 없게 만든, 그리하여 사회적 규범을 정당화의 요구 앞에 서도록 한 근대적인 사회·문화적 배경하에 서만 널리 공유될 수 있는 신념이다.

분배적 정의에 관한 다양한 입장들이 평등성 또는 공정성의 원칙을 공유한다 하더라도, 문제는 이 원칙이 무척 추상적이라는 데에서 발생한다. 이 원칙에서는 아직 평등하게 대우되어야 하는 공동체 구성원의 이익이 무엇인지, 그리고 개인들의 삶에 영향을 미치는 것들 가운데 어떤 요소들을 개인의 책임으로 돌릴 수 없는 우연적 요소로 볼 것인지가 구체적으로 명시되어 있지 않다. 분배적 정의에 관한 다양한 입장들의 차이는 바로 이런 물음들에 대한

상이한 대답으로 이해될 수 있다.(Dworkin, 앞의 책)

　평등성 또는 공정성의 원칙은 모든 사람에게 스스로 원하는 훌륭한 삶을 성취할 동등한 권리가 있음을 인정하는 것이다. 그것은 사람들이 훌륭한 삶을 성취하는 과정에서 우연적 요소에 의해 다른 사람보다 유리하거나 불리하지 않아야 한다는 직관을 표현하는 것이다. 즉 각 개인을 자신의 훌륭한 삶을 성취하려는 주체로 여길 때, 사람들의 같은 정도의 노력이 같은 정도의 성취를 이룰 수 있어야 한다는 것이다. 여기서 문제가 되는 우연성은 같은 정도의 노력이 같은 정도의 성취를 이루게 하지 못하는 요소들이다. 평등성 또는 공정성의 원칙은 바로 그런 우연성의 작용을 제거하거나 또는 최소화할 것을 요구한다. 평등성 또는 공정성의 원칙을 이렇게 이해할 때 분배적 정의에 관한 다양한 입장을 정리할 수 있는 단서를 찾을 수 있다.

　분배적 정의에 관한 다양한 입장들을 분류하기 위하여 일단 사람들을 각각 자신의 훌륭한 삶을 성취하기 위하여 행위하는 적극적인 주체로 설정해보자. 행위는 통상적으로 목적, 목적의 실현을 위한 행동, 그리고 행동의 결과로 구분될 수 있다. 평등성의 원리를 구체화하는 분배적 정의에 관한 다양한 입장은 행위의 이 세 가지 요소 중에 어느 것을 균등하게 해야 한다고 주장하는가에 따라 분류할 수 있다.(Kolm, 1993)

　첫째, 평등을 행위 결과의 평등으로 이해하는 입장이 있다. 이 입장을 결과 평등주의라 부르기로 하자. 이 입장은 사람들이 어떤 목적을 가졌든, 그리고 사람들이 자신들의 목적의 실현을 위하여 어떤 행동을 하였든지에 상관없이 동일한 행복의 상태를 누려야 한다고 주장한다. 일부 초기 사회주의자들의 입장이라고 할 수 있는 이런 견해는 분명 평등주의의 가장 급진적인 형태이다. 그러나 이런 입장이 과연 모든 면에서 공정한지, 그리고 지속가능한지는 의문스럽다. 가령 호사스러운 목석을 가진 사람과 소박한 목적을 가진 사람을 똑같이 만족시키려면 후자보다 전자에게 재화를 더 많이 할당해야 할 텐데, 그것이 과연 공정한가? 또 모든 사람에게 똑같은 만족을 보장한다면 과연 사람들이 자신의 목적을 실현하기 위하여 적극적으로 노력을 할 것인가? 특히 생산능력이 뛰어난 사람들이 성취동기가 약해져 자신의 활동을 최소한으로 한정하는 결과가 발생하지 않을 것인가? 만일 그렇다면 재분배를 위한 사회적 부의 축적이 아예 이루어지지 않을 것이고 균등한 만족을 보장하는 사회제도는 유지될 수 없는 체제가 될 것이다. 행위 결과를 평등하게 하려는 입장은 결국 무임승차(free-riding)와 성취동기 약화의 문제 때문에 받아들이기 어려운 것으로 판명된다.

　두 번째 입장은 균등한 만족을 보장하는 사회제도가 그 자체로 공정하지도 않고 유지될 수도 없을 것이라는 판단에서 비롯된다. 이 입장은 각 개인이 자신의 목적을 자유롭게 설정하되, 적어도 호사스러운 목적에 대해서는 스스로 책임을 져야 한다고 생각한다. 이 입장은 각 개인의 목적을 균등하게 만족시키는 것보다는 개인들이 자신의 목적을 실현시키기 위하여 사용할 수단을 균등하게 분배하는 것이 공정하다고 주장한다. 이 입장을 수단평등주의라 부르기로 하자. 이 입장은 어떤 수단을 평등화할 것을 주장하는가에 따라 다양한 형태를 취한다.

　수단평등주의의 첫 번째 입장은 사회적 삶의 기본적인 조건을 균등하게 하려는 입장이다. 가령 마르크스주의자는 물질적 생산관계에서의 평등, 그리고 그것의 전제로서 생산수단의 소유에서의 평등을 가장 중요하게 여긴다. 이런 조건은 소득과 같이 개인들에게 최종적인 만족을 주는 선(goods)의 산출에 직접적으로 관련되는 수단이 아니다. 그것은 착취당하지 않는 생산활동의 가능성을 보장하는 기본적인 사회적 조건으로서, 소득과 같은 수단을 평등하게 획득할 수 있게 하는 조건이다. 나아가서 마르크스주의에 따르면 생산수단을 소유하지 않은 사람이 불리한 조건으로 자신의 노동력을 팔지 않을 수 없는 여건은 경제적 측면에서만의 불평등을 가져오는 것이 아니다. 그것은 개인의 자율성을 억압하고 자기실현의 기회를 박탈하는 소외 현상을 가져온다. 그래서 마르크스주의자들은 생산관계에서의 불평등을 경제적 불평등뿐 아니라 다른 측면에서의 사회적 불평등의 가장 중요한 원인으로 여긴다. 그러므로 마르크스주의자들에게는 생산수단을 균등하게 배분하거나 혹은 공유하는 것이 평등한 사회의 조건인 것이다. 물론 생산수단의 사적인 소유가 불평등의 가장 중요한 원인이라고 보는 입장이 반드시 사회주의적 경제제도를 대안으로 내세우는 것은 아니다. 분배적 정의를 고려할 때 평등성의 원리와 함께 실행가능성의 측면, 특히 효율성의 측면을 고려한다면 마르크스주의는 자유주의적 요소를 일부 수용할 수 있을 것이다. 이 경우 생산수단의 사적 소유를 제한하는 것은 개인의 기본적인 행위 자유권을 침해하지 않는 범위에서 이루어지며 생산수단의 사적 소유에 의해 발생하는 불평등 효과를 최소화하는 재분배 정책이 추구된다. 이것은 서구 마르크스주의 및 최근의 착취이론의 입장이다.

수단평등주의의 두 번째 입장은 분배의 대상이 되는 수단을 생산조건과 같은 기본적인 사회적 여건보다는 최종적인 만족을 주는 선(goods)에 조금 더 가까운, 그러나 최종적인 선 자체는 아닌 것에서 찾는 입장이다. 그것은 그 자체로 최종적인 만족을 주는 선을 얻기 위해 필요한 것들로서 롤스 식으로 말하면 소득과 부, 사회적 지위 등과 같은 일차적 선들(primary goods)이다. 이 입장과 생산수단을 재분배의 대상으로 보는 입장과의 차이는 사회의 기본적인 생산조건이 얼마나 개인의 복지에 결정적인 영향을 미친다고 보는가에 있다. 후자의 경우 생산수단의 불균등한 배분이 일차적 선들의 불균등한 배분에 결정적인 영향을 미친다고 생각하는 반면, 전자의 입상은 반드시 그렇다고 여기지 않는다. 만일 생산수단의 불균등한 배분이 일차적 선의 배분에 미치는 영향을 최소화할 수 있는 길이 있다면, 굳이 생산수단을 재분배의 대상으로 삼을 필요가 없다. 더욱이 생산수단의 재분배는 개인의 자유권을 침해하는 문제나 성취동기를 약화시키는 문제를 발생시킬 수 있다. 그래서 일차적 선을 재분배의 대상으로 삼는 것은 불평등 문제의 근본적인 해결은 아닐지 몰라도 실행 가능성의 측면에서는 유리할 수 있다. 물론 일차적 선의 평등한 배분을 주장하는 입장 역시 실행 가능성의 문제를 충분하게 해결하는지는 더 살펴보아야 하는 문제이다. 또 일차적 선에 해당하는 수단의 범위를 어디까지로 정할 것인지도 쉬운 일이 아니다. 이외에도 분배적 정의를 일차적 선의 공정한 배분을 통하여 성취하려는 입장의 다른 문제점이 지적될 수 있다. 자유나 소득, 사회적 지위 등과 같이 배분 가능한 선 외에, 이것들에 못지않게 개인들로 하여금 기본적으로 유리하거나 혹은 불리한 위치에 처하게 하면서도 배분하기 어려운 것들이 있기 때문이다. 가령 개인의 타고난 재능 같은 요소가 그렇다. 재능은 분명 상당 부분 타고난 것이고, 그런 점에서 우연적 요소이지만 개인들의 삶에 결정적인 영향을 미칠 수 있다. 만일 사람들이 자신의 능력에 따라 산출한 것을 자신이 소유하게 한다면, 그것이 아무리 생산수단의 사적인 소유를 금지하는 조건이나 또는 일차적 선의 공정한 배분하에서 이루어진다 하더라도, 분명 불평등한 결과를 가져올 것이다. 그러므로 개인의 재능까지도 재분배의 고려 대상이 되어야 하는데, 재능은 전이가능하지 않은 자원(intransferable resource)이다. 그래서 만일 재능이 재분배의 대상이 된다면 그것은 실질적으로 재능이 모자란 자에 대해 전이가능한 자원으로 보상해주는 것이 될 것이다.

수단평등주의의 세 번째 입장은 모든 삶에 유용한 수단이 아니라 개인들의 최종적인 만족과 더 관련된 수단을 평등하게 배분할 것을 주장하는 입장이다. 만일 개인들의 목표가 서로 이질적이고 생산을 위한 자원이나 수단이 개인들에게 유용한 정도가 각각 다르다는 사실을 진지하게 받아들인다면, 모든 사람들에게 동일하게 유용한 일차적 선이란 생각될 수 없을지 모른다. 그렇다면 몇 가지의 자원이나 수단, 혹은 선을 모든 사람들에게 균등하게 분배하기보다는 바로 각 개인들에게 유용한 것을 분배하는 것이 더 공정성에 가까울 수 있다. 이런 입장에서는 생산수단이나 소득, 혹은 사회적 지위 같은 것들보다는 조금 더 직접적인 만족을 줄 수 있는 것들의 배분에 초점을 맞추게 된다. 이런 입장에는 월저(M. Walzer, 1983)의 견해와 같은 다원론적 정의관이 해당된다.

분배적 정의의 실현을 위해 행위의 결과를 평등하게 하려는 입장과 수단을 평등하게 하려는 입장에 이어, 행위의 목적을 어느 정도 균등하게 하려는 입장을 생각할 수 있다. 이 입장을 목적평등주의라 부르기로 하자. 만일 이런 입장이 개인들 각각의 개별적인 목적을 동일하게 만드는 것이라면 그것은 가능하지도 않고 개인의 자유권을 심대하게 해치기 때문에 아무런 설득력을 가질 수 없다. 그렇다고 행위의 목적을 평등의 대상으로 삼으려는 선택 가운데 진지하게 고려될 만한 입장이 없는 것은 아니다. 사회, 문화적 존재로서의 사람들에게는 직접적으로 자신의 이익과 관련이 없는 가치들도 중요하다. 사람들은 심지어 자신의 손실을 감수하고서라도 어떤 가치를 지키고 실현하고자 하는 경우가 있다. 가령 위증을 하면 자신에게 유리할 수 있는 상황에서, 자신이 위증을 한다는 사실을 누구도 알 수 없다 하더라도 위증을 하지 않는 것은 그러한 예에 속한다. 그런데 개인의 이익을 넘어서는 공동의 가치를 보전하고 유지하는 것은 분명 어떤 면에서 공동체 구성원 모두를 평등하게 만드는 효과가 있다. 개인의 이익을 넘어서 사회 전체가 추구해야 할 목적은 여러 가지가 있을 수 있는데, 그것은 도덕적, 문화적 가치일 수 있고 혹은 사회의 최대 공리일 수도 있다.

　마지막으로 행위과정에서의 평등에 초점을 맞추는 입장을 생각할 수 있다. 이 입장을 과정평등주의라 부르자. 이 입장은 개인들이 자신의 목적을 성취하기 위하여 행위할 때 타인의 권익을 침해하지 않는 한 어떤 것도 허용되어야 하며, 또한 행위의 결과에 대해서도 전적으로 개인이 책임을 져야 한다고 주장한다. 이런 입장에서는 행위 결과의 불평등을 교정하기 위한 어떠한 강제적인 재분배도 정당화될 수 없다. 불평등한 결과를 교정하기 위한 재분배가 허용될 수 있다면 그것은 사람들의 자발적인 동정심에 기초하는 것이며 누구도 그것을 요구할 수는 없다. 이에 반해 수단을 어느 정도 균등하게 배분하는 것은 과정평등주의와 결부될 수도 있다. 그러나 이때 분배의 대상이 되는 수단은 어디까지나 각 개인들의 출발 조건에 속하는 것에 한정된다. 일단 개인들에게 공정한 출발 조건이 갖추어졌다면, 이후에 행위과정에서 수단을 다시 재분배하는 것은 과정평등주의와 결합될 수 없다. 이런 과정평등주의의 입장은 노직 등의 자유주의에 의해 대표된다.

　다음은 위에서 간략히 언급된 분배적 정의에 관한 입장들을 도표로 나타낸 것이다.

<표-1> 분배적 정의에 관한 제 입장

목적평등주의	수단평등주의	결과평등주의	과정평등주의
공리주의 아리스토텔레스주의 공동체주의	마르크스주의 자유주의적 평등주의	초기 사회주의 복지평등주의	자유주의

　위의 입장들 가운데 어느 것이 가장 설득력 있는가는 쉽게 대답 될 수 없다. 그것은 훌륭한 삶이 무엇인지, 그리고 그것을 성취하는 데에 영향을 미치는 것들 가운데 무엇을 우연적인 것으로 보고 무엇을 개인의 책임으로 돌릴

지에 대한 일치된 견해가 있기 전에는 대답 될 수 없는 물음이다. 그러나 각 견해의 설득력을 검토하는 데에 아무런 지표가 없는 것은 아니다.

첫 번째 지표는 분배 정의와 관련하여 한 입장이 평등성 또는 공정성의 원칙에 대해 얼마나 정합적인 해석일 수 있는가 하는 점이다. 여기서 정합적 해석이란 단지 이론 내의 무모순성을 말하는 것이 아니다. 그것은 우리가 평등한 취급의 사례라고 생각하는 것들을 마치 평등성의 원칙이 구체화된 것처럼 충분히 일관성 있게 설명해내는 것을 말한다. 물론 이것은 우리가 평등성의 사례라고 생각하는 모든 것을 포괄해야 한다는 요구는 아니다. 우리가 평등성의 사례들로 여기는 것들은 실제로는 한 가지 원칙을 구체적인 상황에 적용하여 성립된 것들이 아니다. 그것들은 서로 다른 발생사를 가지며 서로 모순적일 수도 있다. 그래서 평등성의 사례들을 모두 포괄하는 이론이란 기대되기 어려운 것이다. 그리고 이론의 정합성이 반드시 사례들로부터 귀납적으로 얻어진 일관성일 필요는 없다. 일종의 가설로 제시된 이론은 경우에 따라 사례들에 일관성을 부여하는 역할을 할 수도 있다. 그러니까 평등성에 관한 정합적 이론이란 평등성의 원리와 구체적인 사례들의 사이에서 위치하면서 한편으로 평등성의 원리가 추상적인 원리에 그치는 것이 아님을 보여주며, 다른 한편으로 구체적인 사례들의 상당 부분이 평등성의 원리에로 귀결됨을 보여주는 역할을 하는 것이다.

분배적 정의에 관한 견해들의 설득력을 검토할 수 있는 다른 하나의 지표는 그것의 실행가능성이다. 분배적 정의는 평등하고 공정한 상태를 실현하고자 하는 목표를 가지고 있다. 그렇기 때문에 분배적 정의에 관한 입장의 설득력은 단순히 그것이 이론적으로 사람들을 얼마나 평등하게 대하는가에 따라서만 평가될 수 없다. 그래서 다른 모든 사회적 덕목이나 가치에서도 실행가능성이 어느 정도는 중요하지만, 특히 분배적 정의의 경우에는 더욱 그렇다.

그런데 분배적 정의의 현실성은 한편에서 그것이 사회에서 바람직한 것으로 여겨지는 다른 덕목들과 적절한 균형관계를 이룰 때에, 그리고 다른 한편에서 개인들이 그에 따라 행동하려는 동기를 유발할 수 있을 때에 가능하다. 분배적 정의는 분명 한 사회의 유일한 덕목은 아니며 또 다른 모든 덕목을 희생하고라도 반드시 실현되어야 하는 것이라고 할 수도 없기 때문이다. 한 사회의 사회적 이상(social ideal)을 구성하는 덕목들은 가령 정의 외에도 자유, 효율성(롤스, 1985: 31), 종교적 신념 등 여러 가지가 있을 수 있는데, 정의는 다만 사람들이 권리의 상충을 공정하게 처리하려는 문제와 관련된 덕목이다. 그래서 여러 덕목들 사이에 적절한 균형점을 찾는 것은 더 이상 정의의 관점에서만 행해질 수 없는 것이다. 사회의 다른 덕목들과 적절한 균형관계에 있지 않은 분배적 정의는 실현되기 어려우며, 또 바람직하다고 할 수도 없다. 가령 평등한 배분을 위하여 개인들의 자유를 지나치게 제한하는 것은 개인의 기본적인 권리에 대한 심대한 침해를 가져올 수 있다. 또 평등한 배분이 생산적 활동에 대한 개인들의 동기를 크게 약화시킬 경우, 장기적으로는 평등한 배분이 결과에 상관없이 자유로운 활동을 보장하는 경우보다 더 나을 것이 없을 수도 있다.

정합성과 실행 가능성이라는 지표에 비추어볼 때, 그리고 개인들의 사적인 결정의 여지가 상당히 허용되어 있고 공적인 영역에서 민주적인 제도가 정착된 다원적 사회의 조건을 고려할 때, 설득력 있는 분배적 정의관에 이르는 데에는 수단평등주의가 가장 유리할 것으로 보인다. 목적평등주의나 결과평등주의는 개인의 자율권을 지나치게 침해할 가능성이 있고 과정평등주의에는 불평등을 가져올 수 있는 개인의 자질과 사회적 여건을 중화하려는 적극적 노력이 결여되어 있다. 수단평등주의 가운데 훌륭한 삶에 대한 개인의 선택권을 최대한 인정하고 개인의 책임성을 강조하며, 동시에 개인들에게 귀책될 수 없는 우연적 요소의 영향은 최소화하려는 입장은 자유주의적 평등주의이다. 현재로서는 이론의 정합성이나 사회·문화적 여건을 고려할 때 이런 자유주의적 평등주의가 가장 설득력 있는 것으로 보인다. 현재 자유주의적 평등주의의 정의관은 서구 사회의 조건에서만 설득력을 갖는 것으로 보이지는 않는다. 그것은 개인의 사적 결정권과 민주주의적 정치제도가 정착된 곳에서는 대부분 설득력을 가질 것으로 보인다. 바로 같은 이유에서 자유주의적 평등주의의 견해는 한국 사회의 복지제도를 위한 철학적 기초로서 분배적 정의의 원칙을 확립하고자 할 때에도 흥미로울 수 있는 것이다. 그래서 자유주의적 평등주의의 분배적 정의관은 조금 더 상세히 고찰될 필요가 있다. 물론 자유주의적 평등주의에는 한 가지만 있는 것은 아니다. 그리고 자유주의적 평등주의에 아무런 결점도 없는 것은 더욱 아니다. 다음에서는 일단 자유주의적 평등주의의 대표적인 입장으로서 롤스와 드워킨의 견해를 살펴보고 그것들에 대한 간략한 비판적 고찰을 통하여 복지정책의 철학적 기초가 될 수 있는 분배적 정의관을 모색해 보기로 한다.

공정으로서의 정의: 롤스

롤스는 지난 30년간 정의의 문제에 관한 논의에서 가장 커다란 비중을 차지한다. 그는 한편으로 정의를 문화와 이해에 따라 상이한 기준을 갖는 것으로 보는 상대주의적 지적 분위기와 다른 한편으로 정의를 유용성에 부속시키는 공리주의 사이에서 합리적이면서도 그 자체로 당위성을 갖는 정의관을 정당화하고자 하였다. 정의의 문제를 다룰 때 롤스에게 관심의 대상이 되는 것은 사회 정의, 특히 분배적 정의이다. 롤스에게 사회정의란 "사회의 배분적 측면을 평가할 기준"(롤스, 1985: 31), 즉 "사회의 주요 제도가 권리와 의무를 배분하고 사회 협동체로부터 생긴 이익의 분배를 정하는 방식"(위의 책, 29)

을 평가할 수 있는 기준이다.

　롤스는 공리주의가 정의에 관해 매우 분명하고 합리적인 기준을 제시하지만, 또한 공정성에 관한 우리의 관념에 결정적으로 맞지 않는 측면을 가지고 있다고 생각한다. 가령 어떤 사람의 기본적인 자유와 권리를 침해하는 것이 전체의 효용을 더 크게 할 경우 공리주의는 그것의 부당성을 적절하게 설명하지 못한다는 점이다. 이러한 측면은 공리주의가 공정성의 관념과 정의의 사례들 사이에서 이론적 정합성 — 롤스가 말하는 '반성적 평형'(reflective equilibrium: 롤스, 1985: 42) — 을 취할 수 없음을 보여주는 것이다. 롤스가 찾는 정의관은 효용의 증대를 위해 개인의 기본권을 침해하는 사례와 같이 직관적으로 부당한 것으로 여겨지는 경우를 정의롭지 못한 것으로 설명하면서, 또한 공리주의처럼 충분히 합리적인 정의관을 세우고자 하는 것이다. 그런 정의관을 롤스는 계약론의 전통을 복원함으로써 얻을 수 있다고 생각한다.

　계약론의 전통에서는 어떤 원칙이나 제도의 정당성이 최초의 공정하고 평등한 상황에서의 합의에 의해 보장된다. 롤스도 자신의 정의관을 정당화할 때 이와 같은 이론적 전략을 따른다. 롤스가 그의 『정의론』에서 제시하고자 한 것은 바로 "자신의 이익 증진에 관심을 가진 자유롭고 합리적인 사람들이 평등한 최초의 입장에서 그들 공동체의 기본 조건을 규정하는 것으로 채택하게 될 원칙들"이다.(위의 책, 33) 이렇게 정의를 공정한 상황에서의 합의에 근거하게 하려는 자신의 정의관을 롤스는 "공정으로서의 정의관"(justice as fairness)이라고 부른다.

　이런 정의관을 가진 롤스에게는 공정한 상황을 설정하는 것이 무척 중요할 수밖에 없다. 그래서 『정의론』에서의 롤스는 "평등한 최초의 입장"을 고안한다. 잘 알려졌다시피 롤스는 최초의 평등한 입장을 사람들이 자신의 재능이나 사회적 지위를 모르도록 가리는 "무지의 베일"(veil of ignorance)을 통해서 인위적으로 설정할 수 있다고 생각하였다. 무지의 베일 뒤에서 사람들은 모두 같은 정의의 원칙들에 동의할 것이라는 생각이었다. 롤스가 사람들이 원초적 상황에서 합의할 것이라고 믿는 정의의 두 원칙은 다음과 같다.

첫째, 모든 사람은 다른 사람들의 유사한 자유와 양립할 수 있는 가장 광범위한 기본적 자유에 대하여 동등한 권리를 가져야 한다.

둘째, 사회적, 경제적 불평등은 다음 두 조건을 만족시키도록 조정되어야 한다. ⓐ 그 불평등이 모든 사람에게 이익이 되리라는 것이 합당하게 기대되고 ⓑ 그 불평등이 모든 사람에게 개방된 직위와 직책에 결부되어야 한다.(위의 책, 81쪽 이하)

정의의 이 두 원칙을 이해하는 데에 중요한 점을 두 가지만 지적하기로 하자. 첫째, 롤스는 훌륭한 삶이란 각 개인의 선호에 따라 다를 수 있다는 자유주의의 일반적 신념을 공유한다. 그래서 그에게는 사람들에게 하나의 훌륭한 삶을 제시하고 그것에 가깝게 가도록 권하든가 혹은 사람들에게 동일한 정도의 만족을 보장하는 것 모두 정의의 문제와 아무런 연관이 없다. 롤스는 원초적 상황에서의 개인들을 그런 자유주의적 심성을 가진 사람들로 설정한다. 그래서 롤스에게, 그리고 원초적 상황에 있는 사람들에게 정의의 문제는 각자가 훌륭한 삶이라고 여기는 것을 성취하는 데에 필요한 수단을 공정하게 배분하는 데에만 관련된다. 이때 배분의 대상이 되는 수단은 어떤 특수한 훌륭한 삶을 위해서만 유용한 수단이 아니라 개인들이 각자 추구하는 모든 훌륭한 삶에 유용한 수단들 ─ 롤스가 일차적 선(primary goods)라고 부르는 것들 ─ 이다. 둘째는 두 원칙 사이에서 처음의 것이 우선성을 갖는다는 점이다. 롤스가 첫 번째 원칙에서 "기본적인 자유"(basic liberties)라고 부르는 것은 정치적 자유, 언론과 집회의 자유, 양심과 사상의 자유, 개인의 통합성을 위해 필요한 정도의 재산권과 신체의 자유, 부당한 체포 및 구금을 당하지 않을 자유 등(위의 책, 82)인데, 이것들은 사람들에게 균등하게, 그리고 그 조건 하에서 가능한 많이 허용되어야 한다. 이에 반해 소득과 부, 사회적 지위 등은 차등적으로 배분될 수 있다. 다만 차등적인 배분은 모든 사람에게 이익이 될 경우에만 허용된다. 이것을 '차등의 원칙'이라 하는데, 롤스는 이 차등의 원칙이 기본적인 자유에 적용되어선 안 된다고 생각한다. 이런 주장에는 자유가 다른 가치와 교환될 수 없다는 롤스의 자유주의적 신념이 크게 작용하는 것으로 보인다. 차등의 원칙은 다시 가장 불리한 자에게 최대의 혜택이 돌아가게 해야 한다는 '최소극대화'(maximin)의 원칙으로 구체화된다.

롤스가 말하는 차등의 원칙 또는 최소극대화의 원칙은 공리주의의 주장과 구별될 필요가 있다. 앞서 언급된 것처럼 공리주의는 처음부터 롤스가 비판하는 입장이었다. 공리주의적 입장에서는 만족의 효용의 총량을 최대화하는 것이 아니라면 가장 불리한 자에게 최대의 수혜가 돌아가야 할 아무런 이유가 없다. 이와 달리 롤스가 차등을 인정하는 것은 한편에서 평등성의 원칙을 해치지 않으면서 다른 한편에서 균등한 배분이 가져올 수 있는 성취동기 약화의 문제를 해결하려는 것이다. 균등한 배분의 상태가 능력 있는 자로 하여금 적극적인 성취의 노력을 하지 않게 한다면 그것은 사회적 생산의 효율성의 측면에서는 부정적인 결과를 가져올 것이다. 이것은 배분의 몫이 최초의 균등한 배분의 상태보다 커지지 못하거나 혹은 심지어 감소하게 할 수도 있다. 그래서 롤스는 차등이, 즉 모든 사람에게 그렇게 할 수 있는 기회가 개방된 조건에서 어떤 사람들이 다른 사람들보다 더 많이 갖거나 더 나은 지위를 갖도록 허용하는 것이, 모두에게 이익이 될 경우 정당화될 수 있다고 생각한다. 여기서 모두에게 이익이 된다는 것은 누구도 최초의 균등한 배분의 상태보다 더 많은 배분의 몫을 가지게 된다는 의미이다. 모든 사회구성원이 최초의 균등한 배분의 상태에서보다 더 큰 몫을 가질 수 있는 상태는 여러 가지일 수 있는데, 나은 처지에 있는 사람들의 성취동기를 자극함으로써 불리한 위치에 있는 자들의 처지가 향상될 수 있는 최대치는 "나은 처지에 있는 자들의 기대치를 변화시켜도 못한 자들의 처지가 더 이상 향상될 수 없을 때"(위의 책, 98) 성립한다. 이때 평등성의 원칙과 효율성의 원칙이 가장 잘 결합된다. 이런 상태를 롤스는 "완전히 정의로운 체제", 또는 "최상의 체제"(위의 책, 98)라고 부른다.

그런데 한 사회체제 S1과 다른 사회체제 S2를 비교할 때, S1에서 사회구성원들 모두의 처지가 S2에서 보다 월등히 나은데 오직 최소수혜자 한 사람만의 처지는 더 나쁘다고 가정해보자. 이럴 경우에도 롤스는 S2의 상태가 S1의 상태보다 더 나은 상태라는 것인가? 롤스의 입장에서는 그렇다. 롤스에게 정의는 얼마나 많은 수의 사람이 얼마나 나은 처지에 있는가의 문제가 아니라 최소수혜자의 상황이 어떠한가에 의해서만 결정되기 때문이다. 다만 S1에서 최소수혜자의 상황을 S2에서보다 낮게 만들기는 어렵지 않을 터인데, 그렇게 변화된 S1은 S2보다 나은 사회체제가 된다. 그런데 사회체제의 정의의 정도를 비교할 때 분명히 구별되어야 하는 것은 최소수혜자의 상태는 일차적 선을 가지고 말하는 것이지 만족의 상태를 말하는 것이 아니라는 점이다. 그러니까 S1에서의 최소수혜자가 S2에서의 최소수혜자보다 일차적 선은 더 많이 가지고 있으나 우연히 지극히 호사스러운 욕구를 가지고 있어서 훨씬 더 불행하게 느끼는 것이라면 S1이 S2보다 나은 상태이다.

롤스는 정의의 원칙을 공정한 합의에 기초하게 하기 위하여 원초적 상황을 가정하였으나, 다른 계약론과 마찬가지로 원초적 상황을 가정한 것 때문에 많은 비판의 대상이 되었다. 그것은 과연 원초적 상황에서 사람들이 위에서 언급된 정의의 원칙에 합의할 것인지의 여부로부터, 사람들이 무지의 베일 뒤에서 정의의 두 원칙에 합의하더라도 그들이 자신의 처지를 알게 된 상황에서는 그와 같이 판단해야 할 아무런 합리적인 이유가 없다는 비판에 이르기까지 아주 다양하다. 롤스는 후에 공정으로서의 정의관을 정당화하기 위하여 더 이상 가상적인 원초적 상황에 의존하지 않음으로써 그런 비판을 무효화하고자 한다. 롤스는 서구 사회에서 정착된 민주주의적 전통은 원초적 입장과 같은 가상적인 상황에 의존하지 않고도 사람들로 하여금 공정으로서의 정의관에 대부분 합의할 수 있게 할 것이라고 생각한다. 이 합의는 원초적 입장에서 보증되는 바와 같은 만장일치는 아니다. 또 사람들이 반드시 동일한 근거에서 그것에 동의하는 것도 아니다. 그렇더라도 공정으로서의 정의관은 거기서 사람들의 정의관념이 서로 겹쳐지는 지점, 즉 중첩적 합의(overlapping consensus)점이 될 것이라고 생각한다.(Rawls, 1993: 133쪽부터)

자원의 평등: 드워킨

평등에 대한 두 해석: 복지의 평등 대 자원의 평등

드워킨은 공리주의적 배분에 반대하는 점에서, 또 훌륭한 삶에 대한 사람들의 계획을 동일하게 만들든가 혹은 반대로 각자의 계획의 성취도를 동일하게 만드는 것에 반대한다는 점에서, 그리고 분배적 정의를 수단의 공정한 배분에 한정시킨다는 점에서 롤스와 같은 자유주의적 평등주의자이다. 다만 드워킨은 공정하게 배분되어야 할 수단의 범위를 롤스의 일차적 선, 즉 모든 삶의 계획의 성취에 다 같이 유용한 것에 제한하지 않는다. 드워킨에서 분배의 대상이 되는 것은 그보다 훨씬 광범위한 것으로서 사람들의 구체적인 삶의 계획을 성취하는 데에 필요한 모든 자원(resource)이다. 이렇게 분배의 대상을 삶의 구체적 계획의 성취에 실제로 중요한 모든 자원으로 확대하는 것은 분명 장점을 갖는다. 그것은 분배적 정의가 몇 가지 수단만 모든 사람에게 평등하게 배분하는 데에 그치는 형식적인 정의가 되지 않도록 할 것이기 때문이다. 그러나 롤스가 분배의 대상을 일차적 선과 같은 것에 제한하는 데에는 또한 이유가 있었다. 일차적 선이 아닌 것들은 어떤 삶의 계획에는 중요성을 갖지만 다른 삶의 계획에는 그렇지 않을 수 있으며, 또 중요성을 갖는 경우에도 그 차이가 지나치게 클 수 있다. 이런 것들을 어떻게 평등하게 배분할 수 있는가? 그런데 사실 롤스의 일차적 선마저도 이런 물음으로부터 자유로운 것은 아니다. 일차적 선이 모든 사람에게 같은 정도로 유용한지는 의심스럽기 때문이다. 이런 의심이 근거가 있다면 배분의 대상을 일차적 선에 한정하는 것의 장점이 없어지게 된다. 사람에 따라 유용성이 다른 것을 균등하게 배분하는 것은 공정하게 보이지 않기 때문이다. 그렇다고 각 개인이 경험하는 효용을 동일하게 만드는 방식으로 자원을 배분하는 것은 배분의 객관성을 지키기 어렵고 개인의 성취동기와 책임성을 약화시킬 가능성이 크다. 드워킨의 이론의 장점은 배분의 대상을 구체적인 삶의 계획에 따라 서로 다른 유용성을 가질 수 있는 자원들에까지 확대하면서도, 또한 평등한 배분이 가능하다는 것을 상당히 설득력 있게 제시하는 데에 있다. 다음에서는 드워킨이 왜 자원의 평등이 평등의 원칙에 대한 가장 합당한 해석이라고 주장하는지를 간략히 살펴보고, 그가 자원의 평등한 배분의 상태를 설정하는 방식에 대해 살펴보기로 한다. 특히 그가 경매 (auction)나 보험(insurance)을 모델로 삼아 평등한 배분 상태를 설정하려는 점이 주목될 것이다.

드워킨은 평등한 분배의 이론을 복지의 평등(equality of welfare)과 자원의 평등(equality of resources)으로 나눈다.(Dworkin, 1981a: 186) 복지의 평등을 주장하는 입장이 생각하는 분배적 정의의 상태는 더 이상의 자원 배분이 복지를 더 평등하게 할 수 없는 경우이다. 이에 반해 자원의 평등을 주장하는 입장이 생각하는 분배적 정의의 상태는 더 이상의 자원의 배분이 전체 자원에 대한 각자의 몫을 더 이상 평등하게 만들지 못하는 상태이다(앞의 곳). 드워킨이 보기에 복지의 평등도 분명 평등의 원칙에 대한 하나의 해석이다. 그것은 각 개인들이 무엇을 중요하게 여기든 똑같이 존중되어야 한다는 강한 평등주의적 요소를 담고 있다. 다만 드워킨이 복지의 평등에 반대하는 것은 그것이 평등성의 이념에 대한 정합적 해석이 되지 못하며 정책으로 실행되는 것이 불가능하다는 점 때문이다. 드워킨이 보기에 복지의 평등을 정책으로 만들게 되면 그것은 거의 불가피하게 평등의 다른 측면들을 해치게 되는 자기모순적 상황에 처하게 된다. 이런 주장을 위한 드워킨의 논지를 간략히 살펴보자.

복지의 평등

드워킨은 복지의 평등을 주장하는 입장을 성공(success)의 평등을 주장하는 입장과 향유(enjoyment)의 평등을 주장하는 입장으로 나눈다.(Dworkin, 1981a) 성공의 평등을 지지하는 입장은 사람들 각자의 삶의 계획이 동일한 정도로 성취되어야 한다고 주장한다. 그런데 어떤 삶의 계획이든 동일한 정도로 성취되어야 하는가? 가령 박애주의자와 인종차별주의자의 정치적 요구가 균등하게 실현되어야 하는가? 이런 반론에 직면하여 성공의 평등을 주장하는 사람은 금방 다음과 같이 양보할 수 있다. 정치적인 영역과 같이 개인적 차원을 초월하는 객관적인 영역에서는 사람들의 계획이 동일한 정도로 실현될 필요가 없지만 개인적인 영역에서의 계획은 동일한 정도로 실현될 수 있어야 한다고 주장하는 것이다. 그런데 이 경우에는 곧 호사스러운 선호(expensive preference)의 문제가 대두된다. 어떤 사람이 어느 정도라도 충족되기 위해서는 아주 많은 자원을 필요로 하는 호사스러운 계획을 가지고 있다고 해보자. 이 사람의 계획을 다른 사람들의 계획과 동일한 정도로 충족시키기 위해서 소박한 계획을 가진 사람들의 자원을 이 사람에게로 넘겨주는 것이 정당화되는가? 이것은 소박한 목적을 가진 사람을 평등하게 대하지 않는 것으로 보인다.

호사스러운 목적의 경우가 평등을 성공의 균등한 성취로 파악하는 것에 대한 불리한 증거라면, 장애인과 같이 불리한 위치에 있는 자에게 더 많은 자원을 배분해야 한다는 도덕감은 얼핏 그 반대의 경우처럼 보인다. 장애인이 더 많은 자원을 배분받아야 하는 것은 그가 다른 사람들에 비해 자신의 목적을 성취하기에 불리한 위치에 있기 때문이 아닌가? 그러나 성공의 평등을 이런 식으로 정당화하는 것은 실제로는 큰 설득력을 갖지 못한다. 만일 어떤 장애인이 자신의 처지에 적응한 탓이든 아니면 어떤 정신적인 이유에서든 아주 소박한 목적만을 가지고 있어서 아주 적은 자원만을 필요로 한다면 그에게 자원을 어떻게 배분할 것인가? 만일 동일한 성취감이 자원 배분의 기준이라면 그에게는 아주 적은 자원만 배분하면 될 것이다. 이런 문제는 장애인에만 해당되는 것이 아니다. 사람들이 보통 실현 가능한 것들을 욕구하는 경향이 있음을 감안한다면, 사회에서 불리한 처지에 있는 사람들은 상대적으로 적은 자원으로 충족될 수 있는 소박한 목적을 가지고 있을 가능성이 크다. 동일한 성취감을 분배적 정의의 기준으로 한다면 이들은 모두 적게 배분받는 것이 정의로운 것이 된다.

평등을 동일한 정도의 성취로 해석하면서도 호사스러운 목적의 경우와 소박한 목적의 경우 때문에 생기는 난점을 피하는 방법은 한 가지 있을 것처럼 보이기도 한다. 그것은 동일한 정도로 성취되어야 할 목적을 사람들이 실제로 생각하는 특수한 목적이 아니라 사람들이 근본적으로 가져야 하는 것으로 인정되는 목적에 한정하는 것이다. 그러나 이런 해결에는 다른 문제점이 동반한다. 그것은 모든 사람에게 동일하게 좋은 삶의 형태를 말할 수 있어야 한다는 문제이다. 물론 사람들이 좋은 삶으로 여기는 것이 백인백색인 것은 아니어서 모든 사람들에게 좋은 삶의 형태를 어느 정도까지 말할 수 있을지도 모른다. 그러나 궁극적으로 성취의 정도를 각각의 삶의 주체의 판단에 의해서가 아니라 어떤 객관적인 기준에 따라 평가하는 것은 삶의 다원주의를 진지하게 고려할 때 해소하기 어려운 증명부담을 지게 된다.

모든 사람에게 같은 형태의 좋은 삶을 부여하는 객관주의의 오류를 피하면서 같은 정도의 성취를 평등한 상태로 볼 수 있는 방법이 있을까? 사람들은 자신이 성취하고자 하는 것을 이루지 못하였을 때 아쉬움을 느낀다. 그런데 호사스러운 목적을 가진 사람이 아쉬워하는 것은 사람들이 이유 없다고 생각하지만 지적, 신체적, 물적 조건이 다른 사람에 비해 불리해서 자신이 원하는 것을 이루지 못한 사람의 아쉬움은 이유가 있다고 생각한다. 바로 "이유 있는 아쉬움"(reasonable regret)의 정도를 갖게 만드는 것이 평등한 상태를 만드는 것이 아닌가? 드워킨은 여기에 동의한다. 다만 그는 먼저 "이유 있는 아쉬움"이 동일한 상태를 먼저 규정하고 그로부터 평등한 배분의 상태를 규정하는 것은 불가능하다고 생각한다. 오히려 먼저 자원이 평등하게 배분된 상태가 규정되어야 그것을 기준으로 각자의 아쉬움이 이유가 있는지 없는지를 판단할 수 있다. 만일 어떤 사람이 정신적, 신체적, 물적 자원이 사회적으로 평등하게 배분된 상태에서 출발하였고 행위과정에서 불공정한 절차나 또는 대비할 수 없었던 우연에 의해 피해를 보지 않았다면, 그 사람의 아쉬움은 사회가 책임을 져야 하는 아쉬움이 아니다. 즉 그 사람의 아쉬움은 정의의 문제와 연관되지 않는다. 그래서 드워킨은 성취나 만족의 균등이 아니라 자원의 균등한 배분이 평등에 대한 적절한 해석일 것이라고 생각한다.

자원의 평등

만일 목적 설정, 성취를 위한 노력, 그리고 개인의 행위에 영향을 미치는 여건들 중 어떠한 것도 개인의 책임으로 돌릴 수 없는 것이라면, 아마도 가장 평등을 잘 구현하는 것은 개인들에게 동일한 정도의 성취를 보장하는 것이 될 것이다. 만일 게으름이나 호사스러운 목적마저도 개인이 책임져야 하는 선택이 아니라면, 그로 인해 빚어지는 열악한 복지의 상태 역시 장애로 인한 복지의 불평등과 마찬가지로 사회적 보상의 대상이 되어야 할 것이다. 그러나 이것은 우리의 일반적인 평등성과 공정성의 관념에 어긋난다. 우리의 일반적인 평등성의 관념에는 개인에게 책임을 지울 수 없는 부분에 대해서만 사회적으로 보상하는 것이 더 잘 부합하는 것으로 보인다. 드워킨의 이론은 평등의 문제를 다룰 때 바로 책임의 문제를 아주 중요하게 생각한다. 그런데 개인에게 책임을 묻는다는 것은 평등한 여건을 전제로 해서만 가능하다. 드워킨이 생각하는 평등한 여건은 자원의 평등이다. 그런데 앞서 언급되었듯이 드워킨이 말하는 자원은 사람들이 자신의 삶의 계획을 실현하는 데에 보탬이 되는 모든 것을 포괄하는 것이었다. 그런데 다양한 자원들의 평등한 배분의 상태를 어떻게 설정할 것인가? 사람들에게 유용한 정도가 다른 자원을 그저 모든 사람들에게 균등하게 배분한다는 것은 분명 공정한 배분으로 보이지 않는다. 그렇다고 다른 방법이 있을 수 있는가? 드워킨은 각자의 삶의 계획의 다양성과 각 계획에 유용한 자원의 다양성을 인정하면서도 자원의 평등한 배분 상태를 생각할 수 있는 방법이 있다고 생각한다. 드워킨이 제시하는 방법을 간략히 살펴보자.

드워킨이 공정한 자원 배분의 상태에 이르는 방법으로 제시한 첫 번째 모델은 경매(auction)이다.(Dworkin, 1981b) 드워킨은 대부분의 계약론자들처럼 어떤 원초적 상황을 가정한다. 그는 배가 난파되어 무인도에 상륙한 후

자원을 평등하게 배분할 과제를 가진 사람들의 상황을 가정한다. 처음에 사람들은 같은 수의 조개화폐(clamshell money)를 배분받는다. 섬에 있는 모든 자원은 경매를 통해서 취득되는데, 조개화폐는 경매에 붙여진 자원들을 구매할 때 사용되는 것이다. 이때 사람들은 롤스의 원초적 상황에서와 달리 자신들의 선호와 삶의 계획에 대하여 잘 알고 있다고 가정된다. 이런 사람들이 경매를 통해서 자원을 취득한다면, 그들은 각자가 중요하다고 생각하는 자원에는 더 많은 돈을 걸 수 있을 것이고 반대로 중요하게 여겨지지 않는 자원에는 많은 돈을 걸려 하지 않을 것이다. 만일 사람들이 모든 정보를 충분히 알고 있는 상황에서 자유롭게 경매 과정에 참여했다면, 경매의 결과 생겨난 자원 배분의 상태는 동일한 양의 화폐만 사용할 수 있는 조건하에서 각자에게 최선의 배분 상태가 될 것이다. 이 가상적인 경매 상황의 매력은 다음과 같은 점에 있다. 그것은 한편에서 좋은 삶의 형태를 각자의 선택에 맡기면서도 또한 평등한 배분의 상태를 이룰 수 있게 한다. 또 경매를 통해 자신에게 필요한 자원을 선택하게 하는 점에서 개인의 책임성을 분명히 하고 있다.

그러나 경매의 모델은 사람들의 능력의 차이를 진지하게 고려하지 않을 경우 평등한 상태를 만들기 위한 모델로서 결함이 있다. 만일 경매를 통해 자원이 공정하게 배분되었다 하더라도 그 자원을 효과적으로 사용할 수 있는 능력에서 차이가 난다면 얼마 후에는 다시 불평등한 상태가 빚어지고 말 것이기 때문이다. 그래서 드워킨은 능력도 배분의 대상이 되는 중요한 자원으로 여긴다. 능력을 자원으로 보게 되면 신체적, 정신적 능력의 부족은 자원의 부족 상태가 된다. 그런데 문제는 능력을 적절히 배분한다는 것이 쉽지 않다는 것이다. 능력이 부족한 자가 불리하지 않도록 하기 위하여 능력도 앞에서 언급된 모델에 따라 경매에 붙인다면 뛰어난 능력의 소유자가 불공정하게 취급될 수 있다. 가령 경매에서 무엇보다도 타인의 뛰어난 능력을 얻고자 하는 사람이 있다고 해보자. 그는 자기가 처음에 받은 화폐의 상당 부분을 그것을 얻는 데에 걸 수 있을 것이다. 그렇게 해서 타인의 능력을 구입한다면 그것은 능력 있는 자를 노예화하는 것(slavery of the talented) (Dworkin, 1981b: 312)이 된다. 그렇다고 능력 있는 자가 일종의 노예가 되는 상황을 피하고 자신의 능력을 자유로이 사용할 수 있는 권한을 지키기 위해 경매 과정에서 많은 화폐를 지불해야 한다면 그는 다른 자원을 구입할 화폐를 그만큼 잃는 것이 된다. 그나마 그 사람의 능력을 원하는 사람 여럿이서 그의 능력을 공동으로 구매하고자 한다면 그는 도대체 자신을 방어할 수 없게 될 것이다.

경매의 모델을 보완하여 평등한 배분을 이루기 위해 드워킨이 제시하는 모델은 가상적 보험시장(hypothetical insurance market)이다. 드워킨은 롤스처럼 사람들이 자신의 앞으로의 처지를 모르는 상황을 가정한다. 그러나 이때 사람들은 롤스의 원초적 상황에서와 달리 "얇은 장막"(Roemer, 1996: 247)의 뒤에 있다. 그들은 자신의 삶의 계획, 자신의 선호에 대해서는 충분히 알고 있는데, 다만 자신의 계획을 달성하는 데에 어떤 장애를 갖게 될지 모를 뿐이다. 이런 상황에서 사람들에게 자신이 가질 수도 있는 각종의 장애에 대하여 자신의 판단에 따라 보험을 들게 한다. 물론 보험료는 처음에 경매를 시작할 때 동일한 양으로 배분된 화폐로 하는 것이다. 사람들이 보험을 통해 대비할 수 있는 장애는 지적, 신체적 결함으로부터 우발적 사고에 이르기까지 여러 가지일 수 있다. 보험의 종류와 지불할 용의가 있는 보험료의 액수는 사람들의 판단과 태도에 따라, 그러니까 자신의 삶의 계획이 얼마나 위험성을 동반한 것이라고 판단하는지, 또 얼마나 위험성을 감수할 태세가 되어 있는지에 따라 달라질 것이다. 그러나 사람들이 보험을 통하여 대비하고자 하는 상황은 최선이 못 되는 처지가 아니라 주로 최악에 가까운 처지일 것이라는 것은 예측될 수 있다. 최선이 못 되는 처지를 대비하여 보험을 들게 되면 상당한 액수의 보험금을 지불해야 할 텐데, 정해진 조개화폐의 범위에서 지나치게 많은 보험료를 내는 것은 다른 자원을 구입하지 못하는 결과를 초래하게 될 것이다. 이것은 사용할 수 있는 자원을 축소시키기 때문에 생산능력을 떨어뜨릴 것이고, 결국 보험료를 납부하지 못하게 되는 상황이 될 수 있다. 이에 반해 최악에 가까운 상황에 대비하는 보험은 많은 사람들이 가입할 가능성이 크다. 또 실제 최악에 가까운 상황이 발생할 가능성은 적기 때문에 보험료는 상당히 낮아질 수 있다. 이제 드워킨을 따라 모든 종류의 장애에 대하여 보험을 들 수 있는 가상적 보험시장에서 각자 자신의 판단에 따라 보험에 든다고 가정해보자. 드워킨은 사람들이 합리적으로 판단하여 납부할 태세가 되어 있는 보험료의 총액이 실제로 장애를 겪는 것으로 판명된 사람들에게 보상으로서 제공되는 자원의 규모가 된다고 한다. 물론 가상적 보험시장에서 자진 납부하는 것으로 되어 있는 보험료는 실제 정책에서는 과세나 기타 다른 방식에 의해 조달되어야 한다.

평등의 보완: 자유주의적 평등주의의 수정

앞에서 분배적 정의에 관한 입장 가운데 자유주의적 평등주의의 입장을 가장 설득력 있는 것으로 전제하고 롤스와 드워킨의 견해를 간략히 살펴보았다. 자유주의적 평등주의가 가장 설득력 있다는 것은 그 입장이 분배적 정의 문제를 근본적으로 해결할 수 있다는 의미는 아니었다. 그것은 자유주의적 정치제도를 전제로 하는 한에서 설득력 있는 분배적 정의관의 두 요건, 즉 평등성 또는 공정성의 원칙에 대한 정합적 해석이면서 또한 실행 가능성을 가져야 한다는 요건에 가장 근접해 있는 것으로 보인다는 의미였다. 그런데 바로 자유주의적 평등주의는 바로 비판의 여지가 있는 자유주의의 특수한 전제 때문에 보완될 필요가 있다. 여기서는 두 가지 점만 지적하기로 한다.

첫째, 자유주의는 사회정책이나 제도를 구상할 때 개인을 합리적 판단능력을 가진 자율적인 인간으로 가정하는데, 이런 신념은 평등주의적 요소가 부가된 롤스와 드워킨의 자유주의에서도 그대로 남아 있다. 문제는 실제로 모든 사람들이 합리적이고 자율적이지 않은 현실에서 저 자유주의의 신념을 어떻게 이해하는 것이 올바른가 하는 것이다. 만일 합리성과 자율성이 사람들이 실제로 갖추고 있거나 갖추었어야 할 능력으로 이해되면 그것은 사람들에게 책임을 물을 수 있는 근거가 된다. 즉 합리적이고 자율적이지 못해서 생긴 불행에 대해서는 사회가 아닌 개인이 책임을 져야 하는 것이다. 이렇게 합리성이나 자율성은 누구나 가졌어야 할 능력으로 보게 되면 정의로운 배분은 최초의 출발 상황만 평등하게 만들어주면 된다. 앞에서 살펴본 분배적 정의관 가운데 과정평등주의가 이에 해당된다. 그런데 합리성과 자율성은 만일 갖추지 않았을 경우 개인이 책임져야 하는 능력인가 아니면 갖도록 권장되는 능력인가? 만일 합리성과 자율성이 누구나 원하면 가질 수 있는 능력이 아니라 훈련되고 계발되어야 하는 능력이라면, 그것은 주로 갖도록 권장되는 능력에 가까울 것이다. 그리고 더 근본적으로는 합리성과 자율성을 능력보다는 권리로 이해하는 것이 더 합당한 것으로 보인다. 사람들에게 합리성과 자율성을 부여하는 것은 스스로 판단을 내리고 자신의 판단에 따라 행위할 권리를 부여하는 것이지 그렇지 못한 상황에 대해 책임을 져야 한다는 부담을 지우는 것은 아니다. 그렇다면 합리적이거나 자율적이지 못해서 생기는 행위의 결과에 대해서 반드시 그 개인에게 책임을 물어야 한다고 주장할 수는 없다. 만일 합리성과 자율성에 대한 이런 지적이 합당하다면, 개인들에게 공정한 선택의 기회를 부여하고 결과에 대해서는 각자가 책임을 져야 한다는 자유주의적 평등주의의 발상은 실제로 합리적인 인간형에 지나치게 유리한 사회적 구성을 생각하는 것이다. 물론 이런 비판은 합리성과 자율성이 중요하지 않다고 말하려는 것은 전혀 아니다. 다만 어떤 사람이 합리적이고 자율적이지 못한 것에 대해 그 사람에게 전적으로 책임을 물을 수 없다면, 자유주의적 평등주의의 분배적 정의관이 어느 정도 결과평등주의적 요소에 의해 보완될 필요가 있다는 것이다. 이때 결과평등주의의 요소를 구체적으로 어느 정도 도입하느냐는 논란거리가 되겠지만 그것은 인간적 삶의 최저치라고 생각되는 복지의 수준과 성취동기를 해칠 위험이 있는 복지의 수준 사이에 위치할 것이다. 결과주의적 관점에서 복지의 상태를 조정할 경우 필요(need)가 가장 중요한 고려 사항이 될 텐데, 이때 필요는 분배적 정의의 전체를 관통하는 기준이 아니라 보완적 기준에 그친다. 도식적으로 말하자면 사회적으로 인정되는 인간다운 삶의 조건을 기준으로 그 이하의 수준에서는 필요가 우선적 관점이 되고 그 이상의 수준에서는 성취 또는 공리 등이 우선적 관점이 된다.

<표-2>

필요	성취 또는 공리
사회적으로 인정되는 인간다운 삶의 조건	

둘째, 좋은 삶은 개인들의 자유로운 선택의 대상이라는 자유주의의 주장은 좀 제한될 필요가 있다. 만일 이 주장을 수정하게 되면 분배적 정의에 관한 자유주의적 평등주의의 주장이 보완되어야 할 다른 점이 드러난다.

좋은 삶이 개인들의 자유로운 선택의 대상이라는 주장이 말하고자 하는 것이 실제로 모든 사람들이 자신의 삶을 자유롭게 선택한다는 것은 아닐 것이다. 만일 그런 의미라면 그것은 분명 사실에 맞지 않는 주장이다. 만일 저 주장이 자유주의의 통찰로서 중요한 의미를 갖는다면 그것은 좋은 삶이 최종적으로는 각 개인이 선택할 사항이라는 당위적 명제로서 그렇다. 좋은 삶에 관한 자유주의의 주장을 이렇게 당위적 명제로 여길 때만 그것은 사람들이 실제 교류에서 좋은 삶에 관해 진지하게 토론하고 자신이 생각하는 좋은 삶을 다른 사람에게 설득시키려 노력하는 것과 양립할 수 있다. 만일 자유주의적 정의관이 좋은 삶의 유형을 들고 벌어지는 진지한 논의들에 둔감한 채 어떤 삶의 선택이든 동등한 실현 기회를 보장하려고 한다면 그것은 형식적인 정의에 머물고 말 것이다. 만일 좋은 삶이 전적으로 개인적 선택 사항이라는 잘못된 자유주의 이해를 버리기만 하면, 일반적으로 좋은 삶의 요소에 들어 간다고 여겨지는 것들 가운데 아주 기본적인 것들은 개인들이 명시적으로 의 도하지 않았어도 권장될 필요가 있다는 것이 어렵지 않게 납득될 수 있을 것이다. 그 기본적인 요소에는 롤스가 말하는 기본적 자유 외에도 공동체적 가치, 적절한 인식 수준, 최소한의 심미적 능력 등 여러 가지가 포함될 수 있을 것이다. 이런 점에서 자유주의적 정의관은 앞서 언급된 목적평등주의적 요소에 의해 보완될 필요가 있다. 물론 국가가 좋은 삶의 요소를 정하고 권장하는 것은 후견주의(parternalism)의 비난을 면할 수 없다. 좋은 삶의 요소는 자유로운 의사소통의 과정을 통해 다소간 명확하게 드러나는 것이지 어느 한 사상가나 정책의 입안자가 결정할 수 있는 것은 아니다. 또 어떤 사람이 자신과 사회에 대하여 충분한 지식을 얻은 후에도 일반적으로 좋은 것으로 여겨지는 삶의 형태를 거부한다면 그 사람의 선택이 억압되어서는 안 될 것이다. 그러나 일반적으로 좋은 것으로 여겨지는 삶을 실현하는 데에 상대적으로 더 많은 자원을 배정하는 것은 정당화될 수 있을 것으로 보인다.

위의 두 지적이 맞는다면 수단평등주의로서의 자유주의적 평등주의의 정의관은 기본적 필요를 감안하는 결과평등주의와 일반적으로 좋은 것으로 인정된 삶의 실현을 돕는 목적평등주의에 의해 보완되어야 한다. 자유주의적 평등주의의 정의관은 자유주의적 정치제도하에서 분명 가장 설득력 있는 것이지만 결과평등주의와 목적평등주의에 의해 보완되지 않으면 안정되기 어려운 것이다.

<표-3>

마지막으로 분배적 정의는 복지의 모든 차원과 관계되는 것이 아니라는 점을 분명히 해두자. 분배적 정의는 정책화할 수 있는 복지의 차원에만 관계된다. 분배적 정의는 실제에서는 물론이고 목표에서도 결코 복지의 문제를 완전히 해결하는 것이 아니다. 정책화할 수 없는 복지의 차원은 가정, 시민사회, 문화 등 자발적 행위의 영역에서 행해진다. 물론 소위 사적 영역에서 이루어지는 복지와 공적 영역에서의 복지를 엄격히 구분하는 것은 자칫 사적 영역에 지나치게 부담을 전가할 위험을 가진다. 그러나 정책이 자발적 행위의 영역에서 이루어지는 복지를 완전히 대체하는 것은 가능하지도 않고 바람직하지도 않다.

3. 분배적 정의의 문화적 효과: 사회의식

앞서 분배적 정의의 철학적 구조를 다룰 때 분배적 정의는 평등성의 이념과 관련되어 논의되었다. 그에 따르자면 설득력 있는 분배적 정의관은 평등성의 이념을 일반적으로 공정하다고 여겨지는 사례들을 충분히 포괄할 수 있도록, 그리고 사회의 다른 가치들과 적절한 균형을 이루면서 실행 가능하도록 구체화해낸 것이다. 만일 분배적 정의에 대한 이런 이해가 타당한 것이라면, 분배적 정의는 한편에서 문화영역에서 축적된 평등주의에 의해 뒷받침되며 다른 한편 평등주의적 요소를 강화시키는 역할을 할 것이다. 그래서 분배적 정의의 문화적 효과를 논의할 때 평등주의는 가장 중요한 단서가 된다.

그런데 평등주의는 왜 중요한 의미를 갖는 것일까? 또 분배적 정의는 왜 평등의 이념에 연관되는 것일까? 분배적 정의의 가장 중요한 기능은 사회적 연대성(solidarity)의 재생산에서 찾을 수 있을 것이다. 분배적 정의가 평등주의를 기초로 하는 것은 평등이 사회적 연대성의 가장 중요한 규범적 기초라는 널리 공유된 직관 때문일 것이다. 이 직관은 임의적인 것이 아니라 사회적 삶의 재생산 방식에서 연원하는 것으로서 충분한 정도로 정당화될 수 있을 것으로 보이는데, 이 문제에 대한 자세한 논의는 여기서 하지 않기로 하자.

분배적 정의가 사회적 연대성을 강화시키는 효과를 갖는다는 것은 의심의 여지가 없다. 분배적 정의는 개인의 책임으로 돌릴 수 없는 불리한 여건에 대해 보상을 해줌으로써 개인들이 자기가 속한 사회의 가치에 대해 긍정적 태도를 갖게 하고 사회에 대한 귀속감을 강화시킨다. 또 사회구성원들이 적절한 사회화의 과정을 거치게 함으로써 공유된 사회적 가치로부터 일탈하는 것을 방지할 수 있게 한다. 그러나 분배적 정의가 기존의 가치를 유지하는 방향으로만 작용하는 것은 아니다. 분배적 정의가 사회구성원들의 공동체 의식 없이는 성립할 수 없는 것이지만, 또한 분배적 정의는 전통적, 관습적 도덕을 추상적, 보편적인 도덕으로 전환시키는 경향을 갖는다. 이것은 공유된 관습에 토대를 둔 공동체의 유대관계를 약화시킬 수 있다. 이렇게 분배적 정의는 공동체 의식에 기초하면서도 또한 공동체 의식을 약화시키는 경향을 갖는다. 그래서 분배적 정의는 공동체 의식 및 사회적 연대성과 이중적인 관계를 갖는다. 이 이중적인 관계를 어떻게 해석할 것인가? 분배적 정의의 문화적 효과에 관한 이해의 차이는 이 이중적 관계를 해석하는 방식에서 생긴다.

평등주의자들은 정의를 바람직한 공동체의 가장 중요한 기초로 여긴다.

그들은 사회적 관습과 전통에 별 비중을 부여하지 않는다. 만일 관습과 전통이 사회적 연대성 창출의 기초가 되고 있다면 그것은 그 사회가 아직 합리화의 길을 철저하게 걷지 않은 것이다. 합리화의 길을 걸은 사회에서는 관습과 전통이 더 이상 일반적 타당성을 가질 수 없고 따라서 사회적 연대성의 기초가 될 수 없다. 그래서 사회적 연대성은 탈전통 시대에 일반적 타당성을 가질 수 있는 규범에 기초해서 재생산되어야 하는데, 그 규범이 바로 평등주의라는 것이다. 평등주의자들의 이런 입장은 정의의 기준을 정하는 데에 참여하는 주체의 자격 조건에서 잘 드러난다. 평등주의자들이 전제하는 주체는 자신의 이익에 관련하여 합리적으로 판단하는 개인이며, 이미 어떤 특정한 문화와 관습을 공유하는 공동체의 구성원이 아니다.

이에 반해 공동체주의자들은 이런 가정이 잘못되었다고 생각한다. 현실적인 주체는 공동체를 새로 구성하는 개인이 아니라 이미 특정한 사회 공동체에 살고 있으며 공동체의 관습과 공동선을 공유하는 사람들이다. 이런 사람들이 생각하는 정의의 기준은 그들이 공유하는 공동선의 실현을 위한 것이다. 그들은 추상적, 보편적 성격을 갖는 분배적 정의는 공동체의 유대를 손상시킬 것이라고 생각한다. 분배적 정의가 사회성원들로 하여금 공동선이 아니라 자신들의 이익에만 관심을 갖게 함으로써 사람들을 원자화(atomization), 파편화(fragmentation)할 위험이 있다는 것이다. 이런 경향때문에 분배적 정의는 자연적 유대관계에서 비롯되는 자발적인 부조 행위를 약화시킨다. 공동체주의자들은 공동선을 유지하려는 자발적인 참여가 사회적 연대성을 창출하는 데에 가장 중요하다고 생각하고, 그래서 그런 노력이 분배적 정의보다 우선성을 가져야 한다고 생각한다. 그렇지 않을 경우 분배적 정의에 기초한 사회복지는 관료화된 기관의 형식적이고 전문화된 일이 될 것이라는 것이다. 그래서 평등주의자들의 정의관을 심하게 비판하는 사람은,

물론 문자 그대로 해석되어서는 안 되지만, 정의가 일종의 악이라고까지 말한다.(Sandel, 1982: 34) 물론, 이들이 분배적 정의의 기능이 아주 불필요하다고 말하는 것은 아니다. 분배적 정의는 자발적인 참여로 공동선이 유지되지 않을 경우에 대한 보조적, 치유적 덕(remedial virtue) 역할 이상을 담당해서는 안 된다는 것이다.(Sandel, 1982: 32) 공동체주의자들의 이런 비판에 대해 평등주의자들이 다시 반박할 근거는 많이 있다. 자발적 부조에서는 수혜자의 선정과 수혜의 정도가 부조하는 자의 정서와 임의성에 의해 결정되는 반면, 분배적 정의는 자원이 사회구성원에게 보편적으로, 그리고 공정한 기준에 따라 배분되도록 한다. 이런 분배적 정의의 개념의 장점은 무엇보다도 동일한 정의의 기준을 제한된 범위의 유대관계를 넘어서까지 확대하게 한다는 점이다.

자발적 부조와 분배적 정의를 서로 대립적인 것으로 파악하는 것은 사실 생산적인 논의가 아니다. 공동체주의자들은 현대사회에서 자연적 유대성을 약화시키는 주 요인이 과연 분배적 정의에 있는지 세밀하게 검토해야 할 것이다. 구체적 타인에 대한 부조를 통해 공동선에 참여하는 사람과 달리 세금납부와 같은 추상적인 방식으로 분배적 정의에 참여하는 사람은 자신의 행위에 대해 강한 자발적 동기를 갖기가 어렵다는 것은 사실에 합당한 것으로 보인다. 그러나 자연적 유대성을 결정적으로 손상시키는 것은 분배의 그런 방식보다는 더 이상 전통적인 규범에 의해 규제될 수 없는 산업사회의 역학이다. 분배적 정의는 더 이상 자발적인 부조에만 의존해서는 사회적 연대성을 유지하기 어려운 사회적 조건에서 연대성의 망(網)이 찢기지 않게 하는 유일한 수단이다. 사실 분배적 정의가 가져오는 부정적인 문화적 효과는 분배적 정의 자체의 문제보다는 관료주의적이고 후견주의적인 복지정책 등 제도의 운영에서 생기는 문제가 대부분이다. 현대 국가의 대부분은 한편에서 복지정책을 펴면서도 다른 한편 능력에 따른 배분을 당연시하고 복지의 수혜자를 사회적 권리를 가진 자로서가 아니라 사회의 부담으로 여기는 이중적 태도를 보이고 있다. 이런 한, 분배적 정의는 능력 있는 자를 벌주고 능력 없는 자를 부당하게 보호하는 제도처럼 여겨진다. 그런 한 사회구성원들이 분배적 정의에 자발적으로 참여하는 것은 기대될 수 없다.

16장 형식적 평등, 실질적 평등, 도덕적 평등
약한 평등주의의 강한 옹호, 강한 평등주의의 약한 옹호를 위하여

1. 들어가는 말

어느 정도 강한 평등주의적 신념을 가진 사람들에게 지난 세기는 아픈 마음으로 기억되는 평등주의 실험의 역사가 될 것 같다. 스스로를 역사의 최종 단계로 자처하면서 엄청난 열정을 바탕으로 출발한 사회주의가 한 세기도 넘기지 못하고 굉음을 내며 붕괴하였을 뿐 아니라, 많은 사람들이 현실적으로 가능한 최선으로 여겼던 복지국가에 대해서도 진지한 비판과 회의적인 목소리가 대두되는 데에 오랜 시간이 걸리지 않았다. 그래도 평등주의가 지난 세기에는 진지한 논쟁거리였고 선두를 다투는 정치적 이상들 가운데 하나였다면, 전 지구적 차원에서 격렬하게 벌어지는 시장경쟁을 숙명처럼 받아들이는 오늘날, 평등주의는 급속도로 그 서식지를 잃고 있는 듯하다. 자유주의적 평등주의의 가장 대표적인 옹호자 가운데 하나인 드워킨이 그의 주저를 다음의 문장으로 시작하는 것은 평등주의가 처한 현실을 아주 의미심장하게 전하고 있다. "평등은 정치적 이상들 가운데 멸종의 위협을 받는 종이다."[190]

190) R. 드워킨, 염수균 역, 『자유주의적 평등』, 한길사, 2005, 49쪽. 어쩌면 평등주의의 상황이 좀 더 비관적일지도 모른다. 생태학적으로 멸종위기에 처한 종을 구하려는 데에는 어느

이 글은 특정한 사회이론에 의지해서 형식적 평등, 실질적 평등, 도덕적 평등이라는 세 가지 평등의 층위(layer)를 구별하고 이를 바탕으로 **약한** 의미의 평등주의를 **강하게**, 그리고 **강한** 의미의 평등주의를 **약하게** 정당화하고자 한다. 평등의 세 가지 층위를 구별한다는 것은 세 가지 평등 개념이 각기 다른 차원에 위치하며 양립할 수 있음을 의미한다. 일단 **약한** 의미의 평등주의는 차별금지를 핵심으로 하는 형식적 기회평등주의와 같은 것으로, **강한** 평등주의는 적극적 우대정책과 재분배를 추구하는 평등주의와 같은 것을 뜻하는 것으로 해두자. 어떤 평등주의를 **강하게** 정당화한다는 것은 그것 외에 다른 선택이 불가능하다는 것을 보인다는 것이고, **약하게** 정당화한다는 것은 그것이 정치공동체 구성원들의 선택사항임을 보인다는 의미이다. 사회이론에 의지하는 이유는 세 가지 평등 개념이 서로 다른 층위에 있다는 것을 밝히는 데에 윤리학적 접근만으로는 부족하다는 인식 때문이다. 이 글이 의지하는 사회이론은 루만과 하버마스의 것인데, 약한 평등주의를 강하게 정당화할 때는 루만의 사회이론에, 그리고 강한 평등주의를 약하게 옹호할 때는 하버마스의 이론에 주로 의지하게 될 것이다.[191]

나는 먼저 평등에 관한 유의미한 논의를 펼치기 위해 왜 사회이론적 고찰이 필요한지를 보이고자 하는데, 이를 위해서 소위 "평등의 가설"을 문제 삼을 것이다(2절). 다음에는 루만의 기능적 사회분화이론에 의지해서 약한 평등주의가 아주 근본적 차원에서 근현대사회의 조직원리임을 밝히고(3절), 하

정도 합의가 이루어져 있는 반면에, 많은 자유지상주의자들이 생각하기에 평등은 존재하지 말았어야 하는 종이다.

191) 수십 년간 첨예한 논쟁을 벌여 온 두 사람의 이론에 동시에 의존한다는 것은 논의의 일관성을 해칠 수 있기에 약간의 해명이 필요해 보인다. 나는 루만의 통찰이 (하버마스 자신이 인정하는 것보다) 좀 더 충실하게 반영된 하버마스 식의 사회이론에 기울어 있다. 이 점을 분명하게 하기 위하여 나는 하버마스 사회이론 가운데 루만의 공로로 돌려야 하는 내용에 의지할 때는 차라리 루만의 사회이론에 의지하는 것으로 해두기로 한다.

버마스의 사회이론에 의지해서 정치적으로 가용한 공동자원에 한하여 강한 평등주의가 성립할 수 있음을 보이고자 한다(4절). 이런 논의를 바탕으로 평등을 사회통합의 한 변수로 자리매김하고(5절), 마지막으로 결론을 대신해서 흔히 평등을 위협한다고 말해지는 세계화 경향과 관련하여 평등주의가 어떤 과제를 갖는지를 짧게 언급하고자 한다(6절).

2. 평등의 가설과 평등의 상황

대부분의 평등주의는 다음의 문장으로 요약될 수 있는 '평등의 가설'로부터 출발한다.

> 모든 구성원은 불평등한 대우를 정당화할 설득력 있는 근거가 없는 한 평등하게 대우받아야 한다.[192]

여기서 불평등한 대우를 정당화할 수 있는 근거를 무엇으로 보느냐에 따라 평등주의의 스펙트럼은 아주 다양하다. 가령 그런 근거는 어떤 것도 있을 수 없다고 한다면 생각할 수 있는 가장 강한 평등주의가 될 것이고, 개인의 책임으로 돌릴 수 없는 불평등만을 시정하려 한다면 자유주의적 평등주의가 될 것이며, 평등과 대등한 지위를 가지며 상황에 따라 평등과 조정되어야 하

---

192) 고제파트(S. Gosepath)는 평등의 가설을 좀 복잡하게 다음과 같이 표현하고 있다. "모든 당사자들은, 당면한 측면에서 특정한 (유형의) 차이가 중요하고 이 차이가 일반적으로 수용될 수 있는 근거에 따라 불평등한 대우나 혹은 불평등한 분배를 성공적으로 정당화하지 않는다면, 기술적(記述的) 차이에 상관없이 수적으로 혹은 엄격히 평등하게 대우되어야 한다." S. Gosepath, *Gleiche Gerechtigkeit*, Frankfurt: M., 2004, 202쪽.

는 다수의 가치들이 있다고 한다면 다원주의적 평등주의가 될 것이다. 그러니까 아주 거칠게 분류하자면 평등주의의 여러 입장은 직관적 호소력을 갖는 저 평등의 가설을 다른 가치들과 현실적 조건에 맞추어 조정하는 과정에서 나타날 수 있는 여러 유형이라고 할 수 있을 것이다.

그런데 평등의 가설이 갖는 직관적 호소력은 어디서 오는 것일까? 내 생각에 그것은 바로 평등의 가설이 설정하고 있는 상황으로부터 나온다. 이 점은 평등의 가설을 설명하기 위하여 드는 예들을 보면 쉽게 알 수 있다. 가령 어머니가 아이들에게 케이크를 분배하는 상황[193]이나, 혹은 배가 난파하여 무인도에 상륙한 사람들 사이에 재화를 분배해야 하는 상황[194]을 떠올려보자. 이런 상황들에서는 균등한 분배가 기준점(default option)을 형성할 것이라는 점은 비교적 분명해 보인다. 이 기준점 자체는 정당화의 대상이 아니고, 기준점에서 어긋나는 분배만이 정당화의 대상이 된다.

평등의 가설이 직관적 호소력을 갖게 되는 이런 상황을 "평등의 상황"이라 부르기로 하자. 평등의 상황은 대개 두 가지 공통점을 갖는다. 하나는 구성원들이 이미 어떤 식으로든 동등한 결정권을 갖는 상태에 있다는 점이며, 다른 하나는 구성원들이 **전적으로** 처분할 수 있는 재화를 고려의 대상으로 하고 있다는 점이다.[195] 이런 평등의 상황은 분명 재화를 원칙적으로 동등하게, 그리고 오직 구성원들의 자유의사에 따른 동의에 의해서만 차등적으로 분배하는 것이 가장 합당한 선택이 되도록 만든다. 여기서 주의할 점은 평등의 상황

---

193) 가령 E. Tugendhat, *Vorlesungen über Ethik*, Frankfurt: M., 1993, 373쪽부터. Goesepath, 위의 책 202쪽 참고.

194) 드워킨, 앞의 책, 138부터 참고.

195) 케이크를 나누는 어머니의 경우, 동등한 결정권을 갖지 않는 예외자라고 할 수 있을 텐데, 실제로는 케이크를 나눠 받는 아이들 중 누구도 합당한 근거 없이 특별한 권리를 주장하거나 또는 자신의 주장을 폭력적으로 관철할 수 없게 하는 일종의 규칙 보증자 역할을 한다고 해야 할 것이다. 이런 역할은 위의 투겐트하트(E. Tugendhat) 책에서 잘 묘사되어 있다.

의 두 측면이 서로 다른 조건을 나타낸다는 사실이다. 그러니까 구성원들이 동등한 결정권을 갖는 경우가 아니면, 또는 그들이 전적으로 처분할 수 있는 재화가 아니라면 재화를 동등하게 분배해야 한다는 요구가 직관적 타당성을 갖기 어렵다.

'평등의 상황'으로부터 '평등의 가설'이 직관적 호소력을 갖는다는 것은 의심하지 않기로 하자.[196] 그런데 문제는 이런 상황설정으로부터 얻어진 평등의 가설이 직접적으로 사회의 분배원리가 될 수 있는가 하는 점이다. 만일 '사회의 상황'이 곧 '평등의 상황'과 같은 것이라면, 평등은 분배의 최고 원리가 되거나 최소한 기준점이 되어야 할 것이다. 하지만 만일 사회의 상황이 평등의 상황과 같은 것이 아니라면, 그러니까 동등한 결정권을 갖는 구성원들의 동의가 재화분배의 일반적 원리가 아니거나 또는 사회의 재화의 일부만이 구성원들의 동의에 의해 처분될 수 있는 것이라면, 평등의 가설은 제한된 영역에서만 분배원리가 될 수 있을 것이다. 만일 평등의 가설에서 설정된 상황과 유사한 상황이 사회 전체로 볼 때 극히 제한적 영역에 불과할 경우, 평등은 사회적으로 사소한 의미만을 갖는 분배원리가 될 것이고 평등주의는 실질적인 중요성을 갖지 못할 것이다. 여기서 문제는 결과적으로 완전한 평등분배가 이루어질 수 없다는 사실이 아니다. 거의 어떤 평등주의자도 완전한 평등분배를 지지하지는 않는다. 문제는 평등한 분배가 분배의 기준점으로서 역할을 하지 못할 수도 있다는 것이다. 이렇게 '사회의 상황'을 얼마만큼이나

---

196) 평등의 가설이 결코 단순한 형식적 원리가 아니라 강한 도덕적 요구를 담고 있기 때문에, 평등주의의 비판자들은 이 가설의 직관적 호소력 자체를 문제 삼을 수도 있을 것이다. 평등가설의 타당성을 부정하지 않는 벌린(I. Berlin)도 이미 그것을 "절대적이면서도 또한 부조리한"(absolute and perhaps absurd) 이상이라고 말하고 있다. I. Berlin, "Equality", *Proceedings of the Aristotelian Society* 56, 1955. 312쪽. 프랑크푸르트(Harry Frankfurt)는 벌린보다 더 나아가서 평등가설 자체의 타당성을 의문시 한다. H. Frankfurt, "Equality and Respect", *Social Research* 64, 1977 참고.

'평등의 상황'으로 볼 수 있느냐가 평등주의의 실질적 중요성을 판단하는 데 결정적인 의미를 갖기 때문에, 평등에 관한 논의는 윤리학적 논의의 맥락을 넘어 사회이론을 참고해야만 한다.

평등에 관한 윤리학적 접근법과 사회이론에 의지하는 접근법은 방향이 서로 다르다고 할 수 있겠다. 윤리학적 평등주의가 '평등의 상황'과 '평등의 가설'로부터 출발해서 이 가설을 현실적 조건에 맞추어 약화시키는 방식으로 나아간다면, 사회이론에서 출발하는 논의는 반대의 방향을 취한다. 그러니까 먼저 사회의 구조를 규정하고, 사회 내에서 '평등의 상황'이 어디에서 어떤 의미로 설정되는지를 살펴보는 것이다.

루만과 하버마스의 사회이론을 따라 현대사회가 독자적인 재생산 논리를 갖는 영역들로 분화되었다고 해보자. 그러면 평등은 다음의 세 가지 차원에서 의미를 갖는다고 할 수 있다.

첫째, 포함(inclusion)의 평등인데, 이것은 사회구성원들이 각 사회영역에 진입할 때 누구도 배제되어서는 안 됨을 의미한다.

둘째, 참여의 평등인데, 정치공동체에 포함된 사람들은 서로를 동등한 권리를 갖는 시민으로 대하며 공동의 사안에 대하여 강제적으로 집행될 수 있는 구속력 있는 결정을 내리는 데에 동등하게 참여할 수 있다.

셋째, 존중의 평등이라고 할 수 있는데, 기능체계나 정치공동체와 무관하게 사람들이 서로를 존중하고 연대의 의무를 지는 관계를 말한다.

포함의 평등, 참여의 평등, 존중의 평등을 통상적인 명칭에 따라 형식적 평등, 정치적 평등, 도덕적 평등이라고 부르기로 하자. 앞으로 펼칠 주장을 미리 말하자면 다음과 같다. 형식적 평등은 분화된 현대사회의 조건에서 더 이상 다른 선택이 거의 가능하지 않은 사회조직 원리에 해당된다. 그렇다고 해서 이것이 정치영역에서 재화나 기회의 분배와 관련하여 어떤 선택이 이루어져야 하는지를 결정하지는 않는다. 정치영역에서는 공동의 자원을 바탕으로 실질적 평등이 적극적으로 추구될 수 있다. 이렇게 형식적 평등의 선택불가피성과 동시에 실질적 평등의 선택가능성을 보여줌으로써 **약한** 평등주의를 **강하게**, 그리고 **강한** 평등주의를 **약하게** 옹호할 수 있게 될 것이다.[197]

3. 사회분화와 형식적 평등: 약한 평등의 강한 옹호

차별금지 또는 소극적 기회평등으로서의 형식적 평등은 아주 광범위한 동의를 받고 있어서, 이런 평등을 지지하느냐의 여부로는 일반적으로 평등주의자인가 아닌가를 가를 수는 없다고 할 수 있다. 오히려 평등주의자인지 여부는 형식적 평등만으로는 부족하다고 여기느냐의 여부에서 갈라진다고 말할 수 있다. 형식적 평등이 부족하다고 생각하는 사람은 명시적이든 묵시적이든 어떤 종류의 '실질적 평등'을 기준으로 삼는 것이고, 반대로 형식적 평등을 넘어서는 평등을 인정하려 하지 않는 사람은 실질적 평등이 실현불가능하거나 개인의 자유와 선택, 성취를 침해하는 등 바람직하지 않은 결과를 낳는다고 생각하는 것이라고 하겠다. 그런데 두 입장 모두 암묵적으로 실질적 평등과 형식적 평등을 동등한 차원에서 제기되는 요구로 취급하고 있다. 그래서 형식적 평등을 지지할 경우 실질적 평등을 무모한 것으로 비판해야 하고, 반대로 실질적 평등을 지지할 경우 형식적 평등의 빈약함을 강조해야 하는 것이다. 하지만 형식적 평등과 실질적 평등이 각기 다른 차원에서 제기되는 요

---

197) 이 글에서 도덕적 평등의 문제는 본격적으로 다루지 않았는데, 이것은 도덕적 평등이 형식적 평등과 실질적 평등보다 덜 중요해서가 아니라 단지 논의를 제한하기 위해서일 따름이다.

구라면 어떻게 될까? 이 경우 두 요구가 동시에 정당화될 수도 있지 않을까? 경우에 따라 두 가지 평등은 현대사회에서 **모두** 충족되어야 하는 요구이지 않을까? 루만과 하버마스의 사회분화이론은 역설적으로 보이는 이런 접근방식에 설득력을 부여해준다. 우선 루만의 이론에 의지하여 형식적 평등의 요구가 어떤 사회적 조건과 관련되는지를 살펴보자.

먼저 루만의 사회이론에 대해 최소한의 언급만 하기로 하자.[198] 루만의 사회이론은 "자기생산적 체계"란 개념을 핵심으로 삼고 있다. 여기서 '체계'라 함은 구성요소들이 하나의 통일성을 갖는 구조원리를 보이는 상태를 의미하고, '자기생산적'이라 함은 구조원리가 단순히 구성요소들의 관계로서 성립하는 것이 아니라 동시에 구성요소들을 형성하는 역할을 하는 상태를 의미한다. 그러니까 이런 체계는 자신의 구성요소들을 끊임없이 재생산함으로써 자신의 안과 밖 사이의 경계를 성립시키는데, 그렇게 해서 성립하는 체계의 밖은 체계에 대해 '환경'이 된다. 이렇게 체계를 기준으로 해서 환경이 규정되지만, 체계가 환경으로부터 인과적으로 독립적인 것은 전혀 아니다. 체계는 환경과의 교환을 통해서만 존속할 수 있고, 그런 점에서 환경에 대해 자립적일 수는 없다. 체계의 자기생산성이란 다만 환경이 체계에 영향을 미칠 때 그것이 오직 체계의 구조원리를 통해서만 일어난다는 것을 의미할 따름이다. 그러니까 환경과 체계의 교환관계는 공통의 코드나 매체를 통해서 이루어지는 것이 아니라는 것이다. 루만은 근대에 이르러, 특히 정치권력, 소유관계, 사적 관계가 하나로 단단히 결합되어 있던 신분제사회가 붕괴되면서, 사회가 이런 자기생산적 체계들로 돌이킬 수 없게 분화되었다고 진단한다. 가령 과

---

198) 루만의 체계이론에 대한 우리말로 된 간략한 소개는 S. 슈미트, 박여성 역, 『구성주의』, 까치글방, 1995에서 볼 수 있다. 최근에는 루만의 주요 저작 가운데 하나인 『사회체계이론』 (전 2권), 박여성 역, 한길사, 2007이 번역되어 나왔다.

학체계는 진·위, 경제체계는 지불·미불, 법체계는 합법·불법이라는 코드에 따라 재생산이 이루어진다는 것이다. 이제 전체 사회(Gesellschaft)는 서로에 대해서 체계·환경의 관계를 이루는 다수의 기능체계들로 이루어진다.

루만의 이런 사회분화이론의 귀결 가운데 우리의 논의에 중요한 것은 다음의 세 가지이다. 첫째, (비언어적) 매체들을 통해 행위의 조정이 일어나는 기능체계들이 증가한다. 이런 경향은, 사회분화를 돌이키려 하지 않는 한, 되돌릴 수 없는 현상이다. 둘째, 체계들 사이에 동일한 의미로 소통을 가능하게 하는 공통의 매체는 존재하지 않는다. 각 체계는 자신의 이원적 코드에 따라 자신 안에서만 소통을 이룰 따름이다. 체계와 환경 (혹은 다른 체계들) 사이의 교류는 소통이 아니라 체계가 자신의 코드에 따라 진행하는 피드백 이상이 될 수 없다. 셋째, 사회전체를 통괄하는 최상급 판단기관은 없다. 따라서 사회전체에 대해 각 체계를 넘어 공통으로 타당성을 갖는 평가도 있을 수 없다.

루만의 이런 진단이 얼마나 정확한지는 일단 논외로 하고, 이런 사회분화이론을 전제할 때 평등의 원리가 어디에 자리할 수 있을지를 살펴보자. 루만에게 평등은 일차적으로 사회구성원 누구도 각 기능적 체계로부터 배제되지 않는 상황을 의미한다. 각 기능체계는 사회구성원들의 행위를 고유한 코드에 따라 편입시킬 뿐이지 사회구성원들에게 접근권을 선택적으로 부여하지는 않는다. 그러니까 과학체계에서는 지식의 진위가, 법체계에서는 행위의 합법성·불법성이, 그리고 경제체계에서는 어떤 가격에 따른 지불·미불이 문제될 뿐 그것이 누구의 지식인지, 누구의 행위인지, 누구의 돈인지는 원칙적으로 문제 되지 않는 것이다. "기능체계는 포함을, 즉 모든 사람의 접근을 정상적인 경우로 여긴다."[199]

루만에게 이런 평등은 각 기능체계에 도덕적 요구가 반영된 결과가 아니다. 그것은 다만 각 기능체계에서 사람들의 사회적 행위의 측면들 가운데 오직 그 체계의 고유한 코드에 관련된 측면들만이 문제 되고 다른 측면들은 무관한 것으로 취급되기 때문에 가능해진 것이다. 그러니까 만일 형식적 평등이 도덕적 요구처럼 보인다면, 그것은 도덕 자체의 성과가 아니라 사회의 기능적 분화가 도덕에 반영된 결과이다. 기능적으로 분화된 사회에서 도덕은 더 이상 사회 전체를 통제하는 원리를 제시할 수도 없고, 또 각 기능체계에 그것의 고유한 코드에 반하는 요구를 할 수도 없다.

"고유한 이원적 코드에 의해 확보된 기능체계들의 자율성은 도덕적
슈퍼코드에 의한 메타제어를 배제한다. 도덕 자신이 이 조건을 받아들여
재도덕화 한다. 이제 코드에 대한 태업이 도덕적 문제가 된다. (……)"[200]

평등을 이렇게 이해할 경우, 평등은 어떤 정치이념보다도 더 근본적인 의미를 갖는 원리가 된다. 어떤 정치이념도 현실성의 전망을 갖기 위해서는 기능적으로 분화된 사회의 조건에 어긋나지 않아야 할 터인데, 평등은 분화 자

---

199) N. Luhmann, *Die Gesellschaft der Gesellschaft*, Frankfurt: M., 1998 제2권, 844쪽 (장춘익 역, 2014, 964쪽).

200) 위의 책, 1043쪽(장춘익 역, 2014, 1194쪽). 코드에 대한 태업이 곧 가장 중요한 도덕적 문제가 된다는 것을 여실히 보여준 예는 황우석 사건이었을 것이다. 난자채취 과정과 관련된 문제 등 여러 가지 윤리적 문제가 제기되었지만, 역시 가장 결정적인 문제는 진·위 코드를 위반한 것이었다. 규범과 무관하게 재생산되는 사회영역들이 증가한다는 점에서, 그리하여 현대사회가 더 이상 도덕을 통해 통합되지 않는다는 점에서, 루만은 오늘날 윤리학의 중요한 과제는 역설적이게도 도덕의 적용영역을 제한하는 것이라고 말한다. N. Luhmann, *Paradigm lost: Über die ethische Reflexion der Moral*, Frankfurt: M., 1990, 40쪽부터 참고.

체와 같은 차원에 위치하기 때문이다. 평등을 이렇게 이해할 경우, 사회주의자뿐만 아니라 자유주의자마저도 평등의 원리로부터 출발하지 않을 수 없다. 근대적인 사회분화를 되돌리려 하지 않는 한 말이다.

형식적 평등을 정당화하는 문제와 관련해서 루만의 이런 접근방식은 하나의 뚜렷한 장점을 갖는다. 현대사회에서 형식적 평등에 대해선 일반적으로 직감적 동의가 이루어지는데, 그런 직감의 배경이 되는 사회적 조건을 분명히 하고 있다는 점이다. 만일 그 직감이 기능적 사회분화의 조건 아래서 형성된 것이라면, 그리고 기능적 사회분화가 돌이킬 수 없는 것이라면,[201] 형식적 평등의 요구는 취소될 수 없는 것이 된다. 형식적 평등을 약한 평등이라고 할 때, 루만의 사회이론은 이 **약한** 평등에 대한 가장 **강한** 정당화가 되는 셈이다.

이렇게 평등에 근본적인 위상을 부여하면서도, 루만은 적극적인 평등주의에 대해서는 확고하게 반대 입장을 표명한다. 루만은 자신의 이런 입장 역시 사회이론에 의해 뒷받침될 수 있다고 생각하는데, 무엇보다도 두 가지 이유가 중요하다.

첫째, 루만이 보기에 사회는 더 이상 쌍방 간의 도덕적·사회적 책무를 기초로 하는 상호성을 구조원리로 갖지 않는다. 그가 보기에 근대사회와 함께 이룩된 사회적 진화는 오히려 상호성으로부터 독립적인 기능체계들이 등장하면서 가능해진 것이다.[202] 이제 근대사회에서 중요한 분배는 각 기능체계

---

201) "분화라는 원죄 자체는 결코 돌이킬 수 없다" N. Luhmann, *Die Wirtschaft der Gesellschaft*, Frankfurt: M., 1994, 344쪽.
202) 루만은 사회가 더 이상 상호성의 영역이 아니게 된 것을 유감스러워하지 않고 오히려 해방적 효과를 가져온 측면이 있는 것으로 이해한다. 경제체계가 상호성으로부터 독립적이게 됨으로써 참여자들의 사회적 위치에 의해 강하게 영향을 받게 되는 조건들로부터 벗어나게 되었고, 이것은 근대사회로의 진행을 촉진하였다는 것이다. 앞의 책 57쪽부터, 그리고 240쪽부터 참고.

에서 고유한 코드에 따라 이루어진다. 가령 물질적 재화의 경우 일차적으로 경제체계에서 분배가 이루어지는데, 경제체계는 오직 지불·미불이라는 코드에 따라 작동할 따름이고 지불·미불 사이의 선택은 가격을 지표로 해서 이루어진다. 개인들이 얼마나 지불하고 얼마나 지불받는지는 (그래서 그가 현재 가지고 있는 재화의 양이 얼마가 될지는) 각자가 가지고 있는 자원과 시장의 조건에 따라 다양할 것이고, 이에 따라 경제체계에서의 분배는 불평등한 분배로 귀결될 것이 분명하다. 하지만 상호성이 문제 되지 않기 때문에 불평등한 분배는 그 자체로 문제가 아니다. 그것은 진·위 코드에 따라 움직이는 과학체계에서 어떤 사람이 타당한 지식을 조금 더 많이 가지고 있고 다른 사람은 조금 더 적게 가지는 것이 문제가 아닌 것과 같다.

둘째, 체계 내 조직들의 작동방식 역시 평등과 거리가 멀다. 체계 내에서 형성되는 조직들은 구성원들과 비구성원들 사이를 분명하게 차별하고, 다시 조직구성원들 내에서는 성과나 책임과 같은 기준에 의해 대우에 차등을 둘 수 있다. 그러니까 경제체계 **앞**에서는 누구나 평등하지만, 원하는 기업에 누구나 들어갈 수 있는 것은 아니며, 또 그 기업 내에서 모두가 동일한 대우를 받는 것은 아니다. 체계의 복잡성이 커질수록 체계 내에서 조직들의 형성이 불가피하고 조직들의 작동방식은 어쩔 수 없이 사회 성원들 사이에 불평등한 처지를 야기한다.

루만이 보기에 평등은 결국 기능체계 **앞**에서만 성립한다. 그가 보기에 이런 체계 **앞**에서의 평등을 체계 **안**으로의 평등으로 확장하는 것은 분화된 사회에선 불가능하다. 하지만 이런 결과는 체계가 스스로의 작동방식을 수정할 이유가 되지는 않는다. 그럼에도 불구하고 체계 내에서 평등의 요구가 제기된다면, 그것은 체계에 기능적 장애요소가 될 따름이다. 체계 **앞**에서의 평등이 불가피하게 체계 **안**에서의 불평등으로 이어지는 역설적 상황을 루만은 다음과 같이 표현한다.

"평등의 개념은 출신에 기인한 불평등을 중립화시켜서, 기능에 기인한 불평등이 (처음에는 우선 소유의 불평등이, 그리고 오늘날에는 오히려 조직 내에서의 위치의 불평등이) 발전할 수 있는 가능성을 제공한다."[203]

4. 정치적 평등과 실질적 평등: 강한 평등의 약한 옹호

그런데 실질적 평등의 요구는 루만이 생각하는 것처럼 단지 사회에 대한 잘못된 인식에 기인한 과잉도덕에 불과할까? 만일 실질적 평등에 대한 요구가 '사회의 상황'을 곧 '평등의 상황'으로 보는 '평등의 가설'에 기초한다면, 그러니까 사회의 **모든** 영역에서 평등이 기준점이고 불평등은 구성원들의 동의에 의한 경우만 허용되어야 한다는 것을 의미한다면, 루만의 진단은 틀리지 않아 보인다. 그러나 (더 이상 사회 전체가 상호성의 원리에 따라 조직되지는 않는다 하더라도) 여전히 사회의 중요한 영역이 상호성을 원리로 하여 재생산되고 있다면, 그리고 그것도 단지 사회분화가 덜 진행되어서가 아니라 사회분화의 또 한 측면이라면, 적어도 제한적으로는 '평등의 상황'이 성립할 수 있을 것이다. 사회가 기능체계들로만 분화되는 것이 아니라 체계와 생활세계로 분화된다는 하버마스의 2단계 사회이론[204]은 이런 방향의 사고에 좋

---

203) Luhmann, *Die Gesellschaft der Gesellschaft*, 제2권, 1026쪽부터(장춘익 역, 2014, 1175쪽).
204) 하버마스의 2단계 사회이론은 하버마스, 장춘익 역, 『의사소통행위이론』 제2권, 나남,

은 지지점을 제공해준다.

하버마스에게 의사소통적 합리성을 바탕으로 재생산되는 생활세계는 단순히 기능체계들이 독립하고 남은 잔여부분이 아니다. 오히려 비언어적 매체들을 통해 재생산되는 기능체계들은 생활세계가 증가하는 복잡성 앞에서 스스로의 조정부담을 덜기 위해 반드시 언어적 의사소통을 통해 조정될 필요가 없는 행위영역들을 독립시킨 결과이다. 그러니까 비언어적 매체들을 통해 재생산되는 기능체계들의 맞은편에서는 더욱 언어적 의사소통의 논리에 충실한 생활세계가 성립하는 것이다.

이런 하버마스의 사회이론과 루만의 사회이론의 차이는 특히 정치영역과 관련해서 두드러진다. 루만에게 정치체계는 고유한 코드에 따라 움직이는 자기생산적 체계들 가운데 하나일 따름이다. 이에 반해 하버마스에게 정치영역은 한편으로 생활세계와, 그리고 다른 한편으로 기능체계들과 맞닿아 있으면서 독특한 방식의 교환을 한다. 정치는 생활세계로부터는 정당성이라는 자원을 조달하며, 다른 체계들에 대해서는 입법이라는 수단을 통해 규제를 행한다. 물론 생활세계로부터 정치로, 그리고 다시 정치로부터 다른 체계들로의 일방적인 영향관계만 성립한다는 것은 아니다. 정치체계는 한편으로 다른 체계들의 성과에 의존하며 다른 한편으로 권력이라는 매체를 통해 생활세계에 간섭한다.[205] 이런 하버마스의 사회이론을 받아들이자면, 실질적 평등에 대한 요구가 제기되고 어떤 효과를 낼 수 있는 것은 정치영역에서이다. 이 점을 좀 더 구체적으로 이해하기 위해서는 한편으로 정치적 평등과 생활세계가 갖

2006, 245, 475쪽 참고. 또 장춘익, 「하버마스의 근대성이론-진보적 실천의 가능성과 한계에 대한 모색」, 장춘익 외, 『하버마스의 사상』, 나남, 1996 참고. (이 책의 1권 3장)
205) 체계와 생활세계 사이의 교환관계에 대해서는 『의사소통행위이론』 제2권, 495쪽부터 참고.

는 동적 관계를, 그리고 다른 한편으로 정치적 규제력의 제한적 성격을 동시에 인식해야 한다.

우선 정치적 평등에 기초한 집합적 결정은 한편으로 생활세계의 논리에 완전히 열려 있다. 자유롭고 평등한 시민들은 합의에 기초하는 한 어떠한 결정도 내릴 수 있다.[206] 만일 생활세계에서 실질적 평등에 대한 요구가 충분히 강하고 이것이 여론형성과정과 집합적 의사결정과정을 거쳐서 공동체의 정치적 결정으로 확정된다면, 정치공동체는 아주 강한 실질적 평등을 정치적 목표로 설정할 수 있다. 이때 정치적 평등은 정치공동체의 결정이 단순히 생활세계의 현실적 구도를 그대로 반영하는 데에 그치지 않는다. 실제의 생활세계는 심하게 왜곡되어 있고 자유롭고 평등한 시민으로 서로를 대할 수 있는 기반을 결여하고 있을 수 있는데, 이럴 경우 정치적 평등은 시민들의 기본권을 확립하여 생활세계가 최소한의 건강성을 갖도록 하는 과제를 갖는다. 이렇게 정치적 평등과 생활세계가 갖는 동적인 관계에 주목하게 되면, 실질적 평등은 두 가지 의미를 가질 수 있을 것이다. 하나는 집합적 결정의 **결과**로서의 실질적 평등이다. 정치공동체는, 정치적으로 사용을 결정할 수 있는 자원의 범위에서, 좀 더 평등한 삶의 실현을 위한 집합적 결정을 내릴 수 있다. 다른 하나는 정치적 평등의 **조건**으로서의 실질적 평등이다. 이것은 시민으로서의 평등한 지위가 단순히 명목상의 규정에 그치지 않도록 만드는 평등이다.

실질적 평등이 정치적 평등의 조건과 결과로 성립한다고 해서 정치적 평등의 수준과 실질적 평등의 수준이 비례한다는 이야기는 전혀 아니다. 정치

---

206) 민주주의가 이런 역학을 가질 수 있다는 점 때문에 자유주의자들 가운데는 민주주의를 경계한 사람이 많았다. 대표적인 인물은 하이에크를 들 수 있겠다. F. A. v. 하이에크, 민경국 역, 『자본주의냐 사회주의냐』, 문예출판사, 1990, 135쪽부터.

적 평등이 그 자체로 실질적 평등을 촉진하는 것은 정치적 평등의 **조건**으로 서 성립하는 수준의 실질적 평등이다. 정치적 평등의 **결과**로서 성립하는 평 등은 정치적 평등 그 자체로부터 유발된 것이 아니라 생활세계로부터 오는 평등요구가 집합적 결정의 형태로 변모된 것이다. 결국 얼마나 높은 수준의 실질적 평등이 정책적 목표가 될 것인지는, 정치적 평등이 보장된 상태에서 생활세계에서 평등의 윤리가 얼마나 강한가에 달려 있다고 하겠다.[207]

자유롭고 평등한 시민들은 합의만 하면 원칙적으로 어떤 집합적 결정도 내릴 수 있지만, 결정의 실행가능성은 별개의 문제이다. 한편의 사람들은 실 질적 평등에 대한 강한 합의가 이루어질 수 있고 또한 이를 실행할 수 있다고 생각한다.[208] 그 반대편에 선 사람들은 그런 합의 자체가 부당하며 또한 그런 합의가 심각한 부작용 없이 실행될 수도 없을 것으로 본다.[209] 하버마스 식의 사회분화이론을 받아들일 경우 실질적 평등에 대한 강한 합의는 가능하지만 실행가능성은 제한적이라는 결론에 이르게 된다. 정치공동체는, 설령 최대한 의 실질적 평등을 추구하는 집합적 결정을 내린다 할지라도, 정치적으로 사 용할 수 있는 자원에 의존할 수밖에 없기 때문이다.

정치적으로 사용할 수 있는 자원은 대략 다음의 네 가지로 생각할 수 있

---

207) 정치적·시민적 자유들의 평등이 그 자체로 경제적 평등을 가져오지 않을 수 있으며 다 양한 수준의 경제적 불평등과 양립할 수 있다는 주장으로는 주동률,「롤즈와 평등주의: 경제 적 혜택의 분배에 관한 철학적 논의의 한 사례」,『인문논총』(서울대학교 인문학연구원) 53집, 2005, 121쪽부터 참고. 나는 평등주의에 관한 지식의 상당 부분을 주동률 교수에게 빚지고 있다.

208) 가령 캘리니코스(A. Callinicos)는 소련의 사회주의체제 붕괴 이후에도 여전히 평등주 의적 정의가 오직 자본주의에 반대함으로써만 성취될 수 있다고 보는데, 자본주의에 대한 매 력적인 사회 경제적 대안이 존재한다고 믿는 사람이 거의 없는 현재의 분위기가 조만간 사라 져버릴 것이라고 예언한다. A. 캘리니코스, 선우현 역,『평등』, 울력, 2006, 194쪽부터.

209) 이 입장 가운데 지속적인 영향을 미치고 있는 하이에크(F. A. v. Hayek)는 분배적 정 의나 (법적 평등을 넘어선) 기회평등조차도 자유의 이상과 맞지 않으며 그것들의 추구는 권 위주의적 사회로 귀결될 뿐이라고 말한다. 하이에크, 1990, 130쪽부터.

을 것 같다. 첫째, 역사적으로 전승된 공동체의 자원이든 새로 발견된 자연 자원이든, **이미** 정치공동체에 속한 자원이다. 정치공동체는 구성원들의 합의에 따라 이 자원을 불평등을 시정하기 위하여 분배할 수 있을 것이다. 만일 그 자원의 규모가 크고 쉽게 고갈되지 않는 성질의 것이라면, 정치공동체는 ─ 물론 실질적 평등에 대한 요구가 정치적 의사결정과정에 충분히 반영된다는 조건에서 ─ 불평등을 시정하기에 아주 유리한 상황에 있다고 할 수 있다.[210] 둘째, 이미 정치공동체에 속한 공동자원에 의존할 수 없을 경우, 정치적 공동체는 먼저 시민들의 자산과 소득으로부터 공동의 자원을 마련해야 한다. 이는 조세제도를 활용한 소득재분배 정책 같은 것이 된다. 셋째, 정치영역이 갖는 법적 규제수단을 통해 경제체계의 외부조건을 변화시킴으로써 불평등효과를 완화시키는 것이다. 가령 근로시간이나 최저임금제, 건강과 안전에 관한 규제, 법정 보험제도, 사회적 약자를 고용하는 산업에 대한 세제혜택 등을 들 수 있을 것이다. 넷째, 정책수단을 통해 시민들이 더 높은 소득을 올릴 수 있는 직업적 능력을 갖도록 돕는 것이다. 무상교육기회의 제공, 공적기금에 의한 직업훈련 같은 것 등이 이에 해당된다고 할 수 있다.

여기서 중요한 점은 정치공동체가 적극적으로 불평등을 시정하기 위해 노력하는 것이 형식적 평등과 배치되는 것은 아니라는 사실이다. 더 정확히 말하자면, 형식적 평등은 실질적 평등에 대해 (정치적 결정이 사회전체가 아니라 제한된 영역에서만 이루어질 수 있다는 점에서) 한계를 설정하면서 동시에 (정치적 결정은 오직 정치의 고유한 논리에 따르면 된다는 점에서) 가능성을 제공한다. 그러니까 정치적 결정이 오직 정치공동체의 자유로운 합의에

---

210) 그래서 불평등을 급속하게 해소하려는 의지는 종종 (급격한 변혁의 수단을 사용해서라도) 대규모의 공동자원을 만들고자 하는 의지로 표명된다. 현재 베네수엘라 정부가 석유자원을 국유화해서 이를 바탕으로 평등정책을 펼치는 것은 이런 사례라고 하겠다.

만 의존하기에, 경우에 따라 평등은 정책의 최우선 목표가 될 수 있다. 정치적 결정에 따라 사용할 수 있는 공동의 자원이 있는 한, 그리고 그 자원을 불평등을 시정하기 위하여 사용하기로 결정하는 한, 그 결정은 다른 기능체계의 관점을 고려할 필요가 없다. 다만 정치적으로 사용될 수 있는 공동의 자원이 성립해야 하는데, 스스로 경제활동을 하지 않는 정치공동체는 경제체계와 적절히 결합되어야 한다. 여기서 적절한 선이란 재분배를 위한 자원의 유입이 지속적으로 감소되지 않는 수준의 관여를 말한다. 그러니까 가령 경제영역에서 일어나는 분배가 정치적 결정에 따라 행해지는 재분배로 인하여 의미를 상실하게 된다든가 또는 역전되어서는 안 된다. 그렇다고 해서 경제활동의 결과를 어떤 식으로든 수정하는 것이 모두 정당화될 수 없는 것은 아니다. 재분배가 정치적 결정에 따라 이루어지는 한, 그리고 공동의 자원을 가지고 행해지는 한, 그것은 원칙적으로 경제의 문제가 아니기 때문이다.

5. 사회통합의 한 변수로서의 평등

이렇게 실질적 평등을 정치적 평등의 조건과 결과로 볼 경우, 어떤 수준의 평등이 정당화될 수 있을까? 원칙적으로 이 물음에 대한 답은 정치공동체의 의사결정과정을 통해서만 내려질 수 있다. 한편으로 기본적 권리들의 '공정한 가치'가 발휘되기 위한 사회적, 물질적 조건이 어떤 것인지, 그리고 다른한편 각 기능체계를 통해서 이루어진 분배를 어떤 식으로 조정할 것인지는 오직 정치공동체 구성원들의 공개적 논의와 협상을 통해서만 결정될 수 있기 때문이다. 그런데 바로 이 조건으로부터, 그러니까 정당화될 수 있는 실질적 평등의 수준이 정치공동체 구성원들의 결정사항이라는 조건으로부터, 적절한 평등의 수준에 대해 고찰해볼 수 있는 한 관점을 얻을 수 있다.

적절한 평등의 수준이 오직 정치공동체 구성원들의 결정사항이라면, 평등은 사회통합의 문제가 된다고 할 수 있다. 사회통합은 정치공동체 구성원들이 집합적 구속력을 갖는 결정에서 소외되지 않고 그 결정을 자신들이 따를 책무를 지닌 것으로 이해할 때 성공적이기 때문이다. 이렇게 평등을 사회통합 문제 내에 위치시키면 실질적 평등은 성공적인 사회통합이 이루어지는 데에 필요한 만큼 이루어져야 한다고 말할 수 있다. 평등을 이렇게 사회통합의 문제로 볼 경우 평등주의와 관련하여 몇 가지 중요한 결론을 얻을 수 있다.

첫째, 사회통합에 영향을 미치는 변수는 평등의 문제만이 아니다. 실질적 평등의 요구는 사회통합의 방향에 영향을 미치는 중요한 변수 가운데 하나일 따름이며, 다른 변수들에 대하여 어떤 우선성을 갖는다고 미리부터 단정할 수도 없다. 평등은 사회통합의 효과를 최대화하는 관점에서 더 강화되거나 혹은 약화되는 방식으로 다른 가치들과 조정되어야 한다. 평등의 문제가 어떤 비중을 차지할지는 오직 평등을 지향하는 공동체 구성원들의 윤리가 얼마나 강한지, 내지는 평등을 지지하는 논거가 다른 논거들에 비해 얼마나 더 큰 비중을 갖는지에 달려 있을 따름이다.

둘째, 삶의 모든 측면에서 평등이 문제 되는 것도 아니며, 또 평등이 문제 되는 삶의 측면들의 경우에도 모두 같은 정도의 평등이 문제 되는 것은 아니다. 사회통합에 필요한 측면에서만, 그리고 사회통합을 위해 중요한 정도만큼만 평등이 문제 된다. 그러니까 의료, 교육, 소득 같은 측면에서는 평등이 필요하지만 취향이나 스포츠 능력에서는 평등이 필요하지는 않으며, 의료, 교육, 소득에서도 같은 정도의 평등이 이루어져야 하는 것은 아니다. 의료, 교육, 소득 세 영역에서 모두 동등한 수준의 평등이 이루어지는 것보다는, 차등적으로 (소득보다는 교육, 교육보다는 의료에서 더) 평등이 이루어지는 것이

사회통합을 위해 나을 수 있다.[211]

셋째, 정의(justice)보다는 연대(solidarity)에, 과거보다는 현재에 더 비중이 주어진다. 사회통합에서 보다 중요한 것은 정의의 관점에서 사회구성원들이 받아야 할 몫을 부여하는 것이 아니라 사회구성원들이 자신들을 다른 사람들과 동등한 사회성원으로 여길 수 있게 만드는 것이다. 엄밀하게 말하자면 정의의 관점에서는 어떤 사람이 현재 유리한 처지에 있는지 불리한 처지에 있는지는 그 자체가 중요한 것이 아니라 그의 처지가 그의 책임에 기인하는지 내지는 그의 응분에 해당하는지만이 문제가 된다. 그래서 정의의 관점에서는 현재 유리한 처지에 있는 사람에게 더 주어야 하는 경우가 발생할 수도 있다. 이에 반해 연대의 관점에서는 현재 불리한 위치에 있는 사람이 항상 우선적 고려의 대상이 된다. 이것이 물론 불리한 위치에 있는 사람이 무조건 우대된다는 것은 아니다. 설령 어떤 사람의 불리한 처지가 전적으로 그의 자율적 선택에 기인한 경우라도, 여전히 구제, 교육, 치료 등의 수단을 통해 그를 동등한 사회성원으로 만들기 위한 노력이 계속된다는 것이다. 같은 맥락에서 사회통합의 관점에서는 어떤 사람의 과거의 처지보다는 현재의 처지가 중요한 고려의 대상이 된다. 가령 어떤 사람이 (그의 책임으로 돌릴 수 없는 불행한 과거를 가졌고 정의의 관점에서는 이에 대해 보상을 받아야 마땅할지라도) 현재 사회성원으로서 능력과 자긍심을 가지고 있다면 사회통합의 측

---

211) 이것은 사회적 재화(social goods)마다 그것의 고유한 의미에 따라 분배의 기준이 다르며 한 사회적 재화의 소유자가 그것을 소유했다는 이유만으로 다른 사회적 재화를 의미에 상관없이 소유할 수 있게 해서는 안 된다는 월저의 다원적 평등론(complex equality)과 비슷해 보인다. 하지만 월저는 한 사회적 재화의 소유가 다른 사회적 재화의 소유와 관련하여 지배(dominance)관계에 있으면 안 된다는 점만을 강조할 뿐 각 사회적 재화의 소유방식들 사이에 어떤 성격의 균형이 있어야 하는지는 말하지 않는다. 나는 사회통합이 그 균형점일 것이라고 생각한다. M. Walzer, *Spheres of Justice*, New York: Basic Books, 1983, 20쪽부터(정원섭 역, 『정의와 다원적 평등』, 철학과현실사, 1999, 57쪽) 참고.

면에서는 (과거에 좋은 처지에 있었으나) 현재 불행한 처지에 있는 사람보다 덜 중요한 고려의 대상이 된다.

넷째, 분배보다는 재분배에, 그리고 응분보다는 역량부여(empowering)에 더 비중을 둔다. 사회통합을 정치의 중요한 과제로 삼을 때 보통은 정치공동체가 각 체계 내에서 이루어지는 1차 분배와 관련해서는 아주 제한적인 조절능력만 가지고 있다고 전제된다. 그래서 정치공동체는 각 체계 내에서 이루어지는 분배**과정**에 직접 개입하기보다는 분배 **이후**와 분배 **이전**에 개입함으로써 사회통합을 추구한다. 한편으로 1차 분배의 결과가 동등한 사회구성원으로서의 지위를 위협할 경우 공동의 자원을 바탕으로 이런 결과를 시정하며, 다른 한편으로 사회구성원들이 1차 분배과정에서 어느 수준 이상의 몫을 받을 수 있는 능력을 갖도록 돕는 것이다.

다시 앞의 물음으로 돌아가보자. 사회분화이론을 받아들이고 평등을 사회통합의 한 변수로 볼 경우 어떤 수준의 평등이 정당화되고 현실화될 수 있을까? 우선 분화된 사회의 조건에 맞지 않게 정치공동체에 과도한 사회조절능력을 부여하는 평등주의는 설득력을 갖기 어렵다. 경제체계에 관련하여 전적인 조절은 물론이고 심지어 "최소수혜자에게 최대의 혜택이 가도록" 하는 정도의 조절이 가능할지도 의심스럽다. "최소수혜자의 최대혜택"은 지불·미불이라는 코드에 따라 움직이는 경제체계가 알아들을 수 있는 언어도 아니고 따라야 하는 논리도 아니기 때문이다.[212]

---

212) 이것은 경제체계에 대한 어떤 정치적 규제도 불가능하다는 것은 아니다. 정치적 의지에 따라서는 상당히 강력한 규제도 가능하다. 다만 규제는 언제나 경제가 외부조건으로 처리할 수 있는 성질의 것이어야 한다. 일반적 금지(가령 어린이 노동 금지, 고용차별 금지, 법정 노동시간, 최저임금 등)라든가 사전에 비용으로 계산될 수 있는 조치(환경기준, 영업세 등)는 그러한 성질의 규제다. 반면에 예를 들어 정부가 기업 내 직급에 따른 급여수준을 조정하는 방식의 규제 같은 것은 할 수 없다. 나는 정확히 최소수혜자에게 최대혜택이 돌아가게 하는 방식의 **분배**가 구체적으로 어떤 직접적 조정이나 규제를 통해 나올 수 있을지 알지 못

"자기책임에 기인하지 않은 불이익(involuntary disadvantage)"[213]을 보전(補塡)하고자 하는 이른바 운수평등주의(luck-egalitarianism)의 강한 형태도 정당화되고 현실화될 수 있는 가능성은 높지 않다. 이 입장은 정치공동체의 과도한 조절능력을 전제할 뿐 아니라 개연성이 적은 사회심리학적 가설 위에서 움직이는 경향이 있기 때문이다. 무엇보다도 나는 불리한 처지에 있는 사람들이 자신들의 불운에 의한 불이익이 모두 보전되어야 한다고 요구한다든가 또는 (불운을 다 방지할 수 없는 것이라면) 모든 사람이 같은 정도로 불운에 의해 영향을 받아야 한다고 주장할 것이라고 생각하지 않는다. 나는 운수평등주의마저도 사회적 삶을 암묵적으로 일종의 게임처럼 생각하는 것이 아닌가 하는 의심을 하고 있다. 게임에서라면 선수들 모두가 자기책임에 기인하지 않은 불이익을 받아서는 안 된다고 주장할 것이다. 그러나 사회적 삶에서 사람들은, 사회 전반에 걸쳐 다소간의 연대의식과 사회적 신뢰가 성립되어 있다면, 남보다 불운에 의한 불이익을 어느 정도 더 입었어도 그것을 자신의 인생에 문제없이 편입시킬 수 있다. 운수평등주의는 유리한 처지에 있는 사람들이 가져준다면 사회적으로 좋은 일이지만, 사회통합을 위해 필요한 것은 아니다. 만일 이런 추측이 맞는다면 사회통합에 필요한 수준의 평등은 분명 운수평등주의가 주장하는 것보다 낮은 수준에서 성립할 것이

한다. 가령 최저임금수준을 올리는 것이 단기적으로나 장기적으로나 최소수혜자의 최대혜택으로 귀결될 것이라는 보장은 전혀 없다. 내가 보기에 좀 더 전망이 있어 보이는 길은 경제에 대한 일반적 규제를 통하여 시민들을 일차적으로 보호하고, 세금 등을 통하여 확보한 공동의 자원을 **재분배함**으로써 불리한 위치에 있는 사람의 처지를 개선하는 방식이다. 공동의 자원을 배분할 때 최소극대화의 원칙을 적용하는 것은 설득력이 없지 않을 텐데, 그러나 그 설득력은 평등의 원칙이나 또는 공동의 자원을 불리한 처지에 있는 자에게 우선적으로 배분해야 한다는 당위성 자체로부터 나오는 것이지 처지가 나은 자에게 능력을 발휘하도록 인센티브를 제공할 수 있다는 것과는 거의 상관이 없다.

213) G. A. Cohen, "On the Currency of Egalitarianism", *Ethics 99*, 1989, 916쪽.

다.[214)]

내 생각으로는 운수평등주의의 약간 약한 형태, 특히 로머(J. E. Roemer)
의 입장 정도가 가장 설득력을 가질 것으로 보인다. 로머는 두 가지 기회평
등 개념, 즉 불리한 위치에 있는 사회구성원들을 적극적으로 우대하는 등 실
질적으로 성취기회를 동등하게 하는(levelling-the-playing-field) 평등기
회 정책과 차별금지(nondiscrimination) 원칙을 구별하고 이 두 기회평등
개념의 적용 **영역**을 달리하고자 한다. 그에 의하면 평등기회정책은 직업이나
사회적 위치를 놓고 경쟁할 수 있는 **능력**을 획득하는 문제에 적용되는 반면,
특정한 위치를 놓고 경쟁할 때는 차별금지의 원칙이 적용된다.[215)] 로머 역시,
대부분의 자유주의자들이 그러하듯이, 자기책임에 기인한 불이익을 수정할
수 있는 가능성은 고려하지 않는다. 하지만 사회통합의 관점에서 보자면 사
회구성원들이 자신의 선택에 의해 불리한 처지에 처한 경우에도 도움과 지원
의 대상이 될 수 있다. 이 점을 보완한다면 로머의 견해는 매우 설득력 있는
형태의 평등주의로 보인다.

로머는 자신의 이런 입장을 선진산업사회 시민들의 의식과 사회복지 함수

---

214) 마르코비치(D. Markovits)는 적극적 행위자(agents)로서의 평등과 수동적 행위자
(patients)로서의 평등이 일치할 수 없다고 말한다. 수동적 행위자들 사이의 평등을 위해서
는 누구도 자기 책임이 아닌 불운에 의해 더 불이익을 보아서는 안 되지만, 적극적 행위자들
은 (드워킨의 제안대로 불운에 대비한 보험을 든다고 하더라도) 그렇게 높은 수준으로 불운
에 대비하지는 않으려 할 것이라는 것이다. 만일 행위가 이루어진 후에 행운의 덕을 더 본 사
람이 불운을 겪은 사람을 위해 (그들을 수동적 행위자라고 보았을 때 성립하는 수준의 평등
을 실현하도록) 희생을 하라고 한다면, 이는 적극적 행위자들로서의 평등과 충돌한다. 결국
둘 중 하나의 평등을 택해야 하는데, 마르코비치 자신은 사회구성원들을 적극적 행위자로 보
았을 때의 평등을 지지하며 코헨의 강한 운수평등주의는 사회구성원들을 수동적 행위자로
보는 평등주의 쪽이라고 한다. D. Markovits, "How Much Redistribution Should There
Be?", *The Yale Law Journal Vol.112*, 2003, 2291-2330쪽.
215) J. E. Roemer, *Equality of Opportunity*, Cambridge/Mass. 1998, 86쪽부터, 그리고
112쪽.

에 의지해서 정당화하고 있다.[216] 하지만 그의 입장은 사회분화이론에 의해 더 잘 뒷받침될 수 있다. 한편으로 정치공동체는 공동의 자원에 한에서는 구성원들의 합의에 따라 사용할 수 있고, 그런 한에서 평등기회정책은 생활세계로부터 오는 요구에 대한 적절한 대응방식일 수 있다. 다른 한편으로 생활세계의 요구가 정치공동체를 넘어 다른 체계 내부에서 이루어지는 분배방식에까지 영향을 미칠 수는 없고, 반대로 체계들은 자신들의 고유한 코드에 따른 재생산 외에 다른 방식으로 생활세계에 영향을 미쳐서는 안 된다. 그래서 차별금지는 생활세계와 체계들 사이의 적절한 교환방식이다.

6. 평등의 미래

오늘날 평등주의의 입지를 어렵게 만드는 가장 중요한 이유로 흔히 세계화가 거론된다. 좀 더 정확히 말하자면 세계 차원에서 단일체계로 형성되어가는 경제와 여전히 민족적, 국지적 성격을 벗어나지 못한 정치 사이의 괴리가 경제를 규제할 여지를 축소시키고, 따라서 적극적인 평등정책을 펼치기위해 필요한 공동자원을 조달하기 어렵게 만든다는 것이다. 정치가 경제를제어할 수 있는 수단이 줄어들었다는 것은 사실이다. 국가가 자본의 (세후) 이익률이나 교역상품의 상대적 가격을 통제하기 어렵게 되었기 때문이다. 하지만 여러 국가들의 재분배 정책에 대한 경험적 연구들은 세계화가 국가적

---

216) "상대적으로 무능한 사람들이 어떤 지위를 차지함으로써 발생하는 사회적 비용이, 그 사람들이 그 자리를 차지함으로써 얻게 되는 이익보다 크다. 그리고 불리한 위치에 있는 사람들이 교육과 훈련을 받음으로써 발생하는 궁극적인 사회적 이익이 그런 우대정책으로 인해 놓친 기회들의 직접적인 사회적 비용보다 크다." Roemer, 위의 책, 89쪽.

차원의 재분배 정책에 미칠 것이라고 말해진 부정적 영향이 대부분 과장된 것이라는 사실을 보여준다.[217] 사회적 규범과 유권자들의 의식에 따라[218] 혹은 정책의 선택에 따라[219] 개방된 경제에서도 평등주의적 재분배가 성공할 수 있는 가능성은 열려 있다.

한편 세계화 경향을 한 국가 내에서의 평등문제와 관련해서만이 아니라 세계 차원에서의 평등과 관련해서도 고려해야 할 것이다. 세계 차원에서 볼 때는 선진국가들이 종래 수준의 복지제도를 유지할 수 있을지가 평등주의의 가장 중요한 문제가 될 수 없다. 세계 차원에서는 가장 약한 수준의 평등도 아주 먼 현실이기 때문이다. 이제 인류의 극심하게 다른 삶의 처지를 세계 차원에서 일종의 약한 사회통합이 이루어질 수 있을 정도로, 또는 존중의 평등 내지 도덕적 평등에 부합할 수 있는 정도로 균등하게 만드는 것이 세계사회의 과제다. 개방경제가 이런 과제의 실현에 유리하게 작용할지 혹은 불리하게 작용할지는 아직 불확실하다. 어쩌면 세계화는 선진국에서 불평등을 약간 확대시키는 대신 세계 차원에서는 불평등의 축소로 나아갈 수도 있다. 선진국가들이 자유로운 자본이동으로부터 이득은 취하면서 노동의 자유로운 이동은 막는다든가 혹은 후진국이 비교우위를 가지고 있는 산업에 대해서 여전히 보호무역장치를 작동시키는 방식으로 자신들의 복지수준을 유지하려 하지 않는다면 말이다. 세계화의 경향을 때로 이용하고 때로 그에 맞서가면서

---

217) Pranab Bardahn, "Globalization, Inequality, and Poverty"(2006년 6월 19일 Inter-American Development Bank본부에서 'Trade and Poverty in Latin America and the Caribbean'이라는 제목으로 열린 워크숍에서 발표된 논문)

218) Anthony B. Atkinson, "Is Rising Inequality inevitable? A Critique of the Transatlantic Consensus", The United Nations University Wider Annual Lecture 3, 1999 Nov.

219) Samuel Bowls, "Globalization and Redistribution: Feasible egalitarianism in a competitive world", http://www-unix.oit.umass.edu/~bowls 2000.

세계차원에서 최소 수준의 평등이라도 실현될 수 있도록 하는 것이 앞으로 평등주의의 가장 중요한 과제가 될 것이다.

17장 공동체와 커뮤니케이션
그 역설적 관계에 관하여

"으뜸가는 나라(prōtē polis)와 나라 체제(정체: politeia) 그리고 최선의 법률은 (……) 친구들의 것들은 정말로 공동의 것이라고 하는 것입니다."[220]

"마음껏 가정하는 것은 허용되지만 불가능한 것을 가정해서는 안 된다."[221]

"국가를 조직한다는 것이 아무리 어렵다고 하더라도, 악마의 종족에서조차 (……) 가능할 수 있다."[222]

1. 공동체의 가능성과 불가능성의 근거로서의 커뮤니케이션

사회이론에서 공동체 개념은, 퇴니스(Ferdinand Tönnies)로 소급되는 흐름에서 생각해보자면, 근대사회의 특징을 부각시키기 위한 대비 개념으

---

220) 플라톤, 박종현 역, 『법률』, 서광사, 2009, 377-378쪽.
221) 아리스토텔레스, 천병희 역, 『정치학』, 도서출판 숲, 2009, 83쪽.
222) 칸트, 이한구 역, 『영원한 평화를 위하여』, 서광사, 1992, 51쪽.

로 도입되었다. '공동사회' 대 '이익사회'라는 대비에는 ─ '전근대' 대 '근대'의 대비에는 없는, 그리고 '전통'과 '근대'의 대비에서보다는 뚜렷하게 ─ 어떤 양가적 태도가 눈에 띈다. 공동체적 질서가 위축되거나 손상되는 것에 대한 아쉬움과 근대사회에서 공동체적 질서가 유지되기 어렵다는 인식이 함께 있는 것이다. 이런 양가적 태도는 막스 베버의 사회합리화 이론으로까지 이어져, 근대사회를 합리성의 구현으로 보면서도 동시에 의미상실과 동기 상실이라는 문제에 봉착하는 것으로 여기게 된다.[223] 다른 한편 급진적 사회비판과 실천에서 공동체 이상은 명시적으로든 암묵적으로든 가장 중요한 ─ 어쩌면 유일한 ─ 준거점 역할을 해왔다. 유토피아적 사회주의를 비판하면서 '과학적' 공산주의를 주장한 마르크스도 막상 '생산자들의 자유로운 연합'을 최상위 사회조직 원리로 내세우는 것 외에 다른 대안을 알지 못했고, 근래의 코뮤니즘 내지 코뮨주의 역시 ─ 물론 전통적 공동체는 아니지만 ─ 어떤 공동체 이상을 추구하고 있다.[224]

나는 공동체 개념이 근대사회를 파악할 때 좋은 출발점이라고 생각하지도 않으며, 더욱이 공동체가 ─ 아무리 그 자체가 보편적 윤리에 따라 변화하더라도 ─ 근대사회의 대안이 될 수 있을 것이라고는 생각하지 않는다. 오히려 역으로, 근대사회에 대한 보다 정확한 파악으로부터 공동체 개념을 새롭게 구상하고 그것이 근대사회에서 어떻게 배치될 수 있을지 실험적으로 접근하는 것이 더 유망한 길이라고 생각한다. 내가 제안하는 것은 사회 개념을, 그러니까 공동체 개념과 근대사회 개념 모두를, 커뮤니케이션 개념과 관련지

---

223) 베버의 사회학에 대한 이런 평가로는 하버마스, 장춘익 역, 『의사소통행위이론』 1, 나남, 2006, 371쪽 이하 참고.

224) 이 글에서 나는 코뮨주의의 사례를 편의상 인물로는 네그리·하트에 한정해서, 그리고 텍스트로는 그들의 저술 가운데 『공통체』, 정남영·윤영광 역, 사월의책, 2014에 한정해서 고려할 것이다.

어 고찰하자는 것이다. 사회적 연관이란 곧 커뮤니케이션 연관과 같은 것이라면(그것이 아니라면 무엇이란 말인가?), 즉 모든 사회적 연관들이 커뮤니케이션을 통해 (재)생산된다면, 커뮤니케이션의 어떤 구조와 동학이 우리가 '공동체'라고 부르는 사회적 연관을 가능하게 하며 또한 어떤 지점에서는 더이상 (거의) 불가능하게 하는지를 물어볼 수 있을 것이다. 나는 커뮤니케이션 문제로부터 접근하면 근대사회에서 공동체가 겪는 여러 역설적 상황을 보다 정확히 파악할 수 있을 것이라고, 그리고 그런 역설을 해소하는 방향으로 공동체 개념을 다시 구상할 수 있는 길도 모색해볼 수 있을 것이라고 생각한다. 또 공동체를 출발점이자 목표로 삼는 정치적 실천에 관해서도 어떤 함의를 얻을 수 있을 것이라고 생각한다.

2. 구두 커뮤니케이션들의 연관으로서의 공동체

공동체가 커뮤니케이션들의 연관이라는 데서부터 출발해보자. 근래에 공동체 개념을 (다시) 존재론적으로 정초하려는 입장들이 있음을 감안하면,[225] 이렇게 출발하는 것은 하나의 임의적인 이론적 결정이라고 할 수 있을지 모른다. 하지만 나는 사회이론적 관점에서는 이런 이론적 결정이 거의 불가피하다고 생각한다. 적어도 '사회적' 공동체라면 그렇다.[226] 그런데 다른 한

---

225) 스피노자(Baruch Spinoza)와 들뢰즈(Gilles Deleuze)에 의지해서 공동체 개념을 존재론적으로 재구상하려는 입장을 말한다. 국내에서 이런 입장을 따라가는 경우로는 가령 이진경, 『코뮨주의: 공동성과 평등성의 존재론』, 그린비, 2010을 참고. 책의 제목이 징후적이다. 반면 그런 존재론적 전제를 강하게 문제 삼는 경우로는 김원식, 「다중(Multitude)이론의 비판적 검토-사회비판의 방식을 중심으로」, 『사회와 철학』 제16집, 사회와철학연구회, 2008.
226) 나는 '사회적' 공동체를 파악하기 위해서는 커뮤니케이션을 통해 창발적으로(emergent) 형성되는 차원에 주목해야 한다고 생각한다. "작은 세포나 세포소기관에서부터

편 '커뮤니케이션 연관'이란 말은 공동체를 규정하기에는 너무 넓다. 그렇게 하면 공동체가 사회 — 우리가 '사회'를 '커뮤니케이션 연관'으로 이해한다면 — 자체와 구별되지 않는다. 그러니까 커뮤니케이션 개념으로부터 공동체 개념을 파악하려면 그것이 어떤 커뮤니케이션들의 연관인지를 한정할 수 있어야 한다.

나는 공동체의 기본적 형태를 구두 커뮤니케이션들의 연관으로 보자고 제안한다. 이 제안이 설득력이 있는지 여부는 그것이 통상적으로 공동체 개념으로 이해되는 것과 부합할 수 있는지, 그리고 동시에 통상적인 이해에서는 잘 파악되지 않는 측면도 함께 조명할 수 있는지에 달려 있을 것이다.

구두 커뮤니케이션에서는 기본적으로 커뮤니케이션 당사자들이 커뮤니케이션의 순간에 제한된 공간에 함께 참석해 있다. 참석·불참은 커뮤니케이션 연관에 속하는가 아닌가를 가르는 기본 구별이다. 이것은 말의 속성 때문에 불가피하다. 말은 화자가 발언하는 순간 사라지기 때문에 그 순간에 청자가 들을 수 있어야 하며, 또 음성의 크기와 청력의 한계는 공간적으로 멀리 떨어진 사람들 사이의 커뮤니케이션을 불가능하게 하기 때문이다. 물론 개인들의 기억에 의지해서 커뮤니케이션의 시공간적 범위를 어느 정도 확대할 수는 있다. 상대가 어제 한 말을 기억해서 오늘 반응할 수도 있고 심지어 오래전부터 전해오는 말에 연결하여 어떤 말을 할 수도 있다. 여기에 더해 그 자체 상당한 내구성을 가졌거나 혹은 잘 관리된 상징물을 사용하면 개인적 기억에 의지하는 것보다 커뮤니케이션의 시공간적 범위를 더욱 확대할 수도 있다. 하지만 그 여지는, 문자 커뮤니케이션을 염두에 두고 생각한다면, 아주 제한적

(……) 지구 전체에 이르기까지 모든 존재자들은 항상 이미 적 존재"(이진경, 『코뮨주의』, 65쪽)라는 식의 이야기는 사회적 공동체를 파악하는 데 깊이를 더해주는 것이 아니라 오히려 장애물이 된다고 생각한다.

이다. 우리가 '공동체'를 생각할 때 거의 자동적으로 그것이 '소규모'일 것이라고 생각한다면, 공동체의 그런 속성은 지역적 조건이나 혹은 관습이나 가치의 특수성 이전에 이미 음성매체의 특성에 의해 미리 결정된 것이라고 할 수 있을 것이다.

구두 커뮤니케이션의 또 하나의 중요한 특징은 커뮤니케이션 당사자들이 기본적으로 전체 인격으로서 참여한다는 것이다. 이것은 참석이라는 조건으로부터 나온다. 화자는 단순히 발언만 하는 것이 아니라 동시에 어떤 태도를 노출할 수밖에 없으며, 청자 역시 발언만 듣는 것이 아니라 화자의 태도도 경험한다. 그러니까 화자는 말로만 말하는 것이 아니고 청자는 말만 듣는 것이 아닌 셈이다. 이에 더해 구두 커뮤니케이션에서는 그 상황에서 유효한 여러 사회적 규칙들도 함께 작용한다. 그런 규칙들을 '괄호' 친다는 것은, 그래서 커뮤니케이션 방식이 순전히 당사자들 사이의 협상에 맡겨진다는 것은 통상적으로 가능하지 않다. 통상적으로 공동체 붕괴 현상으로서 개인들의 원자화가 거론되는데, 그럴 때 사람들이 생각하는 공동체의 속성은 바로 인격 전체를, 나아가 상황 전체를 고려하면서 행해지는 구두 커뮤니케이션에 의해 구조적으로 결정된 것이라고 할 수 있다. 구두 커뮤니케이션이 ― 반드시 그럴 필요는 없지만 ― 사회적 역할들이 다소 확고하게 고정된 조건으로 행해진다면, 우리는 그런 식으로 (재)생산되는 커뮤니케이션의 연관을 '전통적' 공동체라고 부를 수 있을 것이다.

구두 커뮤니케이션에서는, 특히 전통적 공동체에서의 구두 커뮤니케이션에서는, 커뮤니케이션 제안에 반응하지 않는 것이 거의 불가능하다. 상대의 현전 때문에, 그리고 구체적 상황의 압력 때문에, 또 이후에도 지속될 연관 때문에 커뮤니케이션 제안에 반응 자체를 회피하거나 거부하는 식으로 반응하는 것은 너무 부담이 크기 때문이다. 그 이면은 물론 상대도 같은 이유에서 처음부터 수용될 가능성이 큰 제안을 한다는 사실이다. 이런 조건에서는 모험적 커뮤니케이션은 회피되고 관행이 반복될 가능성이 크다. 경우에 따라서는 커뮤니케이션의 구조상 완전히 제거될 수 없는 이견이나 거부의 가능성을 확실하게 차단하기 위해 어떤 주제들에 대해서 커뮤니케이션 자체를 금지할 수도 있다. 터부나 신성화는 그런 경우들이다.

커뮤니케이션 당사자들이 전체 인격으로 참여하는 이런 커뮤니케이션 방식은 한편으로는 가장 만족스러운 커뮤니케이션 경험으로 귀결될 수 있다. 그저 발언들이 교환되는 데 그치는 것이 아니라 전체 인격이 긍정되고 나아가 화자와 청자가 얽혀 있는 사회적 관계들이 재생산되기 때문이다. 하지만 이런 장점의 이면은 소위 '공동체 테러'라고 불리는 것이다. '정상적' 커뮤니케이션 제안에 대한 이탈적 반응은 하나의 개별 제안에 대한 부정에 그치지 않고 화자의 인격 전체와 나아가 통상적인 사회적 규칙을 부정하는 것으로 여겨지기 때문에 공동체도 그에 따라 격렬하게 반응하는 것이다. 통상적인 공동체 이해에서 '소속감'에 대한 동경과 '전체주의'에 대한 두려움이 함께 있는데, 이 역시 구두 커뮤니케이션에 의해 구조적으로 결정된 것이라고 할 수 있을 것이다.

공동체가 구두 커뮤니케이션들의 연관으로 규정될 수 있다면, 커뮤니케이션 양식의 변화와 함께 공동체가 포괄하지 못하는 사회적 연관들이 생겨나거나 혹은 공동체의 성격이 달라질 것이라고 예상할 수 있다. 바로 그런 일이 문자 커뮤니케이션의 비중이 커지면서 일어난다.

3. 문자 커뮤니케이션과 커뮤니케이션의 복잡성 증가

구두 커뮤니케이션의 경우, 문자 커뮤니케이션과 비교해보자면, 개별 커뮤니케이션에서는 발언의 내용 외에 고려할 사항이 무척 많다. 전체 인격으로 참여하기 때문에, 좀 과장해서 말하자면 화자와 청자는 하나의 발언을 하거나 혹은 그에 반응하면서 사회 전체를 고려해야 한다. 그렇게 하나의 단일한 구두 커뮤니케이션은 무척 복잡한 고려를 하면서 행해지지만, 역설적이게도 구두 커뮤니케이션을 통해 구축될 수 있는 커뮤니케이션 연관의 전체 복잡성은 크지 않다. 그 이유는 무엇보다도 극히 제한된 기억 용량과 음성이라는 전달 매체의 시공간적 제약성에서 찾을 수 있다.

우선 구두 커뮤니케이션만 있는 사회에서 사회적 기억은, 개인들의 기억력에 의존하고 특정 개인에서 개인으로 전달되어야 하기 때문에, 양적으로 극히 제한적일 수밖에 없다. 제한된 기억 용량 때문에 새로운 내용을 축적하기보다는 전해져오는 중요한 내용들을 보존하는 것이 기억의 우선적 과제가 된다. 그래서 기억 구전의 주역을 맡은 개인들의 기억술은 고도로 발달했지만 역설적이게도 사회적 기억은 빈약할 수밖에 없다. 기억의 이런 성격은 '기대'의 성격에도 영향을 미친다. 기억이 다층적이지 않으면, 즉 동일한 것의 반복이라는 성격이 강하면, 기대 역시 다층적일 수 없다. 커뮤니케이션이 언제나 기억과 기대 속에서 이루어진다고 할 때, 그러니까 지나간 커뮤니케이션들에 연결을 꾀하며 앞으로 연결될 가능성이 있는 커뮤니케이션들을 염두에 두면서 행해진다고 할 때, 기억과 기대가 단순한 커뮤니케이션은 복잡성 수준이 높은 커뮤니케이션 연관을 구축할 수 없다.

이에 더해 음성매체의 경우 효과적으로 전달할 수 있는 시공간적 범위가 지극히 제약되어 있다. 음성은 발생하자마자 사라질 뿐만 아니라 주변의 간섭에 무척 취약하다. 언제든지 다른 소리나 더 큰 소리에 의해 흐려질 수 있다. 다른 소리들과 잘 구별되도록 인위적으로 형성된 소리 체계를 형성하더라도 그 한계는 뚜렷하다. 그래서 같은 시공간에 있지 않은 사람들 간의 커뮤니케이션은 거의 불가능하다. 이런 조건은 화자와 청자의 커뮤니케이션 방식과 태도를 규정한다. 우선 '정보' 측면에서는 보편적 타당성보다는 상황 적합성이 중시될 가능성이 크다. 커뮤니케이션 당사자들이 전체 인격으로 참여하기 때문에 커뮤니케이션이 '정보'에만 초점이 맞추어지기 어려울뿐더러, 원칙적으로 참여자들 사이에서만 유효하면 되기 때문이다. 반면에 '전달'의 측면에서는, 참여자들이 사회적 관계를 함께 끌어 들어오기 때문에, 통상적인 사회적 규칙들이 반복될 가능성이 크다. 단순화해서 말하자면, '정보'의 맞고 틀림보다 '어떻게' 말하고 반응하는가가 더 중요한 문제가 된다. 틀린 말을 한 사람은 쉽게 용서되지만 불손한 사람은 그렇지 않은 것이다.

새로운 커뮤니케이션 방식, 즉 문자 커뮤니케이션이 비로소 이런 제한된 복잡성 수준의 문턱을 넘게 한다. 문자매체는 복잡한 커뮤니케이션 연관의 형성 가능성과 관련해서 보자면 음성매체에 비해 획기적인 장점을 갖는다. 문자매체는 우선 환경 요인의 간섭을 적게 받으며 내구성이 뛰어나다. 그래서 문자로 기록됨으로써 사회적 기억의 양이 비약적으로 증가할 수 있다. 또 커뮤니케이션 수신자의 범위가 극적으로 확대될 수 있다. 원칙적으로 글을 읽을 수 있는 사람이라면 커뮤니케이션의 상대가 될 수 있기 때문이다. 하지만 이것이 자동으로 이루어지는 것은 아니다. 아니, 오히려 그 반대다. 동일한 시공간에 참석해 있는 상대들과만 커뮤니케이션하는 것이 아니기 때문에, 이제 하나의 커뮤니케이션 제안이 도대체 제안으로서 상대의 관심을 끄는 것조차 더 이상 당연한 일이 아니다. 그래서 커뮤니케이션 방식도 결정적으로 달라진다. 문자 커뮤니케이션에서는 정보의 새로움이 중시된다. 그렇지 않고서는 글로 도대체 어느 누군가의 관심을 끌 수 없을 것이기 때문이다. 다른 한편 거기에다 수용 기회까지 높이려면, 축적된 사회적 기억에 비추어 정보의 일관성도 검사해야 한다. 그래서 구두 커뮤니케이션에서와는 다른 역설이 발생한다. 구두로 행해지는 커뮤니케이션 제안은 거의 언제나 어떤 수신자를 만나지만 그 수신자가 제한되어 있는 반면에, 문자로 행해지는 커뮤니케이션 제안은 단 하나의 수신자를 찾는 것도 당연한 일이 아니지만 역설적이게도 수많은 상대에 도달할 수도 있다. 어쨌든 글로 의견을 표현하는 사람은, 사적인 서신을 쓰는 경우가 아니라면 그 글의 현재 수신자만을 염두에 두지 않는다. 가령 자신의 주장의 타당성을 글로 주장하는 사람은 현재의 상대만 설득하면 되는 것이 아니다. 자신이 전혀 알지 못하는 다른 사람들도, 심지어 후세의 사람들도 자신의 글을 볼 수 있다는 것을 감안해야 한다. 그래서 진리 담론과 수사학은 엄격하게 구분된다.

커뮤니케이션 상대가 보편적 청중이 되면서, 커뮤니케이션의 확대만이 아니라 분화도 일어난다. 발신자는 보편적 청중을 고려해야 하는 부담을 자신이 어떤 제안을 하고 있는지, 그리고 어떤 기준에 따라 이해되길 희망하는지를 분명히 하는 식으로 상쇄한다. 가령 자신의 발언이 사실적 타당성의 측면에서 이해되길, 그리고 그것을 검증하는 기준에 따라 평가되길 분명히 하는 것이다. 만일 특정한 종류의 커뮤니케이션에 대한 기대가 안정적으로 성립하면, 그런 종류의 커뮤니케이션의 연쇄가 가능해지고 그런 커뮤니케이션 연관의 독립분화가 일어날 수 있다. 그러한 독립분화는 역으로 동일한 종류의 커뮤니케이션들의 더욱 복잡한 연관을 가능케 한다. 커뮤니케이션 연관의 분화와 복잡성 증가는 상호 원인적이다. 가령 진리 담론이 독립분화하면, 그것은 다른 점에서는 여전히 유효한 사회적 경계들을 쉽게 넘어 확대될 수 있다. 하나의 커뮤니케이션 제안이 진리 담론이라는 것이 분명히 구별될 수 있고 나아가 진위 여부를 확인하는 보편적인 기준이 확립되면, 적어도 진리문제와 관련해서는 원칙적으로 모든 사회적 경계가 무의미해진다. 이 종류의 커뮤니케이션에서는 하나의 세계사회가 성립할 수 있게 되는 것이다.

4. 매체들의 분화와 사회의 기능적 분화

문자매체로 인해 증가한 사회의 복잡성은 상징적으로 일반화된 커뮤니케이션 매체들[227]이 등장하면서, 특히 비언어적 커뮤니케이션 매체들이 등장하면서, 다시 한 번 비약적으로 증가한다. 여기서 커뮤니케이션 매체들의 기능은 단순히 커뮤니케이션을 좀 더 용이하게 해주는 것이 아니라, 그 자체로는 개연성이 적은 커뮤니케이션을 가능하게 해주는 데에 있다. 그런 매체들이 여는 커뮤니케이션 가능성이 얼마나 대단한 것인지는 언어로만 이루어지는 커뮤니케이션과 비교해보면 알 수 있다. 언어적 커뮤니케이션은 원칙적으로 '예'의 반응과 '아니오'의 반응 가능성을 동등하게 열어놓는다. 그리고 보통의 상호작용에서 이런 커뮤니케이션은 별문제 없이 작동한다. 하지만 익숙한 상호작용의 맥락을 벗어나는 주장이 제기되었을 때, 가령 어떤 사람이 다른 사람들은 듣도 보도 못한 내용을 사실이라고 말한다든가, 혹은 다른 사람에게 무엇을 내놓으라고 한다든가, 어떤 행동을 하라고 지시하는 경우, 그런

---

227) 여기서 '상징적'이란 자아와 타아에 공통적이란 의미로, '일반화된'이란 상황들에 공통적이란 의미다. 루만, 장춘익 역, 『사회의 사회』 1, 수정판, 새물결, 2014, 375-376쪽 참고. 가령 화폐가 자아와 타아에 대해서, 그리고 여러 상이한 상황에서 같은 의미를 갖는 것이 그런 경우다. 여기까진 루만이 파슨스를 따르는데, 매체를 상호작용 혹은 상호교환의 매체로 한정하지 않고 커뮤니케이션 매체로 규정한 점이 다르다. 루만에게 커뮤니케이션은 상호작용에 한정되지 않는다.

커뮤니케이션 제안이 수용될 개연성은 매우 낮다. 루만은 매체들을 바로 그런 "'아니오'의 개연성을 기적적으로 '예'의 개연성으로 변모"[228] 시키는 기능을 하는 것으로 여긴다. 그렇게 되면 언어로만 커뮤니케이션할 때는 가능하지 않았던 새로운 커뮤니케이션 연관들이 생겨날 수 있다.

가령 진리 매체는 새로운 지식에 대한 주장과 관련된다. 어떤 사람이 남들은 모르는 새로운 내용을 제시할 경우, 보통은 신빙성을 부여받지 못하게 마련이다. 그런데 화자가 자신의 주장을 타당성 검사에 맡길 용의가 있고 청자 또한 타당성 검사를 수행할 의사가 있다면, 그리고 타당성 검사를 수행할 공통의 규칙이 있다면 상황은 달라진다. 이렇게 해서 주장의 사실적 타당성만이 문제가 되는 커뮤니케이션들이 증가하면 점차 진리 매체가 독립분화된다. 역으로 진리 매체의 독립분화는 오직 진위만이 문제가 되는 커뮤니케이션들의 양을 비약적으로 증가시킨다. 매체의 독립분화와 그 매체를 사용하는 커뮤니케이션의 복잡성 증가는 상호 원인적이다. 이런 진리 커뮤니케이션들이 상호 연관을 이루면 학문체계가 형성된다.

화폐의 경우는, 비개연적인 것을 개연적이게 만든다는 측면에서, 더욱 놀랍다고 할 수 있다. 한 사람이 어떤 재화를 자신의 뜻대로 사용할 때, 그 재화를 마찬가지로 원할 수도 있는 다른 사람들이 전혀 개입하지 않는다는 것이 어떻게 가능한가? 그러한 것이 개별 사례들에서도 비개연적일 텐데 도대체 어떻게 사회 전반에서 일반화될 수 있는가? 역사적으로 그것은 소유권 제도를 통해 가능해졌고, 소유권이 충분히 일반화되고 법적 형식을 갖게 된 후 화폐로 상징되었다.

소유권이 일반화된다는 것은 재화의 대부분이 자유롭게 처분할 수 있는

---

228) 위의 책, 377쪽.

것으로 규정된다는 것이다. 인간의 노동력에까지 화폐가치를 매길 수 있게 되면, 재화의 생산 및 교환과 관련된 거의 모든 요인들의 화폐화가 이루어진다. 이렇게 되면 경제적 커뮤니케이션의 연관이 비약적으로 증가한다. 구매자는 제시된 가격을 통해 판매자의 결정을 정확하게 관찰할 수 있고 판매자는 가격의 조절을 통해 구매자의 결정을 조건화할 수 있다. 물론 대전제는 각자가 자신의 재화에 대한 완전한 처분권을 가지고 있고 각자의 결정에선 오직 가격을 수용할지 여부만을 고려하면 된다는 것이다. 어떤 재화를 판매한 후 제삼자가 다시 권리를 주장한다든가, 혹은 거래 시에 다른 사회적 고려를 동시에 해야 한다면 거래들의 복잡한 연쇄는 성립할 수 없을 것이다. 법적 형식을 갖춘 소유권과 그것의 화폐화는, 한편으로 소유하지 못한 자들의 배제라는 결정적인 약점을 가지면서 다른 한편으로는 비개연적인 커뮤니케이션을 가능하게 한다는 점에서, 근대사회에 대해 성찰할 때 의견들이 가장 상충하는 주제가 된다.

화폐화의 확대는 전통적 공동체를 내외부적으로 폭파하는 가장 두드러진 원인이었다. 한편으로 그전에는 전 인격적 커뮤니케이션의 대상들이었던 것들까지 화폐화되기 때문이며, 다른 한편으로 공동체 바깥과의 교류가 촉진되기 때문이다. 그래서 공동체를 지키려는 노력들이 화폐화 경향에 가장 큰 반감을 보였던 것은 당연한 일이다. 하지만 화폐화가 전통적 공동체가 유지되기 어렵게 만든 유일한 원인은 아니라는 점도 고려해야 한다. 기본적으로 커뮤니케이션의 분화와 복잡성의 증대가 원인이며, 화폐화는 그 가운데 하나의 두드러진 양상인 것이다.

매체 가운데 하나 더 살펴볼 필요가 있는 것이 권력이다. 권력과 관련된 커뮤니케이션은 화자가 청자에게 어떤 행위를, 경우에 따라 초기의 의지에 반하여 행하거나 혹은 중지하도록 요구하는 것을 말한다. 이런 종류의 커뮤니케이션이 있다는 것 자체야 당연한 사실이다. 일상생활에서도 화자는 힘의 차이나 특수한 구속 관계를 바탕으로, 또는 장기적인 상호 이익을 상기시키면서 청자에게 그런 요구를 할 수 있고 또 그에 대한 청자의 수용적 반응이 이어질 수 있다. 그런데 그런 커뮤니케이션 제안에 대해 '일반적으로' 수용을 기대할 수 있다는 것은 매우 비개연적인 일이다. 그런 일은 가령 명시된 권한과 그것을 뒷받침할 공적 제재력을 통해서 일어날 수 있을 것이다. 그런 커뮤니케이션 방식들과 관련하여 안정적인 기대구조가 성립하면, 그리하여 그런 커뮤니케이션들의 연결이 수월하게 일어날 수 있게 되면, 그런 커뮤니케이션들의 연관도 독립분화되고 복잡성이 크게 증가할 수 있다. 물론 권력이란 매체는 화폐 매체만큼 효율적이지는 못하다. 화폐는 어떤 금액으로도 확대될 수도 있고 세분될 수도 있어 원칙적으로 모든 거래를 매개할 수 있는 반면에, 권력이란 매체는 그렇게 조밀하게 체계화되고 가시화될 수 없기 때문이다. 또 매체 사용의 과잉이나 과소를 나타내는 '인플레이션'과 '디플레이션' 메커니즘도 화폐에서처럼 신속하고 믿을 만하게 작동하진 않는다. 하지만 어쨌든 권력 매체도 구두 커뮤니케이션은 물론이고 문자 커뮤니케이션으로도 가능하지 않았던 커뮤니케이션 연쇄를 가능하게 한다.

여기서 한 가지 주의할 사항은, 상징적으로 일반화된 매체들이 언어의 '예/아니오' 가능성을 완전히 대체하거나 심지어 소멸시키는 것은 아니라는 것이다. '예/아니오'의 가능성이 사라지면 기계적 작동이지 더 이상 커뮤니케이션이 아니다. 전혀 거절할 수 없는 거래는 커뮤니케이션으로서의 거래가 아니며, 전혀 거부할 수 없는 명령은 커뮤니케이션으로서의 명령이 아니다. 매체들은 다만 '아니오'의 가능성을 매우 작게 만듦으로써 안정된 기대구조를 만들고, 이를 통해 그 자체로는 수용 가능성이 낮은 커뮤니케이션을 제안할 수 있게 만드는 것이다. 이렇게 매체들을 통한 커뮤니케이션에서도 언어적 의사소통의 구조가 완전히 사라질 수는 없지만, 그렇다고 언어적 의사소통이 매체들을 통한 커뮤니케이션을 회수할 수 있는 가능성도 거의 없어 보인다. 그렇게 해서는 매체들을 통해서만 가능했던 커뮤니케이션의 복잡성 수준을 유지할 수 없을 것이기 때문이다.

커뮤니케이션의 분화와 복잡성 증대가 전통적 공동체 파괴의 가장 중요한 원인이라면, 공동체를 유지하기 위한 방안은 무엇일까? 세 가지 가능성을 생각해볼 수 있을 것 같다. 첫째는 커뮤니케이션의 분화와 복잡성 증가의 이점을 포기하고 제한적인 공동체를 고수하는 것이다. 물론 이 방안도 과거와 동일한 방식으로 공동체를 유지한다는 것은 아니다. 구두 커뮤니케이션의 조건 아래서는 자연스럽게 제한적 공동체가 (재)생산될 수 있었다면, 그리고 그것이 문자 커뮤니케이션에서도 큰 무리 없이 유지될 수 있었다면, 이제 상징적으로 일반화된 매체들이 고도로 발달된 조건으로 제한된 공동체는 인위적이고 경우에 따라서는 억압적인 고립화 조치를 통해서만 유지될 수 있을 것이다. 둘째는 규모를 축소하는 방식으로 해서 전 인격적 커뮤니케이션 연관으로서의 공동체 관계를 근대사회의 변화된 커뮤니케이션 조건에 맞추는 것이다. 이것의 가장 극단적인 경우는 전 인격적 커뮤니케이션을 친밀한 양자 관계로 제한하는 것이다.[229] 하지만 반드시 공동체가 이렇게 최소한으로 축소될 필요는 없고, 커뮤니케이션의 가능성에 따라 다양한 규모로 형성될 수도 있을 것이다. 세 번째는 역으로 공동체를 최대한 일반화함으로써 오히려 그 범위를 확대하는 것이다. 하지만 이 경우 전체 인격이 아니라 인격의 일반화

---

229) 루만은 현대의 집중적인 친밀관계를 기능적 분화라는 사회 조건의 산물로 여긴다. 그에 의하면 기능체계들이 인격을 일면적으로만 포함하는 것에 대한 반작용으로 "극히 요구 수준이 높은 상호작용 형식들이 발달한다. 특히 친밀한 관계와 관련해서 그러한데, 각 참여자는 자신의 내적, 외적 행태 전반에 대해 해명할 수 있어야 한다." 루만, 장춘익 역, 『사회의 사회』 2권, 944쪽.

될 수 있는 측면, 가령 인권 같은 것이 공동체성의 근거가 된다. 이 경우 최대치는 국제공동체 또는 세계공동체이다.[230] 상징적으로 일반화된 매체들을 통해 독립분화한 커뮤니케이션 연관들 내지 기능적으로 분화된 사회를 전제하면, 근대사회와 무리 없이 양립할 수 있는 것은 두 번째와 세 번째 대응방식이다. 그런데 이 둘을 분명히 구별하는 것이 중요하다. 근대사회의 조건에서 전체 인격이 통합되는 공동체는 축소될 수밖에 없으며, 공동체가 확대된다면 그것은 일면화의 대가를 감수해야 한다. 두 번째와 세 번째 경우를 겹치면, 분화된 사회 전체를 공동체적 관점에서 재전유하려는 꿈을 꾸게 된다. 글로벌한 차원에서 "능동적이고 자율적인 다중 전체의 자치"[231]의 꿈은 그런 겹침으로부터 나오는 것이 아닐까?

5. 코뮨주의에 대한 회의적 고찰

수행적 역설

어떤 실천은 수행 과정에서 역설적 상황을 피하기 어렵다. 가령 폭력을 끝내기 위한 폭력 같은 것이 그것이다. 그런 폭력은, 그 자신 어쩔 수 없이 폭력일 뿐만 아니라, 원래 표방했던 것처럼 마지막 폭력도 아닐 가능성이 크다. 이후에도 가능한 폭력을 막기 위해 현실적 폭력으로서 유지되어야 할 것이기 때문이다. 마르크스가 모든 계급지배를 없애기 위한 마지막 계급지배라고 했

---

230) 가령 박정원은 국제적 규범질서의 변화를 근거로 '국제사회'에서 '국제공동체'로의 질적 변화가 일어나고 있다고 한다. 이때 국제공동체의 규범질서란 "대내적 민주주의"와 "국제법 규범 질서의 헌법화"라는 의미이고, 그래서 이때 '공동체'란 매우 엷은 개념이다. 박정원, 「국제사회에서 국제공동체로」, 『국제법학회논총』, 56권 4호, 2011, 146쪽 참고.
231) 네그리·하트, 『공통체』, 507쪽.

던 프롤레타리아 독재도 이 역설에 대한 해법을 찾지 못했던 것으로 보인다. 나는 이런 경우를, '자기모순적'이라고까지는 여기지 않기 때문에, '수행적 역설'이라고 칭하고자 한다.

먼저 수행적 역설의 고전적 사례를 상기해보자. 플라톤은 이상적인 국가를 설계하면서 공직자들이 사적 이익에 흔들리지 않도록 처자 공유제 및 재산 공유제를 주장하였다. 그런데 아리스토텔레스는 그런 제도의 도입이 설령 성공하더라도 막상 원하는 성과와는 거리가 멀 것이라고 지적한다. 우선 처자 공유제에서 '모두'의 의미가 '다 함께'의 의미라면, 가령 자식과 관련해서 '다 함께' 우리 자식이라고 말한다는 의미라면, 그것은 설령 제도로서 실현되더라도 공유제를 도입함으로써 구현하고자 했던 목표와는 거리가 멀 것이라는 것이다. 사람들이 '다 함께'의 자식에 대해 헌신적인 관계를 갖지 않을 것이고, 그래서 그런 식으로 '모두'의 아들이 되기보다는 차라리 "누군가의 실제 사촌"이 되는 것이 더 나을 것이라는 것이다.[232] 공유제로 목표한 바가 실현되려면 '모두'가 '저마다'의 의미로 이해되어야 하는데, 즉 모두가 동시에 '나의 것'이라고 여겨야 하는데, 문제는 이런 의식은 공유제에선 성립하기 어렵다. 아리스토텔레스 식으로 보자면 처자 공유제는 의미론적 모호성을 이용해 실질적으로는 양립할 수 없는 두 요소를 결합해놓은 것이다. 재산 공유제에 대해서도 비슷한 비판을 한다. 재산 공유제는, 일단 제도 도입에 성공하더라도, 다시금 시간이 지나면서 노력과 수혜의 불일치에 따른 불만이 발생할 수 있고, 오직 강제력을 통해서만 유지될 수 있을 것이라는 것이다. 그런데 사람에 따라서는 부의 불평등보다 권력(공직)의 불평등이 더 큰 불만 요인이 되기 때문에[233] 재산 공유제 역시 아리스토텔레스에게는 수행적 역설을 피

---

232) 아리스토텔레스, 『정치학』, 70쪽.
233) 위의 책, 92쪽 참고.

할 수 없는 제도였다.

　나는 코뮤주의가 수행적 역설에 부딪히지는 않는지 의구심을 품고 있다. 오늘날의 사회에서와 같은 고도의 복잡한 커뮤니케이션 연관은 역사적으로 매체들의 분화를 통해서 가능했다. 매체들의 분화란, 각 매체에 따른 커뮤니케이션들이 고유한 코드에 따라서 작동한다는 것을 의미한다. 이런 조건을 받아들일 경우, 전 인격적 커뮤니케이션으로서의 공동체성을 강화하려면 커뮤니케이션 연관을 축소해야 하고 커뮤니케이션 연관을 확대하려면 공동체성을 약화시키여야 한다. 이런 상황을 직시하면서 가능한 공동체 관계들을 실험해보는 것은 얼마든지 해볼 수 있는 일이다. 하지만 분화된 사회 전체를 전 인격적 관계로 재편하려는 입장은 성공할 수 없든가, 성공한다면 복잡성을 희생한 대가를 매우 아프게 치러야 할 가능성이 높다. 수행적 역설을 피하기 어려운 것이다.

평등과 자율

　코뮤주의를 뒷받침하는 가장 중요한 정치적 이념은 평등주의라고 할 수 있을 것이다. 그런데 놀랍게도 코뮤주의 논의에서 평등주의에 대한 다층적인 고찰은 찾아보기 어렵다. 나는 평등문제에 대한 이론의 부재 내지 이론적 결함이 코뮤주의가 정치적 실천을 구상할 때 하나의 결정적 약점으로 작용한다고 생각한다.

　내가 보기에 코뮤주의자들은 '평등의 가설'을 직접적으로 사회비판과 실천의 기준점으로 삼는 것 같다. 여기서 내가 '평등의 가설'이라고 부르는 것은 "모든 구성원들은 불평등한 대우를 정당화할 설득력 있는 근거가 없는 한 평등하게 대우받아야 한다"라는 요구이다. 이 가설에서 이론적으로 가장 쟁점이 되는 부분은 "불평등한 대우를 정당화할 설득력 있는 근거가 없는 한"이라는 조건이다. 한쪽 극단은 그런 근거가 될 수 있는 것이 거의 없다고 믿는 반면, 다른 쪽 극단은 거의 모든 것이 그런 근거가 된다고 믿는다. 두 모델 모두 이미 아리스토텔레스에서 볼 수 있다. 그에 의하면 민주주의의 지지자들은 어떤 한 측면에서 평등한 자들은 모든 면에서 평등해야 한다고 주장하는 경향이 있다. 가령 시민이라는 점에서 동등하면 모든 권리에서 동등해야 한다는 것이다. 이에 반해 과두제의 지지자들은 어떤 한 측면에서 불평등하면 다른 모든 권리에서 불평등해야 한다고 주장한다. 가령 재산이 다르면 다른 권리들도 달라야 한다는 것이다.[234]

강한 평등주의자들은 사회를 구상할 때 평등의 가설에서 저 단서 조항에 유념하지 않아도 좋은 상황을 모델로 삼는 경향이 있다. 구성원들이 동등한 결정권을 갖고 있으며 구성원들이 전적으로 처분할 수 있는 재화들이 문제 되는 상황이 그런 경우다. 이런 상황을 '평등의 상황'이라고 해보자.[235] 그렇다면 강한 평등주의는 암묵적으로 '사회의 상황'을 '평등의 상황'과 유사한 것으로 보거나 혹은 유사해야 한다고 여기는 입장이라고 할 수 있을 것이다. 그런데 사회의 상황이 평등의 상황과 사실적으로 같다고 믿기는 어려울 것이므로, 강한 평등주의의 요구는 실질적으로는 사회의 상황이 평등의 상황과 유사해져야 한다는 주장이 될 것이다. 그런데 그것이 현실성을 가질 수 있는 주장일까? 나의 생각으로는 그에 따른 실천은 적어도 근대사회의 조건으로는, 설령 성공하더라도, 수행적 역설에 봉착할 가능성이 크다. 불평등 문제가 해결된다고 하더라도, 근대사회가 성과를 내게 된 메커니즘과 충돌하면서

---

234) 위의 책, 259-260쪽 참고.
235) '평등의 가설'과 '평등의 상황'에 대한 이런 설명은 장춘익, 「형식적 평등, 실질적 평등, 도덕적 평등—약한 평등주의의 강한 옹호, 강한 평등주의의 약한 옹호」, 『시대와 철학』 제18집 3호, 한국철학사상연구회, 2007, 284-285쪽 참고.

성과 부족에 시달릴 수 있기 때문이다. 게다가 만일 자유를 희생하게 된다면, 그 수행적 역설은 견디기 어려운 것이 될 것이다.

커뮤니케이션 문제로부터 접근해보자면, '사회의 상황'은 '평등의 상황'과 같지도 않고 같을 수도 없다. 결정적인 이유는 '사회'가 상호작용만으로 이루어지지 않기 때문이다. 이미 문자 커뮤니케이션은 상호작용을 상당히 벗어나며, 상징적으로 일반화된 매체들을 사용하는 커뮤니케이션에서 상호작용은 오히려 예외적으로 일어난다고 할 수 있다. 내가 학술지에 논문을 투고하면 익명의 심사자들이 평가하고, 출판된 논문을 읽은 사람들 가운데 나에게 소감을 전하는 경우는 거의 없다. 화폐나 권력의 경우야 더 말할 것도 없다. 설마 판매자로부터 구입해주셔서 고맙다는 문자나 행정기관으로부터 민원이 처리 중이라는 메일을 상호작용으로 보려는 게 아니라면 말이다.

무엇보다도 상호작용의 성격과 사회구조 사이의 상관관계에 주목해야 한다. 순수한 상호작용, 즉 순전히 당사자들 자신의 커뮤니케이션 제안과 반응에 맡겨진 상호작용이 중요해지는 것은 계층적으로 분화된 사회에서 기능적으로 분화된 사회로 전환된 것과 상관이 있다. 정치, 경제, 학문, 교육 등의 문제와 관련된 커뮤니케이션들이 독립분화하면서, 그런 맥락으로부터 벗어난 커뮤니케이션은 그런 모든 기능적 요구로부터 자유로워야 한다. 말하자면 기능적 요구로부터 자유로운 것이 바로 순수한 상호작용의 중요한 기능인 것이다. 만일 그렇다면, 순수한 상호작용을 모델로 해서 사회 전체를 파악하거나 평가하는 것은 그런 상호작용의 사회적 조건을 망각한 것이라고 할 수 있다.[236]

---

236) 루만은 아주 강력하게 다음과 같이 말한다. "사회 자체를 상호작용 모델에 따라 파악하는 것은 배제되어 있다. (……) 도달 가능한 상대들 사이의 상호작용 형식으로, 대화를 통해, 상호이해의 시도를 통해 이런 사회체계를 합리적 형식으로 변환할 수 있을 것이라는 믿음은

자율이라는 이념 역시 평등과 마찬가지로 근현대사회의 조건에서 강조되는 동시에 제한된다. 이는 '조직'의 문제를 생각해보면 금세 드러난다. 근대사회가 내는 능률은 조직들 없이는 생각하기 힘들다. 마치 하나의 기계가 단순한 도구로는 낼 수 없는 성과를 내기 위해 여러 부품들과 과정들이 결합된 것이듯이, 하나의 조직은 사람들을 여러 직무에 배치하고 직무들을 조율해서 개인으로서는 낼 수 없는 성과를 추구한다. 그래서 조직 안에서의 커뮤니케이션은 개인들의 자율에만 맡겨질 수 없다. 근대사회의 조직은 개인들의 그런 부자유를 가입과 탈퇴의 자유를 통해, 그리고 통상적으로 금전적 보상을 통해 상쇄한다. 그런 식으로 커뮤니케이션이 구조화되지 않는다면 조직이라고 할 수 없다. 가령 대학같이 느슨하게 짜여 있는 조직마저도 그렇다. 내부에서는 상호적이고 민주적인 관계가 강조되더라도, 직무들의 분할과 조율이 있고 적어도 대외적으로는 하나의 통일체처럼 작용한다. 어떤 교수가 자신의 학교의 총장의 정책에 반대한다고 공표할 수는 있지만 어떤 것을 학교의 정책으로 선포할 수는 없다.

그런데 공유제는 커뮤니케이션 문제로 접근해보자면 사회 전체가 상호작용 연관으로 짜이거나 혹은 하나의 조직처럼 구성될 때 성립하는 것 아닌가? 하지만 전자의 길은 아예 가능하지 않고, 후자의 길은 설령 일시적으로 가능할지라도 바람직하지 않다는 것이 밝혀졌다. 수행적 역설을 피할 수 없기 때문이다. 그렇다면 어떻게 해야 하는가? 나에게는 다음과 같은 진술은 설득력 있는 해법이라기보다는 코뮤주의의 곤경을 드러내는 것으로 보인다.

"노동은 자본주의적 명령으로부터 점점 더 자율적이 되는 경향이 있

더욱 망상적인 것이 될 것이다." 루만, 장춘익 역, 『사회의 사회』 2권, 944-945쪽.

고, 따라서 자본의 수탈 및 통제 메커니즘은 생산성을 방해하는 족쇄가 되고 있다. 삶정치적 생산은 지휘자 없이 박자를 맞추는 오케스트라이며, 만일 누구라도 지휘대에 오른다면 오케스트라는 연주를 멈추게 될 것이다."[237]

내가 지금 공유제 자체가 어떤 경우에도 불가능하다고 말하려는 것은 아니다. '공유지의 비극'을 들어 사유제만이 답이라고 말하려는 것도 전혀 아니다. 성공적인 공유제의 사례들이 있고, 성공을 위한 어떤 일반 모델을 만들 수도 있다.[238] 다만 커뮤니케이션 문제로부터 보자면 그것을 모델로 하여 경제체제 전체를 재편성하기를 희망할 순 없으리라는 것이다. 이미 생산이 공통적인 것을 바탕으로 이루어진다는 데에서부터 마치 공유제나 공동체가 곧 도래하거나 이미 실질적으로 도래한 것처럼 여기는 것은 마르크스가 생산이 이미 사회적 성격을 갖기 때문에 공산주의로 가기 위해선 소유의 성격만 바꾸면 된다고 했던 것을 연상케 하는데, 하지만 그것은 하나의 개념적 반전 이상이 되기 어렵다.

법치와 대의제

코뮨주의는 법치와 대의제에 대한 근본적인 불신을 가지고 있다. 그것들은 모두 '소유 공화국'의 장치들이라는 것이다. 이런 불신은 사회민주주의 프로그램 전체에 대한 비판으로 이어진다.

---

237) 네그리·하트, 앞의 책, 254쪽.

238) 엘리너 오스트롬, 윤홍근·안도경 역, 『공유의 비극을 넘어』, 랜덤하우스코리아, 2010, 332쪽 이하 참고. 하지만 이 책에서도 공유제의 가능 조건들 중 하나로 적절한 감시 기능이 거론되고 있음에 주의하라. 또 오스트롬의 주장은 글로벌한 경제를 공유경제로 재편할 수 있다는 믿음과는 아주 거리가 멀다.

"사회민주주의자들은 소유 공화국을 근본적으로 문제 삼지 않으며, 그 힘을 가볍게 무시하거나 아니면 그것을 개혁하여 민주주의와 평등이 이루어진 사회를 만들 수 있다고 순진하게 생각한다."[239]

고도의 생산력을 자랑하는 현재의 세계가 다른 한편으로 그런 생산력의 혜택을 전혀 누리지 못하는 사람들을 대량으로 산출하고 있다는 것은 사실이다. 그렇더라도 나는 법치와 대의제에 대한 저런 불신을 모두 공유할 수는 없다. 일단 순전히 논리적으로만 보아도, 법치와 대의제가 현대사회의 부정적인 결과들을 막지 못했다고 해서 그것이 곧 그 제도 자체가 잘못되었다는 것을 뜻하지는 않는다. 물론 그런 의심을 해볼 이유는 있다. 하지만 현재의 문제들이 곧 그 제도의 가능성이 다 소진되었다는 것을 말해주는 것은 아니며, 더 나은 대안이 있다는 것을 보증하는 것은 더욱 아니다.

법치와 대의제는, 분명 역사적으로 소유권 보호와 얽혀 있긴 하지만, 커뮤니케이션 문제로부터 접근할 때 하나의 중요한 진화적 성취임이 드러난다. 진화적 성취라 함은, 그것의 발생 자체는 비개연적이었으나 이후 그것을 포기할 경우에는 심각한 부작용을 겪을 수 있다는 뜻이다. 소위 '이중 우연성'의 상황을, 즉 각자의 선택을 상대의 선택에 연동시키려고 하는데 상대의 선택을 알지 못하는 상황을 가정해보면 그 의의를 금세 알 수 있다[240]. 이렇게 참여자가 단둘인 가장 단순한 커뮤니케이션 상황에서조차 하나의 지속적 질서가 성립하기 어렵다. 상대가 행위의 선택지들 가운데 어떤 것을 선택할지 예상할 수 있어야 그에 맞춰 나의 행위를 선택할 수 있을 텐데, 하지만 상대

---

239) 위의 책, 49쪽.
240) 루만은 이를 아주 줄여서, "내가 원하는 것을 네가 하면 네가 원하는 것을 내가 하겠다"로 표현한다. Luhmann, *Soziale Systeme*, Frankfurt, 1984, 166쪽.

도 똑같은 어려움을 겪기 때문이다. 이 문제는 결국 각 참여자의 임의에 맡겨지지 않는 일반화된 기대 구조가 형성되어야 해결될 수 있다. 그리고 '인지적 기대'와 달리 '규범적 기대'의 일반화는, 적어도 어느 정도 이상의 복잡한 사회에서는 법이란 매체 없이는 가능하지 않다. 물론 법이 이 기능을 자동적으로 성공적으로 수행한다는 것은 아니다. 오히려 그 반대다. 복잡한 사회에서 법·불법 코드에 따른 구속력 있는 결정을 내리는 일과 그 결정을 집행하는 일은, 그리고 두 가지가 규범적 기대의 안정화 효과를 내도록 성공적으로 수행된다는 것은 상당히 비개연적인 일이다.

정치가 "집단적 구속력을 갖는 결정"의 문제와 관련이 있다고 할 때, 그리고 정당성 문제의 해결이 절차적 합리성으로 전환되는 것이 불가피하다고 할 때, 대의제 역시 거의 다른 방식으로 대체되기 어려운 정치 방식이다. 집단적 구속력을 갖는 결정과 관련하여 안정적 기대가 성립하면 '악마의 종족'으로도 국가를 형성할 수 있는 반면에, 안정적 기대가 성립하지 않으면 가장 선한 사람들로도 복잡한 정치적 커뮤니케이션들의 연관을 구축할 수 없다. 그렇다면 정치적 결정들을 엄격히 정해진 절차를 통하여 만들어내는 것 외에 다른 방식으로 민주주의를 실행할 수 있을까? 그리고 그런 민주주의가 어떤 규모 이상의 정치체에서 대의제 외의 다른 방식으로 가능할까? 나는 적어도 '우정의 정치학' 대 '적대의 정치학' 같은 소박한 구별[241]로는 정치를 파악하고 현실성 있는 대안을 제시할 수 없을 것이라고 생각한다.

---

241) 이진경 외,『코뮤주의 선언−우정과 기쁨의 정치학』, 교양인, 2007, 제2장 참고. 이 책의 부제도 징후적이다.

6. 공동체의 재구상: 생활세계

그러면 차라리 공동체 개념을 폐기하는 것이 이론적으로나 실천적으로 더 나을 것인가? 나는 그렇게 생각하지는 않는다. 그보다는 공동체 개념으로 건드려지는 문제가 정확히 무엇인지, 내지는 왜 공동체 개념이 새롭게 매력을 발휘하는지 살펴보고 재구상하는 길을 모색하는 것이 더 생산적 접근일 것이다. 나는 공동체 문제를 하버마스의 생활세계 개념으로부터 다시 이해해볼 것을 제안한다. 잘 알려졌다시피 하버마스는 생활세계를 의사소통적 행위의 상관 개념으로 도입하였다. 생활세계는 의사소통적 행위에 배경 확신으로 작용하고, 또 의사소통적 행위의 성과가 그리로 흘러들어가는 저수지와 같다. 생활세계는 문화적 재생산, 사회화, 사회통합의 기능을 담당한다.[242]

공동체를 생활세계 개념으로부터 파악하면 두 가지 중요한 이점이 있다. 첫째, 전통적 공동체가 근대화 과정에서 겪는 변화에서 파괴적인 측면과 합리적 측면을 구별할 수 있다. 공동체는 근대화의 과정에서 파괴되기만 하는 것이 아니라 합리화의 길을 걷기도 하는 것이다. 둘째, 합리화된 공동체는 저항과 확대를 꾀할 때도 동시에 스스로를 제한할 수 있다. 하버마스는 일상행위의 의사소통적 합리화와 목적합리적인 경제 및 행정행위를 위한 체계형성을 '상보적'이면서 '상반적'인 발달로 파악한다.[243] 상보적인 것으로 파악한다는 것은, 의사소통적 행위로부터 비언어적 커뮤니케이션 매체들이 독립하고 제도화되면서 체계영역이 발달할 수 있었고 또한 역으로 생활세계의 재생산은 체계영역의 성과에 의존한다는 것이다. '상반적'이라는 것은 그 자체는 맹목적인 체계영역들이 비대해지면서 생활세계가 식민지화될 위험에 처

---

242) 하버마스, 장춘익 역, 『의사소통행위이론』, 특히 제2권 228쪽 이하 참고.
243) 하버마스, 『의사소통행위이론』 제1권, 497-498쪽 참고.

한다는 것이다. 하버마스는 『의사소통행위이론』의 맨 마지막 문장에서 우리가 생활세계의 상징적 구조들에 주목하게 된 것이 "생활세계의 상징적 구조들 전체를 의문에 부치는 도전" 때문이 아니었을까 하고 추정한다. 하지만 하버마스는 생활세계와 체계의 이런 '상반적' 관계를 해소하기 위하여 '상보적' 관계를 희생할 수는 없다고 생각한다. 그렇게 하는 것은 우리의 개념으로 하자면 수행적 역설에 직면하게 될 것이다. 그래서 그에게는 근대사회 전체를 하나의 생활세계로 구상하고 하나의 생활세계로 전환하려는 것이 이론적, 실천적 목표가 될 수는 없다. 이렇게 '공동체'를 '생활세계' 개념으로부터 다시 구상하면 사회 전체를 전 인격적 관계로 재편하려는 코뮌주의에 대해 이론적, 실천적으로 긍정적 평가를 내리기 어렵다.

물론 역으로 코뮌주의 입장에서는 하버마스 류의 입장에 대해 긍정적 평가를 내리기 어려울 것이다. 네그리(Antonio Negri)와 하트(Michael Hardt)에 의하면 "의사소통이성과 의사소통행위라는 하버마스의 개념들은 지속적으로 모든 사회 현실을 매개하는 과정을 정의하게 되며, 그리하여 기존 사회질서의 주어진 조건을 받아들이고 심지어는 강화시킨다."[244]

그런데 사회민주주의적 프로그램마저 이렇게 가차 없이 비판하는 코뮌주의의 정치적 실천은 과연 더 현실성을 갖는 것일까? 그 '절대적' 민주주의라고 하는 것, 즉 경제적 생산과 정치적 생산이 일치하며 "우리 모두가 삶정치적 생산을 통해 협동적으로 창출하고 유지하는 이러한 민주주의"[245]는 혹시 현실의 사회과정과 유리된 비판적 지식인이 구상해낸 비현실적 혼합물인 것은 아닌가?

카를 만하임(Karl Mannheim)은 『이데올로기와 유토피아』에서 사회역사

---

244) 네그리·하트, 앞의 책, 49쪽.
245) 네그리, 조정환 외 역, 『다중』, 사월의책, 2008, 416쪽.

적 과정으로부터 이탈된 지성인이 취할 수 있는 가능성을 네 가지로 정리하였다.[246] 첫 번째 유형은 "여전히 사회주의 내지 공산주의적 프롤레타리아를 중심으로 한 극렬 좌파와 동맹 관계에 있는 지식인들"로, 이들은 "정신적 구속과 사회적 구속 사이의 어떠한 분열도" 겪지 않는다. 두 번째 유형은 회의적인 입장으로 "학문적 순수성이란 미명하에" 이데올로기의 파괴에 전념하는 경우다. 만하임은 베버와 파레토(Vilfredo Pareto)를 그런 경우로 든다. 세 번째 유형은 "존재 초월자에 대한 낭만적 구원을 통하여 현재 상황에 영적인 의미를 불어넣으려고" 한다. "종교성, 이상주의 또는 상징적 의미나 신화 등에 새로운 활력을 불어넣는 등"의 일에 주력한다. 네 번째 유형은 "홀로 유리된 상태에서 의식적으로 역사적 과정을 도외시함으로써 어떠한 극단적 정치세력과도 관계를 맺지 않은 채 (……) 유토피아적 핵심의 가장 원초적이며 또한 가장 극단적인 형태와 직접적 유대를 맺는다." 만하임은 키르케고르(Sørren Aabye Kierkegaard)를 그런 경우로 본다.

내가 보기에 코뮨주의는 이 네 가지 유형을 고루 섞은 입장인 것으로 보인다. "빈자의 혁신과 주체성에 그리고 기존의 현실에 개입하여 존재를 창조하는 빈자의 힘"[247]에 기대를 걸 때, "사회주의적 환상"[248]과 거리를 취할 때, "저항으로서의 반근대성"[249]를 말할 때, 그리고 "창조와 기쁨의 웃음"[250]을 말할 때가 그렇다.

---

246) 카를 만하임, 임석진 역, 『이데올로기와 유토피아』, 김영사, 2012, 513-514쪽 참고.

246) 카를 만하임, 임석진 역, 『이데올로기와 유토피아』, 김영사, 2012, 513-514쪽 참고.
247) 네그리·하트, 앞의 책, 92쪽.
248) 위의 책, 380쪽.
249) 위의 책, 113쪽 이하.
250) 위의 책, 522쪽.

7. 무엇을 할 것인가

　그러면 무엇을 할 것인가? 나는 이 물음에 대해 뚜렷한 답을 가지고 있지 않다. 다만 지금까지의 논의에서 루만과 하버마스의 커뮤니케이션 이론을 주로 활용하였기에, 그 연장선상에서 한두 가지를 조심스럽게 말할 수 있을 따름이다. 커뮤니케이션의 복잡성 증가와 분화 내지 사회의 기능적 분화가 근대사회의 능률의 조건이자 동시에 주요 문제들의 원인이라면, 일차적으로 주목할 것은 체계들 간의 교환관계를 새롭게 조절할 수 있는 가능성일 것이다. 그러니까 각 기능체계가 자기(재)생산을 지속하면서도 또한 사회 내 환경 — 즉 다른 기능체계들과 여타의 커뮤니케이션들 — 의 요구들에 호응하고, 그리고 사회 밖의 환경 — 루만에게는 이는 인간 환경과 자연환경으로 나뉜다 — 의 반응을 고려할 줄 아는 것이다. 달리 말하자면, 그러지 못하는 체계들에 대해 그렇게 하도록 유도하거나 강제할 수 있어야 한다. 가령 경제체계가 다른 기능체계들에 지나치게 압박을 가하고 그것들의 원활한 재생산을 위협할 경우 그에 대해 제한을 가할 수 있어야 하는 것이다. 그런데 이것은 하나의 컨트롤타워 없이 여러 조절 시도들이 얽히는 아주 복잡한 게임이 될 것이다. 하버마스가 말하는 식의 방안, 즉 생활세계가 정당성을 담보로 권력을 제어하고 정당한 법의 강제력을 이용해 자본주의의 파괴적 확장에 대응하는 것도 하나의 중요한 방안이 될 수 있을 것이다. 요컨대 커뮤니케이션 문제로부터 접근해보자면 체계합리성 내지 생태학적 합리성과 의사소통적 합리성이 함께 발휘되는 것이, 즉 각 기능체계가 자신과 환경의 구별에 대해 성찰할 줄 알게 되고 사람들이 상호비판적 토의를 통한 합의를 바탕으로 일을 처리하려는 태도를 견지하는 것이 우리가 사회적 실천의 지적 요소로서 기대할 수 있는 최대치인 것으로 보인다.

나는 공동체성, 공통성, 공유제 등을 위한 노력 역시 이런 노력의 일부로서 유효하다고 생각하며, 그런 한에서 그 의의를 높이 평가한다. 그러니까 코뮨주의에 대한 나의 비판은 그 실천에 대한 비판이 아니라 그것의 자기이해에 대한 ― 부분적이고 다소 과장된 ― 비판이었을 따름이다.

참고 문헌

1장

칸트, 이한구 편역, 「세계시민적 관점에서 본 보편사의 이념」, 『칸트의 역사철학』, 1992.

포퍼, 이명현 역, 『열린사회와 그 적들 II』, 민음사, 1982.

헤겔, 임석진 역, 『역사 속의 이성』, 지식산업사, 1992.

헤겔, 임석진 역, 『역사에 있어서의 이성』, 지학사, 1976.

헤겔, 김종호 역, 『역사철학강의 I, II』, 삼성출판사, 1976/1990.

후쿠야마, 이상훈 역, 『역사의 종말』, 한마음사, 1992.

Hegel, G. W. F.·Hoffmeister, J. 편, *Vernunft in der Geschichte*, Hamburg, 1955.

Hegel, G. W. F., *Vorlesungen über die Philosophie der Geschichte*, Werke in zwanzig Bänden, Frankfurt: M., Suhrkamp, 1970.

2장

Heidegger, M., *Gesamtausgabe*, Frankfurt: M., Vittorio Klostermann 출판사 중에서 1권: *Frühe Schriften*, 1978; 2권: *Sein und Zeit*, 1977; 5권: *Holzwege*, 1977; 7권: *Vorträge und Aufsätze*, 1978; 9권: *Wegmarken*; 11권: *Identität und Differenz*; 32권: *Hegels Phänomenologie des Geistes*, 1980.

Hegel, G.W.F., *Werke in zwanzig Bänden*, Frankfurt: M., 1970ff. 중에서 3권: *Phänomenologie des Gesistes*; 5권: *Wissenschaft der Logik I*; 6권: *Wissenschaft der Logik II*; 9권: *Enzyklopädie der philosophischen Wissenschaften II*; 18권: *Geschichte der Philosophie I*.

Marcuse, H., *Hegels Ontologie und die Theorie der Geschichtlichkeit*, Marcuse Schriften 2권, Frankfurt: M., 1989.

Souche-Dagues, D., *The dialogue between Heidegger and Hegel*, Ch. Macann 편, Martin Heidegger. Critical Assessments, 2권, London, 1992.

3장

롤스, 황경식 역, 『사회정의론』, 수정 1쇄, 서광사, 1985.

장춘익, 「생태철학: 과학과 실천 사이의 지적 상상력」, 김성진 외, 『생태문제와 인문학적
　　상상력』, 나남, 1999.

장춘익, 「신뢰와 합리성」, 백종현 외, 『사회철학대계』 제5권, 민음사, 1998.

정성호, 『합리성의 근원과 본질』, 『철학』 제62집, 2000.

하버마스, 황태연 역, 『이질성의 포용』, 나남, 2000.

Benhabib, S., *Situating the Self: Gender, Community and Postmodernism in
　　Contemporary Ethics*, New York: Routledge, 1992.

Bunge, M., "Seven Desiderata for Rationality", Agassi, J., 외, *Rationality: The
　　Critical View*, Dordrecht et.al.: Martinus Nijhoff, 1987.

Hampton, J. E., *The Authority of Reason*, New York, 1998.

LaCasse, C.·Ross, D., "Morality's Last Chance", P.A. Danielson, (ed), *Modelling
　　Rationality, Morality and Evolution*, New York: Oxford Univ. Press, 1998,

Nagel, T., *The Possibility of Altruism*, Princeton: Princeton Univ. Press, 1970.

Nozik, R., "The nature of rationality includes the Nature in it" R. Nozik, *The
　　Nature of Rationality*, Princeton: Princeton Univ. Press, 1993.

Putnam, R., *Bureaucrats and Politicians in Western Democracies*, 1981

Scanlon, T. M., *What We Owe to Each Other*, Cambridge, 1998.

4장

칸트, 최재희 역, 『실천이성비판』, 2판, 박영사, 1995.

하버마스, 장은주 역, 「오늘날 사회주의란 무엇인가」, 『의사소통의 사회이론』, 1995.

하버마스, 이진우 역, 『담론윤리의 해명』, 문예출판사, 1997.

후쿠야마, 구승희 역, 『트러스트. 사회도덕과 번영의 창조』, 한국경제신문사, 1996.

Axelrod, R.·Hamilton, W. D., "The Evolution of Cooperation", *Science* 211, 1981.

Bateson, P., "The Biological Evolution of Cooperation and Trust", Gambetta,
　　1988.

Baier, A. C., "Trust and Antitrust", *Ethics* 96, 1986.

Baker, J., "Trust and Rationality", *Pacific Philosophical Quarterly* 68, 1987.

Becker, L. C., "Trust as Noncognitive Security about Motives", *Ethics* 107, 1996.

Gambetta, D. *Trust. Making and Breaking Cooperative Relations*, Oxford et. al., 1988.

Giddens, A., *The Consequences of Modernity*, Polity Press, 1990.

Hobbes. Th., *Leviathan*, *The Collected Works for Thomas Hobbes* 3권, 1839-1845 판의 reprint, 1992.

Jones, K., "Trust as an Affektive Attitude", *Ethics* 107, 1996.

Koller, M., "Sozialpsychologie des Vertrauens. Ein Überblick über theore-tische Ansätze", *Psychologische Beiträge* 34, 1992.

Luhmann, N., *Soziale Systeme*, stw 666, Frankfurt: M., 1987.

Luhmann, N., *Vertrauen. Ein Mechanismus der Reduktion Sozialer Komplexität*, Stuttgart, 1989.

Misztal, B. A., *Trust in Modern Societies*, Cambridge, 1996.

Petermann, F., *Psychologie des Vertrauens*, Göttingen et. al., 1996.

Preisendörfer, P., "Vertrauen als soziologische Kategorie. Möglichkeiten und Grenzen einer entscheidungstheoretischen Fundierung des Vertrauenskonzepts", *Zeitschrift für Soziologie* 24, 1995.

Putnam, R. D., *Making Democracy Work. Civic Traditions in Modern Italy*, Princeton Univ. Press, 1993.

Williams, B., "Formal Structures and Social Reality", Gambetta, 1988.

5장

루카치, 박정호·조만영 역, 『역사와 계급의식』, 거름, 1986.

칸트, 최재희 역, 『실천이성비판』, 박영사, 1978.

푸코, 이규현 역, 『성의 역사』, 나남, 1990.

하버마스, 장춘익 역, 『의사소통행위이론 1』, 나남, 2006.

헤겔, 임석진 역, 『정신현상학』, 분도출판사, 1980.

Adorno, Th. W., *Stichworte*, Frankfurt: M., 1980.

Habermas, J., *Erkenntnis und Interesse*, Frankfurt: M., 1973(새로운 후기가 추가된 판).

Habermas, J., *Legitimationsprobleme im Spätkapitalismus*, Frankfurt: M., 1973.

Habermas, J., *heorie des kommunikatven Handelns*, Frankfurt: M., 1981.

Hegel, G. W. F., *Grundlinien der Philosophie des Rechts*, Theorie Werkausgabe, Frankfurt: M., 1970.

Kant, I., *Metaphysik der Sitten*, W. Weischedes 편, Darmstadt, SA 7권, 1983.

Kesserling, Th., *Die Produktivitat der Antinomie. Hegels Dialektik im Lichte der genetischen Erkenntnistheorie und der formalen Logik*, Frankfurt: M., 1984.

Luhmann, L., *Soziale Systeme*, Frankfurt: M., 1988.

Wehler, H. U., *Deutsche Gesellschaftsgeschichte*, München, 1989.

6장

홍영남, 「복제의 윤리」, 동아일보, 1997. 8. 14.

Begley, S., "Little Lamb, Who Made Thee?", *Newsweek*, March 10, 1977.

Bohlin, R., "Can Humans Be Cloned Like Sheep?", https://probe.org/humclon2. htm, 2022년 현재 링크 접속은 불가.

Dawkins, R., "Thoughts on Cloning Humans", *London Evening Standard*, Feb. 25, 1997.

Glassman, J., "Should We Fear Dolly?", *The Washington Post*, Feb. 25, 1997.

Kluger, J., "Will We Follow the Sheep?", *Time*, March 10. 1997.

Krauthammer, C., "A Special Report on Cloning", *Time*, March 10. 1997.

Krauthammer, C., "Los Angeles Times Special Report on Cloning", April 28, 1977.

Meilaender, G., "Begetting and Cloning", *First Things* 74, June-July 1997.

Nash, J., "The Age of Cloning", *Time*, March 10, 1997.

National Bioethics Advisory Commission, "Cloning Human Beings, Report and Recommendations of the National Bioethics Advisory Commission", Rockville, Maryland 1997.

Vere, S., "The Case for Cloning Humans", http://best.com/vere/cloning.htm.

Wilmut, I. et. al., "Viable Offspring Derived from Fetal and Adult Mammalian Cells", *Nature* Vol. 385, Feb. 27, 1997.

Wright, R., "Can Souls Be Xeroxed?", *Time*, March 10, 1997.

7장

Callicott, J. B., "The Case against Moral Pluralism", *Environmental Ethics* 12, Summer 1992.

Callicott, J. B., "The Conceptual Foundations of the Land Ethic", Zimmerman et al. (eds.), *Environmental Philosophy*, Englewood Cliffs, 1993.

Clements, Collen D., 1995, "Stasis: The Unnatural Value", R. R. Elliot (ed.), *Environmental Ethics*, Oxford, 1995.

Ebenbreck, S., "Opening Pandora's Box: Imagination's Role in Environmental Ethics", *Environmental Ethics* 18, Spring 1996.

Elliot, R. (ed.), *Environmental Ethics*, Oxford, 1995.

Gottlieb, R. S. (ed.), *The Ecological Community*, New York, 1997.

Kirkman, R., "The Problem of Knowledge in Environmental Thought", R. Gottlieb, *The Ecological Community*, New York, 1997.

Kirkman, R., "Why Ecology Cannot Be All Things to All People: The 'Adaptive Radiation' of Scientific Concepts", *Environmental Ethics* 18, Winter 1997.

Leopold, A., "The Land Ethic", Leopold, *A Sand County Almanac*, New York, 1968.

Naess, A., "The Deep Ecological Movement", Zimmerman et al. (eds.), *Environmental Philosophy*, Englewood Cliffs, 1993.

Rolston Ⅲ, Holmes, "Challenges in Environmental Ethics", Zimmerman et al. (eds.), *Environmental Philosophy*, Englewood Cliffs, 1993.

Steverson, B. K., "Ecocentrism and Ecological Modeling", *Environmental Ethics* 16, Spring 1994.

Sylvan, R., "Is There a Need for a New, an Environmental Ethic?", Zimmerman et al. (eds.), *Environmental Philosophy*, Englewood Cliffs, 1993.

Taylor, P. W., "The Ethics of Respect for Nature", Zimmerman et al. (eds.), *Environmental Philosophy*, Englewood Cliffs, 1993.

Zimmerman, M. E. et al. (eds.), *Environmental Philosophy*, Englewood Cliffs, 1993.

8장

강상현, 『정보 통신 혁명과 한국 사회』, 한나래, 1996.

기든스, 진덕규 역, 『민족국가와 폭력』, 삼지사, 1993.

기든스 외(임현진 역), 『성찰적 근대화』, 한울, 1998.

김재현, 「정보사회 이론과 한국 사회」, 철학연구회 춘계 발표 논문, 1998.

남경희, 「말과 몸: 정보 통신 사회의 삶과 규범」, 철학연구회 춘계 발표 논문, 1998.

마르틴·한스 피터 외, 강수돌 역, 『세계화의 덫: 민주주의와 삶의 질에 대한 공격』, 1997.

문현병, 「정보 통신 문화와 주체성」, 한국철학회, 1998.

박정순, 「정보 통신 문화와 도덕의 정체성 문제」, 한국철학회, 1998.

벡, 울리히, 문순홍 역, 『정치의 재발견』, 거름, 1998.

쉴러·허버트, 강현두 역, 『현대 자본주의와 정보 지배 논리』, 나남, 1990.

웹스터, 조동기 역, 『정보사회 이론』, 나남, 1997.

유네스코한국위원회 편, 『인권이란 무엇인가』, 오름, 1995.

이봉재, 「정보 통신 기술의 철학적 특성: 컴퓨터, 사이버 스페이스, 유아론」, 한국철학회, 1998.

임일환, 「정보, 지식, 인지 개념」, 철학연구회 춘계 발표 논문, 1998.

전석호, 『정보사회론 : 커뮤니케이션 혁명과 뉴미디어』, 나남, 1997.

정호근, 「정보 통신 문명과 사회 구조의 변동」, 한국철학회, 1998.

포스터·마크, 김성기 역, 『뉴미디어의 철학』, 민음사, 1994.

포스터·마크, 『제2미디어 시대』, 민음사, 1998.

페트라스·제임스, 문성호 역, 「NGO는 없다, 운동 귀족이 있을 뿐」, 『말』 5월호, 2000.

한상진 편, 『현대 사회와 인권』, 나남, 1998.

한국철학회 편, 『기술 문명에 대한 철학적 반성』, 철학과현실사, 1998.

Beck, Ulrich, *Erfindung des Politischen*. Ffm: Suhrkamp, 1993.

Brunkhorst 외 편, *Recht auf Menschenrechte*, Ffm: Suhrkamp, 1999.

Castells, Manuel, *The Rise of the Network Society*, Cambridge: Blackwell, 1996.

Castells, Manuel, *The Power of Identity*, Cambridge: Blackwell, 1997.

Castells, Manuel, *End of Millenium*, Cambridge: Blackwell, 1999.

Cohen, J.·Arato, A., *Civil Society and Political Theory*, Cambridge: MIT, 1992.

Juliane Kokott, Der Schutz der Menschenrechte im Völlkerrecht, Brunkhorst, 1999.

Kölhler, Das Recht auf Menschenrechte, Brunkhorst, 1999.

Luhmann, N., *Die Gesellschaft der Gesellschaft*, Ffm: Suhrkamp, 1998.

9장

http://www.copyright.or.kr(저작권 심의조정위원회)

http://fairuse.stanford.edu/primary(스탠퍼드 법대 사이트)

http://supreme.findlaw.com/constitution/article01/39.html#l

http://thomas.loc.gov/cgi-bin/cpquery/z?cpl05:hr796

http://www.gnu.org/philosophy/why-free.html; http://www.eff.org

박문석, 『현대저작권법』, 지식산업사, 1997.

세버슨, 추병환·류지환 역, 『정보윤리학의 기본원리』, 철학과현실사, 2000.

『저작권법전』, 한국지적재산연구원, 2000.

최성우 편저, 『저작권법 판례집』, 한빛지적소유권센터, 1999.

Dunn, Bonnie F., Fair Use: "Overview and Meaning for Higher Education", http://www.cetus.org/fair5.html

Pamela Samuelson, P., "Why the Anticircumvention Regulations Need Revision", Intellectual Property in the Age of Universal Access, ACM, 2000.

10장

기든스, 배은경·황정미 역, 『현대사회의 성, 사랑, 에로티시즘』, 새물결, 2000.

존 스웨인, 조석현 역, 『고문실의 쾌락』, 자작나무출판사, 2001.

신진욱, 「근대와 폭력: 다원적 복합성과 역사적 불확정성의 사회이론」, 『한국사회학』 제38집 4호, 2004.

에밀 졸라, 정봉구 역, 『나나』, 을유문화사, 1989.

엘리아스, 박여성 역, 『궁정사회』, 한길사, 2003.

엘리아스, 박미애 역, 『문명화과정』, 제2권, 한길사, 1999.

조순주, 「18세기 독일 대도시와 지방의 계몽지 비교연구」, 『부산사학』 제37집.

프란츠 파농, 남경태 역, 『대지의 저주받은 사람들』, 그린비, 2004.

Amussen, S. D., "Punishment, Disciplin, and Power: The Social Meaning of Violence in Early Modern England", *The Journal of British Studies*, Vol. 34, No. 1, Jan. 1995.

Collins, R., "Three Faces of Cruelty: Towards a Comparative Sociology of Violence", *Theory and Society*, 1, 1974.

Joas, H., "The Modernity of War: Modernization Theory and the Problem of Violence", *International Sociology* Vol. 14, 1974.

Kant, I., "Der Streit der Fakultäten"(1798), I. Kant, Werkausagabe, 제9권, Frankfurt:M., 267-300, 1977.

Lacour, E., "Faces of Violence Revisited. A Typology of Violence in Early Modern Rural Germany", *Journal of social Hisotry* 34, No. 3, Spr. 2001.

Noiriel, N., "Der Staatsbürger", U. Frevert, H.·G. Haupt 편, *Der Mensch des 19. Jahrhunderts*, Essen 2004.

Zizek, S., "The Violence of Liberal Democracy", *Assemblage*, No.20, Violence, Sapace, Apr. 1993.

11장

백낙청, 「학문의 과학성과 민족주의적 실천」(1984), 『민족문학의 새 단계』, 1990.

Adorno, Th. W., *Eingriffe, Kulturkritik und Gesellschaft II* (Gesammelte Schriften Bd.10.2.), Frankfurt: M.

Bodammer, Th., *Philosophie der Geisteswissenschaften* (Handbuch Philosophie), Freiburg: München, 1987.

Bürger, Christa; Bürger, Peter(Hrsg.), *Postmoderne: Alltag, Allegorie und Avantgarde*, Frankfurt: M., 1987 (stw 648).

Lübbe, H., *Geschichtsbegriff und Geschichtsinteresse. Analytik und Pragmatik der Historie*, Basel: Stuttgart 1977.

Marquard, O., "Über die Unvermeidlichkeit der Geisteswissenschaften", *Apologie des Zufälligen*, Stuttgart 1987 (Reclam 8351).

Marcuse, H., *One-Dimensional Man*, London, 1968.

Nietzsche, F., "Vom Nutzen und Nachteil der Historie für das Leben" (*Unzeitgemäße Betrachtungen* Ⅱ), KSA Bd. 1, Berlin: New York, 1988.

Nietzsche, F., 임수길 역, 『반시대적 고찰』, 청하, 1982.

Nietzsche, F., *Die fröhliche Wissenschaft* (KSA Bd. 3).

Nietzsche, F., *Genealogie der Moral* (KSA Bd. 5).

Rabinow, P.(ed.), *The Foucault Reader*, New York, Penguin Book, 1986.

Ritter, J., *Subjektivität. Sechs Aufsätze*. Frankfurt: M., 1974.

12장

강성화, 「기술철학의 근본문제」, 『시대와 철학』 11호, 1995.

김영식, 「대학에서 과학의 바람직한 위치와 역할」, 『지성의 현장』 6권 1호, 1996.

김호기, 「환경운동과 새로운 정치적 연대」, 『동향과 전망』 가을호, 1994.

구승회, 김성국 외, 『아나키, 환경, 공동체』, 모색, 1996.

최병두, 『환경사회이론과 국제환경문제』, 한울, 1995.

황태연, 『환경정치학과 현대정치사상』, 나남, 1992.

Borgmann, A., *Technology and the Character of Contemporary Life*, Chicago 1984.

Dobson, A., 정용화 역, 『녹색 정치사상』, 민음사, 1993.

Feenberg, A., *Critical Theory of Technology*, New York, 1991.

Fromm, E., *Escape from Freedom*, New York, 1972.

Fromm, E., 이상두 역, 『자유에서의 도피』 3판, 범우사, 1995.

Habermas, J., *Technik und Wissenschaft als Ideologie*, Frankfurt: M., 1969.

Habermas, J., *Legitimationsprobleme im Spätkapitalismus*, Frankfurt: M., 1973.

Latour, B., "A Door Must Be Either Open or Shut: A Little Philosophy of Techniques", A. Feenberg·A. Hannay 편, *Technology and the Politics of Knowledge*, Bloomington and Indianapolis, 1995.

Macpherson, C.B., "Democratic Theory: Ontology and Technology", R. Mitcham ·R. Mackey, *Philosophy and Technology*, New York, 1983.

Marcuse, H., "Some Social Implications of Modern Technology", *Zeitschrift für Sozialforschung* 9, 1941.

Marcuse, H., *One-Dimensional Man*, London, 1964.

Marcuse, H., 차인석 역, 『일차원적 인간』, 삼성출판사, 1976.

Rothholz, W. G. H., "Zur politischen Funktion der Universität", *Wem nützt die Wissenschaft*, München 1981 (dtv 4385).

13장

전상인, 「국제정치학을 위한 역사사회학적 비전」, 김달중 외 편, 『국제정치학의 새로운 영역과 쟁점』, 나남, 1995.

칸트, 이한구 역, 『영원한 평화를 위하여』, 서광사, 1992.

홉스봄, 강명세 역, 1780년 이후의 민족과 민족주의, 창작과 비평, 1994.

Anderson, A., "The State of the (European) Union: From the Single Market to Maastricht, from Singular Events to General Theories", *World Politics* 47, April 1995.

Dyson, K., *The State Tradition in Western Europe*, Oxford, 1980.

Eder, K., *Geschichte als Lernprozeß?*, Frankfurt: M., 1991.

Poggi, G., *The State: Its Nature, Development and Prospects*, California, 1990.

Habermas, J., *Zur Rekonstruktion des Historischen Materialismus*, Ffm, 1976.

Habermas, J., "Staatsbürgerschaft und nationale Identität", Habermas, *Faktizität und Geltung*, Frankfurt: M., 1992.

Hall 편, J. A., The State Ⅲ권, London, 1994.

Hegel, G.W.F., *Grundlinien der Philosophic des Rechts* (Theorie Werkausgabe), Frankfurt: M., 1970.

Hegel, G.W.F., *Vorlesungen über die Philosophie der Geschichte* (Theorie Werkausgabe), Frankfurt: M., 1970.

Held, D., *Political Theory and the Modern State*, Stanford, 1984.

Knill, Ch., "Staatlichkeit im Wandel: Großbritannien im Spannungsfeld nationaler Reformen und europäischer Integration", *Politische Vierteljahresschrift* 36.

Jg.(Dez. l995).

Korte, K. R., "Das Dilemma des Nationalstaates in Westeuropa: Zur Identitätsproblematik der europäischen Integaration", *Politik und Zeitgeschichte* 43 Jg. (1993) B14.

Lepsius, M. R., "Beyond the Nationstate: The Multinational State as the Modell for the European Community", J. A. Hall 편, 1994.

Luhmann, L., *Soziologische Aufklärung* 3권, Opladen, 1981.

Müller, W., "Political Traditions and the Role of the State", W. Müller·V. Wright 편, 1994.

Müller, W.·Wright, V. 편, *The State in Western Europe: Retreat or Redefinition?*, Essex, 1994.

Reich, R. B., "Who Is 'Us'", Hall 편, 1994.

14장

데리다, 남수인 역, 『환대에 대하여』, 동문선, 2004.

롤즈, 장동진 외 역, 『만민법』, 이끌리오, 2001.

문성원, 『배제의 배제와 환대』, 동녘, 2000,

칸트, 이한구 역, 「세계시민적 관점에서 본 보편사의 이념」, 『칸트의 역사철학』, 1992.

칸트, 이한구 역, 『영원한 평화를 위하여』, 서광사, 1992.

하버마스, 황태연 역, 『이질성의 포용』, 나남, 2000.

Gerhardt, V., *Immanuel Kants Entwurf "Zum Ewigen Frieden"*, Darmstadt, 1995.

Habermas, J. *Die Einbeziehung des Anderen*, Frankfurt: M., 1996.

Höffe, O. 편, *Immanuel Kant, Zum ewigen Frieden*, Berlin, 1995.

Kant, I., *Metaphysik der Sitten*, W. Weischedel 편, I. Kant, Werke in zehn Bänden, 제7권, Darmstadt, 1983,

Kant, I., "Idee zu einer allgemeinen Geschichte in weltbürgerlicher Absicht", Weischedel 편, 제9권.

Kant, I., *"Zum ewigen Frieden"*, Weischedel 편, 제9권.

Patzig, G., *Kants Schrift "Zum ewigen Frieden"*, R. Merkel u. R. Wittmann Hrsg.,

"Zum ewigen Frieden".

15장

김남두, 『재산권 사상의 흐름』, 천지, 1993.

롤스, 황경식 역, 『사회 정의론』, 서광사, 1985.

서울대학교 사회복지연구소, 「소득분배구조에 관한 연구」, 미간행 연구보고서, 1994.

아리스토텔레스, 최명관 역, 『니코마코스 윤리학』, 서광사, 1984.

아리스토텔레스, 이병길 외 역, 『政治學』 2판, 박영사, 1996.

황경식, 『개방사회의 사회윤리』, 철학과현실사, 1995.

Campbell, T., *Justice*, Houndmills et. al., 1988.

Copleston, F., *A History of Philosophy*, Vol 2. *Mediaeval Philosophy*, Maryland, 1962.

Daniels, N., *Justice and Justification*, Cambridge Univ. Press, 1996.

Dworkin, R., "What is Equality? Part 1: Equality of welfare", *Philosophy and Public Affairs*, 185246, 1981a.

Dworkin, R., "What is Equality? Part 2: Equality of Resources", *Philosophy and Public Affairs*, 10(4), 283-345, 1981b.

Dworkin, R., "Comment on Narveson: In Defense of Equality", *Social Philosophy and Policy* (1), 1983.

Gilbert, N., *Welfare Justice: Restoring Social Equality*, Yale Univ. Press, 1995.

Gordon, S., *Welfare, Justice and Freedom*, Colombia Univ. Press, 1980.

Kolm, S., "Distributive Justice", *A Companion to Contemporary Political Philosophy*, Cambridge(Mass.), 1993.

Marx, K., "Zur Kritik der Hegelschen Rechtsphilosophie. Einleitung", *Marx-Engels-Werke* 1권, Dietz Verlag, 1983.

Platon, *Gesetze*, Sämtliche Dialoge, VII권, Hamburg, 1988.

Rawls, J., *A Theory of Justice*, Harvard Univ. Press, 1971.

Rawls, J., *Political Liberalism*, Colombia Univ. Press, 1993.

Rescher, N., "Distributive Justice", L. Pojman (ed.), *Ethical Theory Classical and*

Contemporary Readings, Second Edition, Belmont et. al., 1966.

Roemer, J., *Theories of Distributive Justice*, Harvard Univ. Press, 1996.

Sandel, M., *Liberalism and the Limits of Justice*, Cambridge Univ. Press, 1982.

Walzer, M., "Complex Equality", *Spheres of Justice: A Defence of Pluralism and Equality*, Oxford: Blackwell, 1983.

16장

드워킨, 염수균 역,『자유주의적 평등』, 한길사, 2005.

루만, 박여성 역,『사회체계이론』전 2권, 한길사, 2007.

슈미트, 박여성 역,『구성주의』, 까치글방, 1995.

장춘익,「하버마스의 근대성 이론: 진보적 실천의 가능성과 한계에 대한 모색」, 장춘익 외,
『하버마스의 사상』, 나남, 1996.

주동률,「롤즈와 평등주의: 경제적 혜택의 분배에 관한 철학적 논의의 한 사례」,『인문논
총』, 서울대학교 인문학연구원 53집, 2005.

캘리니코스, 선우현 역,『평등』, 울력, 2006.

하버마스, 장춘익 역,『의사소통행위이론』제2권, 나남, 2006.

하이에크, 민경국 역,『자본주의냐 사회주의냐』, 문예출판사, 1990.

Atkinson, Anthony B., "Is Rising Inequality inevitable? A Critique of the Transatlantic Consensus", The UN Univ. Wider Annual Lecture 3, Nov. 1999.

Bardahn, P., "Globalization, Inequality, and Poverty", (2006년 6월 19일 Inter-American Development Bank본부에서 "Trade and Poverty in Latin America and the Caribbean" 이라는 제목으로 열린 워크숍에서 발표된 논문).

Berlin, I., "Equality", *Proceedings of the Aristotelian Society*, 56.

Bowls, S., "Globalization and Redistribution: Feasible egalitarianism in a competitive world", http://www-unix.oit.umass.edu/~bowls 2000.

Cohen, G. A., "On the Currency of Egalitarianism", Ethics 99, 1989.

Frankfurt, H., "Equality and Respect", *Social Research* 64.

Gosepath, S., *Gleiche Gerechtigkeit*, Frankfurt: M., 2004.

Luhmann, N., *Paradigm lost: Über die ethische Reflexion der Moral*, Frankfurt: M.,

1990.

Luhmann, N., *Die Wirtschaft der Gesellschaft*, Frankfurt, 1994.

Luhmann, N., *Die Gesellschaft der Gesellschaft*, Frankfurt: M., 1998. [장춘익 역, 『사회의 사회』, 새물결, 2014.]

Markovits, D., "How Much Redistribution Should There Be?", *The Yale Law Journal*, Vol.112, 2003. 2291 – 2330쪽.

Roemer, J. E., *Equality of Opportunity*, Cambridge: Mass. 1998.

Tugendhat, E., *Vorlesungen über Ethik*, Frankfurt: M.

Walzer, M., *Spheres of Justice*, New York: Basic Books, 1983. [정원섭 역, 『정의와 다원적 평등』, 철학과현실사, 1999.

17장

김원식, 「다중(Multitude)이론의 비판적 검토」, 『사회와 철학』 제16집. 2008.

네그리, 조정환 외 역, 『다중』, 사월의책, 2008.

네그리·하트, 정남영·윤영광 역, 『공통체』, 사월의책, 2014.

루만, 장춘익 역, 『사회의 사회』 1, 수정판, 새물결, 2014.

만하임, 임석진 역, 『이데올로기와 유토피아』, 김영사, 2012.

아리스토텔레스, 천병희 역, 『정치학』, 도서출판 숲, 2009.

오스트롬, 윤홍근·안도경 역, 『공유의 비극을 넘어』, 랜덤하우스 코리아, 2010.

이진경 외, 『코뮨주의 선언: 우정과 기쁨의 정치학』, 교양인, 2007.

이진경, 『코뮨주의: 공동성과 평등성의 존재론』, 그린비. 2010.

장춘익, 「형식적 평등, 실질적 평등, 도덕적 평등: 약한 평등주의의 강한 옹호, 강한 평등주의의 약한 옹호」, 『시대와 철학』 제18집 3호, 한국철학사상연구회, 2007.

칸트, 이한구 역, 『영원한 평화를 위하여』, 서광사, 1992.

플라톤, 박종현 역, 『법률』, 서광사, 2009.

하버마스, 장춘익 역, 『의사소통행위이론』 1, 나남, 2006.

Luhmann, *Soziale Systeme*, Frankfurt, 1984.

용어 색인

비판적 해석학 287

논문 출처

1부 근대성과 합리성

1장 「헤겔: 이성의 계시록으로서의 세계」, 송호근; 서병훈 편, 『시원으로의 회귀: 고전과의 대화』, 나남(나남신서 690), 1999년 5월, 143-165쪽. (「고전산책. 헤겔의 『역사철학강의』」(사회비평 제14호 1996년 2월, 201-216)를 보완, 수정한 논문)

2장 「하이데거의 헤겔, 헤겔로부터 본 하이데거」, 『인문학 연구』 제5집, 한림대학 인문학연구소, 1998년 8월, 202-227쪽.

3장 「실천적 합리성은 도구적 합리성과 다른 독자적인 지위를 갖는가」, 『철학연구』 제56집, 철학연구회, 2002년 봄, 313-335쪽.

4장 「신뢰와 합리성」, 백종현 외, 『사회철학대계 5. 현대문화와 사회철학』, 민음사, 1998년 9월, 105-132쪽. (1997년 11월 한림대학교 사회연구소가 〈신뢰와 한국사회〉라는 제목으로 주최한 학술대회에서 발표한 논문을 수정한 논문)

2부 위기의 근대성

5장 「사회철학의 위기, 위기의 사회철학」, 『사회철학대계 3. 사회원리에 관한 새로운 모색들』, 민음사, 1993년 12월, 241-258쪽.

6장 「생명과학기술의 문화적 충격」, 『생명과학 기술 및 생명윤리 연구의 현황과 한국의 대응방안 연구』 연구보고서, 과학기술부, 한림대학교 인문학연구소, 1998, 99-108쪽.

7장 「생태철학: 과학과 실천 사이의 지적 상상력」, 『생태문제와 인문학적 상상력』, 나남, 1999년 11월, 85-110쪽. (『인문학 연구』 제6집, 한림대학 인문학연구소, 1999년 5월, 144-166쪽에 게재된 논문을 전재)

8장 「연결과 연대: 정보사회에서 실천의 문제」, 한국철학회 편, 『21세기의 도전과 희망의 철학』, 『철학』 제66집의 별책, 철학과현실사, 한국철학회, 2001년 4월, 207-245쪽.

9장 「디지털 환경은 '공정이용'을 무효화하는가: 디지털 환경에서의 저작권」, 『철학』 제69집, 한국철학회, 2001년 겨울, 255-280쪽.

10장 「근대와 폭력, 혹은 우리는 얼마나 비폭력적인가?」, 『인문학 연구』 제14집, 한림대학
　　 인문학연구소, 2008년 11월, 67-88쪽.

3부 새로운 계몽

11장 「인문과학의 위기와 가능성」, 『철학과 현실』, 1994년 봄호(통권 제20호), 철학문화연
　　 구소, 1994년 3월, 226-237쪽.
12장 「기술지배와 가치, 그리고 대학교육」 (1996년경 집필된 미게재 발표 논문으로 추정)
13장 「근대국가이론과 국가의 해체」, 『철학연구』 제39집, 철학연구회, 1996년 12월, 131-
　　 147쪽.
14장 「평화, 세계시민권, 그리고 환대의 윤리-칸트의 평화구상에 대한 한 해석」, 2004년
　　 10월 28일. (오사카대학 철학과 국제 칸트 콜로키움 발표논문(독일어)을 번역, 수정
　　 한 논문)
15장 「분배적 정의와 복지」 (1997년경 집필된 미게재 발표 논문으로 추정)
16장 「형식적 평등, 실질적 평등, 도덕적 평등-약한 평등주의의 강한 옹호, 강한 평등주의의
　　 약한 옹호를 위하여」, 『시대와 철학』 제18권 3호, 한국철학사상연구회, 2007년, 281-
　　 311쪽.
17장 「공동체와 커뮤니케이션-그 역설적 관계에 관하여」, 『범한철학』 제82집, 범한철학
　　 회, 2016년 9월, 85-111쪽.

장춘익의 사회철학2
근대성과 계몽: 모더니티의 미래

1판 1쇄 인쇄 2022년 1월 17일
1판 1쇄 발행 2022년 2월 11일

지은이 장춘익
펴낸이 김영곤
펴낸곳 ㈜북이십일 21세기북스

책임편집 김지영
표지디자인 박숙희 **본문디자인** 한성미
기획위원 장미희
출판마케팅영업본부 본부장 민안기
마케팅 배상현 한경화 김신우 이나영
영업 김수현 이광호 최명열
제작 이영민 권경민

출판등록 2000년 5월 6일 제406-2003-061호
주소 (우 10881) 경기도 파주시 회동길 201(문발동)
대표전화 031-955-2100 **팩스** 031-955-2151 **이메일** book21@book21.co.kr

(주)북이십일 경계를 허무는 콘텐츠 리더
21세기북스 채널에서 도서 정보와 다양한 영상자료, 이벤트를 만나세요!

페이스북 facebook.com/jiinpill21 **포스트** post.naver.com/21c_editors
인스타그램 instagram.com/jiinpill21 **홈페이지** www.book21.com
유튜브 www.youtube.com/book21pub

ISBN 978-89-509-9917-9 (94330)
ISBN 978-89-509-9915-5 세트

· 책값은 뒤표지에 있습니다.
· 이 책 내용의 일부 또는 전부를 재사용하려면 반드시 (주)북이십일의 동의를 얻어야 합니다.
· 잘못 만들어진 책은 구입하신 서점에서 교환해드립니다.